大学職員のグランドデザイン

人口減少、ＡＩの時代を生き抜く大学職員

上杉道世

NPO法人 学校経理研究会

学職員は成長する―進化する大学、新段階のＳＤ』（二〇一三年）、『大学職員の近未来―高度化・多様化する職員とＳＤ』（二〇一六年）を出版してきた。

このたび四冊目の本として、前著から約三年間に発表した文章に、昨秋中教審より答申された「高等教育のグランドデザイン」ならびに今年一月に学校法人制度改善検討小委員会 学校法人制度改善検討小委員会よりまとめられた「学校法人制度の改善について」等を踏まえて修正・加筆したうえで収録し、本書を出版する。

私の文章は、知的探求のための学術論文ではなく、大所高所の高みからの評論でもない。大学の現場での実務経験に根差した実践の成果であり、その実践成果をできるだけ広い視野と長い展望の下で理論的基礎に基づきつつ展開して記述したものである。これまでの文章を読んでくれた大学職員からは熱心な感想が寄せられており、それらの声に励まされて、文章を書き続けてきた。

大学に関する書物は多数出版されているが、大学のマネジメントと大学職員の実態に即しつつ、その将来の在り方を論じているものは少ないと思うので、本書も一定の意味を持ちうると考える。

三　本書の構成は次のようになっている。

「序章」と「第一章　高等教育の将来像を考える」

この二章は、中教審の「二〇四〇年の高等教育のグランドデザイン」答申と並行して書いた。これから求められる大学改革をいわば先取りした内容となっている。

「第二章　トップマネジメントの役割と責任」「第三章　大学教員の役割と責任」、「第四章　大学職員の役割と責任」

この三章は、理事長・学長等のトップマネジメント、課題山積の大学教員とともに、社会人教員を意識して書いた、いわば教学マネジメントに在り方を示唆したものである。また力量の飛躍的向上が期待される職員のそれぞれについて考察した文章を集めた。

トップ、教員、職員、それぞれの仕事に応じて必要とされる基本的な素養は何か、どのように人材育成していくか、力を発揮するポイントは何かなど、総括的に論じている。

「第五章　ブックダイジェスト」は、過去の二冊に続き「大学」「科学」「経営」「大学マネジメント」の四つに区分けして、私が読んで有益だと思った書物を紹介している。。大学マネジメント誌に三九回、ＩＤＥの書評に三回発表した、関連する書籍も含めて簡潔に論じており、、紹介する書物は延べ一二八冊となり、その内容についても触れており、読者にとっては、労せずして知見を広げることができるであろう。

なおこの間に、新しい形に進化している大学図書館を二十余り選び、実地訪問した記録「図書館探訪」や、海外の大学視察調査の報告書もいくつか著した。これらは別の機会に一冊にまとめて出版する予定である。

四

本書を刊行するにあたり、これまでの三冊は佐々木毅氏、濱田純一氏、五神真氏の歴代東大総長から推薦のお言葉をいただいたが、本書では、東大赴任前に勤務した内閣府男女共同参画局において、局長をされていた坂東真理子氏からお言葉を賜った。坂東氏はその後、昭和女子大学の学長・理事長を務められ、業績を上げておられる。女性の活躍と輝きが男性も女性も元気にし、組織を活性化することを教えていただいた。謝辞を表したい。

本書に掲載した文章を作成するにあたっては、職場を共にした大正大学の関係の方々に心から感謝申し上げる。また、この間、大学マネジメント研究会、筑波大学大学研究センター、私学経営研究会はじめ、様々な機会に、私と活動を共にしたり、デスカッションしたり、質問を寄せていただいたりした方々、講演依頼や原稿を掲載していただいた各団体や出版社に御礼申し上げる。

本書を上梓は、ＮＰＯ法人学校経理研究会の矢島美知子氏のご尽力あってのことと謝意を述べたい。

そして全三書に引き続き本書を、海外に散らばっていた三人の子供と五人の孫たちが、久しぶりに日本国内に集まり多忙な中、私を支えてくれた妻、美津江に捧げたい。

二〇一九年四月　上杉　道世

目次

まえがき …… i
序章　グランドデザイン答申、その先を読む　―大学職員のグランドデザイン― …… 1
第一章　高等教育の将来像を考える …… 15
一　国公私立の連携・統合は可能か？　―国公私立の区分から考える―（16）
二　良い教育をすれば私学は生き残るか（35）
三　国立大学法人化は目標を達成しているか（47）
四　学部の在り方を考える―学務マネジメントの重要性（59）
五　大学の持続につながる卒業生施策の在り方（75）
六　五〇〇〇人の学生との面談　―ＴＳＲ総合調査の実践―（88）
第二章　トップ・マネジメントの役割と責任 …… 97
一　大学のトップ・マネジメントを組織する（98）
二　トップ・マネジメントの養成と確保（117）
三　トップ・マネジメントが主導するマネジメント・サイクル（134）
四　学長選考の在り方を考える（151）
第三章　大学教員の役割と責任 …… 167
一　大学教員の基本的素養を考える（168）
二　大学教員の人材育成（182）
三　大学教員の評価について（197）
四　大学の教員マネジメントを考える（210）
第四章　教学マネジメントを支える職員の役割と責任 …… 225
一　これからの大学職員の人事マネジメント（226）

二　トータルプランによる職員養成の実践（２３３）
三　トータルプランで職員の力を高める（２４６）
四　業務分野ごとの専門性をどう捉えるか（２５８）
五　ＡＩ時代の大学職員の在り方を考える（２７７）
六　大学職員による教学マネジメントの展開（２８７）
七　公立大学の職員（２９６）

第五章　ブックダイジェストから……………………………………３０１

Ⅰ　大学を考える
一　天野郁夫著『新制大学の誕生　大衆高等教育への道　上・下』（３０２）
二　寺﨑昌男・立教学院職員研究会編著『21世紀の大学　職員の希望とリテラシー』（３０７）
三　潮木守一著『大学再生への具体像 — 大学とは何か（第二版）』（３１０）
四　山本眞一著『質保証時代の高等教育』（３１３）
五　金子元久著『大学教育の再構築　学生を成長させる大学へ』（３１６）
六　矢野眞和著『大学の条件　大衆化と市場化の経済分析』（３１９）
七　絹川正吉著『「大学の死」、そして復活』（３２２）
八　吉田文著『大学と教養教育　戦後日本における模索』（３２５）
九　有本章著『大学教授職とＦＤ　アメリカと日本』（３２８）
一〇　大山達雄・前田正史編『東京大学第二工学部の光芒　現代高等教育への示唆』（３３１）
一一　デレック・ボック著、宮田由紀夫訳『アメリカの高等教育』（３３４）
一二　秦由美子著『イギリスの大学　対位線の転位による質的転換』（３３７）
一三　木戸裕著『ドイツ統一・ＥＵ統合とグローバリズム — 教育の視点からみたその軌跡と課題』（３４０）
一四　高野篤子著『イギリス大学経営人材の養成』（３４３）
一五　ジェフリー・Ｊ・セリンゴ著、船守美穂訳『カレッジ（アン）バウンド　米国高等教育の現状と近未来のパノラマ』（３４６）
一六　プリア・チャタジー著、住友進訳『アメリカ超一流大学完全入試マニュアル』（３４９）
一七　佐藤仁著『教えてみた「米国トップ校」』（３５２）
一八　徳永誠著『アジアで活躍する！　日本とＡＳＥＡＮの新時代』（３５５）

Ⅱ　経営を考える
一　神野直彦著『「人間国家」への改革　参加保障型の福祉社会をつくる』（３５９）

二　伊賀泰代著『採用基準』（362）
三　河合雅司著『未来の年表　人口減少日本でこれから起きること』（365）
四　R・グラットン、A・スコット著　池村千秋訳『LIFE　SHIFT　100年時代の人生戦略』（368）

Ⅲ　科学を考える

一　馬場錬成著『大村智　2億人を病魔から守った科学者』／梶田隆章著『ニュートリノで探る宇宙と素粒子』（371）
二　西内啓著『統計学が最強の学問である』（374）
三　高梨ゆき子著『大学病院の奈落』（377）
四　山極寿一・鎌田浩毅著『ゴリラと学ぶ　家族の起源と人類の未来』（380）
五　高橋真理子著『重力波　発見！　新しい天文学の扉を開く黄金のカギ』（383）

Ⅳ　大学マネジメントを考える

一　松本紘著『改革は実行　私の履歴書』（386）
二　五神真著『変革を駆動する大学　社会との連携から協創へ』（389）
三　渡辺孝著『私立大学はなぜ危ういのか』（392）
四　水戸英則編著『今、なぜ「大学改革」か？　私立大学の戦略的経営の必要性』（395）
五　磯田文雄著『教育行政　分かち合う共同体をめざして』（398）
六　萩原誠著『地域と大学　地方創生・地域再生の時代を迎えては』（401）
七　崎谷実穂　柳瀬博一著　糸井重里解説『混ぜる教育　80カ国の学生が学ぶ立命館アジア太平洋大学APUの秘密』（404）
八　神田眞人著『超有識者たちの洞察と示唆―強い文教、強い科学技術に向けてⅡ―』（407）
九　神田眞人著『超有識者たちの慧眼と処方箋―強い文教、強い科学技術に向けてⅢ―』（410）
一〇　篠田道夫著『大学戦略経営の核心』『戦略経営111大学事例集』（413）
一一　新藤豊久著『大学経営とマネジメント』（415）
一二　大学行政管理学会　大学事務組織研究会編『大学事務職員の履歴書』（417）
一三　渡辺恵子著『国立大学職員の人事システム―管理職への昇進と能力開発―』（420）
一四　三浦春政著『問題ある教職員・学生への対応とメンタルヘルス』（422）
（補）困難な問題への的確な指針（424）
一五　上杉道世著『大学職員の近未来　高度化・多様化する職員とSD』（426）

初出一覧　……429
ブックダイジェスト掲載書籍一覧　……431

序章

グランドデザイン答申、その先を読む　―大学職員のグランドデザイン―

1　グランドデザイン答申の読み方

答申が出たばかりなのにその先を論じるというのはいささか気が早いような感もするが、最近の審議会は毎回丁寧に配布資料や議事録を公開するようになっているので、論じるのも早くできるようになってきている。

二〇一八年九月二六日に中央教育審議会から答申された「グランドデザイン答申」（以下「答申」）は、多くの関係者の熱い関心を受けながら取りまとめられた。本章では答申に書いてないけれど、必らず近い将来は論じられるであろう点を中心にいくつかコメントしてみたい。言い換えれば、審議の都度公表される資料を見ながら、この点をもっと追及してほしいと思いつつ、結局答申では十分に触れられていない事柄を論じてみたい。

この度の「答申」は、大学審議会及び中央教育審議会の歴史を振り返っても、大学設置基準の大綱化を提唱した一九九一年の「大学教育の改善について（答申）」と、二一世紀の大学の在り方を総合的に提唱した一九九八年の「二一世紀答申」に続く、基本的かつ総合的内容を持っている。この間、主な時期に高等教育局の要職にあって議論をリードしてこられた常盤元高等教育局長と義本博司前高等教育局長に敬意を表したい。

私も、グランドデザインの必要性は機会があるごとに言ったり書いたりしてきたが、その難しさも知っている。長期的将来を見通す作業は不確定要素が多くて行政の仕事としては難しいことや、ある方向を示すことはそれに反する立場の人たちからは反発を受けるものであり、なかなか思い切ったことが書けないことが挙げられる。私的な立場であれば何とでも書くことはできる。しかし、日本社会ではやはり公的な行政の文書の信用力は絶大であり、中教審の役割もそこにある。

そのため審議会では各方面に目配りして様々な立場の委員を入れ、意見も聴取しながら結論をまとめていくわけだが、それだけに多くの答申は総花的になり、きれいごとが並べられることになりがちである。また、時の政権や各省庁からの注文も多く、無視することはできない。

この「答申」ではかなり突っ込んだ議論がなされ、本文にもそれが反映していると理解できるが、その一方でまだ突っ込みが十分でなく、書かれていない部分もかなりあると受け止めている。そこで私は以下に数点、「答申」に書かれてはいないけれど、いずれ近い将来に議論されなければならないことを書いてみたい。

2　日本社会の将来像を総合的に考える

大学の将来像を描くためには、社会の将来像を想定しなければならない。このため「答申」では、二〇四〇年頃の社会変化の方向として次の五点を挙げている。

①ＳＤＧｓが目指す、持続可能な社会の創造
②技術革新によるＳｏｃｉｅｔｙ５・０、第四次産業革命が目指す社会
③人生一〇〇年時代を迎えマルチステージ型の人生が送られる社会
④グローバリゼーションが進んだ社会
⑤人口減少の中で地方創生が目指す社会

いずれも従来から指摘されているもっともな視点であるが、私はこれに加えて、公的財政投資に支えられた高度成長路線の終焉、を加えたい。なぜなら、戦後永きにわたり日本社会に蔓延し、現在もなお多くの人々が抜け出せないでいる呪縛であるからだ。

では、その転換を行政分野ごとに見ていこう。

医療・社会福祉については、高齢化に伴う最大の財政負担対象であるが、高齢化が上限に近付きつつあり、医療福祉の対象となる年代をできるだけ縮小し、多くの人が元気に働くことができるようにしなければならない。同時に子

供には思い切った投資の拡大をして、若い親が安心して子を産み、子育てができるようにしなければならない。

労働については、新卒者一括採用、年功序列、終身雇用、定年制の日本型雇用環境を終わらせ、生涯の各ステージで様々に働くことができる環境を作らなければならない。日本人の働き方を変え、子育てと仕事が両立するよう本気で取組まなければならない。

産業政策では、多数の単純労働を使用する分野は撤退し、ＡＩには任せられない分野の仕事を拡大していかなければならない。日本の産業の中軸となるものは何か、よく議論をして狙いを定めなければならない。

国土政策では、無理な公共投資により住民の少ない地域を開発するのではなく、地方の中核都市に資源を集中して人口減少時代の国土づくりを行うべきである。鉄道や道路などの従来型の整備はもはや限界であろう。

このようにすべての行政分野で、来るべき人口減少時代に耐えられる政策転換を立案し、時間をかけて切り替えていく必要がある。大学もまた同様の方向で、質の向上と量の見直しを進める必要がある。

また、初等中等教育から、高等教育、そして社会人の学習に至るプロセスが、段階によってばらばらに分断されその接続が課題になっている状況を克服し、初等中等教育＝大学入学者選抜＝大学教育＝就職採用選考＝職業人としての能力向上が、一貫して継続できる在り方に切り替える必要がある。これが真のリカレント社会であろう。

まさに教育の将来像は、すべての社会の将来像を踏まえて総合的に考えられる必要があり、その全体構想を早く構築するべきだろう。これは文部科学省単独ではできないことかもしれないが、各省庁でも二〇四〇年への問題意識はできつつあり、文部科学省は他省庁を待たなくても独自の問題提起をしていくべきだろう。

なにをやるにしても国からの指示や国の財源を欲しがる意識を抜け出し、見識を持った個人がリーダーシップをとる社会にならなければ、この時代は乗り切っていけない。人口減少は二〇四〇年代に終わるのではなく、おそらくその後も続くのだろうから。

3　日本の大学の将来像を質的に考える

「答申」の前半は、『教育研究体制 ― 多様性と柔軟性の確保 ―』の章と、『教育の質の保証と情報公開 ― 学びの質保証の再構築 ―』の章で、主に教育の在り方を論じている。教育の改善は継続性があり一歩ずつ進めていくところに特徴があるので、ここに掲げられた項目の多くは従来から指摘され取り組まれていたものである。

「多様な学生」の項では、リカレント教育、留学生交流の推進等、高等教育機関の国際的展開が述べられている。

「多様な教員」の項では、若手、女性、外国籍など様々な人材が述べられ、研修や環境の整備が述べられている。

「多様で柔軟な教育プログラム」の項では、初等中等教育との接続、文理横断、学習の幅を広げる教育、多様で柔軟な教育プログラムが述べられている。

これら「多様性を受け止めるガバナンス」については、各大学のマネジメント機能や経営力を強化すること、大学等の連携・統合を円滑に進めることができる仕組みの構築、「地域連携プラットフォーム（仮称）」を構築することなどが述べられている。

そこで、私が最も注目するのは、大学が行う「教育の質の保証」と「情報公開」の項である。従来、質の保証として機能している仕組みとしては、設置認可及び認証評価と、私学助成における特別な配慮が代表的なものだった。

しかし、設置認可は設置してから完成年度までのことであるし、認証評価は七年ごとの受審が大変だと各大学に刺激を与えてはいるが、それが過ぎれば忘れられてしまうのが実態である。本当は毎年度自己点検評価を自主的に行い、それを公表していれば、七年ごとに大騒ぎをすることもなくなり却って楽なのだが、実態は、各大学は義務付けられた最低限のことしかしないことが多い。なお、この仕組みは決して無駄ではなく、多くの大学の教員が評価者として見知らぬ他大学の評価に携わって、そこでいろいろな実態ややり方があるものだと学習しており、この蓄積が時間はかかるけれど全体としての底上げにつながって行くと感じている。

私学助成のうち、経常費補助金の特別配分、私立大学改革総合支援事業、かつてのＧＰなどは、特に優れた試みを行っている大学に資金を援助するものであり、一定の効果は挙げてきた。しかし、このように個々の取組みに着目して資金援助する方式は、どんなことをすれば補助金がもらえるのかという発想が先行し、各大学を型にはめてしまう傾向があり、あまりに大規模に行うのは疑問がある。現に、私立大学改革総合支援事業は、交付要綱が細目にわたり、初等中等教育の学習指導要領よりも効果的な誘導力を発揮している。もはや私学の自由な発想などという理念よりも目の前の資金にありつきたいという私学が大半なのであろうか。私は、これらの個々の私学の取組みを誘導するような施策は全体の底上げのためには限界があると考える。

むしろ、情報公開を徹底する方向を目指したい。国公私立すべての大学が、自分たちの状態がどうなっているかを、分かりやすく、他との比較が可能な示し方で、公開するように義務付けるべきであろう。

情報公開に関しては、すでに二〇一〇年に学校教育法施行規則の改正で九項目の事項の公開が義務付けられている。しかし項目が列挙されているだけだから、大学により公開の度合いはまちまちである。財務情報などは財務諸表をそのまま見せている大学が多いが、財務諸表を解読できる大学関係者はあまりなく、まして外部の父母や市民には謎の文書である。私立学校振興・共済事業団（以下、私学事業団）で大学ポートレートを立ち上げたが、私学の反対で私学が出したくない情報は出さなくても良いことになったのであまり意味のない公開制度になってしまった。ＩＲを立ち上げている大学も増加しているが、大学間の比較ができてこそＩＲは真の効果を発揮するものである。

情報公開では、ＩＲと同じく客観的なデータや事実を記載すればよいのであり、それをどう評価したり、認証評価や私学助成で活用したりするかはまた別の問題である。ただし、公開が不十分な大学ははっきりわかるように「透明度の低い大学」とのレッテルを張って、注意を喚起しておきたい。大学ごとの「情報公開度指数」を測定し、公開するようにしたい。

このようなことを主張するのは、日本の大学の将来を心配してのことである。中教審の立派な答申にもかかわらず、日本の大学への信頼度は低下しているのではないか。

近年日本の大学では、パワハラ、セクハラ、研究不正、教員の指導力の欠如など社会の常識では通用しないような事件や良くない出来事が続いており、その背景にはガバナンスが欠如していること、古い体質が温存されていること、それらを変えていこうという動きが見られないことなどが挙げられる。いずれも、自大学の状態を見ていないことが背景にあり、情報公開により健康診断のように自大学の有りのままの姿をあからさまに見るべきである。

もう一つの心配は、国際的に見た場合、日本の大学が通用するかという点である。日本人学生が外国大学に入学を申し込んだ時に、本当に日本の正規の大学かという確認は以前からあったが、これからは、どんなカリキュラムで何時間の学習をしたのか、それを保証するエビデンスを見せろ、と言われるようになるだろう。日本人自身が日本の大学を信用していないのだから仕方がないが、今や日本の大学生が勉強していないことは国際的にも有名になっており、信頼度は下がっていると感じる。もちろん日本にも世界に通用するトップレベルの学生層はあるのだが、レベルの低い層の存在がその足を引っ張らないか心配である。

情報公開の力で、教育の質の保証を徹底することがこれからの日本の大学の課題だと考える。そこに目を閉ざしている大学は即刻退場してもらいたい。大学設置基準と学校教育法施行規則と、設置認可及び認証評価と、私学助成などの財政措置は一連の質保証の体系であり、そのサイクルを実質的に回す有力な手段が情報公開である（マネジメント・サイクルの考え方については、第二章三節で書いておいたので参考とされたい。）

4　日本の大学の将来像を量的に考える

今回の「答申」が大きな関心を呼んだのは、人口減少時代に現実に突入した中で、高等教育の規模とその際の大学の在り方をどの程度突っ込んで展望することができるかという点だっただろう。私はその難しさも知っているだけに、だからこそ、それをやれるのは中教審＝文部科学省しかないと考えていた。結果としては、「答申」は課題解決の入り口まで行っただけで、解決策そのものはまだ示されていないと考える。

(1)　将来の人口及び進学者の推計

「答申」では将来推計として、次の通り記述されている。「今後一八歳人口が再び減少局面に突入することを反映し、高等教育機関への進学者数は二〇四〇年には約七四万人となり、二〇一七年と比較すると約二三万人減少することとなる。そのうち、大学進学者数は約五一万人となり、二〇一七年と比較すると約一二万人減少する。高等教育機関としても、大学としても現在の約八〇％の規模となる。」

ここまでは客観的な推計であり、私見でも異論はないけれど、今回の人口減少は回復の兆しは見えない状態であり、二〇四〇年以降も減少は続き、一八歳人口は七〇万人、六〇万人と減っていく可能性もあると私は見ている。それを食い止めるだけの社会システムの変革や国民の意識の切り替えができるとは、残念ながら思うことができない。

(2) 国公私立の役割

「答申」では、国立大学の役割については、「一八歳人口の減少を踏まえた定員規模の検討を行うとともに、大学院機能の重視、文理横断的な学士課程への見直しなど」を行うことが求められている。私見では、ここはもう一歩踏み込んで、国立大学の学部入学定員の規模は、一八歳人口の減少の度合いと同じ度合いで縮小する。特に大規模研究大学においては、学部を大幅に減少させ大学院を充実する、とするべきであると考える。

公立大学の役割については、「教育機会の均等の実現、地域活性化の推進、行政課題の解決に向けて、公立大学がどのようにその役割を果たしていくかを考える」とされている。私見では、地方財政のひっ迫もあり、一八歳人口の減少の度合いと財政の観点から、規模の縮小を行う、とするべきであると考える。

私立大学については、「様々な学生に対し門戸を開き、それぞれの「建学の精神」に基づき、多様性に富み、実践的な教育を行う役割を担っている。学生／教員の比率も踏まえた教育研究のさらなる充実を図りつつ、その経営基盤の強化を図る」と述べられている。私見では、一八歳人口減少の影響を最も受けるのが私立大学であり、各地の将来人口の推計を見ながら、持ちこたえられない私立大学は速やかに撤退する、とするべきであると考える。

(3) 大学規模縮小の方策

大学の規模縮小の具体策であるが、第一章一節、第一章二節で、全体的な提案をしているので、ここではその要点を述べたい。

まず、規模縮小に当たっては①現状放置路線、②計画統制路線、③国公私協調路線の三つの選択肢がある。

①現状放置路線は、特段の行政介入はせず、結果として弱肉強食となり、かなりの混乱が生じるであろう。

②計画統制路線は、公的なレベルで国公私の定員を調整しようとするものであるが、私学の反発は強く、行政側で

も実行しきれないであろう。

③国公私協調路線は、国及び都道府県などのブロック単位で、国公私立大学に、文科省、地方自治体、産業界も加わり、協議の上で紳士協定を結び、遵守するべく努力する路線である。遵守しない大学は公表する。すべて順守されるとは思わないが、何もないよりは効果はあるだろう。

そして、仮に現状放置路線を取り、人口減少に応じて私立大学が消滅していくとするとどういうことになるかをシミュレーションすると、弱肉強食の通り、大規模私学から定員が充足され、小規模私学から定員割れしていくとして、仮置きしていった結果、次の通りとなった。

「二〇四〇年〜二〇五〇年には、私学は、現在の学生数を確保できるのは、在学生数三七〇〇人以上の一四〇校まででであり、それ以下の規模の大学は在学生がいなくなる（つまり消滅する）という試算となる。」

しかし、これだけでは単純すぎるので、①旧来型の志願者の取り合いで消耗する大規模大学もあること、②特色ある独自路線で基盤を維持する中小規模大学もあること、③新領域を開拓して大発展するブルーオーシャン大学もあること、を述べておきたい。

この「答申」は、激変時代の幕開けを告げているにすぎない。各大学、各教職員は覚悟を決めて将来に向けて取組む必要がある。

5　人口減少時代の大学像を考える

そこで、人口減少＝大学規模縮小時代の大学像を、正確に予想することは難しいが、「答申」も踏まえて概観してみたい。日本の大学は、明治以来旧制帝国大学をモデルとして国立公立私立を問わず、規模の拡大と東大を頂点とした偏差値体制の中での序列の格上げを目指してきたが、これからは最早その単純な序列の世界ではなくなる。

①研究中心大学

グローバルな競争に勝ち抜く研究は、国立共同利用機関や研究大学の大学院など研究に特化した機関に資源を集中して行われるだろう。そこでは学問の自由と自治は保証され、その中での研究者の相互批判による競争原理が働き、厳しい新陳代謝が行われる。これら研究に特化した機関の規模をどう考えるかは財政力との相談であろう。

②学術的大学

大きなボリュームゾーンは、研究も行いつつ教育に重点を置く国公私立の大学が占める点は今と変わらないが、単純に大規模大学が有利になるのではなく、変化に対応するガバナンスがいきわたる大学が存続するだろう。

③専門的大学

次のボリュームゾーンは、職業に直結した教育を産業界や専門業界と連携して行う大学であり、現在性格のはっきりしない一般的な教育を行っている大学は、その特性を明らかにしないと存続できないだろう。

④多様性大学

これらの大学の周辺に、リベラルアーツに徹する中小規模大学や、特色を強みとする中小規模大学や、短期大学・専門学校などの短期高等教育機関が需要に応じて存在し続けるだろう。高等専門学校は、むしろ高度の専門教育機関として大学化する方向であろう。

そして、各大学が単体として全一式の教育研究、ガバナンス機能を有することは次第に薄れていく。教育も同一大学の学部をまたがることはもちろん、異なる大学間でも連携協働が行われるようになる。地域や分野などに着目しての連携や役割分担は、お互いの生き残りと質の維持向上のために行われるようになるだろう。この流れは人口減少と大学入学者の縮小が続く限り続くと見るべきであろう。

いささか暗い未来像のように見えるかもしれないが、私は新しい国や社会に適合するための過渡期の苦しみであり、むしろ質の高い、国民の満足度の高い、グローバルに見て遜色のない高等教育の世界を作るための生みの苦しみであると捉えたい。

6　日本の大学教職員の将来像を実践的に考える

では、その未来の高等教育機関で働く教員と職員はどうなるであろうか。両者とも、多様に分化していくことは「答申」の示す方向のとおりである（「答申」では大学職員については触れられていないが、どうしたことであろうか）。

(1) 大学教員の場合

大学教員は、教育と研究の主要な担い手であることは変わりないだろうけれど、教育と研究の在り方が変わり、社会貢献や学内業務の比重が高まるにつれ教育の在り方は変わる。特に実務の世界にお経験の深い教員が多く参入してくることや、力量を高めた職員が重要な役割を果たすことが予想されることを考えなければならない。

①高度な研究に特化する教員

世界的な研究のネットワークに参画し、競争しつつ協力して高度な研究業績を達成するには余程の才能と努力が必要である。選ばれてそこに参入し、トップ研究者の誉れを維持することができる間は研究大学において活躍してもらうことになる。

恵まれた研究環境を駆使しながら、実力次第で入れ替え可能性があるたいへんな環境であろう。学生はむしろ若い研究者であって、年齢を超えて尊重しあう関係となる。

②学術的な教育と研究を遂行する教員

現在の水準の高い多くの大学で見られる教員であり、基本的には現在の在り方を継続するが、社会の要請に柔軟に応え、チームプレイができ、学生の教育に関する素養と技術を身につけ、教育熱心である教員でありたい。学生・大学院生の多くは社会で活躍するのだから、そのための素養を身につける配慮も必要である。

③実務の世界に経験の深い教員

実務家教員と言っても、実務の世界で一仕事終わった人々ばかりではなく、実務の第一線で活躍しつつ学術的な素養を身につけた人が大量に必要である。日本の企業は経験第一でとにかく頑張れという仕事のやり方をしてきたが、これでは世界に太刀打ちできない。実務経験と学術的な素養を兼ね備えてこそ大学と実務の連結が可能となる。そうすればカリキュラムも教育方法も、人間形成も実務の世界に通用する教育ができるだろう。同時に学術型の教員も実務を深く知らなければならない。両方の世界の橋渡しが必要である。

④大学マネジメントの能力のある教員

大学マネジメントの仕事、特にトップマネジメントに至る人事の供給源はやはり多くを教員に期待しなければならない。古い身分制の感覚を捨てて、教員と専門的職員とが共同して大学経営の実務を担っていかなければならない。教員からスタートした人もできるだけ早くからマネジメントを経験する必要がある。

(2) 大学職員の場合

日本の大学職員は、世界でも特異な在り方をしているのかもしれない。しかし、それは日本型雇用に根差しており、一般の日本企業の雇用が世界でも特異であるのと同様だ。そして日本型雇用の良いところと限界も明らかであり、一般の企業も大学も、職員の雇用と働き方をどう変えていくかが問われている。

日本の大学職員の在り方の特徴は、比較的同質の人々で構成され、同じようにローテーション人事を繰り返してキャリア形成していく。仕事は階層にもよるが、かなりレベルの高い経営判断にも関わるかと思うと、単純作業的なルーティンワークにも従事し、要するに何でも屋であることが重宝される。しかし、これからその姿は激変するだろう。二〇四〇年代以降は、現在のような在り方の事務職員は大幅に減り、次のような特性を持った新しい職員グループが登場するだろう。グループによって、学歴、採用の在り方、その後のキャリア形成、働きながらの学習歴なども、かなりの違い生じてくるだろう。

①トップマネジメントに参画する職員

かなりの知的訓練を経た高学歴の職員が、どの大学にあっても少数精鋭で必要とされるだろう。若い段階からハイレベルの経営判断に加わり、あるいは転職を経験し、トップマネジメントに近い位置で職務経歴を重ねる。途中で他大学での重要ポストも経験し、また帰ってきてもいいしそのまま転職してもいい。大学の重要な仕事を回遊するリーダーたちであり、いずれはトップマネジメントの一員となっていく。

②民間的手法で管理業務を担当する職員

経理・人事などの管理業務は、民間企業との共通性が高いので、民間から大幅に人材を得るほうが良い。ＡＩの発達によって大幅に効率化と人員削減ができる部門でもあり、民間からある程度の経験を積んだ職員で大学の仕事へのマインドを持った人に来てもらい、専門職のように仕事をしてもらう。

③大学特有の仕事に適性と情熱をもって従事する教学専門的職員

大学特有の教務、学生指導、入学者選考、就職指導、研究支援、学習支援などの業務は、初めからそれぞれの専門的学習をしてきた人に職員になってもらう。ローテーション人事は可能な範囲内にとどめ、教員と共同して業務を遂行する専門性を深めてもらう。大学を超えたネットワークを形成するなどの研鑽を積んでもらい、ゆくゆくはそれぞれの部門の長となってもらう。

④激減するルーティンワーク

ＡＩの発達と業務の徹底した合理化により、現在多数を占めているルーティンワーク的な業務は激減する。それに応じて事務職員もルーティンワークしかできないようなレベルの職員は激減する。現在のような一般的な事務職員は徐々に姿を消していく。

⑤どの職員にもケア的業務の素養が必要とされる

ＡＩがいくら発達しても、ＡＩにはできない仕事が教育現場には多く残る。学生をケアし、教職員をケアする、人の心に触れる仕事である。このため、心をケアする専門家集団を中心としてすべての教職員が心のケアの素養を身につけなければならない。二一世紀半ばの大学の必須の課題である。

⑥流動しながら力をつけていく職員

冒頭の社会の将来像に描かれたように、定年制はなくなって、能力のある限り働くことはできるようになる（逆に能力がなくなれば解雇される）。人生は単線ではなくいくつものステージを経るようになる。すなわち、大学院で学び直してキャリアアップしたり、公募に応じて他の組織や職種に転じたり、自分の価値観に沿って人生を変転させたりする人が増える。大学の教職員自身がその流動する一員となる。長く、喜びを持って働いていきたいものだ。

以上のように大学教職員の将来像を構想する。しかし、一挙にそこまで行くわけではない。小さな変化を繰り返しながら、長い目で見ると激変の時期を乗り切っていくことになる。過剰に心配する必要はないが、すぐに変化への準備を始めなければならない。大学のグランドデザインは、大学職員のグランドデザインにつながっている。

第一章　高等教育の将来像を考える

一　国公私立の連携・統合は可能か？　― 国公私立の区分から考える ―

1　はじめに

これから二一世紀半ばにかけて（そしてその後も）、日本の社会は少子高齢化、グローバル化、ＡＩ・情報化などの大きな変化が予想される。

大学の在り方もその社会の変化に応じてかなり変化しなければならないと思うのだが、大学関係者の発想は基本的に現在の延長で考えるに留まっており、議論が不徹底になっているのではないかと危惧している。

高等教育の未来像を考えるには、いったん現在の枠組みを外して基本的なところから考察し直してみる必要があるのではないか。例えば、国公私立といった設置者ごとの区分はどう変わっていく可能性があるのか（あるいはないのか）、学部・大学院・短期大学・高等専門学校・専門学校といった学校種の区分は変わらないのかどうか、大学と行政の関係はどうなっていくのだろうか。特に「高等教育のグランドデザイン（答申）」においては、国公私立の連携・統合が提案されており、それに対して、その具体像について見えてこないという声も巷に聞こえるが、まずは国公私立の枠組みといった基本問題について、考える必要があるであろう。

今回はそのうち、国公私立の設置者の区分について考えてみる。

2　課題提起

二〇一七年四月に、「国公私立の枠を超えた再編統合か」という新聞記事が出て話題となったことがある。これは、四月二五日の経済財政諮問会議で人材投資が議題となり、民間議員である伊藤元重氏から次のような問題提起がなされたことによる。

配布資料によれば、

「小規模でも個性ある大学の機能・資産を生かしていけるよう、大学法人の経営戦略上のスケールメリットを発揮できる環境整備が重要。設置者（国公私立）の枠を超えた経営統合や再編が可能となる枠組みを整備すべきである（一大学一法人制度の見直し（国立大学法人）、設置基準の改正等を通じた、同一分野の単科大学や同一地域内の大学間の連携・統合等）。また、経営困難な大学の円滑な撤退としっかりと事業継承できる制度的な枠組みを検討すべき」

となっており、議事録を見れば伊藤議員の説明もほぼこれに沿って行われている。

一見、大学の数が多すぎるから大学の再編統合を進めようという粗雑な意見であるかのように見えるが、資料をよく見れば経営上のスケールメリットの観点を強調したり、再編統合の方法にも一部触れたりするなど、ある程度の説明はされている。

しかし、国立大学間の統合や私立大学間の統合はすでに実績があり、分かりやすいのだが、国公私立の再編統合は例がなくイメージがわかない。それが良いことなのかどうなのか、そもそもできることなのかどうなのか、もう少し丁寧な説明が必要だっただろう。その後、この論点が深められた形跡は今もってなさそうだ。

文部科学省でこの問題提起を受け止めるのは、中教審大学分科会の将来構想部会となる。

二〇一七年三月の中央教育審議会に対する文部科学大臣の諮問「我が国の高等教育に関する将来構想について」の中で確かに、「国公私の設置者別の役割分担の在り方や国公私の設置者の枠を超えた連携・統合の可能性なども念頭に置きつつ（今後の高等教育の構造なり方策について）ご検討ください」との課題提起がある。

そして、二〇一七年一二月に公表された「今後の高等教育の将来像の提示に向けた論点整理」を見ると、別添資料の「大学間の連携・統合の可能性　論点整理」では、「地域における大学間等の連携強化」「国立大学法人は一法人が一大学のみを設置していること」「私立大学の連携・統合の円滑化に向けた方策」を取り上げている。

いずれも行政的には論じやすい論点に絞って取り上げているわけだが、国公私立の再編統合については正面切って触れていない。二〇一八年秋の最終答申においても同様で、今後具体的にどうような法的整備が必要なのかなど、今後の検討課題であることは間違いないだろう。

私自身はかねてから、大学の設置者の在り方は、このまま永久不変のものであるかどうか、やや疑問を感じていた。国立大学と私立大学の双方を経験してみて、国立大学の教職員の多くは私立大学を一段下に見なしたり、私立大学の存在意義を認めなかったり、日常的にほとんど私立大学は関心の外にある人が多かった。

一方、私立大学の人は、国立大学を官僚組織と見たり、国費丸抱えの親方日の丸が続いている組織とみなしたり、財政投資が国立に偏っていることを問題視したり、一言で言うと敵対心を持っている人が多かった。

同じ大学の仕事をしながら、国立と私立がこんなに分裂した状態でいいのだろうか。これでは国公私立を通した大学全体のあるべき姿を追及することなど到底できないのではないかと感じられた。

このことは、大学の教職員の意識の分裂というだけでなく、大学グループ全体として国民の必要に応えることができているかという疑問につながる。

特にこれからの人口減少時代、否や応なしに大学全体は縮小せざるを得ないが、その時の国公私立が自分たちの存続だけを考えていていいのだろうか。国民の、あるいは地域住民の期待に応じて大学グループとしてどのような姿が良いのか、共に考えていき、必要があればそれぞれが痛みを分かち合い、過渡期を乗り切っていくべきではないか。

そんな問題意識を持ちながら、この機会に思考実験として、いささか考察してみたい。

3　国立大学法人の場合

二〇〇四年の国立大学の法人化が大きな転機だった。

それまで組織としては行政組織の一部であり、教職員は公務員だった。法人化後は、組織は国から独立して国立大学法人法という特別の法律に基づく法人となり、教職員は、法人に勤務する職員となった。形式上は法人として学校法人に近づいたが、内実は行政機関と公務員の色彩を色濃く残し、中途半端なものだったと私は思う。

その中途半端さは、①職員の退職金と年金の扱い、②運営費交付金の扱いと収入増への制約、の二点が大きいと思う。

(1)　職員の退職金と年金の扱い

職員の退職金と年金の扱いについては、法人への移行の際、労働組合（職員団体）が死に物狂いの反対をすることも予想されたが、実際には一応反対の声明や反対活動はあったが、想定したほどの強烈な動きはなかった。

これは、人件費の財源となっている運営費交付金について、毎年一％減の予算査定はあったものの、民間でみられるような大量リストラにはつながらないことが見えてきたことと併せて、退職金は国が直接保証して公務員であったならば支給するであろう金額が支給されることになったことと、年金は国家公務員共済を適用したことが、大きな安心感となったためである。

いわば途中の給与は多少の変動はあっても、終着点は公務員であった時と同じですよということになり、争点にはならなかった。しかしこのことは、法人化後の人事制度の設計にあたって実質的に大きな制約となり、未だに国立大学法人で画期的な人事制度を行う大学が見られないことにつながっている。

例えば、定員制度は無くなったものの、退職金支給枠が実質的に定員枠の機能を果たしていること、勤務成績による給与の差をつけようとしても、思い切った制度作りができないことなどである。

(2)　運営費交付金の扱いと収入増への制約

運営費交付金の扱いと収入増への制約については、国立大学法人の制度は、国が国立大学の中期計画を定めて、その実行に必要な財源を運営費交付金で支給するというものであるが、これでは国立時代の予算配分とあまり変わらない。法人としての自主性を発揮するためには、収入支出を自ら工夫して、財政をマネジメントするという動機づけが行われていく必要がある。

つまり、新規事業が必要ならば、国の交付金だけに頼るのではなく、自ら収入を増やす努力、例えば、学生を増加させ、学費を増加させることなどがもっと自由に行われるのが当然だという共通理解を形成する必要がある。制度上は一応自由度があることにはなっているが、実際上は難しいという日本的な制約が強固に残ったままである。

結果として、このように、折角、法人化して、国立大学、公立大学、私立大学が法人として横一線に並んだのだから、大学グループ全体としてどのような方向に向かおうとしているかが見えるといいのだが、三つの制度が分立しているだけで、大学制度全体が目指す方向が見えてこない制度の並びとなってしまっている。

国立大学法人と公立大学法人は、確かに行政機関由来の制度であり、その出自は制度のあちらこちらに刻印されている。行政機関の効率化を主眼とした独立行政法人制度を、国立大学にそのまま適用することは不適切であるとして、大学の教育研究の独自性などを重視した国立大学法人という独自の制度を発足させたわけだが、今はその緊張感もなくなり、国立大学の独法化などという誤った言い方がまかり通っている。

制度発足して一〇数年がた経ち、大学制度全体のグランドデザインのもとで国立大学と公立大学の法人制度の在り方も議論するべき時かもしれない。

4　学校法人の場合

次に、私立大学（学校法人）を見てみよう。

一九四九年に戦後教育改革の重要な柱として成立した私立学校法は、私立学校の自主性と公共性を重視して学校法人制度を確立したものであり、すでに長い歴史を刻んで定着している。その制度設計は民間の財団法人に由来するものであり、行政制度の一環あるいは補完という発想は盛り込まれていない。

私立学校法はその点すっきりしたつくりとなっているが、一方で、私学経常費助成を実現した際に私学振興助成法を制定し、所轄庁の権限強化や学校法人会計基準の順守など、一定の公的関与を受け入れている。

これらは一体として私学制度を形成しているとみるべきである。そこでは、①公的資金の受け入れに伴う行政の関与の在り方、②私立学校における公共性と私事性（自主性）の調和をどう考えるか、などの課題がある。

(1) 公的資金の受け入れに伴う行政の関与の在り方

公的資金の受け入れに伴う行政の関与の在り方について、明治以来、財政的困難に直面し続けてきた私学にとって、公的資金の受け入れは長年の悲願であったが、それは同時に公的関与をどう考えるかという問題提起でもあった。公的資金の財源は国民の税金であるので、国民に対する説明責任をどう果たすかという課題でもある。経常費助成の制度化の際に、この結果、文部省の関与が強まることになるのではないかと懸念する意見も私学内部にあったという記録を見たことがあるが、今やそんな懸念を問題にすることもなく、公的資金は増大している。

経常費助成の中でも何らかの方向付けをする特別補助は拡大し、国公私立大学を通したＧＰ制度をはじめとした競争的資金の影響力は大きかった。近年では私立大学等改革総合支援事業は個々の業務まで立ち入って判定することになり、認証評価制度の定着と相まって私学運営の学習指導要領のような機能を果たしつつある。

公的資金を受け入れることは、行政の監査を受け入れることになり、会計検査が控えている。私は私学の実務を見て、私学人でありながら公務員よりも公務員的な人が多くいることに驚いたことがあるが、職務に忠実な人ほど公務員的になってきているのではないかと感じた。

私立大学で施策を考えるときも、まず補助金の対象になる事業を考える習慣がついてしまっているのではないか。この現象は、公的資金を受け入れるときは、ある程度やむを得ないと割り切るべきかどうか。とすれば、国公立大学の仕事も私立大学の仕事も似てきているということになる。

(2) 私立学校における公共性と私事性（自主性）の調和

学校法人制度の特徴の一つは、卒業生を重んじていることであり、理事・評議員に一定数の卒業生を入れることになっている。これは、建学の理念の理解者・継承者である卒業生を重視するという美風でもあるが、行き過ぎると閉鎖的な組織になりかねず、時代の変化に即応した大学の展開を阻害する機能を果たす例も散見される。

また、大学の財産は創立者あるいは賛同者の寄付行為によるものであり、その当初の意思は尊重するべきである。しかし、いったん寄付されたならば、それは個人の財産ではなく学校法人の財産である。そのため、学校法人が解散するときは、その残余の財産は他の学校法人又は国庫に帰属するものとされている。

だが、現実には解散の事態を真剣に考える人はあまりなく、個人の財産と学校法人の財産について曖昧な考えでいる人が多いようだ。けれども、近い将来、学校法人が次々に解散する事態も生じかねず、実際に平成三一年一月七日に公表された「学校法人制度の改善方策について」においては、破綻する学校法人がでることを前提にしており、真剣に考えておく必要がある。

この二例は、私学における公共性と私事性をどう考えるかという基本論につながると考える。私事性は大切ではあるが、これからは公共性を重視しなければならないと考えれば、その限度は見えてくる。

(3) 私学における公共性とは

このように私立大学（学校法人）においても、公共性の要素は高まってきており、その視点で学校法人の在り方を再点検するべき時期が近づいている。前述した「学校法人制度の改善方策について」では、私学のガバナンスや情報公開の強化を求められており、そのように私立学校法も改正が二月一七日に閣議決定された

私はあえて割り切った言い方をすれば、国公私立という区分よりも、公的資金が五〇％の大学、一〇％の大学、〇％の大学という捉え方をしてみたい。日本共通の大学法人制度があり、その中に五〇％公的資金大学、一〇％公的資金大学、〇％公的資金の大学が、それぞれ必要に応じた公的関与を組み込んだ制度設計をすると考えれば、学校法人の在り方もわかりやすいのではないか、と考える。

5　人口減少時代をどう乗り切るか　—　国公私協調は可能か

次に、現在進行しつつある一八歳人口急減期を、どう乗り切るかについて考えてみたい。

現在進行しつつあると言っても一時的な傾向ではなく、人口予測が可能な限り人口減は続くわけだから、ずっと続く傾向であることは明白である。少子化対策が功を奏し子供の数が増えるならば喜ばしいのだが、今のところその兆

候はなく、安易な起死回生の期待感を持つわけにはいかない。

また、大学入学者の確保について、社会人入学、外国人入学、女性の学歴向上など様々にアイデアはあり、もちろんそのための努力もなされなければならないが、これらの確保策が成果を上げるとしてもこの数年間で飛躍的に改善するとは思われない。当面の大学入学者の基本は一八歳人口であり、その動態がカギを握っていることに変わりはない。

進学率はすでに専門学校を含めれば八〇％に達しているのだから、進学率の向上に期待するわけにはいかない。大学への進学率はまだ五五％に過ぎないとの主張は、専門学校の存在を無視したものであり、専門学校と大学の比率は変化するかもしれないが総枠八〇％はほぼ限界だと言ってもいいだろう。残りの二〇％の青年が進学するとしたら、従来の大学とは異なる福祉的機能や訓練的機能を持つ学校ということになるだろう。

つまり、高等教育進学者の総数は、一八歳人口の八〇％程度を目安として、人口規模に比例して縮小していくと考えざるを得ない。

(1)　高等教育の規模縮小における留意点

この規模縮小期を迎えるにあたって、いくつかの方策が考えられるが、まず、どの方策をとる場合でも考慮するべき留意点を考えてみよう。

①教育研究の水準確保

規模は縮小すると言っても国際社会における日本の位置付けを考えると、一定規模の優れた人材を輩出し、研究成果を向上させること（わかりやすい例では、結果として一定数のノーベル賞の獲得が継続される状態を維持することなど）が必要である。高度な教育研究は海外に任せるという路線は取ることはできない。

②国公私立の維持

規模の縮小にあたっては、国公私立の調整が後述するように難関である。明治以来日本の高等教育は、国公私立の学校が参入し、それぞれ特性を発揮することにより、多様で豊富な在り方を実現してきたと考える。未来（二一世紀中）も、この国公私立の区分は基本的にはおそらく維持されると考える。ただし前述のように不必要な違いはなくしていき、共通性を高める方向での制度改正は行う必要があるであろう。けれど、全く一種類の設置者となるわけにはいかないと考える。したがって、国公私立が分立しつつ、それぞれの特性を発揮しながら共存できる在り方を探る必要がある。国公私立のうち、どれか一つの学校設置者だけを減らすという方策は取りえない。

③社会全体の変化とのバランス

人口減少は全国的な問題であり、その影響は教育（学校）のみならず、地方自治制度、医療福祉制度、国土開発政策、産業政策などあらゆる面で影響がある。影響があるというよりも、様々な分野の総力を結集しなければ乗り切っていけない課題である。

したがって私は、成長戦略などと言って浮かれているよりも、現実を直視した人口減少時代の国の在り方を議論し、総合的な政策を打ち出す必要があると考えている。その議論はまだ本格的に話されていないが、それを待たないと教育（学校）について何もできないと言うのではなく、教育（学校）分野でどうなっても必要な施策は考え、実行しておき、そのうえで他分野と調整するという姿勢を持つ必要がある。

(2)　高等教育の規模縮小への方策

高等教育の規模縮小にあたって、いくつかの方策が考えられる。極端な二案から取り上げると、第一に現状放置路線と、第二に計画統制路線である。

①現状放置路線

第一の現状放置路線は、特に総枠の在り方を検討せず、国公立は公的資金の許す範囲で維持し、あとの私学は弱肉強食で淘汰されるに任せる路線である。

これは現在行われつつある路線に近いが、このままでいけば私学は混乱状態になり、その分、国公立はこれでいいのかという批判に晒《さら》されることとつながるだろう。日本は高等教育への公的投資が少なく、国公立大学の比率がもともと少ないので、国公立の比重を増やしていけば、バランスが取れるようになるとの見方もあるけれど、国公立の在り方に対する批判が集中する恐れがある。やはり、何らかの国公私立を通した方策が必要であろう。

②計画統制路線

第二の計画統制路線は、一九八〇年代の規模拡大期に行われ、その後、放棄された高等教育計画に近いが、規模縮小期には、ある程度強制力を用いて行う必要があるかもしれない。国公立については規模縮小の目標を定めて、予算を計画的に縮小する。私学についても徹底するならば、何らかの立法を行って縮小目標を定め、縮小のための誘導策を講じることが考えられる。

韓国、台湾でも類似の政策が行われつつあると聞くが、その推移が注目される。しかし日本では、基本的に私学の自治が尊重される姿勢が定着しており、あまりの強硬手段はなじまないと思われる。

ではどうすればよいのか。

③国公私立協調路線

第三の路線として、国公私立協調路線が考えられる。国レベル及び地方レベルで十分な話し合いを行い、合意形成をしたうえで、国公私立がそれぞれ痛みを分かち合って縮小する路線である。この路線については、高等学校の急増急減期に行った経験がある。

私が文部省に入省した一九七四年ごろ、初等中等教育局高等学校課に配属され、新入生ながら高等学校の急増急減対策を担当したことがある。当時第二次ベビーブームの子供たちが高校入学期を迎え、しかも高校進学率が急上昇して九〇％台となった時期であり、かつてない規模の子供たちをどう高校に収容するかが大きな問題だった。さらに難しかったのが、この急増期に続いて急減期が続くことが人口動態から見て明白だったため、縮小期をどうするかを合わせて考えなくてはならなかった。

そのため、今村武俊 管理局長（のちに初等中等教育局長）のリーダーシップにより、方針が定められた。高校以下は地方自治の問題であると言って放置することはしないで、国の責任で対策を講じること、公私協調してこの時期を乗り切ることを基本として、次のような計画を立案して実行した。

公立私立の生徒数の比率を、現在の状態で急増期も維持し、急減期も維持する、このため都道府県ごとに公私協議会を設け、話し合いを重ねながら実行をする。都道府県教育委員会と私学団体は、それぞれ責任をもって実行を担保するということとした。

その結果、大きな混乱はなく、首都圏各県は一〇〇校以上の公立高等学校を建設し、私立高等学校も規模拡大と新設が相次ぎ、特に私学はこの機会に進学対策に力を入れレベルアップにつなげた学校も多かった（都立高校は学校群制度の導入もあり、壊滅的な状態となった）。

数年後、その実行段階で私は福岡県教育委員会に出向し、高校増設を担当した。公立関係者と私立関係者はそれまで十分話し合ったこともなく、あえて言えば対立関係にあり、「なんだあいつらは」という感じだったが、私は両者と話し合いを重ねて、協調の雰囲気を生み出すように努力した。

問題は縮小期であり、公立は財政当局とも協議済みであるので、粛々と統廃合を進めたが、私学はそういうわけにはいかず、規模は拡大したままであり、やがて優勝劣敗の原則通り、生徒が確保できない学校は廃止されていった。当初の計画通りいかないのは世の常であり、ある程度の修正はあったものの、全体としてみればかなり成功した施策であったと考えている。

以上のような経験も考慮して、これからの高等教育の規模縮小の具体策を考えてみたい。

6　高等教育の規模縮小の具体策

大変単純な提案で恐縮だが、大胆な施策は単純でないと通用しない。国公私立ごとの入学定員は、二〇二〇年を基準として固定し（例えば国立二〇％、公立五％、私立七五％）、全国の総枠として一八歳人口が八〇％になれば国公私立の入学定員もそれぞれ八〇％とし、六〇％となればそれぞれ六〇％と減じていく、ということでどうだろうか。

地方については地方（都道府県）ごとに協議して比率を固める。それを文部科学省で全国枠として取りまとめて適正な数へと誘導する。

(1)　国立大学の場合

1)　文科省による将来あるべき姿を考慮した縮小策

国立大学については、文部科学省で統一的な縮小策を考える。その際、各大学で現状と同じ比率で縮小するなどという工夫のない方策ではなく、将来のあるべき姿を想定しての縮小を進める。

すでに国立大学のミッションの再定義において、「世界水準の教育研究の展開拠点」となる大学と、「(特定の専門領域において）全国的な教育研究の拠点」となる大学と、「地域活性化の中核的拠点」となる大学と、三区分をしているので、これを生かしていってはどうか。

①世界水準の大学は、世界水準の分野を絞って学部を縮小し大学院中心の大学となり、研究者と高度専門家養成に重点化する。

②専門領域で全国的な活動をする大学は、本当にそれに相応しい教育研究活動をしているか点検する。

③地域活性化の拠点となる大学は、公私立大学と最も競合する部分であるので、公私立の状況に配慮して縮小する。

これらを各大学の中長期計画を決定する段階で、精査して枠を決める。

特に地域活性化についてはよく考えなければならない。

一般的な教育研究については、国公私立ごとにそれほど性格が違うわけではない。しかし地域性について着目すると、かつて国立大学は自分たちの教育研究は全国を相手にするのであり、地域の課題など対象外だと言わんばかりの態度をとってきた。そのためニーズを満たされなかった地方自治体は公立大学の設置の努力をしたのだろう。私立大学も、かつては地域にあまり目を向けることなく、とにかく自校の入学者の確保を優先していたのではないか。公立大学においてさえも、かつては大学の自治の名のもとに地域のニーズとはかけ離れた、教員の興味関心を優先した教育研究を展開していた。

私は、長年にわたり地方自治体関係者から、そのような困った状態への相談を聞いてきた。近年に至り、ようやく国公私立とも地元地域のニーズに目を向けるようになってきたが、今度はどの大学が何をやるかという特性が見えなくなってきたのではないか。だから私は国立大学が安易に地域というのには疑問があり、国立は、公立よりも私立よりも真剣に地域と向かい合っていることを何らかの方法でを示すべきだと考える。

それにはたぶん、自分の大学はこれをやっていると誇示するだけでなく、当該地域（県）の高等教育全体はこういう状況であり、そのうち国立大学はこの部分を担当するという説明が必要だろう。

2）国立大学の統合

国立大学の規模縮小にあたっては、大学ごとの規模縮小のみならず、大学の統合も当然課題となる。これまで、二〇〇二年の山梨大学と山梨医科大学、筑波大学と図書館情報大学をはじめとして、二〇〇七年の大阪大学と大阪外国語大学の統合まで、二九大学が一四大学に統合されてきた（文部科学省資料）。

いくつかの類型があり、〇〇大学と〇〇医科大学というパターンは、一九七〇年代の無医大県解消計画の際に、古い〇〇大学は強大な医学部が設置され主導権を奪われることを嫌い、新しい医科大学は停滞した古い体質と共存することを嫌ったこと、政治的な誘致活動が激烈となり県内の地域配置のバランスを考慮せざるを得なかったことなどが原因であると聞いている。戦後の一県一大学の原則からすれば統合して設置されるべきであったが、財政も潤沢な時代となり、分散設置が許されたものだろう。この類型は当初の原則に戻ったものともいえる。

もう一つの類型は、大規模な総合大学と同一県内の特色ある小規模大学の統合であり、総合大学側にその分野が欠けているか弱体である場合に成立する例である。いわば飲み込まれた形になる小規模大学が、統合後もその特性を発揮できるかが課題であろう。

また、二〇〇三年の東京商船大学と東京水産大学を統合しての東京海洋大学の設置は、名称でもわかるように、いわば対等合併であり、船舶の運用を協力して行うという特性があったことも背景にある。

また本稿執筆時に、名古屋大学と岐阜大学との統合構想が浮上しているとの新聞報道があった。大規模大学同士の同様の構想は以前にも、東京工業大学と一橋大学、群馬大学と埼玉大学が話題となったことがあるが、実現していない。

大規模組織の統合に際しては、学内のみならず、地元関係者、卒業生、政治家など様々な利害を調整して合意形成を進める必要がある。そのためには、統合により何を目指し何を実現するのか、統合のメリット・デメリットは何なのかなどについて明確に整理し説得しなければならない。次の時代に必要とされる何を打ち出せるかがポイントだろう。

これまでの統合は、学長や事務局長が一人減るなど統合に伴うある程度の合理化はされたものの、教育研究組織には基本的に手を付けず、教員の正面切っての反対は起きないように配慮されて行われてきた。しかしこれからの規模縮小に伴う統合では、学生の定員減とそれに伴う教員数の減など、相当の痛みが伴うものが想定され、単なる縮減ではなく統合して新しいものを生み出す工夫など新しい発想が必要とされる。かなりの事前準備と経過措置が必要とされ、それだけ早く準備されなければならないだろう。

例えば、かつて行われた教育学部の教員養成課程の縮小に伴ういわゆるゼロ免課程の設置は、担当外であった私は教員が退職するまでの暫定的な組織なのだろうと思っていたのだが、定員をつけてしまったために後任補充をする永久組織となってしまい、存在意義の不明な組織として今もなお残存してしまっている。

今後は、廃止する組織ははっきりと廃止と位置付け、雇用不安に対しては別途、暫定措置で対処するといった工夫が必要であろう。

(2)　公立大学の場合

公立大学については、全体を調整する機関がないので放任状態のように見えるが、財源は地方交付税であり、財政ひっ迫に伴い、地方交付税の大学分の見直しも必要となるだろう。文部科学省と総務省が協議して全国の公立大学分の交付税の在り方を見直す必要がある。

大学誘致に熱心な首長が張り切って大学を設置あるいは誘致したものの、年数が経ち首長が変わると大きな財政負担に悲鳴を上げてしまう例が見られる。小さな自治体で大学を設置するのは余程よく考えなければならない。

なお近年、私立大学を公立大学化する例が続けてみられるが、余程、将来の財政見通しをしっかり行い、大学経営に見識のある人材を得ないと成功しない。大学のことをよく知らない地方公務員が乗り込んできて、官僚的運営をすることになりかねない。

この学校法人から公立大学法人への設置者変更については、二〇〇九年の高知工科大学の学校法人から高知県への設置者変更を皮切りとして、二〇一八年までに一一大学で行われている（公立大学協会資料）。その多くは当初の設置の時から自治体が用地を提供し経常費を措置する第三セクター方式で設置されていて、相当の援助をしているものが多く、地元自治体とのつながりが初めから前提とされていたものであろう。

一方、地元自治体の誘致に応じて学校法人が進出したものの、定員割れ等で撤退した後を公立大学化する例もみられ、このケースは先行きの不安定さが推測される。公立大学化して学費を安くすれば学生は集まるかもしれないが、自治体の財政負担は多くなり、課題は大きい。

公立大学法人は、制度発足当初から一法人複数大学を可能としており、実際に公立大学法人化に伴って複数大学を一法人のもとに設置した例もみられる。行政改革に熱心な自治体では合わせて学内の組織や業務を見直した例も多く、効率化・活性化の方向での展開もみられる。一方、県内の複数の公立大学を一法人にまとめただけの例もみられるが、やはり、新大学の理念や大学づくりのビジョンなどが必要であろう。

数年前から検討が重ねられてきた、大阪府立大学と大阪市立大学の統合もようやく条例が制定され、方針決定されており、かつて例を見ない大規模統合が行われようとしている。両校の教育研究組織も再編され経営も改革されれば、強大な新大学が誕生するであろう。

私は数年前、両校の統合の先駆けとして、職員組織の一体化のための職員の合同研修会の講師をしたことがある。法人化に伴い民間から参入した多くの職員は、多様な経験・能力・特性を持っているが、戸惑いや不満もかなりみられ、できるだけ早く強力な職員育成の取組みを行う必要があると感じたが、今も公立大学全体の課題として同様の問題意識を持っている。

(3) 私立大学の場合

私は、「地方中小規模大学の頑張りが、日本の高等教育の豊富さをもたらしている」と書いたことがある（『大学職員の近未来』学校経理研究会、二〇一六年）。今も同じ考えであるが、規模縮小時代に危機的状況を迎えるのは地方中小規模大学である。客観的に見れば全部を存続させることは難しいだろう。特徴を持った優れた大学や高い評価を受ける大学は存続し、そうでない大学は存続できないという原理が働くことはやむをえない。

だからその対策としては、特徴を持った優れた大学や高い評価を受ける大学になろうとする大学、なり得る大学にはその方向での手助けを行うことである。そうでない大学、なすところなく定員割れを続ける大学には速やかで円滑な退出ができるよう、他大学との合併や廃止が進められるよう援助することである。その見極めが早めにできるよう、私学事業団や私学団体が援助する必要がある。

私立大学については、国の段階では私学団体を一本化しなければならない。私大連盟と私大協会をいつまでも一本化できないようでは、私学の自治など唱えても絵に描いた餅であろう。そして都道府県ごとの私学協議機関を設け、そこでいろいろ調整できるようにする。

と言っても、私学が自主的に縮小することはほとんど無理なので、経営が行き詰った私学が円滑に縮小撤退できるように各種の相談窓口を作っておくことだろう。全国と地方に私学の規模について一応のガイドラインを作っておき、実際には円滑な退出に導いていくことになる。新しいものの新規参入と古いものの退出の流れは保ち続ける必要がある。

私立大学の統合については、二〇〇八年から二〇一五年の間に七例があり、一六校が七校となっている(文部科学省資料)。このうち、東海大学（東海大学、九州東海大学、北海道東海大学)、常葉大学（常葉学園大学、富士常葉大学、浜松大学)、桐蔭法科大学院（桐蔭横浜大学法科大学院、大宮法科大学院）は、もともと系列校と言ってもいい関係である。

二〇〇九年の関西学院大学と聖和大学の統合は、総合大学である関西学院には初等教育課程がある一方、聖和大学には幼稚園教諭・保育士養成課程があり、メリットがあった。二〇一一年の上智大学と聖母大学の統合は、総合大学である上智大学に欠けていた看護学科が設置されるメリットがあった。

二〇〇八年の慶應義塾大学と共立薬科大学との統合は、私が慶應に勤務する二年前の出来事だった。この統合の特徴は、双方が高い評価を得ている大学で、さらなる発展を目指す前向きの統合だったことだ。共立薬科大学にとっては、小規模単科大学から脱却して慶應の高い水準と合体することができること、慶應にとっては、医学部・看護学部はあったけれど薬学部はなく、医療系の教育研究の総合的発展にとって大変なプラスだったことが挙げられる。実際に統合後は、医学部・看護学部・薬学部の三学部合同カリキュラムを展開したり、共同研究が活性化したりするなど統合のメリットをうまく生かしていた。

二〇一八年に北海道科学大学と統合した北海道薬科大学は、系列校であり、同一法人内大学統合への文部科学省認可の先駆けとなる事例である。また二〇一九年三月には関西国際大学と神戸山手大学との間で統合の意向が公表された。

これらの教訓からは、大学統合は、定員割れなどの困った状態を救済するためではなく、双方の特徴を生かして新たな展開につながる例が成功することを示している。逆に言えば、統合は体力のあるうちにやらなければ成功しないと感じる。

(4) 国公私立協調方式が成功するためには

この方式が成功するためには二つの条件がある。一つは、国のレベルと地方のレベルで国公私立の協議機関を設け、合意の上での基本方針を作っておくことである。もう一つは、文部科学省と財政当局がこの方針について合意しておくことである。この国公私立協調路線は、一見美しい路線であるが、現状のような国公私立がバラバラに、そして私立内部でもバラバラに自分の存立だけを考えている状態では、うまくいくとは思えない。

国立は、国から資金を受けているから国立なのではなく、国の立場で教育研究を行い経営するから国立なのだ。それを忘れている国立は私立に移管するべきである。同じく公立は、地方自治体から資金を受けているから公立なのではなくて、その地方の高等教育全体を視野に入れて教育研究と経営をするから公立なのだ。それを忘れている公立は私立に移管するべきである。

私学は、基本的に自主性とともに公共性が大事であり、廃止となった場合は、他の私学又は国庫に財産は帰属するものであり、特定の個人のものではないとの自覚をもって教育研究と経営を行うべきである。究極の公共性は廃止の時に現れる。

7　今からできる国公私立連携を

このように考えてくると、国公私立と言っても、国費の投入度合いが違うだけで、大学グループ全体としては国と地方のニーズに応じて、協働して応えていくべき立場にあると言える。だから平素から、教育研究の課題や経営上の課題について連絡協議し、高めあうことが大事だ。幸い、教員も職員も大学の枠を超えての情報交換や研鑽を積む機会は豊富にあり、これが大学業界全体の強みとなっている。地域ごとの大学コンソーシアムも多数形成されており、未来はその方向にある。

さらに大学の枠を超えた教育研究活動も生まれており、複数大学の専任教員という考え方や事務の共同処理なども始まりつつある。今後は個々の大学で全部の教育研究や業務を行うのではなく、連携、分担、一括処理など様々な方策が考えられるだろう。

ましてこれからのＡＩ／ロボットの時代、カリキュラムを外部化したり、ネットで世界を舞台とした授業が行われたり、教員も学生もどこに所属するとかに拘《こだわ》りなく活躍できたりするようになるかもしれない。そうなると経営も現状の個々の大学単体で行うのではなく、複数の大学群で、あるいはオールジャパンで最も効果的な在り方を作っていくことにもなっていくだろう。

そうすると最初の問題提起「国公私立大学の統合・融合」は、以上述べた様々なことが実現して国公私立の共通性が高まり、そのうえで現実的な課題となるものであり、単に机上の空論で進められるべきものではないことになる。単なる数減らしの手段ではなく、新しい高等教育の在り方を構想する中から、将来の国公私立の在り方は生まれていくべきだろう。

そう考えていたところ、中教審大学分科会将来構想部会において、二〇一八年三月二七日には「大学等連携推進法人（仮称）のイメージ（たたき台）」が、また、二〇一八年六月二三日の大学分科会資料として「大学等連携推進法人（仮称）」制度の概要が発表された。国立大学法人Ａと学校法人Ｂと公立大学法人Ｃが、それぞれ社員として参画する○○大学等連携推進法人（一般社団法人）を設置しようとするものである。

このような組織あるいは仕組みの在り方は今後詰められていくだろうが、むしろ重要なのは、その資料に記載されている検討課題例である。

地域連携型としては、次の三つが例示されている。

①大学連携推進区域、機能分担及び業務連携事項などの統一的な教育連携推進方針の決定
②教養教育における連携、共同教育課程の複数実施、学生の転学を含めた法人全体での支援、入試業務の共同実施、ＦＤ・ＳＤ等の研修、事務の共同実施、教職員の人事交流、共同ＩＲ活動の実施などの教育連携事業等の実施
③産学連携のワンストップサービス

高度連携型としては、次の三つが例示されている。

①機能分担事項及び業務連携事項などの統一的な教育研究連携推進方針の決定
②事務の共同実施・教職員の人事交流、共同ＩＲ活動の実施など共同教育課程の複数実施
③産学連携のワンストップサービス

これらの詳細は今後さらに検討されていくと思われるが、中には連携の仕組みがどのようになろうと、今すぐにでも取り掛かることができる事項もある。やれるものはすぐにやるという自主性・主体性が期待されるのではないだろうか。

（ちなみに、本稿脱稿後、二〇一八年三月三一日付け日経朝刊に「千代田区内5大学連携」として、大妻女子、共立女子、東京家政学院、二松學舍、法政の五大学では、同年四月一日「千代田区内近接大学の高等教育連携強化コンソーシアム」を設立し、学生の学びや社会の人材養成に対する要請など多様なニーズに適切に対応することを目的に、学生合同ボランティア（二〇二〇東京オリンピック・パラリンピック支援を含む）、ＦＤ・ＳＤ、千代田区をフィールドにした課題解決プログラム・シンポジウム、千代田区をテーマとする共同開講授業・単位互換などに取組むと報じられた。このように大学間連携・統合は今後も加速するものと思われる。）

二　良い教育をすれば私学は生き残れるか

1　はじめに

前節では、国公私立の設置者区分がどうなるか、それに応じて減少期の大学再編や減少対策がどうなるかを述べたが、本節では、これからの減少期に私学がどう対処していくべきかを考えてみたい。

人口減少期は二〇一八年現在すでに始まっているのであり、一八歳人口が確実に見込める一八年後も減少している。将来構想部会が二〇一八年六月二八日に発表した「中間まとめ」では、「現在約一二〇万人の一八歳人口が、二〇三〇年には一〇三万人、二〇四〇年には八八万人に減少すると試算されている。」「進学率がこのまま推移すると仮定した場合、平成四五年（二〇三三年）の大学への進学者数は現在の約八五％となる。」と記述されている。公式の答申等では将来推計に当たっても確実な根拠のある数字を使うのが通例で、実際に答申では「二〇四〇年には、八八万人に減少し、現在の7割程度の規模となる推計」とのみとの記述に留まる。しかし、私は日本の将来を考え、大学の在り方を考えていくためにはもう少し長期の見通しが必要であり、二一世紀半ばである二〇四〇〜二〇五〇年を念頭に置く必要があると考える。

さらにその先、二一世紀後半あるいは二二世紀にかけての状態は、過去のトレンドをそのまま延長して学術的推計をすると日本人は消滅の道を辿ることになるらしいが、そうなるかどうかはむしろ、二一世紀半ばまでの日本国政府の政策や日本国民のものの考え方や行動によって変化するものであり、その知恵に委ねたい。二一世紀後半以降の変化の方向を生み出すことについても、二一世紀半ばまでの知恵が試されるのだろう。

現在の私学関係者の心理を忖度すると、大きく分けて次の二つの方向が見られるだろう。一つは、どうせ都市部の大規模大学が生き残りに有利なのは明らかであり、地方の中小規模の大学は人口減少に伴い順次廃止の運命をたどるだろうという悲観論である。もう一つは、大学は教育の魅力を発揮して人々を惹き付けることは可能であり、今後努力次第で、地方中小規模大学も生き残ることは可能であるという前向き論である。実際には多くの関係者は、両方の思いが交錯しつつ日々努力を重ねているのが実態であろう。

本稿では、まず将来どうするべきかを考える前提として、①人口推計に基づく私学への入学者数と生き残る大学数の予測、②地方の人口減少の影響、③大学への入学者の流れの変化、を考えてみる。そのうえで、私学の生き残り方策として、①従来型の学生確保策を行う大学はどうなるのか、②大学の特性を打ち出して少数の学生を確保する大学はどうなるのか、③従来のマーケットにあまり取り上げられてこなかった学生を獲得する大学は可能か、の三つの路線について検討したい。

なお、本稿は将来予測などの数字の緻密さを競うものではなく、おおよその状態を想定すれば十分と考えており、数字はかなり大雑把なものである。疑問を持つ方は自分で再計算されたい。

2　人口推計に基づく私学の生き残り枠

二〇四〇～五〇年の一八歳人口、私学への入学者数、その枠に入ることができる大学はどう推計できるだろうか。以下の手順で推計してみたい。

①一八歳人口

国立社会保障・人口問題研究所のデータを基に作成された資料を見ると、「二〇一六年の一八歳人口は、一二〇万人程度であるが、二〇三〇年には約一〇〇万人程度まで減少し、さらに二〇四〇年には約八〇万人まで減少するという推計となっている。」と書いてある。現在の三分の二である、六七％となる。

②進学率

そのうち大学へ進学する者はどれぐらいだろうか。大学・短期大学への進学率は二〇一七年度で五四・八％である。進学率はここ数年横ばい状態であまり大幅な上昇は見込めないだろうけれど、二〇四〇～五〇年には多少は増加を見込めるかもしれない。数％上昇の余地はあると見て六〇％と仮置きする。

③大学進学者数

八〇万人の六〇％だから、進学者数は四八万人となる。

④国公私立への進学者

ではこの四八万人は、国公私立へどのように進学するだろうか。学校基本調査によれば、二〇一七年度の設置者別入学者数は、合計六二万九七三三人、国立九万九四六二人（一六%）、公立三万一九七九人（五%）、私立四九万八二九二人（七九%）となっている。

特別な政策介入をせず、現状で放置を続ければ、公費で授業料を負担し個人の授業料負担の少ない国公立を希望する者が多いに違いない。国公立の定員が二〇一七年度と基本的に変わらないとすれば、私立への入学者は、進学者四八万人－（国立一〇万人＋公立三万二千人）＝三四万八千人となる。一五万人近い減少である。

特別な政策介入として、私が前節で提唱したような国公私立協調方式を実現し、全体の学生減と同じ比率（七六%）で国公私立とも減少させた場合には、設置者別入学者数は、国立七万六八〇〇人（二万二六六二人減）、公立二万四〇〇〇人（七九七〇人減）、私立三七万九二〇〇人（一一万九〇九二人減）となる。私立への入学者は、四八万人マイナス三八万人で一〇万人の減少である。

政策介入として国公立の定員減をすれば私立は一〇万人の減少にとどまり、介入しないで放置すれば私立は一五万人の減少となる。私は介入するべきだと考えるが、現実にはどうなるかわからないので、放置され、私立は一五万人の減少で入学者は三五万人と推計する。

⑤私学内の取り合い

では次に、この三五万人の入学者がどのように各私学に配分されるであろうか。ここでは教育の質は無視し、俗説で言われるように大規模校が有利だと仮定する（そうしないと推計のしようがない）。

規模別の大学数と入学者数は表１のとおりである。入学定員一〇〇〇人以上の一二六校ですでに三三万人を占めてしまっているので、他の小規模校への配分は少ないことが予想される（これはあくまで規模順に入学していった場合）。

表１　規模別の大学数と入学者数（2016 年度）

入学定員	集計学校数	入学者数
3,000人以上	23校	147,499人
1,500人～3,000人	50校	112,512人
1,000人～1,500人	53校	70,363人
500人～1,000人	120校	82,579人
500人未満	331校	74,256人
合　計	577校	488,209人

出典：文部科学省中教審将来構想部会 2018.6.28 資料

次に個々の大学の入学者数別の一覧を見たいところであったが、ネットでも見つけることができなかった。在学生数別の多い順の一覧表があったのでその表を参照した（興味のある方は自分で作ってみてください）。入学者三五万人ということで、在学者は四倍した一四〇万人にほぼ相当するとみなして、上位の大学から学生数を足していった。第一位の日本大学六万六七五七人から始まり、二〇四位の大学（在籍学生数三七三一人、匿名としておく）に達したところで在学者累計が一四〇万人に到達した（この表は国公立も含めた一覧表であったので、国立五六校、公立七校を差し引いて、私立は一四一校の累計である）。

つまり、二〇四〇〜五〇年には、私学では、現在の学生数を確保できるのは、在学学生数三七〇〇人以上の一四〇校までであり、それ以下の規模の大学は在学学生がいなくなる（つまり消滅する）という試算となる。

もちろんこれはあくまで総枠の計算であって、大学規模一四〇位以下でも教育や経営の質の向上により学生確保は可能であり、大学規模が一四〇位以上でも努力が足りなければ学生確保は不可能となる。しかし、私学全体の規模の総枠はそのように厳しくなるという現実は直視しなければならない。

それにしてもこの試算をしてみて、日本の私学は何と小規模校が多いことかと改めて認識させられた。かなり良質の教育研究を展開して日本の高等教育の豊かさを支えている大学が、小規模ゆえに消えようとしている状況は放置できないだろう。また、入学者数が六〇％になるのだから、大学数も六〇％になると誤解している人もいるが、現実には小規模校から消え、大規模校が残るのだから、残る学校数は七五四校のうち二〇四校（ただし国公私立含む）の二七％に過ぎないことも直視しなければならない。

3　地方が消えれば大学も消える

大学への進学は全国区だと言われることがある。一方、学生や保護者の地元志向が強まっているともいわれているが、どんな現状だろうか。

文部科学省の資料によれば、各県の大学・短期大学進学者のうち、地元の県に進学する学生の比率は、全国平均四三・七％である。半分弱だからバランスはとれているかと思えば、ばらつきが大きい。半分以上なのは北海道、宮城、東京、愛知、京都、大阪、広島、福岡、沖縄で、その他の各県は多くが二〇～四〇％となっている。つまり送り出し県と受け入れ県がかなりはっきり分かれており、この状態は昭和の時代からあまり変わらない。

この間、工場等制限法が実行された時期もあるが、大都市圏を規制した分の学生が地方へ行ったかというとそうではなく、都市圏の専修学校や規制対象外の近隣区域の大学が潤ったに過ぎない。内閣府の世論調査によれば二〇歳から二九歳の人々が大都市圏に魅力を感じる点は、交通機関が便利である、物や店が豊富である、様々な情報に触れる機会が多い、活気がある、芸術・文化に触れる機会が多い、希望する仕事につけるチャンスが多いなどである。教育の場に恵まれているという回答は少ない。これらの人々を地方に引き留めようとするならば、これらの魅力ある選択肢を地方で実現しなければならない。

私はこれまで、地方公共団体の人から若者を増やすために大学を設置したいと相談されるたびに、大学は若者がいるところに成り立つのであって、大学があるから若者が来るのではないですよ、と言ってきた。欧米では地方に有名大学があるというけれど、それは長い歴史の蓄積の上に成り立っているのであって、新設大学がいきなり若者を地方に惹き付けるとは思えない。

今回立法された東京二三区内の大学の定員規制についても同じことが言えるので、東京の大学に入れなくなった若者は、地方へ行くのではなく、二三区以外の首都圏周辺大学へ行くか、職業専門大学や専修学校へ行くようになると思う。二三区内の大学の価値が向上し、長期的には質の向上につながるという皮肉な結果が予想される。

やはり地方の大学は地方の大学としての魅力を高める努力をするほかないだろう。規模が小さい大学が多いことも考えると、各大学バラバラに取組むのではなく、私学同士で、あるいは国公私立協調して魅力を発揮していく必要がある。

その方向をいくつか提案したい。

①その地方の大学全体を見渡して、分野として弱いものは何か、魅力が欠けている領域は何かを把握し、大学で分担・連携して魅力を作っていかなければならない。このまま個々にバラバラ独自路線だなどと言って次々に消滅していくのでは忍びない。

②その地方だけで考えるのではなく、その地方で欠ける部分については都会の大学と連携協力して補っていくこと

も考えられる。都会の大学との部分連合で地方大学を魅力化することもできるだろう。

③大学だけが努力していてもダメで、大学が魅力を持つためにはその地方都市も魅力を持たなければならない。大学と地域の生き残りをかけた連携により若者がワクワクするような状態を作れないだろうか。大学と地方は運命共同体なのだ。

④そのためには、大学の教職員が従来の狭い枠に閉じこもるようでは達成できず、できるだけ開放的に学内でも地域でも連携して活動ができるような教職員の在り方を追及する必要がある。アメーバのように柔軟に姿を変えながらつながっていく大学が生き残るだろう。

4　高大接続の新展開

私学にとっては、入学者の確保と卒業生の就職の確保が二大課題である。このうち就職の確保はそれ自身が大切ではあるが、就職状況が良ければ入学者の確保にもつながるわけで、やはり入学者の確保が最重要課題である。まして近年のように、私学の半数近くが定員割れとなると、一定数の受験者と入学者を確保していないと不安になる。

そのため、どの私学でも広報を充実し、年間を通してオープンキャンパスを行い、秋以降はさまざまなタイプの入学試験を実施している。最初は推薦入試やAO入試で一定数を確保し、徐々に日程が進むとセンター試験利用入試や一般入試などでレベルの高い受験生を獲得しようとする。優秀な合格者を出しても、他の序列の高い大学に行ってしまう可能性もあり、かといって、定員超過の規制も厳しく、歩留まりの読みに苦労する。合格者の確保は経営の根幹でもあり、執行部の陣頭指揮で運営されていく。

このように入試業務の苦労は尽きないが、本当に受験生と大学双方にとって良い出会いがつくられているか、いささか疑問である。高校の進路指導教員との長い付き合いにより、大学の特徴を理解したうえで適した受験生が送られてくることも多いが、一般にはより偏差値の高い大学へ多くの生徒を送り込みたいとの思惑に左右され、不本意な入学者もみられる。ペーパーテストにより大量の学生を流れ作業のように扱っていくのではなく、もっと受験生には大学を理解してもらい、大学は受験生を理解する丁寧でより深く見極める入試ができないものか。

中教審答申で提言され、現在文科省、高校、大学それぞれで準備が進められている高大接続改革は、様々な可能性を秘めている。いつまでも今のような偏差値輪切りの入試をしていては、日本は人材の消耗をして世界の動きに取り残されるとの危機感もある。大学はもっと卒業までに身につける能力等を明確に示し、その証としてのカリキュラムを示し、どのような学生に入学してもらいたいかを示していく。これが三つのポリシーであるが、単なるお題目ではなく、具体的に現実化されていなければならない。そして、それを見て受験生は大学を選択し、自分の能力適性、将来の進路にフィットした大学を選択する。大学は、受験生の学習歴、活動歴を把握して選択する。この双方の選択行動が合致すれば、入学ということになる。

こうなると、大学の受験生選択と受験生の大学選択は一回の試験で行われるのではなく、一定の期間にお見合いのように行われる。もともとＡＯ入試とはそのような入学者選抜であったはずだが、いつの間にか受験生獲得のための学力テスト抜きの安易な選抜になってしまった。これを逆転させて本来の丁寧で主体性等を見極める選抜に進化させなければならない。

将来の選抜はこのような丁寧な選抜が主流となり、学力試験による一般入試はむしろ特別な生徒向けになるだろう。入学者選抜はいわば大学と受験生の適切で幸福な出会いのための機会となる。それはもはや各大学が労力をかけてバラバラに行うのではなく、適切なセンター的な組織によって行われ、教員が神経を使って試験問題を作るのではなく、人間性を見極められるような論文や面談の方式で常識豊かな人にお任せして行われるようになる。教員は入試業務から解放されて教育に専念するようにしたい。

実際には、現在のような大量一律のペーパーテストは大規模大学の入試で残存し、それを経た学生は大企業の型にはまったサラリーマンとなり、変化の激しい企業社会で淘汰されていく人々となる。丁寧に人物や諸資料を見る型の入試を経た人は、知識とスキル及び主体性・人間性をバランスよく備えて、中小規模大学で学習し、変化のある仕事を乗り切って、満足度の高い人生を進んでいく。

そんな時代の先を読んだ大学が生き残るだろう。以下に、今後考えられる三つのケースを想定してみたが、もちろんこれ以外のケースもありうるわけで、むしろそこが知恵の出し処というべきだろう。

5　生き残る私学の三つのタイプ

(1) 旧来型の志願者の取り合いで消耗する大規模大学

先ほど二〇四〇～五〇年の状況を試算した際に、規模が大きい方が学生集めに有利だと仮定すると、規模の順位で一四〇位あたりが分岐点になると指摘した。もちろん物事はそう単純に進行するわけではなく、一四〇位以下の大学も必死に知恵を絞って教育を向上し魅力を高めるよう努力するだろう。ただそれが、全体のマーケットを拡大することなく既存の学生数（しかもそれは縮小しつつある）を奪い合うだけだと、下位校が学生を増やせば上位校が落ち込むということになる。まさに生死をかけたサバイバルゲームが展開されるわけだ。その中で教育の質の向上を競い合い、結果として日本の大学の質が向上するならば、私は結構なことだと考える。

ただ心配なのは、中身のない誇大広告や大量宣伝を出し合ったり、有名人やタレントを動員した宣伝競争になったりするようでは日本の大学の堕落となる。ここで質保証のシステムを強力に機能させ、各大学の主張する教育の特徴が確かなものかどうかを検証し、客観的で厳正な評価に晒す仕組みを確立することが必要である。それは現在行われているポートフォリオ程度のものではなく、情報公開しない大学はそれ自身がペナルティの対象となるような徹底した取組みが必要だ。

いずれ、かねてから噂されている欧米のみならず、躍進著しい中国やアジアの大学も、日本に大学を設立またはキャンパスを設置するかもしれない。日本ののんびりした旧態依然たる大学よりも、よほど優れた教育を展開するかもしれない。もしそうなるならば大変結構なことで、日本の劣った大学はさらに消滅し、外資系の優れた大学が繁栄することになる。あるいは、目覚めた日本の大学が、それぞれ有力な外国大学と提携して活路を開くかもしれない。すると従来の日本の大学で生き残るのは一四〇校どころではなく、もっと少なくなるかもしれない。

私の見るところでは、上位一四〇校は、大学のガバナンスやマネジメントの面でかなり未熟な大学が多いと感じられる。相変わらず教授会万能で、学長を選挙で選んでおり、社会からどう見られているかの視点が弱く、それが危機管理の不十分さにつながっている。本当はそういう大学は、速やかに学生が来なくなり退場を余儀なくされるべきだが、日本の社会は不思議なことに、いったん出来上がってしまった大学の序列は容易に崩れそうもない。私は日本の社会が二一世紀半ばまで活力を維持するためには、このような保守的な旧来の序列への信仰心を捨てなければならないと考える。

一八歳の高校生を大量に入試で選抜し、大教室で大量に授業や試験をし、就職は大企業へお揃いのリクルートスーツで乗り込んでいく。大企業も画一的な採用で粒ぞろいの優等生を確保し、組織内部の忖度ばかりが敏感な社員が出世していく。そんな大学と企業が繁栄する日本社会はそう長続きしないだろう。私は二一世紀半ばまでには旧来の日本型システムは大崩壊すると予測する。そのときに、恐竜絶滅後の哺乳類のように、次の社会で優位に立つのは誰だろうか。

(2)　特色ある独自路線で基盤を維持する中小規模大学

ここまでの記述で、「大学の規模が大きい順に学生を確保していくとして・・・」との記述を繰り返してきたが、これに反発を覚える人、特に中小規模大学の方々の反発は多いだろう。私は逆に、日本の高等教育の豊富さをもたらしているのは中小規模大学の頑張りだとかねてから主張してきた。大規模大学が上述のように旧来型のサバイバルゲームに力をとられている間に、中小規模大学は独自路線を確立して、生存基盤を維持することができるだろう。

中小規模大学は、例えば在学生数一〇〇〇人ならば一学年二五〇人、在学生数四〇〇人ならば一学年一〇〇人を確保すればいいのだから、戦略がしっかりしていれば確保は可能だろう。教職員もまとまりが良く、人材の確保と育成が適切に行われれば魅力的だ。その多くは単科大学であって、学生の教育はポリシーが明確であり、一人ひとりを丁寧に育てて大学への愛着と満足度が高い状態を形成できる。もちろんそのためには大変な努力が必要であり、決して楽はできないが、やりがいのある仕事だろう。

また、高校との接続を考えれば、この大学の教育に共鳴して入学しようとする生徒を一〇〇校から一人ずつ獲得できればいいわけだから、安定的で持続的な関係を作ることはできる。丁寧な選抜による高大接続が効果を発揮するケースであろう。

以下、主な大学のタイプごとに生き残る中小規模大学を概観してみたい。

①医学（医学部をこの範疇で取り上げていいかどうか躊躇いはあるが、学生数は小規模だろう）、看護、医療技術、介護、社会福祉など特定の専門性を修得し、その多くは資格を取得する分野。学生の目標も明確であり、就職も将来の需

給関係を見誤らなければ確実である。

②外国語、情報、自然科学系の高度な技能やスキルに関する分野。美術、音楽、体育・スポーツなど様々な分野も同様である。専門性が明確であって、就職も幅広くほぼ確実に見込むことができる。ただ、一般的にこの分野をやっているというだけではなく、何か他の大学に比しての特徴を強調できるようにしたい。

③単科にせよ複数の学部・学科を持つにせよ、全学が協力してリベラル・アーツを展開し、学生の選択肢を広げ、満足度も高い大学。典型的には国際基督教大学であり、そのクオリティを保つために教職員は大変な努力をしていることを言っておきたい。これに対し、中小規模でありながら複数の学部・学科を並べ、閉鎖的な蛸壺に入って自分たちの権益のみを主張している教員が多い大学は存続できないだろう。

④女子大学をここで列挙していいかどうか迷うところであるが、確かに特徴はある。私は、現実の社会に様々な女性であるが故の不利益やハンディキャップがある以上、それを克服するための一つのルートとしての女子大学の存在意義はあると考える。ただしこのことは、女子大学の存立意義がいずれはなくなることが女子大学の目標だという皮肉な見方につながる。だが社会の男女不平等はそう簡単にはなくならないだろう。

⑤地域に根差して地域から信頼され、地域の子弟を着実に受け入れ、生き残る大学。人文系で、特に特徴はないけれど学生が安心して入ってくる大学がある。かつては短期大学がその役割を果たしていたのだろうけれど、多くが四年制大学となってしまった今も、その役割は地域によっては求められている。しかし、地域が消滅すれば大学も消滅すると覚悟していなければならない。

このほか、いろいろなタイプの中小規模大学があるだろう。そのリストを眺めていると、この大学は大丈夫かという心配と、大変な努力が必要だけれど、なんとか頑張って乗り切ってほしい、という思いが湧いてくる。これらの中小規模大学がみな努力して大半が残ったとしても、大規模大学が少し縮小すればいいのだから、収容力の計算上は可能である。大規模大学がそのような判断をすれば見上げたものだが、大規模大学のトップたちにはそれだけの見識があるだろうか。

(3) 新領域を開拓して大発展するブルーオーシャン大学

最近の科学の話題で感動したのは、次の話だ。ホモサピエンスが登場したのち寒冷期が到来し、ヨーロッパでネアンデルタール人が寒冷地に適応したのに対して、アフリカのサピエンスはアフリカ南端まで追い詰められ絶滅寸前となった。その時サピエンスはそれまで誰も口にしたことのない奇妙なもの、貝を食べた。食べてみればおいしく栄養があり、危機を乗り切ったサピエンスは全世界へ発展していった。それまで食べ物と思われなかった奇妙なものを食べるのは立派なブルーオーシャン戦略（競争相手がいない状態を作る戦略）だ。二一世紀半ばを乗り切る大学のブルーオーシャン戦略は、次の例がそうだ。

①社会人受け入れ

話題としては誰もが言うけれど、大学の人は誰も本気でやろうとしなかった社会人受け入れ。社会人に教室へ来てもらうためには、夜または土・日でなければできない。あるいはネットや通信で授業をお届けし、丁寧にフォローしていくタイプもあるだろう。学習内容は、社会人の問題意識に対応できるように開発されなければならない。教員がのんびりだらりとした雰囲気をしていては馬鹿にされるだけなので、教員は会社勤務と同様の緊張感のある授業態度をとらなければならない。むしろ社会人にも教える立場に立ってもらいながら魅力ある授業を組み立てなければならない。そういうことができるだろうか。

②外国人の受け入れ

これも誰もが話題にするが、うまくいっていない外国人の受け入れである。外国人の受け入れを進めるには、諸外国の一流の大学と同等の教室の状態を作らなければならない。教員の数とクオリティ、教育の在り方、方法、水準を国際的に通用するものにし、世界の同じような志向の大学と連携して、その日本での拠点として位置付けられるようにしたい。単位の互換、教育方法や教材の世界標準化、教員も学生も世界の人が入り混じって、しかも日本キャンパスならではの魅力を持たせる、そんな方向が実現できないものかと思う。

③中途退学者の受け入れ

日本人の進学率は専修学校を含めると八〇％になる。しかし、高校であれ、大学であれ、専修学校であれ、中途退学者は多い。その中には引きこもり、発達障害などのレッテルを貼られて苦しんでいる者も多い。ハンディキャップのある人々も多い。少子化で大変だと言いながら、かなりの者を学校教育の道を外れたものとして放置しておくわけにはいかない。私はこれらの人に手厚い中等教育以後の教育の機会を与え、保護の対象者ではなく、それなりに働いて税金を納めて社会を支える側に回ってもらうようにするべきと考える。それを大学と呼ぶかどうかはわからないけれど、その人たちが学習する道筋をつけるべきである。私は、中等教育以後の教育一〇〇％の状態を二一世紀半ばには実現したいと考える。

④ＡＩによる教育

これだけネットが発達した社会になったのだから、そしてすでに通信教育や放送大学やＭＯＯＣｓの試みもあるのだから、ネットあるいは通信を活用するようにしたい。そして、今後はＡＩが飛躍的に発達するのだから、ＡＩに学生一人ひとりを担当させて学習を継続させ達成させる、面倒見の良い大学が登場する。ネットや通信の欠点は途中脱落者が多いことであるが、本人がどこにいようとＡＩが本人の状況を把握し、目標を達成するように追い立てるようになる。目標達成にはある程度の強制力を発揮させることが必要と割り切っていくことになる。

⑤大学間の移動

すべてのケースについて言えるが、大学と社会の垣根を低くし、どの学校からどの学校へも本人の希望や必要に応じて進めることができるようにしたい。いわば学校体系が戦前は複線型、戦後は単線型、二一世紀はネットワーク型になると私は考えている。そこでは学ぶ者があるときは教える者であり、それぞれの人が持つ知恵や経験を互いに伝え合う知の交流センターに大学はなる。これまでの大学の知の拠点は、学者だけが立てこもって交流するというニュアンスが強かったが、二一世紀半ばには、本当の市民全体の、住民全体の、知の交流と学習のセンターにしたい。

三　国立大学法人化は目標を達成しているか

１　国立大学の目標設定について

国立大学法人は発足後一五年目を迎え、当初の目標を達成しているだろうか。こう質問してみても、当初の目標がどう設定されていたかよく分からないのだから、目標を達成しているかどうかもよく分からない。私が考えたいのは、個々の国立大学法人のみならず、国立大学法人システム全体が目標を達成しているかどうかだ。

もちろん、二〇〇三年に制定された国立大学法人法では、第一条（目的）の規定で、「大学の教育研究に対する国民の要請にこたえるとともに、我が国の高等教育及び学術研究の水準の向上と均衡ある発展を図るため、国立大学を設置して・・・」と書いてある。しかし、どういう状態になれば「教育研究に対する国民の要請にこたえる」ことになるのか、また、どういう状態になれば「高等教育及び学術研究の水準の向上」になるのかという具体的なことは書かれていない。

国立大学法人法の以下の条文も、国立大学法人の組織及び運営に関する事項が列挙されているだけで、具体的な目標に関する規定はない。それぞれの国立大学法人が達成するべき中期目標等については第三〇条（中期目標）以下に書かれているが、これはあくまで個々の国立大学法人のことであり、国立大学全体としての中期目標等は書かれていない。

ではどうするつもりだったのだろう。

二〇〇二年の「新しい『国立大学法人』像について」（国立大学等の独立行政法人化に関する調査検討会議・最終報告）では、次のように記述されている。

「中期目標・中期計画の策定とこれらを前提とした評価の仕組みは、こうした国としての高等教育・学術研究に係るグランド・デザイン等と、大学ごとの基本理念や長期的な目標を踏まえ、一定期間における両者の制度的な調和と各大学の質的向上を図るための改革サイクルとして位置付けられる。」

至極まっとうなことが書かれており、問題なのはその後、「国としての高等教育・学術研究に係るグランド・デザイン等」が描かれていないことと、「大学ごとの基本理念や長期的な目標」が描かれていないことにある。前者は国の問題、後者は各大学の問題である。

グランドデザインを明確にする努力は継続的になされており、二〇〇五年には中央教育審議会から「我が国の高等教育の将来像」が答申された。最近に至っても、二〇一二年に策定された「国立大学改革実行プラン」や、二〇一三年に決定された「国立大学のミッションの再定義」で示された大学像などもその一環であり、さらには昨年秋に、中央教育審議会で「高等教育のグランドデザイン」が答申された。しかし、抽象度の高いビジョンや方向付けだけでは目標設定としては足りない。何年後にどのような状態を目指すかをできるだけ具体的に記述し、その達成のために何をするかという具体策を予算や制度の裏付けをもって示し、その時期が来たら目標の達成度合いがどうであるかを判定するという、ＰＤＣＡサイクルを国レベルで回していく必要がある。

このマネジメントの基本的手法が実行できていないというのが、高等教育政策のみならず、どの行政分野も共通であることが日本国政府の弱点であるが、それを克服して国立大学全体のマネジメント・サイクルを構築していかなければならない。それがないと国民に対して説得力があり、継続性・一貫性のある政策展開ができないだろう。しかも国立大学法人には、毎年一兆一千億円もの国費が投入されているわけであり、それだけの効果が発揮され、教育研究と大学運営が改善されているかどうかを説明する責任が文部科学省と国立大学法人にはある。

最近もネット上の「読売教育ネットワーク」で、冨山和彦氏のインタビューが掲載されており、「八六国立大学法人に、国が一兆一千億円も出す正当性は、ない」と断言されていた。冨山氏の所論は、大学をＧ（グローバル）型大学とＬ（ローカル）型大学に区分し、そのそれぞれの在り方を具体的に描いたうえでの政策提言であるので、これに単に「けしからん」と言って反発するのでは反論にならず、冨山氏を上回る説得力のある大学像を描き、それに関する具体策を提案しないと反論にならない。やはり、国立大学法人の目標設定を早くきちんと行うべきである。

２　国立大学法人評価の現状

では、国立大学法人に対する評価は、どのように行われているのだろうか。

⑴　国の予算

一番わかりやすいのは、国の資金である運営費交付金がどう推移しているかであろう。国の予算だから、文部科学省が概算要求し、財務省が政府原案を取りまとめ、国会が議決して成立する。したがって、予算には文部、財務、国会の判断が重なり合って現れていると言えるだろう。また、国立大学の法人化と運営費交付金の削減は、同時に進行したため法人化に対する反発が生じてしまったが、本来、別の問題である。私は国立大学法人化の構想が議論されていたころ、大学の特性が生かされた制度設計となり、国の予算が維持されるなら大賛成だとの個人的見解を持っていた。制度設計は一応よくできたと思うが、運営費交付金は毎年一％減となってしまった。しかしあの時期、国の機関のままであれば定員削減と予算カットがもっと大幅に行われるとの予測もあり、法人化によって一％減に食い止めることができたとの見方もできるだろう。

ここ数年、国立大学運営費交付金は横ばいの状況であるが、国の予算全体の中では社会保障費と国債償還費が毎年確実に増加するわけで、国全体の予算の構造改革と、各分野の政策の中で国立大学政策の重要性について説得力をもって示すことが必要である。

⑵　認証評価

国公私立を通した大学制度の中では、認証評価がすでに定着したと言っていいだろう。自己点検評価をベースとして、認証評価機関が評価を行うわけだが、基本は大学人自身の同僚評価である。

評価する者が立場を変えれば評価される者になるわけで、強制力はないけれど相互に高め合うという機能を発揮しつつある。わたしは、上意下達をありがたがる日本の風土を変えていくきっかけになるとも捉えており、できれば過剰な労力をかけないやり方で定着すればいいと思っている。そのためには、六年に一度の認証評価を待つのではなく、毎年、自己点検評価が各大学できちんと行われ、準備はもうできているという状態を形成することが望ましいし、楽である。言い換えれば、各大学で毎年のＰＤＣＡサイクルをきちんと回しておくことが大事である（毎年評価を行っている国際教養大学では、六年に一度の認証評価は苦にならないといっていたのが印象的だった）。

(3) 国立大学法人評価

さて、大切なのは国立大学法人評価委員会の評価の実施状況である。わたしはすでに、国立大学法人の実務を離れて久しいので、どんな出来事があり、どんな議論が交わされているかの詳細は知らないのだが、国立大学法人評価委員会の二〇一七年六月の「国立大学法人・大学共同利用機関法人の第2期中期目標期間の業務の実績に関する評価結果（概要）」、そして、二〇一七年一一月の「国立大学法人等の平成28年度評価結果について」を見ている。ここでは主に中期目標評価を取り上げて見ていきたい。

1）評価方法について

説明にはこう書いてある。「評定は各法人の設定した中期目標に対応して行われるものであり、各法人間を相対評価するものではない。」これは評価方法について回る問題であって、各法人が設定した目標に対して達成度を見る（つまり絶対評価とする）ことを表明している。

それに対して構成員全体の中での達成度の高さを見る（つまり相対評価）とはしないことを表明している。絶対評価のほうがそれぞれの特性に応じた進捗を促進するためには役に立つが、資源配分に役立たせるためには相対評価が役に立つ。世の中一般では典型的には入試のようにランキングをつけて順位を判定するのが評価だと思われていることが多い。成果主義的評価が導入された時、皆リスクを避けて達成可能な目標設定をすることになり、チャレンジグな仕事をしなくなった弊害が多く見られた。国立大学法人評価でも同様に平板な目標ばかりが並び、達成状況が良好ですという凡庸路線が蔓延することが心配された。

2）評定区分

その結果どうなっただろうか。評定区分は、中期目標の達成状況が、①非常に優れている、②良好である、③概ね良好である、④不十分である、⑤達成のためには重大な改善事項がある、である。そして評価結果は、主な項目を見ると、「教育研究の質の向上の状況」では、教育については、②が一一法人、③が七八法人、④が一法人となっている。研究については、①が五法人、②が一四法人、③が七〇法人、④が一法人、となっている。「業務運営・財務内容の状況」の評価結果は、主な項目を見ると、業務運営については、①が一三法人、②が五六法人、③が一八法人、④が一法人、⑤が二法人となっている。財務内容については、①が六法人、②が八三法人、④が一法人となっている。ご覧の通り、九〇％以上が「概ね良好」以上の高い評価であり、「不十分」などの低評価は不祥事があったり赤字が出たり、だれが見ても困った状態の法人だけである。

この結果は、各国立大学法人が同じくらいの成果を達成していて良かったねと見るべきか、国立大学が全体として凡庸化への道を辿っていると見るべきか、どうだろうか。

3）優れた取組み例

評価結果概要の後半は、各項目で「優れた点」として取り上げられた取り組み例が、列挙され紹介されている。この資料自身は大変興味深く、参考になる。それはいいのだが、こういう個別の取組み事例をいくら集めても、国立大学法人制度が成功しているかどうかはわからない。一兆一千億円の国費を投入する値打ちがあるかどうかはわからない。それが分かるようにするにはどうしたらいいのだろうか。

4）目標設定の不十分さ

私はその原因は、法人制度発足時、あるいは中期目標期間開始時における目標設定が不十分であったからではないかと考えている。この一五あるいは一〇年間で、どのような姿を実現しようとしたのか、そしてその姿はどの程度に実現したのか、その振り返りに基づいて次の期間の目標設定をどのように変えていくのか、そのあたりの検証は十分なされているのだろうか。

5）法人ごとの目標設定では不十分

そして今の評価方式では各国立大学法人が独自に目標設定を行い、国はそれを尊重するとの立場をとっており、しかもそれを絶対評価で運用しているが、本当は目標設定の段階で各法人の目標の難易度を見分け、チャレンジな目標設定にはそれを加味した達成度の判定をするといった工夫をする必要があるだろう。言い換えると、チャレンジを促進するような評価の在り方を工夫しなければならない。例えばこの期間は、教育の質保証とガバナンス改革が大きな課題であった。であれば、学長の選考方法、学部長の選考方法、教授会の在り方などを重点的に評価対象とし、改革の方向へ誘導するべきであったと考える。

結果として国立大学法人がみな当たり障りのない評価となるのでは、評価はやってもあまり意味はないという冷めた受け止めにしかならない。これからの厳しい時代は、高評価法人と低評価法人がはっきり分かれていくような路線をとるべきであろう。

3　国立大学法人制度の評価のもう一つの視点

国立大学法人は全体として国民の期待に応えているのだろうか。制度としてのあるいは集団としての国立大学を評価するとしたら、どういう手法があるだろうか。個別事例をいくら集めてみても、優れていない事例もたくさんあるではないか、と反論されてしまう。そのためには、統計的なデータを用いて何かを言えればよい。

評価委員会でどんなに見識のある委員を集めてみても、人によって言うことが異なるかもしれない。当初に明確な目標設定があり、その達成度を客観的に見ることができればよい。良いことがあったというだけではなく、良い状態が徐々に出来上がっていき今後にもつながっていくという、トレンドでみることができればよい。

このような問題意識から、ごく簡単なシミュレーションを行ってみたい。

資料としては、平成二九年度学校基本調査の学生数と教員数がある（文科省のＨＰでオープンになっている）。これで試してみよう。課題としては、これからの一八歳人口の減少期をどう乗り切って行ったらよいか、国公私立どの大学にとっても大問題である。特に国立大学は、国費の重点投資を受けているのだから、この問題に率先して取組み、打開していくべき立場にある。

一八歳人口の減少に対しては、従来型の学生だけではなく、⑴社会人学生、⑵留学生、⑶女性の拡大をしたらいいではないかという人が多い。本当にこれらの方向に期待していいのだろうか。この一〇年間あるいは数年間の国立大学の実績について見てみる。

⑴　社会人学生

社会人学生の定義は曖昧なので、学部段階で統計的に把握できるのは年齢別入学者数である。二〇一七年度の国立大学への入学者数は、九万九四六二人である。そのうち一八歳から二〇歳までを高校卒の新規学生とみなす。一八歳の入学者は六万九五三〇人、一九歳の入学者は二万九二三三人、二〇歳の入学者は三七〇四人である。この三年齢の合計は九万七四六七人であり、実に入学者の九八・〇％である。それ以外の、二一歳から六一歳以上までの合計（だから厳密には過年度卒業の範疇なのか、社会人なのか、老人の余暇なのか分からないけれど分けようがないので社会人として一括する）学生は、二・〇％に過ぎない。

では過去はどうだったかと見たいのだが、学校基本調査で年齢別入学者数が掲載されるのは二〇一三年からに過ぎないので、やむを得ず二〇一三年度で見てみる。二〇一三年度の国立大学への入学者は、一〇万六三二一人である。一八歳の入学者は七万二九人、一九歳の入学者は二万四〇四八人、二〇歳の入学者は四一一二人である。この三年齢の合計は九万八一八九人であり、入学者の九七・六％である。二一歳以上の入学者は二・四％である。

なんと二一歳以上の入学者数は、二・四％から二・〇％に減少しており、四年間に〇・四％の減少である。一年にマイナス〇・一％であって、このままでは一〇年経つと一％減、一〇〇年たつと一〇％減になってしまう。

念のため、大学院の状況を見てみると、大学院の統計では社会人の集計が分かるようになっている。二〇一七年度の国立大学の修士課程入学者の全体は四万三四六三人であり、そのうち社会人は二三七三人（五・五％）である。その四年前の二〇一三年度の国立大学の修士課程の入学者の全体は四万二九〇二人であり、そのうち社会人は二六七二人（六・二％）である。四年間で〇・七％の減である。博士課程は、二〇一七年度の入学者の全体は九六八六人、うち社会人は三四四九人（三三・七％）となっている。四年間で三・九％の増加である。この数字の変動をどう見ればよいのか私にはわからないが、大まかに言えば、横ばいということだろう。

人生一〇〇年時代の人生戦略が話題になっているのに、これでは国立大学は何らこれといった寄与ができないどころか逆行しているのではないかと心配である。今後の一〇年間に飛躍的に社会人受け入れを増加させる目標設定をするか、役割が果たせないと一兆一千億円を返上するか、どちらかであろう。

もちろんこれは二〇代の浪人生が減っているなどの一時的なものかもしれないが、一時的か継続的かデータがなければわからない。

(2)　留学生

留学生数は、学校基本調査に明確に書いてある。国立大学への二〇一七年度の留学生の入学者数は、一二〇四人である。全入学者数は九万九四六二人であるから、その一・二％に過ぎない。あまりにも少なすぎるので心配になるが、国立大学一二〇四人、公立大学二八七人、私立大学一万三四三二人と何度見直しても書いてある。

これも四年前の二〇一三年を見てみると、留学生は一〇一八人、全学生一〇万六三一人の一・〇％である。なお、公立は二三三人、私立は九四一九人である。これも一応増えてはいるが、四年間で〇・二％の増加である。一年に〇・〇五％の増加だから、一〇年で〇・五％、一〇〇年で五％の増加に過ぎない。

念のため、大学院の状況を見ると、国立大学の修士課程の二〇一七年度の入学者全体は四万五四六三人で、そのうち留学生は四五二六人（一〇・四％）となっている。博士課程の入学者全体は九六三六人で、そのうち留学生は一八五四人（一九・一％）となっている。

これを四年前の二〇一三年度と比較してみると、修士課程は入学者全体が四万二九〇二人で、うち留学生は三八〇二人（八・九％）であり、博士課程は入学者全体が一万二三〇人であり、うち留学生は一六六九人（一六・三％）となっている。四年間で修士課程は一・五％の増加、博士課程は二・八％の増加であるから、学部よりだいぶましと言える。しかし、これまでの基礎数が少なすぎるのだから、とても十分とは言えまい。

こんな状態では、国立大学は、留学生獲得を飛躍的に増加させる目標設定をするか、不可能だというのなら国際化・グローバル化の予算など返上し、すべてローカル大学に徹するべきであろう、ということになりかねない。

(3) 女子学生・女性教員

女子学生の受け入れ比率については、二〇一七年度では国公私立合わせて四三・七％となっており、短期大学も合わせるとかなりの水準になっている。うち、国立大学は三七％であるのでもうちょっとだが、目標を五〇％と考えればいいところまで来ているとみなしていいだろう。一〇年前の二〇〇七年度には三九・八％だったので、一〇年間に四％伸びていて、まだ少しは伸びるだろう。

課題は教員の方で、二〇一七年度の国立大学は、教員数六万四四七九人のうち、女性は一万六九三人であり、一六・六％である。国公私立全体では、女性教員は二四・二％であるので、国立大学の女性教員は少ない。一〇年前の二〇〇七年には、国立大学の教員数は六万九九一人、うち女性教員は、七三五二人で、一二・一％である。国公私立全体では一八・二％だから、国立大学の女性教員はやはり少ない。

それでも、一〇年間に四・五％の増加だから、あと三〇年間に一三・五％増加させて四〇％前後までもっていくことはできるだろう。

大学が率先して男女共同参画社会を形成する牽引車になり、教育研究の発展のためにも男女の多様性を生かして活気ある職場を作っていきたいものだ。

このように、学生と教員の状況を、社会人、留学生、女性の観点で見ただけでも参考になる。同時にまだ道遠しとの感もするので、いたずらなスローガンを振り回すのではなく、地道にしかもきちんとしたマネジメント手法のもとで事態を改善していきたいものである。要するに、明確な目標設定をし、毎年の進捗状況を把握し、徒な美辞麗句を排除し、確実にやるべきことを実行する。これができれば国立大学法人化の大きな成果と言える。

また、今回は学校基本調査で簡単に入手できる数字のある事項のみを取り上げたが、教育の改善や経営の改善につながる数値データを入手するようにして、より適切な統計比較ができるようにしていきたい。

4　国立大学ステークホルダー総合調査の提案

東大で法人化の前年、文科省へ提出する資料を会議で検討していたところ、議長をしていた小宮山副学長（当時）が大きな声を出した。「ステークホルダーの意見を把握することだって？　東大のステークホルダーって一体誰だ？」いかにも東大らしい疑問で、さすがの明敏な小宮山氏も学外者の意見を広く聞くことなど考えもしなかったわけだ。それから一〇数年、さすがにステークホルダーの意見を聞くことは大事だという一般論に抵抗はなくなってきたが、どれだけきちんと組織的にステークホルダーの意見を聞き、実際の施策に反映しているのだろうか。意見を聞いてみれば外から見える自大学の姿を把握できて新しい気づきがある。そして意見を聞いたステークホルダーは大体味方になって、様々に協力してくれる。いわば味方を増やす有力な手法なのだ。

ステークホルダーの意見も評価の一環と言える。評価委員会の有識者の評価、データに基づく統計的な評価に加えて、多様な学外者からの意見もこれからは評価の有力な手法になってくるだろう。そう難しいことではないので、今すぐにでもできるところから始めることをお勧めしたい。

ステークホルダーといった場合、どんな人たちがいるのだろう。学生、保護者、卒業生、就職先の企業関係者、学生を送り込んでくる高校関係者、地域の関係者、そして大学に関する有識者も入いるだろう。順次見ていく。

①学生

学生の意見を聞くのは重要だ。普段大学と学生が疎遠な場合は大学に対する不平不満が多く出るだろう。しかし大学と学生の接点が多く、学生を大切にする姿勢が大学にあれば学生も建設的な意見を言ってくる。アンケート調査でもいいし、個別に意見を聴取してもいい。両方でもいい。大事なのは、聞いた意見をその後の大学運営に生かして、何を改善したのか分かるようにすることだ。できれば学生の意見は毎年継続的に聞くほうがいい。

やがて学生の意見を聞くのに慣れてきて、関係が親密になれば、大学の事柄にもっと参加してもらってよい。何かを企画するとき学生の意見を聞いたり、委員会の委員になってもらったり、組織運営や教育改善などで重要な役割を果たしてもらってもいい。

②保護者

保護者はほとんどの場合、学費を負担してくれていて、最近では母親だけでなく父親も諸行事や保護者会などに参加してくれる。苦情ばかり言い立てるモンスターは困るが、大学の立場を理解したうえで、経験ある社会人としての意見を言ってくれるのは貴重である。それに加えて大学に対する親密感が深まれば寄付金にもつながるわけで、大切にしたい。子供が在学しているというだけで親密になるわけではなく、在学してよい教育をし、面倒を見てくれると感じればこそ、保護者側も大学を大切にしてくれるのだろう。

③卒業生

学生が卒業後も大学との関係を保ち、生涯を通じて大学との親密感を保ち続けてくれれば素晴らしい。これに成功している例としては慶應義塾の三田会があまりにも有名である。国立大学法人は、多くの大学では法人化後全学同窓会を組織したり卒業生との関係づくりの努力をし始めたりした。昔のように大学は学生を放置し学生もまた大学に何の恩義も感じないのでは関係づくりのしようがない。やはり関係づくりの基本は良い教育を行い、学生が自分はここで成長できたとの思いを一生持ち続けることが重要である。中には評議員になったり、後輩学生の面倒をみる喜びを味わったりする卒業生も出てきて、良い協力関係を築いていきたい。

④就職先の企業関係者

就職先の企業は良い卒業生には継続的に来てもらいたいと思い、大学側も卒業生が職場でうまくやっているか気になるところである。このように就職学生を介した情報交換から始まり、企業側には大学の教育の在り方への意見や欲しい人材像に関する意見はあるだろう。大学側としても大学側の意図した教育の在り方が伝わっているかどうか、自分の大学がどんなイメージで受け止められているか知りたいところであり、大学と企業の意見交換は有益である。就職のみならず、産学連携など多様なかかわり方への期待もあり、前向きなつながりを形成したい。

⑤学生を送り込んでくる高校関係者

ここでも高校側は進学させた学生が順調に学生生活を送っているか成長しているか気になるところであり、大学側も継続してよい学生を送り込んでほしいところである。個別の学生のことだけでなく、近年は高大接続の問題意識も高まり、カリキュラムの連続性や教育の特色の連続性など昔よりも深い次元でのつながりができつつある。高校と大学がお互いにどのように見えているかを検証しつつ、子供の成長に即した一貫性を形成できるようになれば良い。

⑥地域の関係者

近年は国立大学にあっても地域との良好な関係づくりに気を配るようになってきた。法人化以前は騒音や悪臭を平気でまき散らして地域から嫌われていた国立大学もあったが、今では地元自治会はじめ地域の団体とも交流を深め、行事にはお互いに参加し、相互理解を深めるようになってきている。これも法人化の成果であろう。一旦、何かあった場合、危機管理の面からも相互に助け合う関係を作っておくべきであろう。

⑦様々な有識者

大学自身が有識者集団ではあるが、学外の有識者に意見を聞く機会も貴重である。経営協議会には民間有識者が加わっているが、それだけでなく、外部評価委員や、特定の課題について意見を聞く有識者を組織してもいいだろう。

以上のような様々なステークホルダーからの意見は、聞くと役に立つというだけでなく、絶えず学外の意見にも耳を傾けている大学だという姿勢を認めてもらうためにも有意義である。広い意味の評価を生かしていることになり、信頼を高めるのに効果的である。

前述の試みの多くは、私も大正大学で実践に関わって経験している事例であり、国立大学法人にとっても収穫の多い試みだと考える。

四　学部の在り方を考える―学部マネジメントの重要性―

１　課題設定

⑴　学部とは何か

我々は大学の在り方を論じるとき、「大学は……」とつい言ってしまうけれど、その大学とは何を指しているのだろうか。一定の法令上の根拠を持ち、組織や制度として整えられた人的・物的な集合体であり、大学の組織全体をまとめて捉えることもあれば、本部と学部といった捉え方をすることもある。人的に見れば、学長・理事長を中心とした執行部を見ていることもあるし、各学部の教員集団や学生集団を捉えていることもある。機能あるいは役割で見れば一定のカリキュラムをもって教育活動を行い、専門分野に関して研究活動を行う集団と見ることもできる。

例えば「大学改革」という場合、これらの大学のどこをどう変えようとしているかをはっきりさせる必要がある。大学全体の組織や制度であれば、法令や学内規則を変えるという議論になるし、教育や研究については大学としての方針をどの程度決めるか、教員の自主性にどの程度任せるかといった議論になる。これまでの議論の多くは、大学全体を捉えて言っている場合と、教員個人に着目して言っている場合が多かったと私は受け止めているが、大学の活動の在り方を決定づけるのに、学部をはじめとした内部組織の在り方が大きな位置を占めているのではないかと考える。

大学全体の在り方については学校教育法、大学設置基準等でおおよその枠組みは決まっているが、学部等の内部組織については、大半が大学自身の決定に委ねられている。学校教育法を見ても、学部等に関する規定は極わずかである。

学校教育法第八五条に、「大学には、学部を置くことを常例とする。ただし、当該大学の教育研究上の目的を達成するため有益かつ適切である場合においては、学部以外の教育研究上の基本となる組織を置くことができる。」と規定されている（この但し書きにあたる例は、筑波大学の学群（教育機能に着目した組織）、学系（研究機能に着目した組織）がある）。

また、大学設置基準では、第三条（学部）「学部は、専攻により教育研究の必要に応じ組織されるものであって、教育研究上適当な規模内容を有し、教員組織、教員数その他が学部として適当であると認められるものとする。」と規定されている。

そして別表で、学部定員ごと・学部種類ごとに専任教員数が定められるなど、さすがに設置認可の基準となると、きちんと決まっている。さらに、別表第一の備考一一では「この表に掲げる学部以外の学部に係る教員数については、当該学部に類似するこの表に掲げる学部の例によるものとする。」として、例外にも対応することができるようになっており用意周到である。現実の設置認可では、専門委員会による教員審査が最大の関門であり、規制緩和によって簡素化されてしまった設置認可のシステムの中で、質を保証するための最後の砦になっている。各専門分野の権威者によって委員構成されるため一般的に判断は厳格で保守的であり、新しいものが生まれにくいとも言われるが、大学の質保証のためには必要な機能だとも言える。

前述の、学校教育法の簡潔な条文に関しては、『逐条　学校教育法　第７次改訂版』（鈴木勲編著、学陽書房、二〇〇九年）では、次のように説明されている。

「学部の在り方は、永年の慣行を通じ歴史的に積み上げられてきたものであり、法令の規定もそれを前提としているため、その内容について法令上明確な規定を設けていないので厳密な定義を行うことが困難であるが、概ね、①特定の学問領域ごとに大学の目的を達成するのに相応しい高度の教育機能と研究機能を兼ね備え、かつ、その両者を一体的に遂行すること、②教職員及び学生の所属母体となり、教育研究その他あらゆる面にわたり大学の管理運営の基礎単位となること、という機能を備えた組織であると解されている。」

この定義は基本的に妥当であり、今後とも通用するものと考える。

(2)　学部の在り方の方向性

しかし、今日の大学の置かれた状況を考えると、ここに留まることなく、次のような論点を考えていく必要があるのではないか。

①特定の学問領域ごとに構成されると言っても、今日では学部名称がきわめて多様化していることに見られるように、各大学独自の捉え方になったり学際的領域が拡大したりして、学問領域の境界が不鮮明になってきているのではないか。また、日本の大学では、卒業学部と卒業後の仕事の分野が必ずしも関連していないことが多く、柔軟性があってよいともいえるが、無駄が多いともいえ、どう考えたらよいのだろうか。

②教育機能と研究機能を兼ね備えると言っても、現実には教育面ではカリキュラムをしっかり組織的に構成し運用する必要が高まっている一方、研究面では先端的となり細分化されるなど、教育と研究は学部段階ではかなり離れてきてしまっているのではないか。

③右記②に関連して、学部を単体で見るだけではなく、大学院とのつながりで捉える必要が拡大していること、学部間の協力体制を考える必要があること、教養教育（一般教育、初年次教育）と専門教育の関連で捉える必要があること、などのかねてからの論点に加えて、高等学校との関連で捉えること、社会（職業）との関連で捉えることなどの重要性が高まってきている。

④さらにこれらの問題は特定の学部だけの問題ではなく、大学全体としての取組みが必要であり、学部での議論と大学全体での議論が重層的に整合性を持って進められる必要がある。そのためには、学部での議論においても全学の動向の理解が必要であるとともに、全学の議論においても各学部の事情や方針の理解が必要であり、粘り強い刷り合わせが必要である。

⑤人的な面から学部の構成員を見ると、社会の様々な職場の人事構成が多様化しているのと同じく、大学も教授、准教授などの終身雇用の専任教員だけでなく、今や助教の多くは任期付きであり、特任教員などの任期付き教員も増加している。従来の事務職員、技術職員だけでなく、専門的業務を担う専門職員も増加しており、今後は多数を占める可能性がある。

これら業務、任期、待遇が多様な集団を統率して組織全体としての教育研究の効果と効率を上げつつ、個々人の目標達成と幸福追求に配慮しなければならない。学部での人事マネジメントの重要性と複雑性は高まっている。

⑥学部での議論はともすると現在いる教員を前提とした現状維持的な議論が行われることが多いが、これから大事なのは、未来を見通して大学全体の向かおうとする方向を見据えた変化のための議論である。誰かから言われたからやむを得ず改革するのではなく、自ら作り上げる方向での自律的な変化を形成するべきであろう。

大学の自治の基礎としての学部の自治があり、それ自身は大事なことではあるが、現在いる教員の自主性を尊重してきた結果、学部周辺に様々な「壁」ができてしまっているのではないか。私の未来の大学のイメージは、そのような壁をなくす、低くする、薄くする。穴を開ける、といった手当てが必要ではないかというものだ。そしてそれを実現するには、学部の教員の自主性にすべてを待つのではなく、ある程度大学あるいは学部としての働きかけ、学部マネジメントが必要ではないだろうか。

このように、学部がどうなっていくか大変重要であり、そのリーダーとしての学部長の役割は今後ますます大きくなるだろう。学部長は単なる長老の名誉職ではなく、持ち回りでできる仕事でもない。

逆に、リーダーとしての一定の経験と見識を備えた人がなるべきものであり、ある程度意図的な育成が必要でもある。もちろん大学・学部によってその在り方は異なってもよいが、今後多くの学部では学部長のリーダーシップが問われる時代となってきていると考える。

以下、学部等の将来像とそこでの学部長の在り方について見ていきたい。

2　教育研究の変容と組織の在り方について

(1)　講座制の余韻

もう古い話で覚えている人もあまりいないかもしれないが、法人化以前の国立大学では「講座・学科目制」が行われていて、学部の教育研究の基本組織として講座または学科目が置かれていた。講座は、教授・助教授・講師・助手がフルセットで置かれるのが完全講座で、一部欠けているのが不完全講座、学科目は教授または助教授が置かれていた。

東大をはじめとした旧帝大は完全講座制、新制大学は学科目制で、それによって予算も格差がついており、それが今日に至る国立大学間の格差意識の根源の一つとなっていた。

講座・学科目を増やすには、毎年の概算要求で予算を認められる必要があり、国立大学の学長・学部長・予算担当者は文部省高等教育局に日参して説明するのが年中行事だった。高等教育局職員も大学幹部との議論に対応するため懸命に勉強していた（だからその経験がのちに国立大学事務局幹部に昇進する登竜門として役立っていた）が、中には権限を振り回して威張った態度をする人もいた。

予算が一二月の大蔵省査定と年明けの国会審議で認められれば、講座・学科目省令が改正され、一覧表に新講座・学科目名が明記され、法令によって担保された組織として永続性が保証されたと受け止められた。大学関係者は祝杯を挙げ、文部省職員は休む間もなく翌年の準備を始めるのだった。そしてこの仕組みは、個別の予算要求を認めることにより国立大学全体としての予算は増え続け、冷静に見ると国家公務員全体の定員削減で減らした分の中から国立大学教員は増え続けるという構図となっていた。

この構図を一挙に転換したのが、国立大学法人化とともに行われた講座・学科目省令の廃止だった。大学の内部組織は各大学で自主的に定めることになり、大学の自主性を尊重するのはいいけれど、組織を拡大するための予算要求の道はなくなった。運営費交付金の総枠一％減の措置もあり、内部のスクラップ・アンド・ビルドのできない大学は停滞感が蔓延した。

以上は予算の話であるが、講座制の功罪は今日に至るまで継続している。旧帝大の講座制に倣って、新制国立大学でも、大規模な私立大学でも、講座制に類似した組織構成と運用がなされていたからである。

講座制は確立した学問体系の下で、教授を中心とした教員のヒエラルキーが形成され、良い点を見れば体系性と後継者養成をはじめとした継続性が担保された組織だった。ただ欠点は、教授が人事や予算などの全部の権限を握る独裁者となって教職員を支配下に置き、教育研究の新しい方向を妨げる弊害があった。他の講座との縦割りは厳しく、大学内が細分化された蛸壺ばかりとなる原因であった。だから教授ポストを巡る競争も激しく、教育研究の成果で競ってくれればいいのに、教授選考の時期になると文部省にも、会計検査院、財務省にもマスコミにも、セクハラ・パワハラ・

不正行為などの投書（怪文書）が送られてくることがあった。

制度上の講座制はなくなったけれど、意識の上での講座制のようなものは今でも残っており、それが学内の教職員の思考と行動を縛っているという悪影響は残っている。これを解消して、教育研究の場に相応しい自由でフラットな組織を形成していく必要がある。

(2) 全学共通性・協働性が重視される

一方、近年目立つのは、学部の壁を超えた動きである。法人化後の東大で小宮山総長の時に、「生命科学とか情報とか、分野によってはあちらこちらの学部に分散して類似の専門を持つ教員がいる。この教員たちに連携してもらえば、何か新しいことが生まれるのではないか。」との議論の中から、学内で学部を超えたバーチャルな組織（○○機構など）を置くことができるようにした。既存の学部を再編するのは大変なので、バーチャル組織の権限や資源をどうするかの議論は残るけれど、比較的容易に設置できる組織として多数生まれた。

そこまでいかなくても、医工連携や医薬連携など、個別分野ごとの教育研究の連携も多数生じている。教育面では、チーム医療の普及に対応するため、慶應義塾大学では、医学部・薬学部・看護学部が合同カリキュラムを編成し、節目ごとに合同授業を経験するようにしている。これらの実施に当たっては、大学や学部の方針のもとで、学部を超えた連携プレーが必要であり、実際にできるという共通認識が生まれている。

まして中小規模の大学では、学部や学科の壁などと言っている場合ではなく、必要なものを生み出すためには学部・学科の壁を超えて協力体制をとらなくてはならない。小さな蛸壺の中で相互で争いあっていたり無視しあっていたりすると、大学そのものが沈没してしまいかねないのだから。

(3) 教養教育と専門教育の壁をなくす

これは、新制大学が発足して七〇年経つ今日でも、未だに議論が続いて解決していない問題である。

戦前の旧制の時は、帝大ルートでは旧制高等学校で予備教育及び教養を学び帝国大学で専門教育を受けるし、専門学校ルートでは、多くの場合、予科で予備教育を学び大学で専門教育を学んでいた。大学教育とは専門教育のことだったのだ。

戦後はアメリカの一般教育の方式が形だけ導入され、主に低学年で一般教育、高学年で専門教育と受け止められ、一般教育は高等学校教育の繰り返しのようだ、専門教育は戦前では三年かけていたのに二年に短縮されてしまった、との不満が教員にも学生にも渦巻いていた。さらに悪いことには、国立では一般教育担当教員は旧制高等学校教員、師範学校教員等から移行したため、身分差別的に低レベルの教員と見なされてしまい、人員も予算もキャンパスも不十分なまま教養二年間を担当させられた。これが大学紛争が学生大衆に支持される背景にあった。

設置基準の大綱化と、そのあとの国立大学の法人化により、一般教育（今では教養教育と言う方がいいだろう）と専門教育の在り方は、各大学で自由に設計できるようになったはずなのに、古い差別意識と物的な格差を引きずったままだ。教養部の解体ののちに、一旦は学部の教員が協力して教養教育を行うことにした大学が多いはずなのに、そううまくいっていないようだ。

私はこの問題は、主として、専門教育を担当する教員の方が偉いという相変わらずの教員の差別意識にあると考えている。私立大学も、制度の背景は違うけれど、似たような状況にあった大学が多いだろう。

私は、カリキュラムも教員配置も一旦は全部白紙に戻して、考え直すべきだと思っている。まず四年間のカリキュラムをどう構成するか、現在、教養教育と言われている科目のうち、初年次教育に相当するものは一年次に、語学教育、情報教育、キャリア教育などに当たるものは全学年を通して、哲学や人生を考える科目はむしろ高学年で行うなど、内容に即して構成したうえで、専門科目と組み合わせていく。学部段階の専門科目も、本当に高度の専門科目というよりも、当該領域を俯瞰するような広い総合的な内容が相応しいだろう。主専攻・副専攻との考え方もあるし、リベラル・アーツの考え方もある。大事なのはカリキュラム全体を学生の立場から統合的に構成することだ。そしてそれぞれの内容をどんな教員が担当するのが良いか考えていきたい。恐らく現在いる教員とはかなり異なった教員が必要だということになるだろう。であれば、一〇年ぐらいの時間をかけて、あるべき教員の採用と再教育を行い、再構成するべきである。これは大学と学部の決意でできることだろう。

(4) 教育と研究の関係も変わる

大学の教員は、教育と研究が使命であり、両者を一体的に行うのが当然であるとの神話が依然として語られることが多いが、私はこれも考え直すべき時期が来ていると考える。大学の教員は何よりも研究者であり、その最新の研究成果を伝授するのが大学教育であると言われても、東大・京大といえども学部段階でそんな立派な教育が行われているとは思えない。

今日の学部教育は、各教員個人が思い思いに好き勝手なことを教えるのではなく、統合的なカリキュラムのもとで、学生の達成度を見ながら役割分担しつつ教員集団が教育に当たるのであり、チームプレイである。一方、研究の方は、先端的になればなるほど細分化され、同一分野の教員であっても少し専門が違えばもう理解できないほどであり、しかも激しい競争に晒され、学生の教育にまで注力する余裕が無くなってきているだろう。

ではどうすればいいのか。一つの案は、学部段階は学士課程教育であり、リベラル・アーツを通して学習の仕方を学習し、本格的な研究は大学院で行うと割り切ってもよいかもしれない。あるいは別の案では、研究担当教員と教育担当教員を分離し、研究担当教員の枠を守るという考え方もあるかもしれない。これは国立大学では、附置研究所や共同利用研究機関で経験があるが、組織を分離しても予算が守られるとは限らない。フランスやドイツのように高度な研究は大学から切り離し、公的な研究所で行うという方式もあるだろう。

二〇〇〇年の省庁再編で、文部省と科学技術庁の統合を準備した時、諸外国の例を参考に様々なシミュレーションをしたが、それをもう一度生かす時期かもしれない。

いずれにしても学部段階では、学生の教育に何よりも重きを置いてほしいものである。

(5) 学部と大学院

一九九〇年代に、主要な国立大学において大学院重点化が進められた。重点化した大学では、教員の肩書が、「〇〇学部教授」ではなく、「〇〇研究科教授」となった。

この重点化は、教育研究の高度化に伴い大学院を基礎単位とするものであったが、実のところは積算校費が大学院の方が手厚いので、基礎単位を学部から大学院に切り替えれば予算が増えるというものであった。次々と追随する大学が増えたが途中で打ち切りとなり、意図や成果のはっきりとしない結果となった。

同時に、予算との関連は別として、学部と大学院の関係を密接にして大学院を基礎とするという趣旨で、大学院を基礎単位とする国私立大学の例も見られる。

逆に、学部と大学院の関係は現状通り区分して、実質的な連携を強めるという大学もある。どちらの方式もありうるわけで、名称よりも実質的につながりが良くなればいいと考えられる。

近年新たな試みとして、東京工業大学において、学部と大学院を一体化して「学院」とし、学士課程四年・修士課程二年・博士課程三年を一貫したカリキュラムで科目をナンバリングし、各課程を短縮すれば最短六年で博士の学位が取得できるようになった。単なる名称変更ではなく、実質的に教育の在り方を変える試みとして注目される。

金沢大学では、従来の学部・学科よりも幅広い枠組みで基本的な単位を学類とし、併せて、基礎を学んでから専門領域を決める「経過選択制」、それぞれの学類・コースにおける必要最小限の科目を「コア・カリキュラム」とし、「主専攻・副専攻」を選べるようにしている。

さらに、早稲田大学では、密接な関係にある学部・大学院・研究所等の一体的運営を目指し学術院制度を導入しており、学部と大学院のつながりの強化、教育と研究の連携などに努めている。

これらの試みは、従来の学部・大学院の枠組みを基本的には継続しつつ、時代の変化に応じた柔軟でつながりの良い在り方を目指すものであり、今後の展開が注目される。

３　学部長の役割と責任

学部の在り方が様々な変化を遂げようとしている今日、それをマネジメントする学部長等の体制もまた変化せざるを得ない。積極果敢に打って出てこそ勝機を掴むことができるのだ。学部マネジメントのポイントとそれを執行する学部長等の在り方について次に考察してみたい。

(1) 法令で見る学部長

まず、学部長が法令上どのように規定されているか見てみよう。

学校教育法第九二条（学長、副学長、学部長、教授その他の職員）で、第五項「学部長は、学部に関する校務をつかさどる。」と、簡潔に書かれている。そもそも学校教育法には学部長に関する規定は一九九九年までは書かれておらず、学部長の重要性に関する法令上の認識はその程度のものだったわけだ。

前掲『逐条　学校教育法』によると、次のように説明されている。

「学部長は、国公私立大学を通じてほぼすべての大学に設置され、また、公立大学については教育公務員特例法によりその設置が予定されているが、学部長の設置や所掌事務についての法律上の規定は定められていなかった。このため、学部の仕事全般にわたる運営責任者としての学部長の役割が明確でないところがあった。

しかし、近年の社会状況の変化に対応し、大学運営の円滑化を図るためにも、学部長がリーダーシップを発揮しつつ、学部運営を行うことが必要となってきている。例えば、学部内での学科間の調整の必要性、他の学部あるいは学外の組織との連携の必要性などの問題が見られる。このような状況に鑑み、学部長を学部の運営責任者として法律上明確に位置付けることとしたものである。」

補足すると、国立大学法人化以前は、国立大学の学長、部局長、教員には教育公務員特例法が適用されていた（「部局長」とは、「大学の副学長、学部長、その他政令で指定する部局の長」であった）。そして、学部長を含む部局長の例えば採用と選考の在り方は「教授会の議に基づき学長が定める」と規定されていたように、全国画一的に遺漏のない運用がなされていた。

国立大学の法人化に伴い、国立大学法人の教員は教育公務員特例法の適用対象外となり、必要な事項は各大学で定めることになったが、多くの大学では、法人化の準備として教育公務員特例法の規定を学内規則に移し替える作業に追われ、独自の方式を考え出すには至らなかったのが実態である。学部長が、学校教育法に位置付けられたのはそれよりも数年前のことであるが、国公私立大学を通して学部長の重要性を示すためであったと理解している。

再び前掲の解説に戻ると、「学部長のつかさどる「学部に関する校務」とは、学部の仕事全般、例えば、①学部の教育課程の編成に関すること、②学部学生の入退学や卒業に関すること、③学部内規則の制定・改廃に関することなど、当該学部が教育研究事業を遂行するのに必要なすべての仕事を指すものである。

学部運営上必要な事柄については、学部段階においては学部長の責任と権限に基づいて処理するものである。学部長はそのために必要な学部内の組織運営上の調整を行うものであり、したがって、学部長は学部の校務をつかさどる立場から所属職員に対して必要な協力を求めるとともに、職務上の分担に基づいて所属職員を統督することもできると解されている。」

なお、学部長の規定の前に、学校教育法第九二条第三項では、「学長は、校務をつかさどり、所属職員を統督する。」と規定されている。つまり、学長は大学全体の校務をつかさどり、学部長は大学の内部組織である学部の校務をつかさどることになる。学部の責任者としての学部長は、大学の責任者である学長の統督を受けながら、学部の職員を統督することになる。「統督」とは、いかにも古めかしい行政用語的なニュアンスがあるが、「監督」よりももう少し包括的大局的立場が重視される意味だとの解説もあり、大学の特性に配慮された表現だということになっている。

(2) 学部長の選考方式

次に、学部長の実態のうち、特に影響の大きい選考方法について見てみよう。私の手元にあるのは、二〇一三年の文部科学省調べ（中央教育審議会大学分科会組織運営部会二〇一三年一〇月（文科省作成　論点整理補足資料）であり、その後のガバナンス改革の進展により変化しているかもしれないが、それ以後の数字が見当たらないのでこれを使う。

結論としては、国公私立とも、学部長については、学長に比べ、学内の選挙の結果に従って決まる場合が多い。この調査では、回答の選択肢を、①学内選挙の結果に基づき決定、②学内選挙及び選考会議の議を経て決定、③選考会議の議のみにより決定、④その他、としている。回答数は国公私立大学の二〇四五学部である。

①学内選挙　　国立六四％、公立四四％、私立四四％
②学内選挙と選考会議　　国立九％、公立一三％、私立八％
③選考会議のみ　　国立一％、公立六％、私立二二％

④その他　　　　　　　　国立二一％、公立三二％、私立二三％

実態としてはさまざまな方式が取られていて、単純な選択肢では把握しきれない面があると思うが、おおよその傾向はわかる。確かに、身近なリーダーである学部長は、学部内職員の信任を得ていないと仕事ができないのかもしれない。しかし時には、時代や社会の変化に対応して、学部内職員の意識変革をしていかなければならないこともあるだろう。全学の方針に特定の学部だけが反対して動きが取れないという事態も結構多く見られ、それも克服しなければならない。

現在、多くの大学の課題となっている「教員が守りに入って変化を拒否している傾向」を打開するためには、学部長のリーダーシップの発揮が必要であり、それを実現するためにも、選考会議や(国立であれば)学長や(私学であれば)理事長が実質的に選考を行うなど、学部長の選考方法を考え直すべき時期ではないか。学部長の選考にさえ選挙方式が蔓延している現状が、日本の大学の停滞を招いていると言ったら言い過ぎだろうか。

(3)　役割と仕事

ここでは、学部長の仕事を概観してみる。現状追認ではなく、未来のあるべき学部長像を追及する観点から整理したい。そのためには、前節で見てきたような未来の学部の在り方を展望したうえで、それを支えるマネジメントの在り方を考察したい。

1)　日常の学部運営、学部執行部体制、教授会

学部の規模はさまざまであり、二〇一三年の文部科学省調査によれば、学部教授会の構成員は一〇人から四〇人程度のケースが多いとされているが、一〇人以下のケースも一〇〇人以上のケースもある。教授会の在り方は、二〇一四年のガバナンス改革によって審議事項が明確化され、主として学部の教育や学生に関する事項に限定された。それまでは学部のあらゆることについて議論し、あたかも決定すると思われていたから大きな転換であった。もちろんそれ以後も、法令上の審議事項は一定の範囲となったが、自由な意見交換は行われるものであり、学部長の教授会

運営の裁量の問題であろう。

私見では、教授会の意義は次のようにいくつかある。
①法令上に掲げられている教育や学生に関する事項で、大学として決定する際に教授会は意見を述べることができる。
②その他、学部に関連した事項について自由に意見交換すること、ただしその結果について拘束力はない。大学教員はとにかく意見を言いたがる人たちであり、「自分たちは意見を言って議論したいのだ、結果については学部長が決めてくれればよい」という趣旨を言う人が多かった。私もかなり同感であり、元気な教員が集まればいろいろ意見は出るものだ。そこでよい意見が出れば学部長が参考にすればよい。ただし議論を放置すると時間がかかりすぎるので、議長である学部長が議事進行すればよい。
③教員に知っておいてもらいたいことについての情報提供、伝達の機会となる。全学の理事会や学部長会議での話題や制度改正や予算などの動きについて事前情報などを早めに伝達することもある。
④教員の一種の研修の機会であり、不正防止、ハラスメント防止、危機管理など教員に共通に心得ておいてほしいことはたくさんある。
ある程度の規模を持つ学部では、学部長の周囲に学部の幹部あるいはリーダー的なメンバーを揃えて、定期的なミーティングを行い、教授会の準備もし、共通理解を深めているケースが多いだろう。副学部長、教育や研究などの委員長、そして事務長などの事務幹部も今や必須のメンバーである。全学の理事や学長補佐をしている人も重要である。この集団を総称して学部の執行部と呼ぶこともあり、今日の複雑多様化している学部運営には有効で不可欠の集団である。

このほか、教育や研究の様々な課題について委員会が置かれ機能している。会議が多すぎるというのが、どの大学でも聞かれる悩みであるが、優秀な専門家集団である大学教授でもこれは解けそうにない問題である。大切なのは各委員会がバラバラに動くのではなく、学部執行部の統督のもとに機能することだろう。

さらに、学部長の日常は、会議体ばかりではなく、個々の案件への対応や後始末が数限りなくある。前向きな良いことであれば元気も出るが、後ろ向きの良くないことであれば徒労感に襲われるだろう。だが、これらに一つひとつきちんと対応していくことが学部長としての信頼感につながるのだ。

2) 教育の経営

学生が入学してから卒業するまで、学部長はさまざまな機会に学生たちに直接触れ合い、語り掛けることができるであろう。また、直接学生に接するのは各指導教員であるけれど、その教員たちが適切に学生指導をしているかどうか、現状を把握し、優れた取組みは称賛し、不十分な取組みには警告を与えなければならない。教員の自主性の尊重との兼ね合いが難しく、介入しすぎれば反発や拒否感が生まれるけれど、放置しすぎるとよくない状態になってしまう。学部執行部や先輩教員と相談しつつ、学部長の舵取りが期待される。

3) 研究の環境づくり

多くの大学では教員は研究には熱心であり、学部長に期待されるのは、適切な環境を整え、情報を提供し、研究推進を呼びかけることなどである。学内外の研究経費の獲得や研究室などの環境の整備、教員や研究スタッフの充実など、各教員の努力によるところも大きいが学部長としてのリードも必要である。全学に働きかけての制度改正や予算獲得にも頑張らなければならない。

研究の推進は、褒めたり賞賛したりして意欲を高めてもらうことを基軸にしていきたい。逆に無能な教員がいる場合は、アメリカのように実績を見て解雇することは難しいので、その害悪をできるだけ広げないように気を使う必要がある。

4) 教員マネジメントの展開

教育であれ、研究であれ、学部運営であれ、充実した展開を実現するためには、人の充実が必要である。しかし多くの大学・学部では予算の制約もあり、人員の増強には厳しい制約がある。そこでいくつかの留意点がある。

教員採用においては将来の学部の在り方を展望し、それに相応しい教員の獲得を目指す必要がある。単なる前任者の後補充ではなく、どういう新しい強みをもたらしてくれる人かを吟味しなければならない。選考委員会で公募方式をとる学部が増えているようだが、本当に実力が把握できるよう丁寧な面接、模擬授業、過去の業績や行為の把握をしなければならない。

人件費のやりくりと競争的資金の増加に伴い、任期付きの特任教員等が増加している。任期付き教員は、採用時は任期のことはあまり深刻に考えていないようだが、任期が来れば本当に雇用は終了するのだという前提を忘れてはならない。そのため、若手であれば次の就職先を考慮したり、不可欠な人であればどこかの専任教員のポストにつけたりするなど、先行きのお世話をする必要がある。これらについて現場の教授は考えが甘いことが多いので、学部長の手腕が必要となる。

教員の評価制度が未だに本当には普及していないので、教員の行為や実績の向上のための取組みの手段は多くない。上位の職への昇進、給与・手当での配慮、研究資金や研究スペースでの配慮などそれなりにやれるところはあるけれど、制度的には行うことができにくい現状である。このため、良い行為は褒め、良くない行為は叱るというどの組織でも共通な人事管理の基本を大切にする必要がある。

このためには、学部の将来像を描いた文書を作成したり、当該学部教員の在るべき姿を描いた文書を作成したりすることが有効である。

特に研究倫理違反、研究費不正、ハラスメントをはじめとした学部内のごたごたが生じた場合の処理について、日ごろからシミュレーションをしてルールを決めておき、学部長の責任において対処できるようにしておく必要がある。このことは、良くないことが生じた場合の事後処理だけでなく、良くないことが起きないようにする事前防止についても有効である。日頃の緊張感が危機管理の第一歩である。

(4)　学部長に必要な資質と能力

学部長に必要な資質と能力と言っても、特別のことではなく、普通のリーダーの優れた点をバランスよく持っていればよい。教育と研究については教員たちを納得させる実績があること、人物的には周囲とのコミュニケーションがよく取れていて、状況把握力と決断力があること、組織の将来を見通した先見性があること、学長や他の学部長たちときちんと話ができること、リーダーシップとイノベーションの力があることなど、どの組織のトップにおいても共通であろう。

日本の大学では、学長や学部長に理想的な在り方を要求するあまり「そんな人はいない」という逆に冷めた見方をされることが多く、それが短い任期で持ち回りのような人事が行われることにつながっている。しかし現代の、そしてこれからの学部長は、しっかりとした能力と資質を持った人を、学部の浮沈をかけて人選を行う必要があると考える。

私は学部長に最も必要なのは、組織マネジメントの力であり、仮に不足する部分があるとすれば有能な執行部を形成して補えばよいと考えている。また、通常の教員から直ちに学部長となるのではなく、学部内のあるいは全学の様々な業務を経験し、特に学部執行部の一員としての経験をするという、リーダーとしての人材育成のステップを踏むことが有益であろう。

そして私は特に、事務長以下の事務組織を上手に機能させることが必要だと考えている。事務組織の信頼を得ることができる学部長こそ、仕事ができる学部長であると確信している。

五　大学の持続につながる卒業生施策の在り方

１　はじめに

私は、文部省でずっと仕事をしたあと、国立大学が法人化する時に東京大学で勤務し、その際に全学同窓会の立ち上げなどに多少、関わった。その後、公務員を退職し、慶應義塾大学に五年間勤めたわけだが、慶應はご存じのように三田会という同窓会が非常に充実している。そんな経験を含めて、国立大学や私立大学での様々な取組みを概観し、卒業生とのつながりの意義や卒業生との望ましい関係づくりについて述べてみたい。

なお、本稿は、二〇一六～一七年度に大学マネジメント研究会が（株）クローバー・ネットワーク・コムと協力して開催した「大学同窓会・校友会セミナー」における全五会場（東京、大阪、福岡、金沢、東京）での各大学の発表を踏まえ、私が金沢会場で行った講演をもとに執筆したものである。

２　全体的状況

(1)　大学はどう時代を乗り切っていくのか

今日の大学を取り巻く状況については、周知のとおり非常に大変な課題が山積している。私はその困難な状況を乗り切っていくためには、各大学が自らの力で魅力のある教育研究を実現しなければ存続できない、そのためには大学マネジメントの向上が不可欠だと思っている。その大学マネジメントの向上のポイントは、構成員である教職員が、大学経営はどこかの誰かがやってくれるものと、あるいは理事長なり学長に任せるものと思っている大学は、これから危ないだろう。逆に、教員・職員一人ひとりが大学経営を自分たち一人ひとりが担っているものだと思っている大学はまだまだ発展するだろうし、しっかりとこの難しい時代を切り抜けていくことができるだろう。さらに、それに加えて卒業生がこの大学を出て良かったと思っている大学は永く持続すると考えている。

慶應義塾大学の三田会のＨＰの冒頭に、「この大学に入学して良かったと思うのは卒業してからかもしれない」との言葉が書いてある。そういうふうに卒業生が同窓会・校友会を通して大学との関わりを持ち続けることができる、そういう大学が今後もしっかりと持続することができる大学になっていくだろう。

(2)　近未来の社会と大学

また、近未来の社会と大学の在り方を考えてみると、超少子高齢化社会になること、グローバル化が徹底されること、科学技術や情報化の発展が顕著であること、国家財政が危機的となり経済社会が不安定になることなどが見込まれる。その変化は大学にも波及し、いずれにしてもこれから大学の在り方がさらに多様になっていく。そして大学の概念が拡張され、従来大学とは言えないような教育機関も大学と言われるようになってくる。そして新規参入と退出が繰返される。安定する状態はなく絶えず変化することが常態となると予想される。すると、大学改革と言われている動きがずっと続いていくだろう。もう安定してこのままでいいのだという状態にはなかなかならないであろう。

(3)　大学を支える者は誰か

そういう中で、大学を支え続けてくれるのは誰かということを考えなければならない。

国が面倒を見てくれるかというと、もう国は面倒を最後までは見てくれない。最近は国立大の統廃合が政策的に進められている昨今、私学についても文科省の幹部も、「私学助成がだんだん減っていくことは財政状況から見て避けられない。文科省が大学を支えるのも限界がある。あとは自分で収入を増やしてそれぞれ頑張ってくださいと言わざるを得ない」という趣旨のことを言っている状況だ。

それでは、地域社会はどうかと言うと、地域社会もとても大学の面倒まで見きれない。大学が地域社会を支えるために貢献すれば、ある程度地域も応えてくれるかもしれない。しかし、地方自治体が設置した公立大学以外は、まるごと大学の面倒を見てくれることはあり得ない。運よく公立大学化した私立大学もあるが、数には限界があり、今後さらに多くの私立大学が公立化するとは思えない。

では、企業が支えになるのか。否、産学連携ということで絆を強めることはあり得るけれど、その範囲で助け合っていくということでしかないだろう。

それでは、自分のところの教職員が頼りになるかと言うと、給料をしっかり払わないと働いてもらえない状態になるわけだから、倒産回避のために一生懸命働いてくれるかもしれないけれど、見限って他に転職するかもしれない。教職員が本当にその気持ちになって、一体となって大学を支える存在になってくれればいいんだけれどという希望観測的な心もとないことになる。

最後に頼りになるのは、やはり卒業生、学生であり、自分がこの大学の学生そして卒業生であったということは母校という打ち消しようのない強い絆であろう。この卒業生、学生との関係をしっかりと持って関係づくりをして、大学も卒業生を支えていく、卒業生も大学を支えるという関係を作ることができれば、これは相当強力な支えになっていくことは間違いない。

3　私立大学にみる卒業生対応の事例

では、どうしたら卒業生と関係性を深めていけるのか、私の経験から慶應義塾大学の事例を見てみよう。

(1)　慶應義塾の場合

慶應義塾大学は卒業生を塾員と言っている。そして、現役の学生は塾生と称している。福沢諭吉以来の理念で、塾員と塾生、それに加えて、慶應社中と言われている教職員、塾生の保護者の方々がいる。私は慶應出身ではないけれど、五年間の慶應勤務の実績が認められて名誉ある特選塾員となり、清家塾長から特選塾員証をいただいた。この慶應社中の協力が義塾を支えてきたという理念が強力にあり、日常的にこういう言葉が繰り返し言われている。したがってこの価値観、いわばメンバーシップがしっかりと慶應義塾の構成員の共通理解になっている。

卒業生に関してやっている事業は、オンラインネットワークサービスや、慶應カード（クレジットカード）などもあるが、私が特に印象的だったのは塾員招待会だ。卒業式には卒業二五年目の塾員を招待する、それから入学式には卒業五〇年目の塾員、だから七二歳ぐらいの人を招待するということで、年を取るほど喜んで大勢参加してくれる。そして一番多いのは五月に卒業後五一年以上、つまり七三歳以上の方ということで、あとは無限大で一〇〇歳以上の方も大勢お見えになる。塾員を塾長が招待するということで、一万人以上住所を把握していて四千人ぐらいが実際に日吉キャンパスの会場に参加してくれる。

私も慶應に行った最初の年にこれに参加して、お年寄りが大勢集まるのを初めて見てびっくりした。同時に皆さんの表情を見ると、とっても喜ばしい、ニコニコして嬉しそうに集まってくる。乾杯して三〇分ばかり飲んでいると、皆さんいい気分でお酔いになってお帰りになる。こういうことを永年、繰り返しているわけであるが、それだけのご年輩になってもなお慶應を愛して、喜んでやって来てくださる。そして慶應側もそういう方々と連絡をちゃんと取れるようになっている。これは大変素晴らしいことだ。ここに至るまでには大学は卒業してからもずっといろいろな情報提供をし、通信を欠かさずにして関係を保ってきたという苦労が実っているということが言えるだろう。

それから、卒業生の同窓会で三田会がある。三田会というと卒業年度の三田会、地域の三田会、勤務先や職種の三田会、サークルや同好会の三田会などがあり、その他なんでもありで、「これは新しい三田会だ」と言って手を挙げて登録すれば三田会になってしまう。それが全部まとまったものが連合三田会であり、三七万人で構成されている。事務局が慶應にあり、毎年一回ホームカミングデーを開催すると盛大に福引などがあり、大企業等の幹部になっている方が大勢いるので景品も豪華に振る舞われている。この大会の売上金の残りが三田会の運営費になっている。そんなことで楽しんでやっている節もある。実際にそのつながりが仕事の役に立っている面がある。取引先の人も三田会ですと言えば急に仲良くなってしまうわけで、そういう仕事の役にも立っている。学生が就職しようとするとその三田会の先輩のところへ頼っていけばいきなり幹部にも会えるということもある。そんな関係になっていて便利に使われている。これは、慶應卒業生が社会の要所要所で活躍していることの表れでもある。

大事なのは、民主的な運営方法であろう。塾員は慶應義塾の評議員の選挙権及び被選挙権を持つというわけで、慶應の位置付けでは学校法人の最高の意思決定機関の一員として参加することができる。大きな会社の社長とか有名な方が評議員会を通して慶應の経営にも参加しうるということで、参加意識を持ってもらう原動力にもなっているということが言える。

(2)　その他の私立大学の場合

そのほか、このセミナーで発表された大学で、私が気の付いたところ、大事そうなところだけピックアップして書いておく。

①早稲田大学

稲門会という組織でもって、やはり慶應と同じように多様な展開をされている。「なかなか三田会のようにはいきませんよ」「遅れてますよ」と謙遜して言っておられるけれど、結構しっかりと全国はもとよりグローバルな組織づくりをしている。

②京都光華女子大学

規模の小さな大学だが、一例として、ファミリー入試というのをしっかりやっている。四親等までの方について推薦の入試を受けることができるし、入学金も減額措置をしている。また京都光華女子大学は学生に対するエンロールマネジメントで有名で、入学してから卒業まで学生に対して丁寧に一人ひとり面倒を見ていくということで、しかもそれが卒業したあともつながりをずっと継続していく。卒業生に対する各種の相談もやりましょう、資格の取得を応援しましょうというふうに規模の小さい大学ならではの大学と学生、大学と卒業生の手厚い関係づくりが行われている良い例だと思われる。

③大阪経済大学

私学の中でも特別なオーナーがあってできたというわけではなくて、経済人が協力しあって作ったという性格が強い。そこの特徴を生かして、多様な職業人を育成するという建学の精神を同窓会も一緒に応援していこうと、独立している同窓会と大学で強いつながりを持っている。二〇一八年秋に周年記念行事で講演させていただいたが、同窓会と大学とはそれぞれ独立しながらも、一体感があるという印象を一層強くした。

④西南学院大学

一九一六年創立の歴史の古い大学で一〇〇周年を迎える。同窓会とのつながりもしっかりと作っていて、それが現在一〇〇周年募金にも非常に役に立っている。一〇〇周年事業や記念募金事業を同窓会とのつながりを作る機会とし、そのための基盤整備として、在学生・同窓会生のデータの管理運用をしっかりやるようにしている。

⑤東海大学

同窓会の規模は大きく、在学生の保護者の組織（後援会＝ＰＴＡ）、後援会役員退任者の組織（白鴎・不知火会）、卒業生の組織（同窓会）が、東海大学校友会として一本化されている。東海大学校友会は、海外視察旅行などの行事を行うほか、霞が関ビルの三五階で東海大学校友会館を運営しており、文部科学省や大学関係者が会議や懇親会で大いに活用させていただいている。

⑥法政大学

校友会の歴史は古いが、これまで運営規定や体制が明確でなく、経費も大学から相当の支援を受けており、活動も低調であったことから、近年次のような改革がなされた。

一県一校友会制度とし、大学による校友会費代理徴収を導入し、大学・後援会・校友会の一体体制とし、「法政大学の発展に寄与する」という校友会の目的を明確にした。

そして二〇一三年に一般財団法人となり、代議員制と理事による運営を確立し、会費を終身会費とした。事業経費は独立採算制となり、公開講演会には大学教職員を派遣活用し、カルチャー事業、スポーツ事業にも取り組んでいる。今後は寄付風土を醸成し、後輩支援循環型体制を作っていきたいとしている。

⑦東京経済大学

大学の取組みとしては、業界別卒業生団体の組織化、ＯＢ会の開催、一〇年次ごとの同窓生懇談会の開催などのほか、卒業生住所調査に力を入れており、二〇一四年から（株）クローバーネットワークコムに依頼して住所調査の判明率を上げている。

４　国立大学にみる卒業生対応の事例

次に、国立大学はどうなっているのだろうか。国立大学の同窓会に関する施策は、やはり二〇〇四年の法人化が大きな契機となっている。これからは国の資金に頼るだけではなく、多様な財源確保が必要であるという問題意識を持ち、そのため期待したのは卒業生からの寄付だったけれど、そう簡単に事が運ぶはずがなかった。

⑴　東京大学の場合

国立大学は東大も他の大学もだいたい同じだが、法人化の時までは全学的な取組みはほとんどなかった。東大の事例をみると、同窓会の状況は、学部や学科によってバラバラで、医学部のように鉄門会と称して鉄の団結を誇る同窓会もあれば、文学部のように学科ごとにバラバラで、「同窓会なんてないですよ」と平気で言うような学科もあった。そのため、全学部どうしていくんだという方針も何もなかったわけで、ほとんどゼロからのスタートだった。

一方、法人化した際に、これから運営費交付金ばかりに頼らないで、自分で寄付金を集めるような動きをしようということになり、教授たちが手分けして東大卒の企業の社長等に寄付金集めに回り始めたが、これが評判が悪くて、「私は学生時代に大学のお世話になんかなった覚えはない。自分の力で社長になったのだ。」「麻雀ばっかりしていたんだ。何十年もほったらかしておいて、今ごろなって大学に寄付をよこせと言って、何をしにきたんだ」などと、いろいろな人に言われたようで、かなりショックを受けた。だけども、確かにそれはそうだなと反省すべき点である。確かに今まで何の関係も作らないでいていきなり「寄付をしてください」と言ってもそれは難しいだろう。やはり時間をかけて関係づくりをしていくということが大事だということに東大の先生たちも気が付いた。

そういうこともあって、法人化した後に東京大学基金という受け皿と校友会という全学の同窓会組織を作った。これについては各部局、学部学科の足並みをそろえるのが非常に大変だったと担当の理事もしばしば苦労話をしていた。組織的にはだんだんそういう卒業生の組織作り、事務組織として卒業課を作る整備をしていった。オンラインの登録ができるようにもして、現在では校友会登録者一〇万人にまで進んできている。各学部学科、地域等の支部組織も結成が進み、昨年ようやく全都道府県で支部が結成できましたと担当者は喜んでいた。

卒業生向けホームカミングデーも法人化したあとで初めて盛大に開催した。第一回は安田講堂で加藤登紀子のコンサートを行い、以後毎年出し物に工夫を凝らし、盛り上げている。生涯学習プログラム、卒業生に特別の講座を提供しますというようなこともやっている。

最近心掛けている取組みとして、大学に貢献したいという気持ちを持っている卒業生が多いので、それを生かせるような企画をしている。例えば体験活動プログラムという、大学の学科の勉強だけではなくてもっと幅広い体験活動をめざすという。ちょうどこの頃、濱田総長が東大生をもっとタフな東大生にしようと、さまざまな経験を積んでもらおうという働きかけをしていたので、同窓会もそれに協力してさまざまな機会を提供しようという方たちが現れた。

その名も「知的相談プロジェクト」。と聞くと何か難しそうだが、要するに卒業生と在校生が交流できるという、最初はキャリア支援、卒業後の職業生活がこんなふうだよということを紹介してもらうものとしてスタートしたのだが、だんだん交流の幅が広がってきており、卒業生も大学にいろいろな面で貢献したがっているということが分かってきて、そういう機会をできるだけ広げていこうというような動きになっている。

(2)　その他の国立大学の事例

①新潟大学

全学的な同窓会を設立当初から担当しておられてその当時に理事をされている金子先生にお話いただいた。やはり東大と同じような苦労話が多かったわけで、全学の同窓会を作るまでが大変だった。いろいろ苦労して作った結果、現在は何とか軌道に乗ってきている。広報誌や講演会、交流会実施、それから大学と同窓会の懇話会や、クラブ活動などの助成、教育機器の購入や、今では契約が難しくなっているが早期に申し込んだため発行できた大学のクレジットカード、そういった支援事業を諸々行っている。基本的には多くの大学と同じパターンだが、一つひとつ着実に行うことが大事との印象である。

ここでもやはり活躍する卒業生をお手本に、新潟大学で学んで良かったと思う学生は帰属意識も高く、大学の取組みや後輩学生の支援も協力していただけると期待できる。その卒業生が在学生をサポートする。そうするとサポートを受けた学生も卒業して、卒業生になったら今度はまた在学生をサポートしてくれる、そうやってよい循環ができ始めている。これが何十年も経って積み重なっていけば非常に良い関係が持てる、そう期待させるものがある。活躍する卒業生をお手本に、本学で学んでよかったと思う学生は、本学への帰属意識も高く、大学の取組みや後輩学生への支援にも協力していただけると期待される。いわば支援の好循環ができてくるのだ。

②九州工業大学

単科大学であって、大学ができた最初から学士会があって、むしろその学士会がリーダーシップをとるぐらいの勢いでいろいろなことをやっている。卒業生も技術系の仕事をしていて、在学生に対する活動も提供してくれる。仕事と学習の結びつきが非常にいいわけで、卒業生たちが提供しようとするノウハウ、それが在学生にも本当に役に立つものとして生かされている。さらに、これがまた就職面でもいい循環が作られて、就職の好成績にも反映しているという。社会で活躍している卒業生による人材育成事業支援により、在校生が国内有力企業に就職し、また次の在校生の人材育成を行うという強力な循環が「就職に強い九州工大」の理由の一つになっている。

③金沢大学

やはり法人化後の二〇〇六年に同窓会連絡協議会が組織され、二〇一一年に学友会が設立された。学友会は、各学部の同窓会に加え、職域、地区、学寮、サークル、学年会・クラス会、ゼミなどの同窓会が登録されている。特に海外同窓会は、帰国留学生をサポートするとともに、金沢大学の現地での活動に協力している。

④東京工業大学

大学と同窓会の関係は密接であり、一八八一（明治一四）年に東京職工学校が創設されると同時に窯業会等の同窓会が創設され、一九〇六（明治三九）年には蔵前工業会が創設されて現在に至っている。同窓会の活動としては、科学技術の普及事業として、児童生徒のための蔵前理科教室ふしぎ不思議（略称「くらりか」）を実施。母校支援事業として、企業・官庁の協力を得て、「仕事キャリア」セミナー、「蔵前就職情報交換の集い」などを実施している。

5　卒業生の帰属意識を持続可能とするポイント

以上の様々な事例を見て、卒業生の帰属意識を持続可能とするポイントは何だろうということで整理してみると、次のようなことが言えるのではないか。

①学生時代の高い満足度

卒業生が大学に愛情を持つ原点は、良き学生生活を送ったという満足度にあるということが言えるだろう。アンケートをすると、「優れた教育に育てられた」とか、「教職員が一生懸命やってくれた」、あるいは中には「ゼミの何とか先生が一生懸命やってくれた」とか、固有名詞が出たりする。あるいは、「手ごたえのある学生生活だった」、「サークルで一生懸命やった」とかいろいろある。とにかくこの大学によって自分は育ったんだということで愛着を持ち、感謝の気持ちが生まれるということが原点にあるだろう。

②関係を末永く継続すること

その次にそうやって巣立った学生について、その関係を長く続けるということが重要だろう。音信不通になってしまっては、愛着も、支援も、貢献もできはしない。まずは連絡先をちゃんと把握して連絡が取れるようになっていなくてはならない。そして、その連絡先に大学の情報を提供したり、あるいはサービスを提供したり、あるいは節目ごとにいろいろな行事を企画して大学へ来てもらったりする、そういった関係づくりをしていくということが大事である。

③同窓会の組織化

そして同窓会の組織化を推進することが不可欠で、まずは在学時から卒業したらこうしてくださいということを示していく必要がある。多くの大学は卒業式の時に続けてその同窓会への入会式もやっている。特に慶應は大々的にやっているわけで、とにかく連続させることが大事だ。

それから、各学部・学科バラバラではなくて全学が歩調を合わせて取り組んでくことが大事である。どの学部・学科を卒業しようとも○○大学の同窓生なんだよという気持ちを持ってもらう。そういった同窓会を推進する組織、学内の同窓会室とか卒業生課とか名称はさまざまだが、そういうまとめ役となる学内組織をまず設置して組織化を進めていくことが必要である。

④自主的活動が軌道に乗る

そしてだんだん同窓会が確立していくと、もう大学があまり働きかけをしなくても卒業生、在校生自身の自主的動きが軌道に乗ってくるという状態になればもう大丈夫という感じになる。大学がすべてお世話しなくても、きっかけを与えるだけで動くようになってくる。学生が会社へ行こうとすると、慶應で言えば三田会のリストにある人のところを頼っていくとか、あるいは卒業生が学生にいろいろ指導、助言するということで、職業とか人生のさまざまな場面で同窓会関係が生かされるように、自然になっていくようになれば一番いい状態になってくる。

ただし逆に、同窓会が大学のニーズと離れて自分たちの親睦ばかり熱心になってしまうなども困る。あくまで活動の目標として「大学の発展」を掲げてもらいたいものだ。

⑤卒業生の大学の活動への参加

また、これからの課題として、卒業生が大学の教育や経営に参加する機会を増やしていくということも大事なポイントだと私は思っている。つまり、卒業生にとっても大学との関わりを持つ喜びが大きい。「自分は大学の役に立っている」、「こういう面でわたしは大学にアドバイスをしてあげた」、「こういう点で学生に、教員に喜んでもらった」、これらはとても重要な喜びになる。

大学にとっても、そういう社会人が参加してくれるということは、若い学生にとっては先輩やロールモデルからの影響は大変大きなものがあるだろう。あるいは、大学の中しか知らない教員たちに、社会人から見るとこういうふうに見えるんだよということを教えてもらういい機会にもなる。さらには、大学の経営に参画し、アドバイスしてもらうことができれば、大学と社会をつなぐことにもなる。

⑥関係づくりの集大成としての寄付

そういうふうにさまざまな形で大学と卒業生の結びつきというのを生かすことができるわけで、これらの結びつきの集大成として寄付がもらえるのだ。周年行事で「お願いします」と言った時に「分かった」と言って出してくれる基盤ができるということだろう。究極として遺贈も在校生への大きな支援となる。

⑦同窓会も競争の時代へ

これまで同窓会の活性化が活発でなかったのは、母校はひとつということで、この揺るがない関係に大学側は安堵しているからではないだろうか。しかしこれからは生涯学習の時代となり、大卒後もいくつもの大学を卒業する可能性もでてくるし、トロウの大学エリート時代からユニバーサル段階にある今では、受験生の両親はもちろん両祖父母もそれぞれ大卒となるので、どの大学に入学するかは、肉親の影響も大きいことからより強いメンバーシップを結んでいる大学が有利となろう。いわば同窓会も競争の時代に入っていることに気づかなければならない。

⑧両面がある同窓会の機能

少し補足すると、同窓会の機能には両面があると言える。保守的な同窓会の場合には、大学がある改革をしようとする時、反対して古い状態を守ろうとする同窓会も見られる。ある女子大学が、共学への転換を計画したが、伝統を重んじる同窓会が強く反対し、理事長は解任され、計画は撤回、経営困難が続いているという大学もある。

それから、逆に同窓会が実社会で苦労している人たちの集まりの会であるような場合には、これからの社会ではこうだよと導いてくれることがある。

慶應と共立薬科の合併に際して共立薬科の同窓会は反対しなかったのかと聞いたら、いや、反対どころか積極的にリードしてくれたということで、共立薬科大という単科の薬科大でいくともう限界があるから、慶應と一緒になったほうがいいよというような議論が多分されたのだろうと推測される。改革へ向けてそういう影響力を発揮する同窓会もある。

⑨同窓会の在り方は大学により多様

同窓会の在り方は大学によって多様であり、こうやってさまざまな大学の様子を見てくると、参考になる点もあるけれど、やはり大事なのは、それぞれの大学の実情に応じて形態や活動は違うことがあり得るわけなので、それぞれの大学にあった在り方を考える必要がある。

大規模総合大学では、全学の同窓会の組織化はスムーズにはいかないが、実現できた場合にはその効果は大きい。

多様な人材や資源を活用して様々な事業展開ができるし、学生の多様な要望にも応えられ、満足度を上げる好循環につながる。

小規模単科大学の場合にはまとまりを持ちやすい。しかし規模が小さいと、あれもこれもやるというわけにいかないので、活動の焦点を絞っていく必要がある。そして、卒業生と学生、卒業生と教職員の直接の人間的なつながりを重視したい。そこから双方の満足が生まれてくるだろう。

6　最後に

同窓会の在り方はどの大学にもあてはまるというモデルはないので、各大学が自大学に応じた卒業生との関係づくりを工夫していく必要がある。しかし大学の規模や立地に拘らず、共通して言えることは、大学在学中いかに学生の満足を引き出すかが同窓会持続の大きな鍵であることはいうまでもない。それは在学期間中の表面的な満足ではなく、人生長きにわたって滋味に感ずる満足感であり、小手先の改革では導くことはできない。もっと大きな芯のある改革が必要である。

この一連のセミナーで発表された大学同窓会はみなそれぞれアイデンティティが確立されており、ぶれることなく同窓会と卒業生の在り方を創意工夫している。この創意工夫は単に真似すればできるというものではなく、やはりその大学の風土に合わせて更なる工夫が必要になる。他大学のよいことを取り入れても同じようにはいかないが、自大学に合うように取り入れれば、同窓会の活性化につながるであろう。

そういう意味でも大学マネジメント研究会の「大学同窓会・校友会セミナー」での取組みによって、同じ悩みをもつ大学同窓会が集い、各大学の事例からヒントを得て、それぞれの大学同窓会の活性化への一助となればと願っている。

六　五千人の学生との面談　―　TSR総合調査の実践　―

1　TSRマネジメントの構築

(1)　大正大学とは

大正大学は、一九二六年に設立され、二〇一六年で九〇周年を迎えた。天台宗、真言宗豊山派、真言宗智山派、浄土宗の仏教四宗派が連合して成り立つ大学である。当初は僧侶養成が中心であったが、現在、約五千人の学生の九割以上は一般の学生であり、僧侶を目指す者は一割以下である。地下鉄三田線の西巣鴨駅から徒歩三分という都心の便利な場所にありながら、一八歳人口増加期にあまり規模の拡大をせず、今日に至っている。学部は、従来は仏教学部、人間学部、表現学部、文学部の人文科学系四学部であったが、本学初の社会科学系学部である地域創生学部と、人間学部から分離した心理社会学部が二〇一六年に設置され、新たな展開を目指している。

一般の学生が大半を占めるに至っても、仏教精神を基調にした教育を行っていることもあり、学生も、教職員も、まじめでおとなしいことが本学の特徴だと言われている。しかし、それだけではこれからの大きな変化が予想される社会で、学生も大学も生き抜いていくことは容易ではない。

社会のニーズを的確に捉えて、学生の募集から、入学後の学習とキャンパスライフを充実させ、力をつけて職場に入っていくためにはさまざまな改革・改善の努力をする必要がある。この課題は、経営と教学の全般に関わるものであり、二〇〇九年の中期マスタープラン策定以来、TSRマネジメントの構築として提唱されてきた。

(2)　TSRマネジメントの理念

大正大学の建学の精神は、「智慧と慈悲の実践」という大乗仏教思想の理念であり、それを教育活動に生かすことによって、学士力を養い、人柄力を育てようとするものである。同じく教育ビジョンは、「慈悲、自灯明、中道、共生」

であり、この「四つの人となる」ことによって、建学の精神を現代的理解で表現していこうとするものである。

また、運営ビジョンは、「首都圏文科系大学において、期待・信頼・満足度No.１を目指します」とされている。そのスローガンは結構であるけれど、「期待・信頼・満足度No.１とは具体的にどのような状態を指すのか？　No.１であることをどうやって証明するのか？」と学内の方々に聞いてみても誰も分からないという答えだった。つまり、スローガンを謳っているだけで裏付けがない状態だった。

ＴＳＲマネジメントとは、「大正大学の社会的責任（Taisho Social Responsibility）」を基盤とした運営マネジメントを確立し、ビジョンの実現を目指すことである。これは企業の社会的責任（ＣＳＲ）、大学の社会的責任（ＵＳＲ）の考え方を真正面から受け止め、大正大学として実行するという宣言であり、大いに結構である。ならば、文字通りに実行する道筋をつけていかねばならない。

しかしながら、この時期のＴＳＲマネジメントは、多くの言葉で飾られていたが実際の活動は定着せず、職員のプロジェクトチームによる改善提案活動も一時動いたらしいが、私の着任時には全く消えていた。

二〇一三年の認証評価に際しては、ＴＳＲ推進を謳っているが、具体的にどう取り組むのかが見えないとの指摘に対し、速やかな実現を確約し、いわば宿題になっていた。

２　ＴＳＲマネジメントの実践

(1)　ガバナンス改革

二〇一四年は、中教審の審議まとめ「大学ガバナンスの推進について」が公表され、続いて、教授会の権限を適正化するなどの学校教育法の改正が行われた。大正大学では、教授会の在り方はさほど強力ではなかったが、この機会に、意思決定が速やかかつ適切に行われるよう意思決定組織の見直しが行われた。それが、二〇一五年四月からの学長室会議の設置である。私も、着任前から検討に参画していた。

事務部門には局議会（部長会）があり、教学部門には教学運営会議（学部長研究科長会）があるが、これらを結び付け、経営と教学の重要事項を全て議論し、意思決定するのが学長室会議である。構成員は、学長（議長）、副学長二人、専務理事（事務）、事務局長、理事長特別補佐の六人であり、毎週火曜日が定例会議である。その直後に常務理事会が開催されることが多く、多くの案件は速やかに決定されている。なお、大正大学の理事長・常務理事は設立四宗派の代表者からなっており、重要事項のみが審議決定され、学長室会議全メンバーが参加するので、極めて親密な関係にある。

このような審議・決定機関は、国立大学法人の理事会に近く、他の私学でも同様の組織があり、さほど目新しいものではないが、大正大学にとっては画期的である。これまで遅れていた意思決定の在り方を一挙に改めるものである。

(2)　人事制度改革

大正大学の人事制度も他大学に比べて大変後《おく》れていた。この機会に後れを取り戻し、一挙に先頭に立つような人事制度改革に着手し、多くは二〇一六年四月から実行した。職員の目標管理制度を実行している大学は多いかもしれないが、大正大学では全管理職が参加して職務基準書を作成したところに特徴がある。半年間施行したうえで、二〇一六年四月から本格実施した。もちろん評価結果を処遇に反映することにしているが、狙いは、むしろ職員が上司との対話のもとに自発的に目標設定を行い、業務を遂行するセルフマネジメントを実現することにある。

同時に給与制度も全面的に改正し、従来の年功賃金制度を廃止し、ある段階からは評価を大きく反映する仕組みとした。管理職などへの昇進も、従来は年齢順に登用するという極端な年功序列であったが、今後は職務成果を見て決定することとした。

事務組織も見直し、従来はなぜか一二部一三課という不適切な構成になっていたが、これを六部として正常化した。また、教員については、二年以内に教員評価を実施することが理事会で決定されている。二〇一六年度は学科・コースのマネジメントシートを作成し、自己点検評価書につなげることにしている。各教員のマネジメントサイクルをどうするかが課題である。

(3) 教学マネジメントサイクルのスタート

二〇一五年一一月に学長に就任した大塚伸夫氏は、責任感と実行力があり、改革に対する意欲が強く、この時期の学長としては最適の方であると私は考えている。着任した直後から各種の改革に精力的に着手している。

着任早々、学長補佐六人を指名し、教学を中心とする重要事項を分担させて、検討、実行させている。これにより、多忙な学長が孤立せずにチームとして取り組める体制ができた。学長補佐六人と事務部長六人が力を合わせれば、かなりのことができると考えられる。

また、大塚学長は、長期計画として教学一〇年計画を作成した。経営については柏木正博専務理事の一〇年計画が先に策定されており、両者を適切に組み合わせれば総合的な長期計画となる。この長期計画を参考に、TSR総合調査で把握した学生の要望も取り入れ、二〇一七年度の予算作成の際に、学長の重点八項目として学長裁量予算の重点配分を行った。二〇一六年三月には、未来フォーラムとして、教員と職員の合同チームによる未来に向けた提案募集を行い、選ばれた四チームが大勢の教職員の前でプレゼンテーションをして共通理解を深めた。

(4) 理事長特別補佐による職員一三〇人全員面談

私は二〇一五年四月に大正大学理事長特別補佐・質保証推進室長として着任したが、教職員・学生全体に元気がないことがまず最初の印象だった。

そこで、この印象が本当かどうか、職員と面談して確かめたいと思った。職員は、専任職員と嘱託職員（週五日以上勤務）合わせて約一三〇人であり、全員面談がぎりぎり可能な人数だと思った。

五月～七月にかけて、管理職は一人一時間ずつ、課員は五～六人で一時間半ずつ面談を行った。面談内容は、職員自身のこと、大正大学職員のこと、学生と教員のこと、大正大学の将来についてであり、私は基本的な問題意識を述べるに留めて、職員にはなるべく自由に語ってもらうようにした。最初はやや硬い雰囲気もあったが、進むに従ってみな自由に語りだし、「久しぶりに意見を言いました」といった声も聞こえてきた。

面談終了後、私は面談で出た主な意見と私自身の考えを入れた八九項目の提言からなる「大正大学職員行動改革プラン」をまとめ、学長室会議と常務理事会での承認を経て、全職員に公表した。

以上の試みは、職員に対して一定の刺激を与えたと考えられるが、これを本物に持っていくのにはまだまだ時間がかかる。組織の体質を変えるためには、考えられる刺激策を次々に打ち出していかなければならない。

3　全職員による全学生面談

(1) 企画

柏木正博専務理事が作成した経営に関する一〇年計画には、二〇一六年からステークホルダーの満足度を調査するとあった。しかし、具体的に何をするかは決まっておらず、学長室会議での議論となった。私は、最大のステークホルダーは学生であり、学生の満足度こそ把握すべきだと提案した。これは、職員との面談で、学生関係部署以外は学生と接する機会が少ないとの訴えが多かったことや、「首都圏文科系大学においてステークホルダーからの期待、信頼、満足度No.1を目指す」と言いながら、何ら実証的な努力をしてこなかったことなどが背景にある。

そこで小嶋知善副学長を委員長とするＴＳＲ総合調査委員会を組織し、アンケートと、面談を組み合わせた調査に取りかかった。学生は五千人なので、一〇人のグループが五〇〇組できる。職員は二人で一チームとし、一〇〇人で五〇チームできる。一チームが一〇回の面談を繰り返せば可能である。おそらく、学生全員面談は、小規模校ならば可能だが、大規模校では困難であり、大正大学の規模が限界であろう。大正大学は学生一人ひとりを大切にし、学生と教職員の距離が近いことを謳い文句にしている。ならば、それを実証しようではないかと促した。

(2) 実行

学長室の加藤真紀子課長ほかのメンバーの緻密な計画により、調査は二〇一五年一〇月から翌年一月までの四カ月にわたって行われた。事前に全職員への説明会を実施したが、一部の職員に反発が見られた。こうした現状維持体質を変えるためにも、調査はしなければならない。実際、職員の労力や時間の遣り繰りは大変だったようだが、学生と直接対話できた喜びを語る職員も多かった。事後の職員アンケートでも、実施してよかったとの回答が多数であった。

また、調査は授業時間の中で行い、担当教員にも同席してもらったので、教員にも刺激になったものと考えられる。

本調査は、マークシート方式によるアンケートと、全事務職員による学生全員面談によってなされた。

アンケート調査の一番目に、大学に対する満足度を聞いた。その結果は、「とても満足・満足」が五五・四％、「どちらでもない」が三三・六％、「不満、とても不満」が一〇・七％であった。他大学で同様の調査を行っているかどうかは知らないが、今後「満足」とする者の比率を計画的に増加させていかなければならない。

アンケート調査結果は、大きく次の三種類に分かれる。
①満足度の高い項目
教室、専門教育、教員の態度、友人関係などが挙げられる。これらは、今後さらに向上させていくべき項目である。
②満足度の低い項目
食堂、学生のモラル、知名度などが挙げられる。これらは、今後改善方策を早急に策定しなければならない。
③認知度と参加度の低い項目
就職、地域交流などが挙げられる。これらの対策を講じることが、満足度向上につながる。

面談調査の結果については、極めて多数かつ多岐にわたる意見が見られ、単純にまとめることは難しいが、次のような意見が多かった。
①施設
施設面では、校舎が新しくてきれいという意見が多かったことは大学としては喜ばしいが、一方で、、学生の使えるパソコンを増やしてほしいなどの学習面の要望や、食堂の拡張、学生のための居場所をもっと増やしてほしいといった生活面の要望も多く見られた。
②教育
教育面では、学生と教員間の距離の近さを評価する意見が多く見られ、他方、取りたい授業がなかなか取れないといった履修に関する不満も多く寄せられた。
③学生生活

学生生活面では、友達やサークル活動が満足をもたらしているのに対して、大学行事等の広報不足のために、大学のイベントに参加しにくいことなどが挙げられている。

④地域連携

　地域連携では、学生は、地域の子どもや高齢者との交流を通してさまざまな経験をしている様子がうかがえる一方、地域連携に関する大学の多様な取組みが学内で認知されていないという指摘があった。

(3) 検証

　ＴＳＲ総合調査の結果を基に、学長室会議において検討した結果、次の方針を策定した。

①このアンケート結果を基に、今後の一〇年計画と合わせた改善方策を実施していく。

②教員については、教員のＴＳＲマネジメントサイクルを運営する（教育のＰＤＣＡサイクルを回す）。

③職員については、人事制度改革、「職員行動改革プラン」の実施などを中心とした改革を推進する。

④今回の第一回ＴＳＲ総合調査の実施方法を改善しつつ、毎年継続して実施する。

(4) 改善

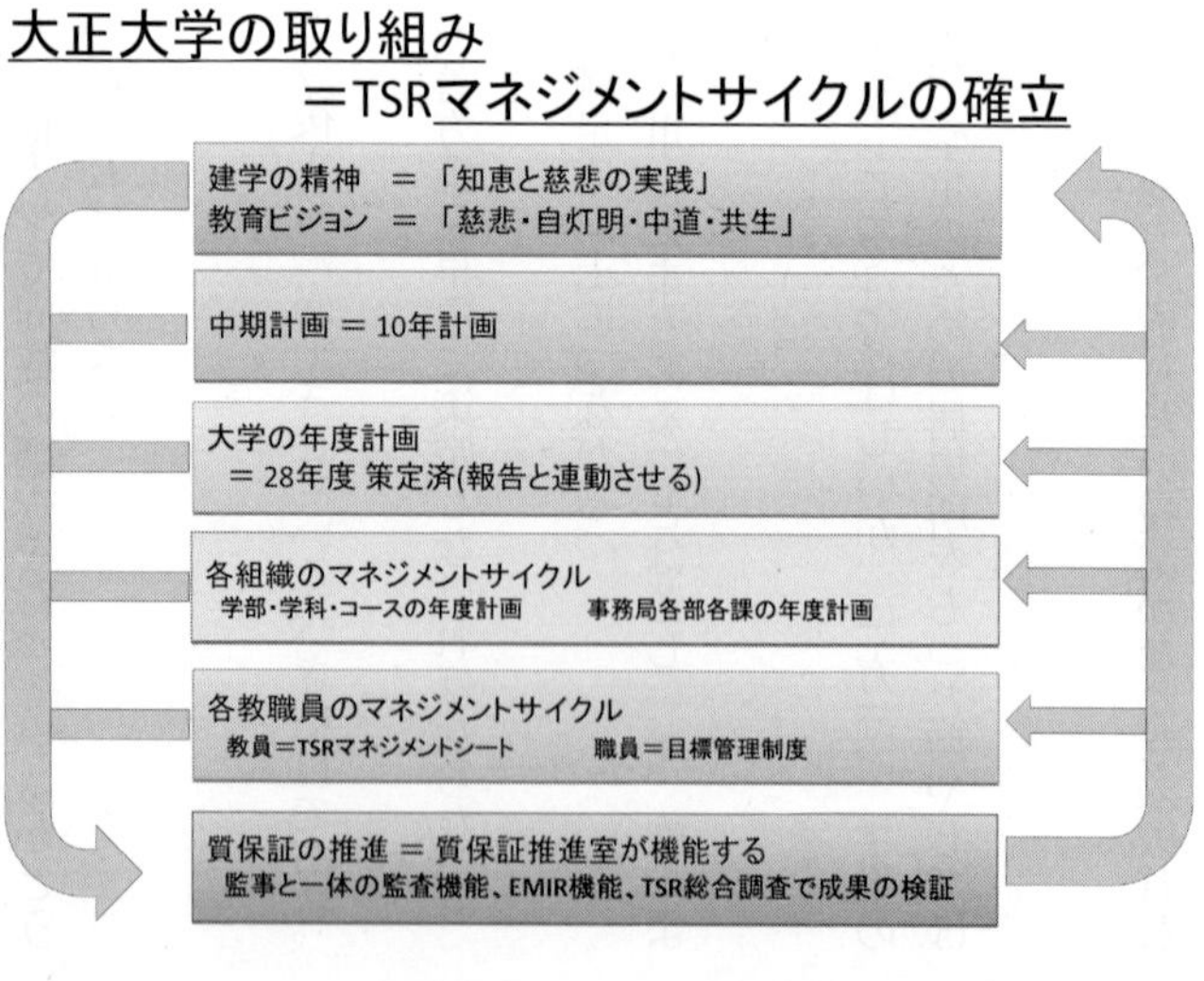

調査結果に現れた課題のうち、直ちに着手すべきと思われる事項については、二〇一六年度予算の策定において取り上げ、順次実施している。

二〇一六年度の第二回ＴＳＲ総合調査については、学生に対する調査はＷｅｂを用いた効率的な方法で継続する。学生以外のステークホルダーについては、高校を取り上げる。

４　質保証推進体制の確立

大正大学のＩＲについては、二〇一六年四月学長補佐に福島真司教授を迎え、日下田岳史助教と学長室の担当者というＥＭＩＲ室の体制がようやく整ったところである。

すでに入学時における学生の学力分析や各種アンケートの解析などを進めており、学部の教員に対して結果の説明なども行っている。間もなくＩＲ活動の全体像を提示したいと考えているが、それには二つの要素がある。一つは各学部学科、部や課で行っている調査やアンケートなど全てのデータをＥＭＩＲ室に集約することである（いわば横のつながり）。もう一つは、ＥＭＩＲ室の活動を学長室会議や常務理事会の意思決定機関に直結することである（いわば縦のつながり）。

私は大正大学の理事長特別補佐であると同時に、質保証推進室長である。質保証のための仕事の一つが大正大学のマネジメントサイクルを回すことであり、その方策としては、①監事と一体となっての監査機能の発揮、②ＥＭＩＲ室の活動の促進、③ＴＳＲ総合調査による施策と成果の検証がある。本稿の前半でさまざまな改革について述べたのは、それら全てが結び付いて循環することにより、効果を発揮すると考えるからである。いずれまた、それらの進捗状況については報告したい。

第二章　トップ・マネジメントの役割と責任

一　大学のトップ・マネジメントを組織する

1　大学のトップ・マネジメントとは誰のことか

(1) なぜトップ・マネジメントなのか

最近の大学を巡るニュースの中で、大学のトップ・マネジメントの在り方を考えさせられる事象が多くみられる。その主なものを二つ挙げてみよう。

一つは、これから急激に進む一八歳人口の減少に関連し、どの大学も教育研究の質を向上させ、社会から高い評価を受けることにより、この困難な時代を乗り切ろうとしていることだ。

今回の一八歳人口の減少の特徴は、教育界のみならず、医療や社会保障の分野も産業政策の分野も国土政策の分野も地方自治の分野も、およそあらゆる分野を巻き込んで深刻な影響を生じさせることであり、一つの大学の方針決定を考えるに際しても広く目配りした上での判断が必要なことである。そして現在の議論は二〇四〇年頃を念頭に置いたものが多くみられるが、第一次ベビーブームの団塊の世代が消え去っても、少子化は相変わらず継続する可能性が高く、ベビーブームが再来する可能性はない。

そのような時代状況における大学経営はどのようなものになるだろうか。恐らく過去の経験で少しでも学生募集に有利な在り方を探ることと、従来あまり見られなかった別の可能性を探ることなど、懸命な大学経営の模索を行わなければならないだろう。

そのような大学のマネジメントをトップとして導いていく人あるいは組織は、どのような姿になっているだろうか。

もう一つは、二〇一八年の大学における社会からの批判を受けた事象は、某大手大学理事長と常務理事の運動部に対するガバナンスの欠如や某医科大学の理事長と学長が自ら行った入試の不正、二〇一九年に入っては某福祉大学の留学生不正入学、等々に見られるように、本来そのような事象の発生を防止するべき立場にあるトップが、逆にそのような事象の原因を作っていたり放置したりしていたことだ。

そしてその責任者たちの実像を見ると、とても大学のトップに相応しいとは思えない人物たちであり、しかもそのような人物たちが長年に亘りトップとして君臨していることが目に付く。いったい大学という組織は、トップにどのような人を選ぶのか、さらにそのトップの行うことについてチェックすることを考えていないのかという疑問が湧いてくる。

恐らく学校法人制度など法令上の手順は守っているとの反論はあるだろうが、そうだとすると法令や制度上の不備はないのだろうか。また、企業や省庁も同じくらい不祥事は発生しているのだから大学はまだましだと言えるのかもしれないが、そう言ってしまった途端に大学制度を手厚く保護している特例の正当性はなくなるのだから、やはり、他の業種は汚れていても、大学は潔癖さを保つことを期待されていると言うべきだろう。

そのような大学のトップとしての人や組織はどう在ったらいいのだろうか。

以上は、大学のトップ・マネジメントの在り方に関わる問題意識の一部であるが、以下、基本的な制度の点検をしていきたい。

なお、大学の意思決定に関わる重要な役職については、個々の役職としては理事長、学長、常務理事などが挙げられるが、大学によって誰が事実上トップとしての影響力を持っているかなどその関係は様々である。執行部という言い方もあるが、どちらかというと古い大規模大学で使われるニュアンスがある。個人または組織として大学のマネジメントを行っている責任者という意味で、日本語では適当な言葉がない（それ自身が問題だ）ので、本稿では「トップ・マネジメント」という言葉を使用する。

(2)　法令上に現れたトップ・マネジメント

理事長・学長に関する規定を中心として、関係法令を見ていきたい。

1)　私立学校（学校法人）の場合

私立学校法上の理事長についての規定は、次の通り。

> （役員）
> 第三五条　学校法人には、役員として、理事五人以上及び監事二人以上を置かなければならない。
> 2　理事のうち一人は、寄附行為の定めるところにより、理事長となる。
> （理事会）
> 第三六条　学校法人に理事をもつて組織する理事会を置く。
> 2　理事会は、学校法人の業務を決し、理事の職務の執行を監督する。
> 3～6項　〈略〉
> （役員の職務）
> 第三七条　理事長は、学校法人を代表し、その業務を総理する。
> 2～3項　〈略〉

これらの規定から読み取ることができるのは、学校法人の意思決定の根源は理事会であり、理事長は理事の一員の中から選任され、その代表として業務を総理するということである。制度上は、決して理事長が独裁的にすべてのことを決定することを予定しているわけではない。また、多くの大学では、理事会はあまり頻繁に開催することなく、少人数の常務理事で常務理事会を構成し、日常的な決定はそこで行っていることもよく見られる。常務理事会は法令上の制度ではないけれど、実質的に大学の運営の要となっていることが多く、重要な役職である。

学校法人制度の特徴は、設置する学校との関係が重要である点にあるが、私立学校法上はわずかに、理事となるものとして「当該学校法人の設置する私立学校の校長（学長及び園長を含む）」（三八条1項第一号）と記述されているだけで、これ以上の規定はない。これは、後述するように法制上の疑問点を残しているわけで、立法上の大きな課題である。

学校法人制度のもう一つの特徴は、学校法人の職員と卒業生の立場への配慮がされていることにある。それは、私立学校法の評議員の選任の規定に表れている。

（評議員の専任）
第四四条　評議員となる者は、次の各号に掲げる者とする。
一　当該学校法人の職員のうちから、寄附行為の定めるところにより選任された者
二　当該学校法人の設置する私立学校を卒業した者で年齢二五年以上のもののうちから、寄附行為の定めるところにより選任された者
1項三、2項〈略〉

理事の選任の規定で「当該学校法人の評議員のうちから、寄附行為の定めるところにより選任された者（寄附行為をもつて定められた者を含む。次号及び第四四条第一項において同じ。）」（三八条1項第二号）と規定されていることに伴い、多くの大学では理事にも職員及び卒業生が多数選任されている。

これは、私立大学が重視している建学の精神を体現しあるいは継承している者を重視する表れであるけれど、実態としては学内の教員と卒業生の影響力を保つ役割を果たしている。これが行き過ぎると閉鎖的な学校法人運営となる恐れがあるので、私立学校法第三八条では、理事には当該学校法人の役員または職員でないものが含まれるようにすること（第5項）、役員の親族の人数制限（第7項）が規定されている。法人職員や役員の親族といった同質性があまりに顕著になると、公益性に疑義が生じるという懸念の表れである。

2) 財団法人の場合

大学は、戦前には財団法人の制度に基づいて設置されていた。戦後、学校の特性に配慮した学校法人制度が私立学校法により確立されたが、法人制度の特徴は財団法人制度と比較することによりよく分かる。と言いたいところだが、二〇〇八年の公益法人制度改革により、一般財団法人制度と公益財団法人制度になってしまったため、比較対照もし

にくく、分かりにくい状態となってしまった。ここでは学校法人制度の理解に必要な範囲で簡単に触れる。

財団法人とは、公益のために寄付された一定の財産に法人格を付与したものである。寄付者は、財産を寄付するにあたって、その使用の趣旨目的、その財産を用いて行う主な事業、その財産を管理運営するための組織（理事会、評議員会、監事）などについて定めた規則を寄附行為として届け出、財団法人の運営はその寄附行為（現行法では定款）に基づいて行われる。現行法では、一般財団法人は公益性や活動目的は問われないため設立は容易であるが、公益財団法人は公益性と運営の適切性を厳しく問われた上で税制上の優遇措置等を受けることができる。

財団法人も学校法人も、財産を一旦寄付してしまえば寄付者との関係は制度上なくなり、寄附行為の定めと理事会・評議員会の決定に従うことになる。

寄付者及びその後継者が重要な役職に就くこともあるが、それはあくまで寄附行為の定めに従わなくてはならない。また、法人の財産と個人の財産は明確に区別されなくてはならず、学校法人の財産は解散後には他の学校法人又は国に帰属することになっている。

法人の活動が定型的なものであれば疑義は生じないであろうけれど、学校法人のように多様な活動が可能である場合は、寄附行為の規定と解釈、理事会・評議員会の決定が重要となる。例えば、学校の設置運営という点は変わらないとしても、新しい分野の学部を設置したり、教育方針が転換したりすることがある。そのような場合、寄附行為以外に寄付者の意思を確認する手掛かりが必要であり、それが大学の場合は建学の精神である。建学の精神は法令上の事柄ではないが、重要な意味を持っている。

財団法人の機関は、理事・理事会、評議員・評議員会、監事となっており、理事長は特別の位置付けはされていない。財団法人はいわば定型的な業務を行っているので、トップの役割は理事会や評議員会の決定を代表すれば任務を全うすることができるのかもしれない。

これに対し学校法人は、業務内容が多様かつ流動的であり、トップの判断が重要となっている。さらに、職員の意思や卒業生の意思も尊重しなければならず、いわば社団法人的な性格も持っており、そこに学校法人の特徴もある。学校法人の理事長は重要である。

3) 国立大学法人の場合

次に、国立大学法人の状況を見てみよう。法人化によって学校法人と並べて論じることができるようになったとはいえ、行政機関由来の性格を色濃く残しており、法人のつくりは学校法人とはかなり異なっている。

国立大学法人法の関係条文を見てみると、次の通りである。

> （役員）
> 第一〇条　各国立大学法人に、役員として、その長である学長及び監事二人を置く。
> 2項　〈略〉
> （役員の職務及び権限）
> 第一一条　学長は、学校教育法（昭和二二年法律第二六号）第九二条第3項に規定する職務を行うとともに、国立大学法人を代表し、その業務を総理する。
> 2～9項　〈略〉
> （役員の任命）
> 第一二条　学長の任命は、国立大学法人の申出に基づいて、文部科学大臣が行う。
> 2～9項　〈略〉

これらの規定を見て、まず不思議に思うのは、私立学校と異なって、理事長のことが何も書かれていないことである。国立大学法人には、理事長に相当する法人の長の職はないのだろうか。そんなことはないので、第一一条に書かれているように、学長は、学校教育法に規定する職務（つまり学長の職務）と、国立大学法人を代表し、その職務を総理する職務（つまり理事長の職務）を行うことになっている。となると、「学長」という名称だけでは十分な表現とならず、学校教育法上の「学長」と紛らわしくなる。私は、本来は国立大学法人の長は「理事長・学長」というべきであり、あるいは慶應の塾長、早稲田の総長のように他の名称を使うべきだったと考えている。

国立大学法人は、現行規定では一法人一大学に限られているため、学長が理事長の機能も果たすことに違和感がないのかもしれないが、これからは国立大学法人の統合も進められる可能性があり、一法人複数大学となる可能性もある。すると、法人の長の職務を担当する人も学長であり、当該大学の学長の職務を担当するだけの人も学長であることになる。名称は実態に応じたものとするべきであろう。

さらに基本的な疑問は、国（文部科学大臣）と国立大学法人の関わりである。国立大学法人法では、学長を任命するのも、中期目標を決定するのも国（文部科学大臣）となっている。これらは、運営費交付金として私立学校よりも多額の国の資金を投入する根拠と考えられるが、それに留まらず、大学の設置者としての職務も行っているように見える。とすると、国立大学の事実上の理事長は国（文部科学大臣）だとも考えられる。文部科学省自身が巨大な国立大学事務局の仕事を続けているともいえる。これでは法人化以前の状態とあまり変化がなく、相変わらず国立大学の人たちが何かというと国（文部科学省）に頼ろうとする体質は続いている。法人化以前の国の機関としての性格を維持しようとするのか、法人化の趣旨を生かして自律性を高めていくのか、考えどころであろう。

国立大学法人において、仮に学長とは別に理事長を置くとすればどんな人がそれに相当するのだろうと考えることがある。現行の理事は学長に任命されて業務の一部を分担するに過ぎないし、監事は業務執行する役割ではない。私は、ガバナンス改革において権限が強化された学長選考会議が、学長の勤務評価をするし学長の解任を発議することができるのだから、学長選考会議の議長が理事長の役割に近いと考える。学長選考会議をさらに改組し強化して学長監督会議とでもして、常設し、再任あるいは解任につながる監督ができる体制としていくべきであろう。学長監督会議が、法人として自律的に学長をコントロールできれば、国（文部科学大臣）との関係は国費投入に必要な範囲の関与に留めることができると整理することができるのではないか。

一方、目を国立大学法人内部に向けると、また別の問題が見えてくる。

国立大学法人においては、学校法人で一定の権限を持って位置付けられていた理事・理事会と評議員・評議会の存在が希薄となっている。国立大学法人の理事は、独自の権限を持たない、いわば学長の部下であり、理事会は重要な業務について議を経る、つまり意見を聞く場に過ぎない。学外者が半数を占める経営協議会も、同様に重要な業務について審議するだけである。国立大学法人法においては、学内の運営組織は何も法定されておらず、学長の意思が直接全学に伝わる仕組みである。学長の権限は絶大であり、学長が意思決定したら制度上それを止めることのできる人は学内にはいない。

今のところその弊害があまりなさそうに見えるのは、相変わらずボトムアップ型の古い体質が蔓延していて、学長は何もできないと学長自身も含めて皆思っているからにすぎない。また、多くの大学では、重要な課題に関する意思決定についての独自のルールが定められており、学長が乱暴な独裁に走ることはなさそうだ。大学における意思決定はトップダウンとボトムアップの微妙なバランスが必要であり、関係者が運用に熟達することが必要である。それとともに制度的にも、現在のようなあまりにも単純に空洞化したような仕組みではなく、工夫された仕組みを構築するべきであろう。

4) 地方独立行政法人の場合

公立大学法人については、地方独立行政法人法の第二章（役員及び職員）の規定と、第七章（公立大学法人に関する特例）の規定を見ていく必要がある。いわば、地方独立行政法人の在り方をベースとしつつ、国立大学法人の在り方を取り入れたともいえるが、国立大学法人よりも柔軟な応用が随所にみられる工夫がされている。

地方独立行政法人法の主な規定は次の通りである。

役員及び職員に関しては、地方独立行政法人に、役員として、理事長一人、副理事長、理事及び監事を置く（第一二条）。

理事長は、地方独立行政法人を代表し、その業務を総理する（第一三条第１項）。

理事長は設立団体の長が任命する（第一四条第１項）。

公立大学法人に関する特例に関しては、「公立大学法人の理事長は、当該公立大学法人が設置する大学の学長となるものとする。ただし、定款で定めるところにより、当該公立大学法人が設置する大学の全部又は一部について、学長を理事長と別に任命するものとすることができる（第七〇条第１項）。

他の規定を見ても、法人と大学の関係に関しては、国立大学法人よりも配慮の行き届いた規程ぶりとなっている。

5) 独立行政法人の場合

国立大学法人も地方独立行政法人（その特例としての地方公立大学法人）も、制度の基本的構造は独立行政法人通則法にあり、その特例として大学に相応しい自律性への配慮などが付与されてきたものである。独立行政法人は、行政改革の一環として構想されたことから、法文上の美辞麗句は別として、毎年度の効率化の状況が問われ予算が削減される状態が続いてきた。しかし行政需要は確実に必要な分野があり、特に研究開発については一定の配慮は必要であることから、一部を独立研究開発法人として位置付け、研究開発の自律性に一定の配慮がされるよう二〇一五年に制度改正が行われた。

国立大学法人と国立大学共同利用機関法人は、いわば、研究に関する自律性への配慮を先取りして法人化したわけであるが、独立行政法人という大枠からは逃れることができず、様々な制約が課せられた状態が続いている。大学の使命の達成に相応しい法人の在り方はどのようなものか、さらに模索が必要であろう。

6) 会社の場合

ここで参考までに、典型的な民間の法人である会社のトップ・マネジメントの在り方について、会社法を手掛かりとして見てみよう。

会社法での役員等には、取締役、会計参与、監査役があり、執行役、会計監査人も含まれる。役員は、経営者であり、従業員ではない。従業員から役員に昇格する時は一旦会社を退職する。

会社の幹部には様々な呼称の人がいるが一般に使われる社長、専務、常務などの役職は何だろうか。これらは法律上の用語ではなく、会社内部でそう呼ばれているというだけのことである。社長と呼ばれる者は代表権があると推定されるが、正式には代表取締役とするべきである。

会社には、会社法に規定のない内部的職制が多数ある。例えば、会長、社長、副社長、専務、常務、執行役員、相談役、顧問など。これらは会社に功績のあった方々を処遇する趣旨等で付与されることがあるが、会社法上の権限があるかどうかは会社法上の役員になっているかどうかで決まる。古参の功労者が院政を敷くようでは、会社のガバナンスは危機にあるということになる。

会社法では、様々な役職・機関が権限を分かち合い、けん制しあって、会社の統治がバランスをとって行けるように工夫されている。しかし、どんなに法令や会社の組織編成が工夫されても、トップの独裁や暴走や専断を防ぎきれるものではないことは、しばしば発生する会社の不祥事や経営判断の失敗を見れば明らかである。

そこで、近年関心が高まっているのはコーポレート・ガバナンスの観点である。アメリカでは株主と経営者間の利害対立の問題として捉えられてきた。日本では事業会社に対する銀行のガバナンス問題として捉えられてきたが、それが機能不全になってきた。今後はより広い視野で企業活動を捉えていくＣＳＲ（企業の社会的責任）などの視点を持っていく必要があるだろう。

私は、企業は利潤の追求、大学は教育研究という公益の追及、という単純な割り切りはしていない。むしろ、企業は利潤を追求するけれど公益への配慮も不可欠であり、大学は公益を追及するけれど経営の採算性や健全性への配慮も不可欠であり、企業と大学は共通点がかなりあると考えている。そのような立場で、大学のトップ・マネジメントの在り方を考えていきたい。

(3)　現行制度の課題例

ここまで法人制度ごとにトップ・マネジメントに関わる法令の規定を見てきたが、ここで国公私立を通して基本的な枠組みと課題についてまとめてみたい。

1)　国公私立の法人制度の違い

国公私立の法人制度を並べてみて痛感するのは、同じ大学を設置しているとはいえ、設置者の違いがあまりにも大きいことである。これは単に法人の仕組みがちょっと違うという程度ではなく、大学の運営の在り方や大学人の意思と行動の在り方に大きく関わっている問題だと考える。

例えば、国立大学法人は、設立当初に出資された財産以外に資産はなく、毎年度の運営費交付金を予算措置されるだけで運営しており、極めて不安定で主体性に欠ける運営となっている。これでは大学独自の中長期計画を策定して収入と支出をバランスさせ資産形成をしていくというマネジメントの基本ができていないことになる。ことあるごとに国頼みという体質は法人化以前と変わらない。しかも、運営費交付金は単年度の決定ではなく、六年の中期計画期間についての実績を評価して決定することになっていたはずであるが、そのプロセスが機能していない。その原因は中期計画の目標設定が曖昧で、どういう状態になったら目標達成したのかということがはっきりしないからである。全体として国立大学法人の仕組みはまだ不十分であり、どこかの段階で大きな修正が必要であると考える。

私立大学の場合は、学納金に収入の大半を依存しているとはいえ、自己収入で運営しているわけで、大学マネジメントに真剣に取組んでいるのは私立大学と言っても過言ではない。しかし、わずか一〇％とはいえ国の資金が投入されていることにより、私学関係者のものの考え方はかなり公務員的になってきている。近年は私立大学改革総合支援事業のように、私学運営への微細な関与となる補助金も措置され、しかも大半の私立大学がその獲得を目指して補助要項を熟読し、要項に示された仕事のやり方に忠実であろうとしている。私立大学の独自性や先進性はどうなってしまったのだろうか。

このような状態の下では、トップ・マネジメントの機能の発揮が重要だと言っても、国立大学法人化当初によく言われたように、手足を縛られて泳げと言われているようなもので、どう力を発揮したらいいのかという嘆きが出てくるのは無理もない。しかし理想的な環境はいつ実現するか分からないのだから、現実に日々の仕事をこなさなくてはならないトップ・マネジメントは、それに真剣に取組んでいくほかないだろう。特に、国立大学法人の学長は、学者としての実績にこだわるのではなく、理事長・学長なのだという自覚のもとで、経営判断を重ねていく覚悟を持たなければならない。

そして、国公私立の人々と接してみて感じるのは、同じ大学関係者とは言いながら、国立の人たちは私立を無視することが多く、私立の人は国立に対する敵対心をむき出しにすることが多い。これでは、大学全体に共通する課題に対して一致団結して対処することは無理であり、実際には文部科学省が調整してまとめることになる。

しかし今や、文部科学省だけ相手にすればいいわけではなく、各省庁や官邸が強力な相手として登場しているのだから、そこで国公私立の立場ごとにしかものが言えないというのでは、大学関係者は自分たちで調整することもできない集団なのかと馬鹿にされることになりかねない。設置者の違いを超えた大学人としての見識と、将来的には設置者ごとの相違を小さくする方向での制度改正を目指すべきであろう。

2) 理事長以下の法人の体系と学長以下の大学の体系の関係は

これはむしろ国の制度の問題であるが、法人のことは各設置法人の法律に書かれ、大学のことは学校教育法に書かれている。残念ながら、両者の関係を明確にする法律上の規定はない。したがって、理事長と学長の関係も曖昧なままである。

国立大学法人においては、今のところは一法人一大学であるので、不都合はないように見えるが、近い将来一法人複数大学となる可能性は大きく、その時には理事長である学長とただの学長の関係を整理しなければならない。その制度改正がなくても、現在の国立大学の学長たちには、理事長としての機能も果たさなければならないという自覚が乏しく、これが国立大学のマネジメント力の弱さにつながっている。国立大学学長の理事長的機能を明確にする措置が必要であろう。

学校法人における理事長と学長の関係は様々である。現在の解釈では、学校法人＝大学の最終的な意思決定権者は理事長であり、学長は理事の一員に過ぎないが、大学の教学的事項についての判断はできるだけ学長に任せ、理事長は抑制的でなければならない、と一般的には理解されている。しかしこれはいわば紳士協定のようなもので、実際の場面では声の大きな人が支配してしまう現象がみられる。理事長になっている人が経営に熟達している人であればまだ棲み分けができるかもしれないが、両方教員であってしかも前任の学長が理事長になっているような場合には棲み分けは曖昧になりがちで、部下たちは誰の言うことに従えばよいのかと戸惑うことになる。

このような弊害を避けるためには、理事長と学長を同一人が兼務する方法がある。両者が同一人であれば立場に齟齬はなく、すっきりした意思決定が可能となる。しかしこの理事長兼学長の仕事は多岐にわたることになり、どちらかというと理事長的な仕事、つまり最終的判断を要する仕事、に重点が傾きがちである。現実に兼務者の実態を見ると、理事長的な業務のウェイトが大きいようだ。両者兼務の場合は、理事なり副学長なりでトップのサポート体制をしっかり形成することが必要であろう。

一方、私立大学の多くは理事長と学長を分離しており、相互牽制が働いて安定的な運営が確保できるというメリットはある。しかしこの分離をあまりにも形式的に徹底し、これは法人の仕事、これは大学の仕事と割り切り、事務組織の仕事も分離して大学内に二つの事務組織があるかのように運用されるのでは行き過ぎであろう。経営と教学が一体的に運用されてこそ学校法人＝大学の妙味があるのだから、補助金の区分に合わせすぎるのも行き過ぎである。特に中小規模の大学では、トップ・マネジメントも少数精鋭で行うべきであり、徒《いたず》らに役職者を多くするものではない。

3) トップ・マネジメントに関わる大学の内部組織

理事長や学長というのは、組織あるいは機能のことであって、個人のことではない。トップに期待される役割あるいはトップが果たすべき役割のすべてを理事長・学長個人に求めてもそれは幻想である。トップ・マネジメントは集団あるいは組織で行うべきものであり、その集団を形成する要の役割を理事長・学長が果たすべきである。

法制上現れた内部の組織としては、学校法人の理事会は決定権を持ち、国立大学法人の役員会は学長の部下で意見を言うにすぎないが、どちらもトップの意思決定とその実行に重要な役割を果たすことが期待される。

それ以外の役職、例えば法人系列では専務理事、常務理事、副理事、理事長補佐など、大学系列では、副学長、学長補佐、委員会委員長などが見られるが、いずれも学校法人＝大学で独自に設置することができるので、必要に応じて設置して活用すればよい。

大事なことは、これらトップ・マネジメント集団を、理事長・学長が直接にグリップすることである。直接にグリップするとは、任命し、業務執行を監督し、評価し、不適任の場合は解任することである。トップ・マネジメントは政策と目指すべき方向を共有する集団であり、それを共有できないものは選任するべきではない。「常務理事が言うことを聞かないので困っています」などと言うようでは大学のマネジメントはできない。有力な学部の学部長がそのまま常務理事となる大学もマネジメントに疑問がある。それでは、実際のトップ・マネジメントの組織の在り方をこれから見ていこう。

２　大学のトップ・マネジメントを組織する考え方

(1)　トップ・マネジメントの仕事はなにか

トップ・マネジメント組織を考えるにあたっては、トップ・マネジメントの仕事はなんで、どんな特性を持っているかを考えなければならない。

トップ・マネジメントの仕事を簡単に列挙すると、次のとおりである。この仕事を理事長と学長は適切に役割分担し、トップ・マネジメント集団と協力して実行していかなければならない。

①　将来、どのような大学を目指すのか、基本的な理念や方向性を明示すること。
②　目指すべき将来像を達成するために、数年あるいは一〇年といった中長期目標を策定し、実行すること。
③　その中長期目標を毎年度の事業計画に具体化し、実行すること。
④　これらのマネジメント・サイクルが、全学で着実に実行され、教育研究と経営にその成果が反映されるよう配慮すること。
⑤　大学の特性である教職員の自主性と自発性に配慮しつつ、重要な決定においてはトップ・マネジメントのリーダーシップを発揮すること。
⑥　学内の縦割りを防ぎ、一体感を醸成すること。
⑦　学内学外の広報に努め、大学の存在感を高めること。
⑧　教職員の良好な勤務状態を維持し、人材育成と確保に努めること。
⑨　財務運営に注意を払い、収入を増加させ、支出を抑制し、資産を蓄積しつつ、教育研究に必要な事業展開は積

極的に行うこと。

⑩ 施設整備は長期計画に基づき行い、魅力ある環境を整備すること。
⑪ 教育の充実のため、教学マネジメント体制をしっかりと構築し、信頼できる人材に活躍してもらうこと。
⑫ 学生の募集と入学から卒業までと卒業後のサポートをしっかりと行い、満足度を高めること。
⑬ 教員の研究を推進するための体制を整備すること。
⑭ 全学の情報に関する体制を整備すること。
⑮ 国際交流を促進し国際的課題を重視すること。
⑯ 図書館を整備し、新しい学びの拠点としての役割を発揮させること。

このように、列挙すればきりがないほどトップ・マネジメントの業務はたくさんある。近年、トップ・マネジメントを担う人々が多忙化し、人数が増加していることも無理はない。

特に留意するべき点を三点あげよう。

一点目は、当然のことながら、業務の遂行に全力を挙げることである。教員はすぐに研究が忙しいと言いたがるが、業務に専念するべきである。同時にトップ・マネジメントはチームとして機能すればいいのだから、理事長・学長だけが忙しくしているのではなく、チームとして成果を挙げればよい。理事長・学長はトップ・マネジメント集団のマネジメントを適切に行えばよい。

二点目は、コンプライアンスを確保しトップの独走を防ぐためには、監事の役割は当然重要だが、トップ・マネジメント内部でも率直な意見交換が行われ、軌道修正が可能な状態を保つことが必要である。このためにはトップ・マネジメントが学外者を含めた多様性を持ち、意思決定が透明性を保つことが必要である。

三点目は、学内学外のステークホルダーとの関係は、親密な協力関係を基本としつつ、相互に率直な意見が交換され、緊張感と柔軟性のある状態を保つ必要がある。特に、教員・職員・学生は重要な構成員であり、どんな状態にあってどんな意見を持っているか、絶えず把握する努力が必要である。

(2) 仕事をするためのチーム編成を

トップ・マネジメントの仕事に応じて、必要な人材によりチームを組織しなければならない。その際、理事等の法制上に現れた役職を活用するとともに、法制上に現れていない大学独自の役職も活用し、必要な人材を確保したい。

1) 理事長に人を得る

理事長は、なんといっても法人のトップなのだから、人格的にしっかりしているとともに、経営に熟達している人でなくてはならない。学内の教職員から選任される場合は、教員ならば常任理事や学部長などの学内行政の経験豊富さが必要であり、職員ならば事務局長などの責任者の経験が必要である。ただし、これらは在職したということだけではなく、その職にあってどういう仕事を成し遂げたかを検証しなければならない。

学外者であれば、企業経験や行政機関の重要な役職の経験が必要であるし、大学は企業や行政機関とは異なる体質や運営がなされていることから、多くの場合は移行期間として大学に移ってからの仕事の経験があるほうがいいだろう。それは大学の特性に染まれと言っているわけではなく、大学の動かし方をよく観察してからの方が力を発揮できるからである。他の業界で活躍した人が、大学を熟知したうえで理事長として活躍すれば、大いに力を発揮できることは多数の例が示している。

また、理事長と学長の組み合わせも重要で、この二人が同じような経歴であると軋轢が生じやすい。できるだけ経歴、人物、得意分野が異なるほうが良い。このことから、理事長・学長が兼務されている大学では、異質な学外出身者がトップ・マネジメントのチームにいる必要がある。

2) 学長に人を得る

学長は、人格的にしっかりしているとともに、教学マネジメントに熟達している人でなければならない。教学マネジメントは、教育研究の在り方に対して深い理解があり、教員をコントロールする方法を熟知していなければならない。したがって、学内であれば学部長や重要な教学組織の長の経験者として業績を上げた教員か、学外にあって他の大学で教学マネジメントの実績を挙げた人が適任であろう。

どちらのケースにおいても、研修などでトップ・マネジメントとしての素養を磨く必要がある。学長は、功なり名を遂げた教員の名誉職ではなく、現役としてきちんと仕事をする人でなくてはならない。また、日本の大学では依然として意向投票で学長を事実上決めている大学が多いが、このような悪習はできるだけ早く廃止し、候補者の人物や業績をきちんと見分け、来るべき任期期間中になすべき仕事を見通しての選考が行われるようにしなければならない。

3) 理事長・学長の悩み相談相手

理事長・学長は、大学の重要な意思決定を最終的には自己の名において行わなければならないのだから、非常に孤独な立場である。どんなに強靭な心の人物でも、よく分かっている事柄ばかりではない。会議体で議論を重ね、どんなに議論したとしても、本当にそれでいいのかという疑問が付きまとうことがある。そのような時に何でも悩みを打ち明けて相談できる相手がいれば大変心強い。その人の肩書は常務理事でも、副学長でも、事務局長でも何でも構わない。日頃から意見交換を重ね、理事長・学長の思いを理解するとともに、大学を取り巻く客観的な状況をよく分かり、人間的な信頼関係の上に立っての助言をしてくれる人が必要だ。それは一人でも複数人でもよく、理事長・学長の精神安定の役に立てばよい。

4) 間違えそうなときに止めてくれる人

理事長・学長は権限が強く、人物的にも自信満々でやる気のある人が多い。そのような人に、一人に判断が集中したり、長期政権になったりすると、思いがけず判断に重大な誤りが生じることがある。そして誰もそれに気が付かず、あるいは気づいても言うことができず、ずるずると危険な進路をとってしまうことがある。そのようなときに、トップ・マネジメントの誰かが勇気をもってストップをかける必要がある。トップ・マネジメントの人々が同質性の高い集団だとそのような異論は生じない、あるいは排除されてしまうかもしれない。だからできるだけ多様な経歴、考え方、得意分野の集団で構成するべきであろう。さらに、監事や外部有識者から意見を言ってもらえる環境も必要だ。

5) 理事・副学長等の構成

国立であれ、私立であれ、トップ・マネジメントは、チームで行うものである。理事長・学長はそのチームを組織し、人選し、業務を監督し、評価する立場となる。組織された理事・副学長は、分担した業務について事務組織とともに責任をもって処理する。チームに齟齬がないように定期的に役員会などのミーティングを持たなければならない。チームの一体性が保たれるように、理事長・学長は絶えず気にかけ配慮しなければならない。もし特定の人の人物や政策でチームの一体性が実現できない場合は、その人を排除しなければならない。ただし、異なる要素もできるだけ取り込む方向での努力も必要であり、注意深い舵取りが必要であろう。

以下にチーム編成にあたっての留意点をまとめる。

①制度が先にあるのではなく、仕事が先にある

法制上の役職は様々にあるのかもしれないが、大事なことは実質的に仕事が混乱なく遂行できる体制にあるかどうかである。したがって、法制上の役職にこだわることなく、必要な役職は大学独自に設置し、仕事ができる体制を作らなければならない。役職ごとの役割分担や、指揮命令系統も明確にし、大学にありがちな位置付けの曖昧な組織をできるだけ排除する必要がある。

②部局の羅列を排する

大学は部局自治の力が強いため、未だにかなりの大学では部局ごとに理事・副学長を選ぶ傾向がある。しかし、これらの役職者には、個人の力量を見て選任するべきであって、部局横並びの退廃した組織にするべきではない。理事長・学長が信念と政策を共有し、その力量を信頼するメンバーで組織するべきである。

③年功序列を排する

特に、日本の組織の悪弊である年功序列は、排しなければならない。トップ・マネジメントは、その任期中は全身全霊をもって専念するべき職であり、一般的には経験豊かで体力気力の充実している五〇代前後が適任であろう。リーダーシップのある中堅・若手を大胆に抜擢する必要がある。

④担当する課題を考えての人選

理事長・学長の任期は、多くの場合は四年か六年であろう。この程度の期間であれば、おおよそどんなことが課題となるか見通すことはできる。同時に、大学の長期的存続を目指していくことも必要だ。であればその課題に対応できる人を人選するべきである。トップ・マネジメントの構成を考え、欠落なく、重複なく、理想的な人物本位のチーム編成を行うべきである。

⑤チームの総合力を最大化する

優秀な個々人を人選するだけでなく、人の組み合わせでフィットするかどうか吟味する必要がある。最強の個人を集めて最強のチームができるわけではない。目指すべきは最強のチーム力であって、その一員として働くことができる人かどうかだ。

⑥必要なのは多様性と透明性

その際必要なのは、属性、専門分野、性別、経歴などの多様性であり、新しい事態が生じても柔軟に対応できる編成が必要だ。具体的には、教員・職員・外部人材といった点、文系、理系といった点、男性、女性といった点、外国人も必要だ、これまでの職歴や将来目指すものは何かといった点、などであろう。同じような男性教授たちが難しい顔をして並んでいる役員会は、もう卒業したい。

●参考文献
・西野芳夫「学校法人の経営の仕組みと直面する経営課題」（『学校法人』二〇一八年五月号、六月号）
・篠田道夫「私大ガバナンス・マネジメントの現状とその改善・強化に向けて」（私学高等教育研究叢書、二〇一八年）
・夏目達也「大学教育改革における大学執行部のリーダーシップの形成と発揮　—　国立大学副学長を中心に」（『名古屋高等教育研究』第一二号、二〇一二年）
・「私立大学のガバナンス改革について　—　理事長・学長・理事・評議員・監事の選任コード（審議のまとめ）」（大学経営協会ガバナンス委員会、二〇一八年三月）
・手塚貞治『コーポレートガバナンスの基本』（日本実業出版社、二〇一七年）
・花崎正晴『コーポレート・ガバナンス』（岩波新書、二〇一四年）

二　トップ・マネジメントの養成と確保

1　トップ・マネジメントの養成と確保には、計画的な取り組みが必要である

日本の国立大学及び歴史の古い大規模私立大学では、事実上のトップである学長は選挙で選ばれてきたため、本当のトップに相応しい人材かどうかを見極める習慣ができなかった。構成員の大衆投票での一発勝負を繰り返していたので、有能な学長ももちろんいたが、無能な学長もしばしば見られた。国立大学では選挙とは言わなくなり学長選考会議の参考資料としての意向投票という位置付けになったが、意向投票は相変わらず大きな影響力を持っている。

学長選考の在り方については、別稿で論じているのでここでは触れないが、トップに就く人の信頼度が当てにならない状況では、せめてその周辺にいて学長を支えるトップ・マネジメントに人材を得て、なんとか支えていくほかない。

ところが、そのトップ・マネジメントを選ぶ際に、これまた学部等の序列意識が働き、歴史の古い大規模学部の学部長経験者が順に選ばれることがしばしばみられる。もちろん、そのような人であれば有能であることが多いのだろうけれど、無能なこともしばしばある。近年は小規模部局から有能な人材の抜擢的人事が多く見られるようにはなってきたが、チーム編成に当たって人材難を嘆くトップのため息もしばしば聞こえてくる（もちろん表向きは、わが大学は「人材山の如し」ですよ、と豪語する学長が多いようだが、内実はそうでもなさそうだ。）。

なぜそうなるかというと、新学長が決まった段階で使える人材を初めて探すからであり、本当に優れたメンバーを集めようとするならば、長年にわたる人材養成を行った上で、実力本位の人選を行わなければならない。

ということは、歴代の学長を通してトップ・マネジメントの養成と確保の努力を継続するという姿勢が必要であり、トップが代替わりしても未来に向かって人材養成の責任を組織として果たしていくことができるかどうかだ。その努力を継続できるかどうかがその大学のトップ・マネジメントの質を保証するということになる。

一方、その対極にある中小規模私学では、創設者又はその後継者がトップであり続けているケースがかなり見られ

る。閉鎖的な同族支配になるのではコンプライアンス上の問題を生じる恐れもあるけれど、逆に、トップが安定して長期政権を築き、優れた人材をトップ・マネジメントに集めていく努力を継続するならば、優れた経営が継続されることは可能であり、実例も多い。このようなケースでもトップ・マネジメントの編成は重要であり、人材の育成と確保の長期的な努力が必要である。

それでは、トップ・マネジメントの人材の育成と確保は、実際にどのようにやれば可能であろうか。

主な供給源ごとに、内部の教員からの養成、内部の職員からの養成、外部の人材からの確保、更には専門職的な人材の養成確保の可能性について、順次見ていこう。

2　教員からの養成

日本の大学の現状では、トップ・マネジメントの大半は教員経験者からなっており、実際に教員集団の中に有能な人材がいることもあって、重要な人材供給源となっている。ただし、教員の業務を長年やっていれば自然にトップ・マネジメント人材に辿り着くわけではなく、今後はかなり計画的な人材養成が必要である。

まず、裾野を広げるという意味で、全教員に大学経営の基本的素養を身につけてもらう必要がある。大学院での教育、教員採用の選考、初任者研修がその主な舞台である。以前は（そして今もかなりの大学では）教員は専門の学識が第一であり、特に論文の質量が大事だとの観点が横行していた。しかし、大衆化し、社会の要求も複雑高度化してきた大学教育にあって、専門の学識以外にも、大学とはどのようなところか、大学教員として必要な資質とは何か、現在そして未来の大学の教育と経営はどうあるべきかなど、基本的な見識については全教員に身につけていてほしい。私自身も教員の研修でそのようなテーマを求められることがしばしばあり、以前はそのようなことは聞きたくないという教員の拒否反応がかなりあったが、最近は今まで考えても来なかったことなので必要だし興味深かった、といった反応が多く見られる。教員の姿勢や態度は徐々に変わりつつあると感じている。

次のステップは、中堅クラスになり、教務に関する委員会や、学科主任や、教学に関する全学的な委員会に参加する段階である。主として教学マネジメントについて、誰がどのような能力適性を持ち、責任感と広い視野をもってチームプレーを行い、リーダーシップを発揮していくのか、幹部が見極めていかなければならない。いわばトップ・マネジメント予備集団の目星をつけておき、これはという人材には次々と課題を課してその力量の発揮のチャンスを与えるようにしたい。これは会社などでは当然行われている方式であり、人材はある程度絞り込みながら、次々と試練を課して育てていくわけだ。

次にある程度経験を重ねたら、学部長補佐、学部長、○○委員会委員長、学長補佐など、学部や全学での重要なマネジメントポストを経験する。ここまでくれば、誰がどんなことをやっているか誰にも見えることになり、自ずから評価も高まったり低まったりして絞り込みは進んでいく。

そこで大切なことは、同じ学部長であっても、何年いたかということだけではなく、その間に彼（彼女）は何をしたのかをきちんと見分けることだ。大過なく無事に過ごしました、では力量はわからない。学部の改組や人事制度の改革、カリキュラムの改革や学生支援策の充実、表に出て騒がれた事件や出る前に防いだ事件など不祥事への対応、困った教員への適切な指導など、その仕事を見ればトップ・マネジメントとして相応しいかどうか分かる修羅場経験が多くの場合あるはずだ。

これからの大学は、どの大学にあっても大変な変革期であり、前例踏襲や対立を避けては何事もできない状態になってくる。議論を尽くした上でトップ・マネジメントとして判断をし、決めたことは実行しなければならない。それができるためには、理事長・学長の力量ももちろん大切だが、トップ・マネジメントを構成する一人ひとりがリーダーとしての力を発揮しなければならない。優れたトップの下で次の優れたトップが育っていくという好循環をどの大学も早く作る必要がある。学長選挙の票読みに現《うつつ》を抜かしている場合ではないだろう。

３　職員からの養成

職員が、トップ・マネジメントの一員として活躍しているかどうか、まだそうでない大学もあれば、既にかなり活躍している大学もあり、中には理事長まで到達している大学もある。私は、職員は当然トップ・マネジメントの重要な一員であるべきだが、まだ力量や経験がそこに達していない大学もかなりあると見ている。これはむしろ職員をその立場に追い込むことにより飛躍的な力量向上に向けて育てるべきであろう。既に多くの事務局長は、理事会等の重要会議には参加しているだろうし、そこでどれだけ責任ある判断をし、リーダーシップをとっていくことができるか試されることになるだろう。

まず、職員の採用において、採用人数にもよるが、すでに同期の中心的メンバーとなる人材はある程度は絞られるだろう。初期の人事配置、仕事ぶり、研修の状況により、次第にその力量は鮮明になってくる。教員とは違って、同じ年代の職員全員の力量を把握することはかなり可能であり、幹部候補生はその中で見えてくる。注意しなければならないのは、最初の配属が良かったから次々といわゆる良いポストを経験するだけでは力は試されないことだ。時には冷や飯を食ったり、脚光を浴びない縁の下の力持ち的な仕事を遂行したり、試練の時が必要である。そして大事なのは、心ある上司のネットワークが実は彼（彼女）を観察し続けていて、その力量を正当に評価することである。これは形式的な上司・部下の関係ではなく、組織の知恵として上司集団が部下集団をケアしていくということだ。これができる組織は強い。

経験のタイプも重要であって、ただひたすら仕事をするだけでなく、学内学外の多くの人と交流したり、教員の懐に入って教育研究に深く触れる経験をしたり、海外経験や他機関での経験も貴重である。大事なのは、大学の仕事をするからには、自ら学習しようという意欲を持ち続けることであり、大学院での学習や様々な研修機会を生かしていくことである。私が長く協力している筑波大学履修証明プログラムでは、できるだけ業務に生かせる実践的な提案を立案する訓練をしている。研修に熱心に行くやつは評論家だなどと言われないようにしたい。職員の世界に蔓延している反知性の雰囲気、ひたすら黙々と残業して仕事を死ぬほどやる職員がいい職員だという雰囲気を払拭したい。

そして課長・部長とランクが上がるにつれ、重要なのは全学的視野で学長・事務局長をサポートできるかどうかだ。幹部の一員になったのに縦割りの壁に捉われて部や課の主張ばかりしている人物は幹部として失格である。管理職となれば部や課のことは半分にして、半分は理事長・学長・事務局長の立場で判断しなければならない。その中から事務局長、理事、理事長に進む人材は見出だされていくだろう。

そして、職員からトップ・マネジメントになる人材は、知的な輝きが必要であり、併せて修羅場経験を踏まえた力量が必要である。もちろん、コミュニケーション力、リーダーシップ、人間性などの一連のトップに必要な資質は備えていなければならない。彼（彼女）はこれまでどんな仕事をしてきたか、それを説明できるようにしてもらわなければならない。

ここまで書いて、やはり入職時の人材の水準が大事だと改めて思う。まじめで有能な職員人材も、それだけでは限界があり、やはりその大学の教員人材と肩を並べることができる職員人材を始めから一定数確保しておく必要がある。法人化して独自採用を行った東京大学、一九九〇年代の孫福氏の主導した業務改革以後の慶應義塾大学では、そのような人材確保がかなりできていると考える。だから私は、人材が育った段階では東大や慶應クラスでは理事が六人いるとすると二人は教員から、二人は職員から、二人は外部人材から確保すると考えたい。

４　外部からの人材確保

大学における外部人材と言ってみても、はっきりした定義があるわけではなく、実は誰が外部人材であるのかはよくわからない。教員の場合は国内外のいくつかの大学を経験してステップアップしていくのが通常であり、多くの教員が実は外部人材だと言える。職員の場合は、まだ流動性が低く、大学を超えて異動するケースは多くないが、今後徐々に増えていくだろう。また、教育の無償化を受けるための機関要件に「法人の「理事」に産業界等の外部人材を複数任命していること。」とあることから、今後、学外理事が増えることが予想される。

職員採用に当たって、新規学卒者以外に既卒者・職業経験者を採用している大学も多く、若手の場合は新規学卒者と同様の育成ルートに乗っていくことになる。教員も職員も他大学の職務経験は貴重であり、むしろ一つの大学のことしか知らない人は、それだけでハンディを負っていると見てもいいだろう。

国立大学における文部科学省経験者は、ノンキャリア職員の多くは国立大学等の機関で職務経歴を始めており、文部科学省においても直接間接に大学に関する情報や知識に触れながら仕事を経験しているので、単純に内部外部ということはできず、文部科学省経験者という人材である。キャリア職員はむしろ初めからトップ・マネジメントとしての役割を期待されていると言える。その役割が果たせるよう文部科学省在職時から準備をしておかなければならない。

さて、一般に大学の外部人材と言えば、企業や官庁など、大学とは異なる組織や業務での職歴が多い人ということになるだろう。

この外部人材のうち、特定の業務の経験や見識を期待されて参入する人々は、当該業務の専門的教員又は職員というべきであり、その人々が大学での仕事で信頼を得てトップ・マネジメントに参入するかどうかは個別のケースによる。法務・危機管理担当、広報担当、人事・人材育成担当、財務・資産運用担当、学生募集・入試担当、就職・キャリア教育担当、研究推進・URA担当、産学連携・特許担当、経営教学分析・IR担当など、民間等の知恵や経験を生かせる業務は大学には数多くある。

しかし、本稿で考察しているトップ・マネジメントは、大学の理事長や理事としての活躍が期待される人であり、個別の業務の担当者ではなく、それより一段高い視点と広い視野から経営と教学の全般について見識を発揮してくれる人のことである。つまりは民間企業においても取締役などのトップ・マネジメントを経験し、あわせて大学教育に深い関心と情熱を抱いてくれる人々である。民間企業等においてそんな人がいるのか、どうやって見出したらよいか、現状では個別のつてをたどったり、誰かに紹介してもらったり、手探りの状態である。

しかしこれからは、理事には学外理事が不可欠であり、監事もお飾りではなく本当に力を発揮してくれる人が期待され、経営協議会や外部評価委員にも民間の企業や組織の立派な人々が協力してくれるだろうから、そのようなネットワークの中から人材を見出していくことはできるようになるだろう。

そして、外部人材といえども万能ではなく、長く企業で活躍していた人に大学のことを理解してもらうのには手間と時間がかかる。外部から来た人の大半は最初の印象として「なぜ大学は意思決定がこんなに遅いのだ」「大学は会議ばかりやっているのか」と異口同音に言う。しかし、教育研究の発展のためには自主性の尊重が重要であり、教員自身の主体的な取組みが重要であり、指示命令のみならず、対話と説得による大学運営が必要だ。同時に、自主性を尊重するあまり現状維持と既得権擁護の姿勢を許してはならないわけであり、大学マネジメントはその微妙な舵取りが不可欠である。

その基本姿勢とノウハウを体得してもらうにはやはり時間がかかるので、トップ・マネジメントを期待されて参入してくれた人にもそれなりの準備期間が通常あった方がよい。企業の幹部から教授に就任して、学部長などを経験したのちに理事長・学長に就任してもよい。あるいは、最初から理事長・学長になる場合には、しっかりした学内の人材が副学長や常務理事としてサポートする体制を組むことも考えられる。

私の考える将来像は、外部人材と内部人材などという区分はなくなり（今でも本当はないはずだ）、有能な人材が絶えず参入して力を発揮していく柔軟で多様性のある組織に大学はなっていくことだ。この大学は俺たちの島だ、などという島国根性は早く無くしたい。

5　トップ・マネジメント養成プログラムは可能か？

ここまで、理事・教員、職員、外部人材との区分でトップ・マネジメントの在り方を見てきたが、トップ・マネジメントはチームを編成して仕事をする組織であり、当然その構成員はある一定の水準と内容の能力を持つべきものと考えられる。ところが、日本の現状は、各大学がバラバラにトップ・マネジメントの人材養成と確保の努力をしているだけで（あるいは努力していないのかもしれないが）、大学を超えての取組みの展望は希薄である。この状況を打破しなければならない。

アメリカやイギリスの大学においては、大学院レベルでの教育が充実しており、教職の大学院のカリキュラムの中に大学の管理運営に関する内容が盛り込まれていると報告されている。教員は当然しっかりした学位を取得するわけだが、日本での職員幹部に相当する人々も修士・博士の学位を取得する中で教員と同様の学習をしている。

そして、日本のように一つの大学内でローテーション人事によりステップアップするのではなく、より高い学位を取得した上で高いレベルの職務の公募に応募してステップアップしていく。学習歴と上位の職の関係が明確であり、自分の人生は自分で切り拓いていくという姿勢はここからも明確である（逆に高い学位を目指さない事務職員の多くは現状の業務に終身甘んじるわけで、まぁのんびりやっていこうという状況となる。どちらがいいのかはよくわからない。）。このほか、各種の研修・学習プログラムも多様に用意されており、生涯学習時代に相応しい。日本は、大学で仕事をする教員と職員自身の学習環境が貧弱である。

この状況を改善するために、二つの提案をしたい。

①大学院コース（職業）のカリキュラムに盛り込む

一つ目の提案は、大学院のカリキュラムの中に、大学マネジメントに関するプログラムを盛り込むことである。そしてこのプログラムを修得していることが大学教員又は職員としての採用につながる（あるいは有利になる）という流れを作りたい。大学教員又は職員になる学生はすべての分野の大学院にいるので、どの分野の大学院においても開設したいが、まずは例えば教育学研究科で開設し、各分野の大学教員志願者は選択に来るということにしたい。

ここで気をつけなければならないのは、これはいわば職業大学院コースであり、一般の大学院のように論文の作成を主軸とするものであってはならない。私は筑波大学大学研究センターで履修証明プログラムの授業をしているが、現職の大学職員に対し自らの大学の課題の分析と課題解決の具体的な提案を課するもので、空理空論にはさせたくない。

これらの課題は、日本において大学院教育がまだ普及しておらず、カリキュラムも確立していない現状に起因しているわけで、生涯学習時代の大学院教育の在り方を先取りするような試みをしていきたい。

②トップ・マネジメント研修の実施

二つ目の提案は、まさにトップ・マネジメント研修の実施である。理事長・学長・副学長・常務理事といった立派な人たちに、いまさら何を研修してもらえばいいのかと思うかもしれない。しかしこれまで経験したアンケートなどでは、特に初任のトップ・マネジメントの人々はかなりの不安をもって就任している。そのような不安に打ち勝ち、逆に確信をもって仕事をしてもらうためにどんな研修がいいのか。忙しくてあまりに長い時間をかけるわけにはいかないし、細かい内容は人によっては要らないだろう。

私は、立派な実績を上げたトップ・マネジメント経験者の経験談を語ってもらい、少人数で時間の限り質疑応答し懇談を深めてもらうプログラムが良いと考える。優れたトップ・マネジメントが何を考え、何をやったのか、人格的影響力も含めて聞くことでトップとしてのマネジメントを修得に役立つだろう。本稿の初出は二〇一八年一一月号だがその一月後の一二月には、東京大学大学院教育学研究科大学経営・政策コースで「私立大学の新任学長セミナー」が開催されたことを付記したい。

６　トップ・マネジメントの仕事の経験

大学のトップ・マネジメントとして力量を発揮された方は、各大学を見渡せば多数おられることと思うが、ここでは私が身近にその人物と仕事に触れ、味わってきた方々を取り上げたい。

もちろん、その方々の全体像を描くのには紙数も足りず私の見聞も不足しているので、それぞれ特徴のある側面に焦点を当てて書いていきたい。ご本人が読めばご不満があるかと思うが、お許し願いたい。

(1)　信頼感と人格的影響力（慶應義塾大学 石川忠雄塾長）

拙著『大学職員の近未来』（学校経理研究会、二〇一六年）にも書いておいたことだが、私は石川忠雄氏にはかなり早い時期から接している。私が文部省に採用されて最初の配属は高等学校教育課であったが、ちょうど教育課程の基準の大改訂のための教育課程審議会が動き出した時期であり、その委員として慶應義塾大学教授の石川氏が活躍していた。教育課程審議会の会長は元慶應義塾長の高村象平氏であり、高村氏が信頼を寄せて実務的な仕事を任せていたのが石川氏であり、その石川氏のところへ資料を持っていくなどの使い走りをするのが私の役でもあった。

何度もお目のかかるうちに「この点を文部省はどう考えているのかな」「私はこう思うのだが」などのお話が弾むこともあり、新入生の身に余る貴重な経験だった。

その後、石川氏は慶應義塾長となり、以後一六年の長きにわたってトップとして活躍された。その間、私大連盟会長や臨時教育審議会会長代理をはじめ多くの役職を務め、特に大学審議会発足とともにその初代会長となり、その後の日本の大学改革に道筋をつけてくださった。例えば、知識習得型の学習から、学生が自ら考えて研究し、報告し、討論する学習に変化させること、各大学が自主的にカリキュラムを編成し、個性的な教育内容をつくっていくこと、専門化・細分化された個別領域の科学だけではなく、それを結び付けた横断的な学部の構成を考えていくこと、などを主張されていた。そして、審議会等でそのような議論をリードされるとともに、慶應義塾大学内部でもその方向での改革に取り組まれた。

その代表的な例が一九九〇年に湘南藤沢キャンパスに設置した総合政策学部と環境情報学部であり、その進め方も石川氏の考えるリーダーシップの発揮の仕方であった。

競争を避け調和を重んじるという伝統的大学の風土の中で、大きな事業を推進する強いリーダーシップがなければ実現しない。

「私は、合意形成が最大のポイントであると考え、これに少しの労を惜しむことなく取り組むことといたしました。」

「私は、合意の形成、新学部の基本的なコンセプトの提示、これを実現するための委員会の組織化というところでリーダーシップを発揮し、そのあとは、委員会の教員スタッフと事務局のメンバーが、それぞれの力を十分に発揮して答申案をまとめ、その案に沿って開校を実現させたのです。」

「学長が社会の発展に関する先見性を持ち、大学の将来像を明確に語れる識見を持ち、人々が納得して説得されるような魅力と能力の持ち主であれば、様々な制約が存在している日本の大学で非常に重要な合意形成が可能となり、リーダーシップを奮う余地が十分生まれるのではないかと考えています。」

これはまさに石川氏ご自身の姿であり、周囲の人々に信頼感と人格的魅力を発揮することによって物事を進めるトップ・マネジメントの姿である。

（この稿の引用部分は、石川忠雄『未来を創るこころ』（慶應義塾大学出版会、一九九八年）による。）

(2) 日本版ノブレス・オブリージュ（文化学園 大沼淳理事長）

大沼淳氏の軌跡は、戦後の私学史と重なっている。敗戦後海軍から復員した大沼氏は、一九四九（昭和二四）年の最初の国家公務員試験を通って人事院に勤務し、文部省担当となり教育制度づくりを担当した。そこで活躍するうちに、文化学園（当時は並木学園）の理事長就任を頼まれ、弱冠三二歳で文化服装学院の学校経営に携わることとなった。

当時同学園は急激に成長していたが、経営基盤は未整備で、労働組合の激しい活動が起きていた。大沼氏は、ボーナスも大切だが、学園の将来に希望を見出す努力をお互いにしようと話し合いを重ねて、一人の解雇者も出さずにストを解除した。一九六四（昭和三九）年には四年制の文化服装大学を創設。これは、ファッションを学問の中に「学術」として認めさせる狙いがあり、同時に、服飾産業を拡大させ、日本の知識技術を国際的に広げる戦略でもあった。

大沼氏の大きな仕事の一つは、専修学校制度の立ち上げと拡充だった。

日本の私学の特徴は、民間からの学校づくりの意欲が非常に盛んで、大学よりもはるかに多様で様々な設立母体が参入してきていることだった。これを各種学校で受け止めていたわけだが、全国団体を結成しての格上げ運動が必要だった。大沼氏は一九六四（昭和三九）年に全国各種学校総連合会の会長に就任し、法改正運動を進め、一九七六（昭和五一）年にようやく学校教育法が改正され、実践的専門的職業教育を行う専修学校制度が発足した。

専修学校制度は、授業時間、教員の数、施設設備などで一定の条件を満たしていれば、かなり自由に設置運営できることになっており、今日一八歳人口が減少する中で常に二〇％程度の進学者を確保している点でも国民のニーズに応えていると言える。

大沼氏は、二〇〇〇（平成一二）年からは日本私立大学協会会長にも就任している。一八歳人口の減少の苦境にあえぐ大学は私立大学協会会員校に多く、その舵取りが期待されたのだろう。私学の大勢の経営者の中で、このように周囲の人からの信頼を集めているのは、考え方の先見性や柔軟性だけでなく、周囲の人々と寄り添っていく惻隠の情があるからだろう。大沼氏自身はそれを「日本版ノブレス・オブリージュ」と表現している。

私が大沼氏に初めてお目にかかったのは、一九八一（昭和五六）年のことである。当時私は留学生課の係長で、国費留学生制度の拡充策として専修学校留学生制度と高専留学生制度を提案し、予算要求を実現した。その実施のためには専修学校の実態把握と関係者の理解が必要と考え、担当課の協力を得て、大沼氏と接触、文化服装学院を見学して、専修学校関係者と懇談の機会を作ってもらうなどした。その過程で大沼氏と様々なお話を交わすことができ、そのお人柄に魅力を感じた。特に、自分の大学・学校のことだけでなく、日本全体の社会と教育の将来を考える姿勢には共感したことを覚えている。（この項は、平山一城著「聞き語りシリーズ　リーダーが紡ぐ私立大学史①　文化学園大学　大沼淳」（悠光堂、二〇一八年）を参考にした。）

(3)　目標設定とリーダーシップ（東京大学 小宮山宏総長）

小宮山宏氏については、すでに拙著『大学職員は変わる』（二〇〇九年）、『大学職員は成長する』（二〇一三年　共に学校経理研究会発行）で論じているので、ここでは簡潔に留めておく。

私は四年間の東大勤務の全期間にわたって、小宮山氏と密接に仕事をしてきた。前半一年半は副学長と事務局長、後半二年半は総長と人事・事務組織担当理事であり、しばしば私の部屋にやってきて、新しいアイデアを話されていた。小宮山氏の特徴は、目標設定を明確にしてそれに基づきリーダーシップを発揮する、まさに法人化後の最初の総長に相応しい仕事ぶりを実現したことだ。

「二〇〇四年九月の選挙で翌年四月から総長に就任することが決定してから、一年近くを費やして私はアクションプランを作成した。その位置付けと作成プロセスが、私が考える二一世紀の大学モデルを具現している。

このプランの位置付けは、総長としての決意表明である。教授会に提案して東大全体として決定したといったものではない。…それでは総長の勝手な意思の表明に過ぎないかというとそうではない。おそらく一〇〇回は下らないだろう議論を行っている。その中には、学部長や研究科長、事務部長グループとの泊まり込みの会議、教授会への意見の依頼、小グループによるたび重なる議論などが含まれている。」

このように、小宮山氏はトップダウン型のリーダーと思われているが、意外と事の運び方は慎重である。他の学長との大きな違いは最初にこうしたいといった決意表明をしておくことである。

「東京大学経営の基本理念は、自律分散協調系である。これは生体系を想定したモデルだ。人の臓器は、心臓も腎臓も、それぞれ分散して存在し、それぞれが自律的に動いている。しかし、全体としては協調して生命の営みを続けている。これが大学の理想だろう。

現実には、世界の大学はどこも、自律分散系になっているのだ。ここに協調の仕掛けを導入することができるかどうか、これが鍵だ。総長の役割は自律分散系に協調の仕掛けを導入することである。」

法人化初期の新鮮な気持ちが再現するような文章である。実際この通りやってきたのだから、小宮山総長と私の組み合わせが一〇年間持続できたならば東大はもっと変わっただろうと思う。濱田総長も五神総長も目標設定方式は受け継いでいるが、リーダーシップの発揮では難航しているようだ。（この稿、引用は、小宮山宏著『「課題先進国」日本』（中央公論新社、二〇〇七年））

⑷　ぶれない経営方針（慶應義塾大学 清家篤塾長）

私が慶應義塾で仕事をした五年間はすべて清家塾長の時期と重なっているが、私のいた信濃町キャンパスと本部のある三田キャンパスは四〇分ほど離れており、残念なことに日常的な接点はあまり多くなかった。ここで清家塾長に登場していただくのは、トップとして重要だがあまり内部ではよく言われない仕事、財政健全化に徹底して取り組まれた点である。

前任の安西塾長は、積極的にいろいろ取り組んで文部省はじめ各方面で評価されている方であるが、それとは対照的に緊縮路線を貫いたのが清家塾長である。安西塾長のもとで、二〇〇八年に創立一五〇周年記念式典が大々的に挙行されたのをはじめ、各キャンパスの大規模な施設整備が行われる計画が推進されていた。しかし、二〇〇八年に起きたリーマンショックでは慶應義塾では資産運用の含み損が五三五億円と巨額になり、それへの対応が大きな問題となった。財政健全化を課題として翌二〇〇九年に登場したのが清家塾長であった。

清家塾長は徹底した緊縮路線を展開し、各キャンパスの施設整備などの計画は軒並み見直しあるいは延期となり、日常のお金の支出も財務から厳しく節減を指示された。信濃町の医学部・病院や矢上地区の理工学部では、日進月歩の競争状態の研究プロジェクトが立ち遅れるとの不平不満が募ったが、どうぞやりたいことは外部資金をとってきてやってくださいとの三田の塾監局の対応は固かった。

その努力の甲斐あって、二〇一四年頃には含み損はほぼ解消し、財政は健全化された。医学部待望の新病院棟の建設は、病院収支の黒字化の成功もあり、塾理事会のゴーサインが出た。三〇〇億円を要した新病院は立派に二〇一八年に完成し、稼働し始めている。矢上地区の研究施設や藤沢キャンパスの滞在型研修施設「未来創造塾」など一五〇周年プロジェクトで延期されていたものも、皆実現しつつある。見事な財政健全化の進め方であった。

トップに立つ者は、自分の在任期間に記念となる施設整備をやりたくなるものである。しかし多くの場合、財政状況をよく見ないと、破綻あるいはひっ迫につながる。清家塾長はその苦しい時期をじっと耐えて、健全化ができた段階で前向きなものに取り掛かるという健全化の鉄則を見事に貫いた。これもトップ・マネジメントの見本であろう。

(5) 先見の明と実行力（東京大学 永井良三病院長）

私が文部省にいる頃、入院先としての東大病院の評判は散々だった。医師は患者を研究資料としてしか見ていないとか、看護婦は無愛想で患者に恐怖心を与えているとか、本当かどうか知る術《すべ》もないけれど、ひどい噂が流れてきた。しかし、二〇〇三年に東大に赴任し、時折病院で診察を受けた時や、二〇〇九年に脳内出血で入院した時、それまでとは全く異なる印象で驚いた。医師は丁寧に説明してくれるし、看護師は皆笑顔で親切に接してくれた。二〇〇〇年代初めに、東大病院はすっかり変わったらしい。

この変化の切っ掛けは、一つは法人化の衝撃であろう。法人化の前段階で、東大病院では病院だけ切り離しての法人化を主張する人もいたぐらいで、制度の変化を病院改革の好機として生かそうという捉え方があったようだ。法人化の先取りとしての病院改革である。

もう一つは、新病院棟への建て替えであり、ハードが変わるときにソフトも変えたいと、診療科の改編や患者サービスの徹底が取り組まれたようだ。

そしてトップ・マネジメントの姿勢である。永井病院長は、在任期間は二〇〇二年から二〇〇七年であったが、その前には副病院長も務めておられ、一連の病院改革を主導しておられた。研究者としても高い実績があり、お人柄は明るく快活であり、病院を率いるチームのリーダーとしても相応しい方だった。改革は既得権に捉われず、将来の病院のあるべき姿を描いて方針を立て、実行して具体的な成果を上げていた。思い切って進めていたため、敵も多かったようだ。病院は本部棟に近接しており、私は事務局長・理事として病院の情報は常に収集するようにしていた。櫛山事務部長も栄木看護部長もそれぞれ有能で、永井病院長を支えていた。

私は時々小宮山総長と、次に理事に入ってもらうべき人、つまり将来の総長候補は誰だろうと話すことがあり、永井氏の名前はいつも上がっていた。ところが次の任期の病院長選挙で、思いがけず負けてしまい、その構想は実現しなかった。東大は惜しいリーダーを失ったものだと残念だった。

その後自治医科大学長となり、慶應医学賞の選考委員となって私が事務長をしている慶應に来られた時、あの頃は面白かったですねと話が弾んだことを覚えている。

(6) 大胆さと緻密さ（慶應義塾大学 末松誠医学部長）

末松誠慶應義塾大学医学部長は、若くして医学部長となり、大変優秀で、口うるさくて注文が多く、時折逸脱行動をとりがちな慶應医学部教授たちを相手に、医学部長の務めを果たしていた。私は四年半信濃町キャンパス事務長（つまり医学部事務長）としてご一緒に仕事させていただき、常に何事かが起きている面白い経験をさせてもらった。詳しくは拙著『大学職員の近未来』に書いたので、そちらを参照されたい。

末松氏は、教育にも研究にも熱心で業績があるのに加えて、ヒト・モノ・カネのマネジメントにも詳しく、経験豊かであって、大変優秀なトップ・マネジメントであった。その過程では人の思いつかないような構想を打ち出して、それを実現してしまうこともあった。同時にそのような時のやり方は丁寧で、医学部・病院の教員だけでなく、三田の本部の要所要所にも根回しし、信濃町では現場の事務員にまで気配りをする周到さがあった。

私はそのような末松氏の様子を見て、いささか才能の浪費ではないかとの思いがした。その能力をもってすれば一段階高い仕事やオールジャパンの仕事ができるはずなのに、教員の給与の遣り繰りなど誰かに任せればいいのにと。本来であれば慶應義塾長になる実力は十分あるのに、慶應の塾長選挙の仕組みは三田に有利になったまま改変できそうにない。

独立行政法人医療研究開発機構（ＡＭＥＤ）が新設され、その理事長に就任された。事前の評判では東大の永井氏との噂もあったが、慶應から初の独立行政法人理事長となった。文部・厚労・経産三省連合の法人であり、役人の舵取りが難しいことが予想された。その後時々訪問してお話を聞いているが、役人の操縦は結構うまくいっているようだ。

優れた能力を持っている人は、どんな仕事をしても高い水準を達成し、次々と仕事が出現してくる。遠慮なく引き受けて社会に貢献するべきだろう。

(7) 持続する志と戦う姿勢（慶應義塾大学 孫福弘塾監局長）

孫福弘氏のことも、拙著『大学職員の近未来』に書いておいたとおりであるが、彼が慶應の外事処のころ私は文部省の留学生課であり、彼が塾監局長のころ私は私学行政課長であり、彼が横浜市立大学ＣＥＯに就任したころ私は東京大学事務局長であった。そう深い付き合いではなかったけれど、ずっと注目していた存在であり、全体として保守的でお高く留まっている慶應義塾の職員の中で、孫福氏のアグレッシブでチャレンジ精神に富んだ様子は突出していた。

彼の特徴が最もよく表れているのが業務改革プロジェクトの実施である。孫福氏は、湘南藤沢キャンパスの初代事務長として将来のあるべき大学像のいくつかの施策を実践してきたが、それに続いて一九九四年に人事部長に就任した。「将来の大学職員はこうあるべきだという理念と強い信念を持っていた。二一世紀に通用するような本格的・抜本的な大学改革は、教員に加えて職員の役割が極めて重要になると考えていた。そこで、伝統的な「基幹運営」と「サービス提供」の両面から職員部門の役割・機能の再検討と業務の進め方改革を行い、とりわけサービス領域の拡大と質の向上を目指す改革プロジェクトを構想した。」（「塾監局小史Ⅲ」（二〇一八年、非売品）より）

サービス機能の強化の面では、学生へのワンストップサービスの実現、事務組織のサービス対象別組織への改編などが行われた。政策立案支援の強化の点では、総合企画を行う塾長室を設置した。人材の確保・育成の点では、「高度の専門性を備えたプロフェッショナル職員」及び「高度のマネジメント能力の必要性」という方向を示して、採用、研修、評価などの改革を進めた。コミュニケーションの円滑化及び業務の効率化の点では、業務系ネットワークを構築し、多大な効果を上げた。これらの取組みについては、私も東大法人化の改革の中で参考とし、各課題を個別に処理するのではなく、全部一斉に取組むというトータルプラン方式を考え出すヒントとなった。

また、学外においては、全国の大学職員の能力向上のために大学行政管理学会を立ち上げ、全国規模での組織化と運動を展開した。ちょうどそのような問題意識と機運が充満しつつあった時で、多数の大学から会員が参加し今日でも活発な活動が継続している。多くの有力な会員は、当時孫福氏から声をかけられて参加したと回想している。

残念なことに、孫福氏は横浜市立大学ＣＥＯに就任直後に急逝されてしまったが、彼の志と戦う姿勢は多くの大学の職員中に遺伝子となって受け継がれている。（参考文献　山本、村上、野田編著『新時代の大学経営人材』（ジアース教育新社、二〇〇五年）の中の孫福氏の論文）

●後注

ある人がトップ・マネジメントとして活躍するためには、その人がそれまでどのようにして力量を蓄えてきたか、就任後の社会や組織の環境はどうであったか、その中でその人は何を考えどう決断したかといったことを総合的に把握する必要がある。

しかし、一般的には就任前の状況は詳細にはわからないことが多い。就任後に書いたことや行ったことを通して間接的に就任前の状況を把握するしかないので、本稿はそのような記述となっている。より詳しくは本人に直接お話しいただくほかないであろう。トップ・マネジメントセミナーを企画したいものだ。

●本文中に記載した以外の参考文献

・渡辺恵子『国立大学職員の人事システム』（東信堂、二〇一八年）
・大学行政管理学会大学事務職員研究会『大学事務職員の履歴書』（学校経理研究会、二〇一八年）
・高野篤子『アメリカ大学管理運営職の養成』（東信堂、二〇一二年）
・高野篤子『イギリス大学経営人材の養成』（東信堂、二〇一八年）

三　トップ・マネジメントが主導するマネジメント・サイクル

1　大学の特性を生かすマネジメント・サイクルの形成

(1)　大学の組織の特性

二〇一八年前半に開催された国立科学博物館の「人体展」と、NHKスペシャルで放映された「人体　神秘の巨大ネットワーク」は、双方ともに大変興味深いものだった。特に印象的だったのは、人体の各臓器が、それぞれ脳の指揮命令の下に単一の機能を果たしているのではなく、多様な機能を持ち、自律的な働きをして臓器同士が直接に作用しあって生命を維持しているという点だった。ホームページの言葉を借りれば、「脳が全体の司令塔となり、他の臓器はそれに従う」というこれまでの常識を覆し、「体中の臓器が互いに直接情報をやり取りすることで、私たちの体は成り立っている」。このいわば「臓器同士の会話」を知ることで、今、医療の世界に大革命が起きている。展示や映像では、臓器から臓器への神経信号のネットワークや化学物質の分泌を通して、「栄養をもっと送れ」とか「そろそろ働いてよ」といった信号が、様々な臓器間で飛び交っていて面白かった。なるほど、各臓器は私たちが思っていた以上に複雑で多様な機能を果たしていて、それが全体として生命の維持につながっているようだ。

しかし、これが人体のすべてだろうか。我々は皆、食べて寝て生命を維持するだけではなく、そのように維持した生命を使って、何事かを成し遂げようとしている。仕事であれ、遊びであれ、喜びや欲望を持って我々は生きている。もっと身近にみれば、毎日何を食べ、何をして過ごそうか考えている。そして、その機能は、主として脳の働きによるのだろう。言い換えると、目標や計画を定め、そのために自分や他者に働きかけ、全体のバランスをとって進行管理をしているのは、中枢としての脳であろう。

このような脳と各臓器の関係は、組織におけるトップ・マネジメントと各現場の組織の関係に比べることができよう。東京大学総長をしていた小宮山宏氏は、大学を人体に喩えて自律分散協調という考え方を主張していた。大学の各部署はできるだけ自律性を持ち、独自の活動を展開していく方がより優れた教育研究の実現につながる。だから世界の大学の教員の多くは自律分散に向いていきがちだ。しかし、大学として限りある資源を活用し、総合力として何かを達成していくためには分散していくだけではだめで、そこに協調の作用を入れていくことが必要だ。全体としての方向性についてベクトル合わせをし、各部分の長短を組み合わせて最適の状態を作るべきだ。

私もこの考え方に共感している。その際大事なのは、トップは示唆するけれど立ち入った命令はせず、議論の枠組みを作って個々の展開は現場に任せることだ。個々の行為に立ち入った指示命令を繰り返すと、現場は自分の頭で考える習慣を失っていくだろう。

同時に、各部署もただ命令を待つのではなく、あるいは独自性ばかりを主張するのではなく、全体との折り合いをつけてまとまっていく方向で自主的な判断をすることだ。このように、自律分散協調組織はトップとボトム、そしてボトム同士の絶えざる対話を通して機能していくものだろう。

(2) ボトムアップもトップダウンも

各組織で、仕事はどのようにして進められていくのだろうか。通常言われるのはトップの指示命令で動くトップダウン型と、現場の自主的判断で動くボトムアップ型である。しかし現実にはそう単純な割り切りはできるものではない。典型的なトップダウン型組織として、軍隊を考えてみよう。軍隊は、戦闘で勝利するために上官の命令は絶対であり、それに従わないものは処罰される。個人の独自の判断は多くの場合許されず、統制の取れた行動をしなければならない。特にそれが徹底するのは独裁国家における軍隊であり、平素から命令に服従する習慣がついていれば、戦闘の時も同じ行動パターンを取ればよい。しかし、近代国家の戦史を読んで見れば、必ずしも全体主義国家が勝利しているわけではなく、個人の自由を尊重する自由主義国家が勝利している例が多い。これはどういうことだろうか。

人は権力で命令されたり銃で脅かされたりして勇敢に戦うわけではない。もちろん一時的にはやむを得ず勇敢に戦うかもしれないけれど、戦闘が長期にわたり、混乱して指揮命令系統が乱れたりすると、どうしていいかわからなくなり、統制された軍隊の弱みが露出してくる。これに対して、個人の自由意思を尊重する自由主義国家の軍隊は、一見、統制が取れず、ひ弱そうに見えるけれど、正義の為、平和の為、民主主義の為といった理念を共有できれば強固な部隊となる。そして、混乱の中でも何をどうすればいいか自主的な判断力があるものが強くなる。全体的な教育の底上げがされていれば、科学の戦いでも有利である。このように軍隊でさえも、強力な統制ばかりでなく、自主的な判断力が決め手となる面がある。

では一般の企業ではどうか。企業にあっても、軍隊ほどではないが、経営陣の指揮命令の下で社員を統制して組織プレーを行い、利潤を追求する。しかし、その利潤の追及の在り方は様々であり、社員にかなりの自由度を与えて創意工夫の余地を大きくして効果を上げている会社も多い。また、会社の目指す目標については、利潤の追求を露骨に掲げている会社はあまりなく、製品の販売や普及を通して社会の幸福、繁栄、福祉の増進を追求することを多くの会社は掲げている。それなりの理念共有に努力しており、それに真剣な企業は結束が強い。組織の目的の追求と個人の自由度のバランスをとるのが「目標によるマネジメント」であり、大学職員の仕事も同じである。

大学教員の仕事は、教育研究を中心として、個人の自由と創意工夫が尊重される。しかしそれだけかというと、教育ではカリキュラムで組織として目指している教育目標の達成が重要であり、研究でも大勢の研究者が共同するチームプレーが必要である。そこではチームとしての目標共有が重要であり、まとめ役となる誰かがおおよその全体計画を立てて進行管理する必要があることは、他の組織と同じである。つまり教育研究の特性は、比較的緩やかな統制と、それを実行する個人の自主的な取組みを生かす点にある。それが優れた教育研究を実現するポイントであるが、基本原理は他の組織と変わらない。

このように、どの組織にあっても統制と自由は必要であり、バランスのとり方が異なるだけである。トップダウンとボトムアップも同じことであり、両方の流れが必要なのだ。重要なのは、トップダウンにしても流れがよいこと、ボトムアップにしても流れがよいことであろう。いわばトップとボトムのアップダウンが日常的に進められ、循環していくことが必要だ。私はこれを循環として、サイクルとして捉えたい。

(3) 意思表明と実行のサイクル

そのためには、トップとボトムの各階層がそれぞれ何を考えていて、何をしたいのかを明確にしていく必要がある。

現実の大学組織で起きている問題を考えると、基本的にコミュニケーションが不足していると感じられることがしばしばある。トップ（上司）の常套句は、「俺が会議で何度も言っているのにどうして教職員皆に伝わらないのだ」という嘆きであり、ボトム（現場）の方は「上が何を考えているのかちっともわからない」という不満である。

その原因は、①各階層の人それぞれが、何を考えているのかきちんとした意思表明をする習慣がないこと、②意思表明では美辞麗句が多く言葉が多い割に何を言っているかわからないことが多いこと、③中間にあって伝達するべき教員であれば学部長・学科長、職員であれば部長・課長などが真剣に聞き話す訓練がされていないこと、④教職員も生活の知恵として聞き流すことが多いことなどが考えられる。

したがって、これからの大学での言葉は、美辞麗句を排し、具体的に何をするのかを明瞭にし、対する教職員側もそれができるかできないかをはっきりとさせていく必要がある。本音と事実確認の上での対話が必要だ。

意思表明は口頭で繰り返すことはもちろん必要だが、音声は空中に消えてしまうので、文字（文章）に具体化して、いつでもだれでも何度でも見ることができるようにする必要がある。もちろん、ただでさえ文書が多すぎる組織で、さらに大部の資料を作成する必要はないが、基本的なことは短い文章（または図やポンチ絵）で普及させる必要がある。

そして上からの意思表明があったら、それを放置する（無視する）のではなく、実行計画を立てて年度の計画に組み込み、それをやったかやらなかったか判るようにしておく必要がある。後述するように年度終了時には何をどこまで達成したかを年度報告として具体的に記録するようにしたい。

このようなサイクルが毎年積み重なっていけば、この組織では何がどう動いてきたのか、今後どう動いていくのかが見えるようになり、緊張感のある引き締まった組織となる。「その出来事は私が異動してくる前なので、何もわかりません」などと平気で言い訳するような緩んだ組織では、組織としての記憶がなく、成長もない。厳しくトレーニングする必要がある。

２　マネジメント・サイクルの諸要素

(1)　全学マネジメント・サイクル図

ここで、私の考える全学マネジメント・サイクルの図を掲げておく。この図は、決して静止画像ではなく、動画だとわかりやすいのだが、基本ビジョンから質保証の推進までコミュニケーションがつながり、逆に下から上にもつながっていて、次々にダイナミックに情報伝達がなされている図だとご理解願いたい。さらにこの図は前年度からつながり、翌年度へつながっていく、大学が存続する限りらせん状につながっていく図でもある。

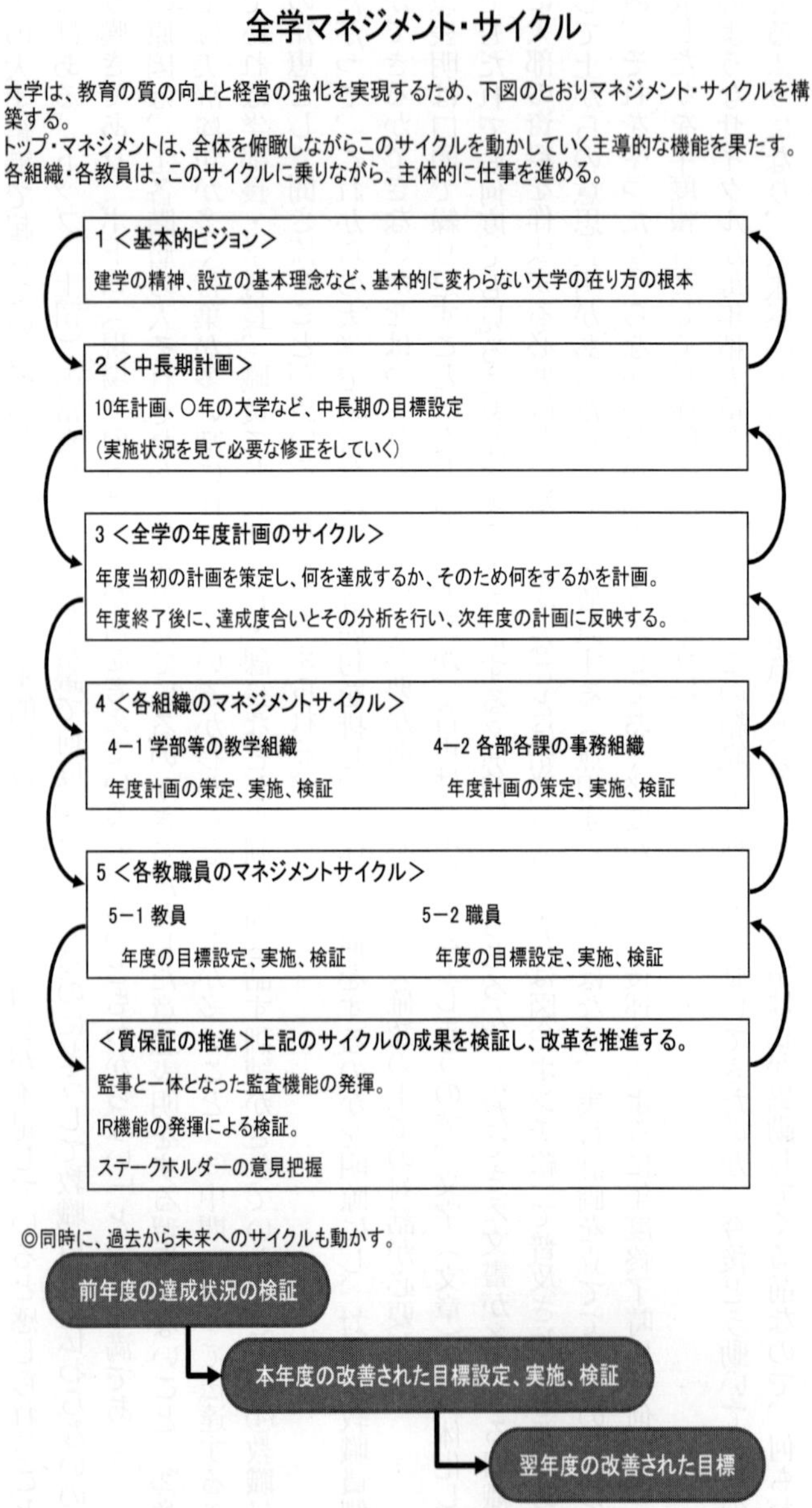
全学マネジメント・サイクル
大学は、教育の質の向上と経営の強化を実現するため、下図のとおりマネジメント・サイクルを構築する。
トップ・マネジメントは、全体を俯瞰しながらこのサイクルを動かしていく主導的な機能を果たす。
各組織・各教員は、このサイクルに乗りながら、主体的に仕事を進める。
1 ＜基本的ビジョン＞
建学の精神、設立の基本理念など、基本的に変わらない大学の在り方の根本
2 ＜中長期計画＞
10年計画、○年の大学など、中長期の目標設定
（実施状況を見て必要な修正をしていく）
3 ＜全学の年度計画のサイクル＞
年度当初の計画を策定し、何を達成するか、そのため何をするかを計画。
年度終了後に、達成度合いとその分析を行い、次年度の計画に反映する。
4 ＜各組織のマネジメントサイクル＞
4―1 学部等の教学組織
年度計画の策定、実施、検証
4―2 各部各課の事務組織
年度計画の策定、実施、検証
5 ＜各教職員のマネジメントサイクル＞
5―1 教員
年度の目標設定、実施、検証
5―2 職員
年度の目標設定、実施、検証
＜質保証の推進＞上記のサイクルの成果を検証し、改革を推進する。
監事と一体となった監査機能の発揮。
IR機能の発揮による検証。
ステークホルダーの意見把握
◎同時に、過去から未来へのサイクルも動かす。
前年度の達成状況の検証
本年度の改善された目標設定、実施、検証
翌年度の改善された目標

(2) 基本的ビジョンと中長期計画

大学の基本的ビジョンについては、私立大学では建学の精神が掲げられており、一応明確になっている。だが、私見ではかなりの大学で建学の精神は抽象度が高く、そのあとにマネジメント・サイクルが続くという捉え方がなされることなく定められているため、単なる美辞麗句に留まっている大学が多い。そういう場合は、建学の精神の解釈として現代の誰でもが判る言葉で翻訳または解説する必要がある。

国立大学の場合は、国の法令に基づいて設立されているため、その大学の基本理念は何かなどという面倒くさいことは学内ではあまり詰めて議論されることはなかったのかもしれない。法人化の時も、本当は各大学が法人化にどう向き合うかといった基本的議論をするべきだったが、されていない。その後のミッションの再定義の際も、文部科学省とのやり取りはあったかもしれないが、大学挙げての議論をして結論が定着しているとは思えない。国立大学の基本的欠陥は、基本的ビジョンに関する議論が徹底していないことだともいえる。国立大学のマネジメント・サイクルが回らない一因でもあろう。

それに対して、中長期計画の策定は、国公私立どの大学においても必要であることはほぼ共通理解となっている。法令や制度により求められているからではなく、マネジメント・サイクルを回していくために不可欠だからだ。国立大学では、中期計画は六年間と定められているので、全大学六年間で作っているようだが、もう少し長い一〇年間程度を見通す計画も必要だろう。全期間を同じ密度で作る必要はなく、最初の三年間は緻密に作り、先へ行くほど大枠の計画とするといった工夫もあるだろう。私立大学では、一〇年あるいは創立〇周年に合わせた計画を策定している例も多いが、文部科学省の調査によると、中長期計画の策定は五～六割に留まっており、二〇一九年二月一二日に、私立学校法改正案を含む「学校教育法の一部を改正する法律案」が閣議決定され、義務化される見通しである。

そこにおいては、中長期計画は、「認証評価の結果を踏まえて、教学・人事・施設・財務等に関する事項を盛り込むこと、原則として五年以上の期間とすることが盛り込まれる。中長期計画の詳細な内容、期間については各学校法人の裁量に委ねられることとされているが、抽象的な目標に留まらず、データやエビデンスに基づく計画とすることが望ましく、「私立大学版ガバナンス・コード」に定めるべき内容として盛り込むことが期待されている。」（文部科学省高等教育

局歯学部私学行政課『月刊　学校法人』二〇一九年三月号　ＮＰＯ法人学校経理研究会）

策定された中長期計画を絵に描いた餅にしないために、以下に、そのポイントをまとめておく。

①中長期計画は、マネジメント・サイクルの出発点になるのだから、単なる願望や漠然とこうなればいいという記述ではなく、計画したものは必ず実行するという決断がなければならない。トップ・マネジメントは当然我が事として捉えるとともに、教職員自らもその計画にコミットしているのだから責任が負えるようにしなければならない。あれは学長が勝手に書いたのだからお手並み拝見だ、などという教職員の態度を放置してはならない。そのためには計画の策定段階で全教職員の参加が得られる方式をとっておくべきで、全学での対話、意見の聴取、会議での繰り返しの議論など、取れる手段は労を惜しむことなく努力する必要がある。

②中長期計画は、トップ・マネジメント自らの責任で策定しなければならない。学長・理事長自身の所信表明でもあり、全学のマネジメントの基本となるものだからである。もちろん実際に執筆したり調整したりするのは学長補佐、あるいは学長室（企画課など名称はさまざま）の職員であるが、仕事はトップ直結で進めなければならない。

③中長期計画は、実行するための計画だから、その裏付けとなるヒト・モノ・カネについてはある程度の見通しを立て、あるいはトップ・マネジメントの決意表明をしておく必要がある。だから策定段階ではかなりの激論が交わされることになり、困難だがその苦労を経てこそ計画実現の見通しが立てられる。逆に、計画策定時の軋轢を避けてしまうと単なる作文に終わり、机上の空論で終わってしまう。困難な道を正面から歩むべきであろう。

④中長期計画をある程度（二〜三年か）実行した段階で、できれば中間評価を行い、必要な軌道修正を行うなど、最終段階まで計画が有効であるような進め方をするべきであろう。

⑤中長期計画終了時には、かならず振り返りを行い、きちんとした報告書をまとめ、公表するべきである。それが次の中長期計画につながっていく。たとえトップ・マネジメントが交代しても教育研究と経営の在り方はそう極端に変わるものではなく、継続性も必要である。具体的な次期中長期計画の策定は次のトップ・マネジメントに委ねられるのは当然だが、その際の議論の基礎資料となる前期の実績は、きちんと引き継がれる必要がある。

(3)　全学の年度計画

年度計画を策定するに当たっては、中長期計画との関係と各部局の年度計画との整合性の両方に配慮しなければならない。中長期計画との整合性は、その実施の本年度分なのだから、食い違いはあってはならず、たとえ直ちに実施は難しいにしても三年計画で実現し、その初年度分としてここまでやるといった位置付けの説明が必要である。

各部局との関係は、ボトムアップ傾向の強い大学は各部局で計画案を作成し、それに対してトップ・マネジメントが注文を付け、修正作業を行うであろう。トップダウン傾向の強い大学や小規模大学ではトップ・マネジメント側で大筋の計画を立案し、それに沿った具体策の肉付けを部局が行う例もあろう。いずれにしても、中長期計画の骨格はあるのだからトップ・マネジメント側の大筋の方針と、部局側の具体的な立案を何度もすり合わせながら策定していくことになろう。この対話で双方を熟成させていくことが重要である。各部署が自律性を保ちつつ、全体の方針を反映していくような習慣を定着させていきたい。

また、年度計画は、計画策定 ― 実行 ― 検証 ― 次の年度計画への課題提起、といった時間軸のサイクルが重要である。計画を着実に実行していくためには途中でのチェックポイントが必要であり、特に遅れている事項を放置してはならない。実行が遅れるのは、現実と齟齬のある無理な計画だったか、担当者の能力不足だったか、その他突発的な問題があったかであろう。その理由を明らかにしなければならない。年度終了時には振り返りを行い、報告書に記載する基礎資料をまとめておく。そして、それらを見ながら次年度の計画を策定することになる。振り返りを行わず同じ間違いを繰り返している大学が多いと感じる。なお、ここで注意を要するのは、チェックポイントや振り返りで形式にこだわるあまり過大な労力を使う必要はないということだ。簡潔明瞭な資料で十分である。

(4)　学内各組織の年度計画

学内組織としては、典型的には教学組織の学部・学科等があり、事務組織としての部や課がある。二つに分けて考えてみる。教学組織は、教員からなる組織で、多くの大学では未だかつてマネジメントの原理原則が貫徹したことがない。今までそれが許されていたのは、学生が一応集まって収入が確保され、毎年のカリキュラムがあまり変化せず、既存の予算や人員の配分を変化させる必要がなかったからであろう。しかし今や多くの大学では、学生確保のためのあの手この手の工夫を重ね、教育の在り方を変える議論はされてはいるが未だ徹底せず、束の間の惰眠を貪っているところであろう。

しかし、真剣に将来を考える大学は、自発的能動的に動きを作り出している。人と予算の限られた資源のもとで、将来性のある分野にシフトさせ、魅力の薄れた分野を解消していく、口で言うのは簡単だが実行するのは大変だ。それも一気にやるのではなく、毎年の組織改編や教員人事で少しずつその地ならしをしていく必要がある。

ここでいう年度計画とは、毎年同じようなルーティンを一年分並べたものではない。一〇年後のその学部の姿を想定して、では今年何をどこまでやりますかという戦略的取組みが主軸となる計画である。そのような計画については、一部先進的な理解者である教員はいるかもしれないが、学部内から自発的に生まれてくる可能性は低く、トップ・マネジメントからの働きかけがあり、それに呼応する学部内の動きがあって初めて成功する。トップ・マネジメントと問題意識を共有する学部長が、学部内で多数派工作をして学部執行部を確立し、本部と直結した学部事務組織と手を組んで学部改編の動きをして初めて成功する。学部の年度計画の神髄はそこにある。

教育研究そのものについては、年度計画はあまり詳細にする必要はなく、各教員あるいは教員の属するチームの計画がしっかりしていればよい。学部として予算計上したり人員配置で考慮したりするようなケースではそれなりの配慮は必要だが、それ以外はあまり詳細な配慮はしなくてもよい。むしろ、どの部署で何が動いているかといった組織の見える化に注力するべきであろう。

事務組織は、別稿でも再三論じているので簡潔にする。目標によるマネジメントが普及しているので、部門長が目標設定して部下の仕事に関して自主性を生かしながら統率する。その体系が生かされて動きが出るならば一定の効果はある。ポイントはやはり事務局長、部長、課長の将来の大学への視野とリーダーシップであろう。ところが多くの大学ではそれが一番欠けているのが事務幹部だという皮肉な現実があるのが悩みの種だ。

このように、教学組織も事務組織も、現実にはいろいろ問題はあるが、これを克服して良い姿を実現する大学が生き残り、できない大学が滅びていくのがこれから起きる現象であると考える。

(5) 教職員個人の年度計画

大学のマネジメント・サイクルは、教職員個人まで到達してようやく完成する。トップ・マネジメントから教職員個人まで、サイクルがつながるまでが大変な道のりなのだ。しかしここがつながれば、大学を変革する大きな力になるだろう。

教員について見ていこう。教員のマネジメント・サイクルというと、「なんだ会社員や職員みたいに管理するのか」とんでもない、と反発されるかもしれない。しかし、「あなたもお給料をもらって仕事をしているのでしょう、その仕事をよりよく遂行するためには全学がどういう方向へ行こうとしているかの理解は必要だし、あなたもその方向へ努力していただきたい。そのあなたの努力を見えるようにして正当に認めて差し上げましょう。だから、あなたがこの一年間何を目指し、どういう努力をし、どのような成果を上げたか教えてください。うまくいっているならば皆さんにも紹介して参考とさせていただくし、うまくいっていないのならうまくいくようにアドバイスしましょう」というような働きかけをしていくことになる。

あとは、具体の評価制度でソフトにやるのかハードにやるのかは大学の情勢と判断次第だ。私自身は、教員によりよく働いてもらうためには教員自身の自覚が大切だし、それは組織全体の雰囲気によって左右されるし、引き締まった組織づくりができるかどうかということだろうと考えている。

だから教員にも当然、「今年何を目指してどんな活動をしますか、その結果はどのようになり、そのエビデンスは何ですか」という見える化の基本的情報は出してもらわなければならず、それはそんなに手間のかかる資料作りとはならないだろう。むしろ、カリキュラムツリーの作成などの共同作業を通して教員間の相互理解と協力の姿勢が深まるなど、教員相互の高めあう姿勢を重視したい。さらに基本は、そういう姿勢をもともと持っている教員を集めることができるかという大学の魅力の基本論になるわけで、それができる大学は存続し、できない大学は衰退するという当たり前の結果になるわけである。

職員個人の年度計画の重要性についても再三論じているのでここでは簡単にしたい。職員は組織の一員として仕事を計画的に実行することが必要である。そのため、目標によるマネジメントが普及しており、上司との面談を通して納得の上で目標を設定し、期末には上司との面談の上到達度の判定を行う。職員の自主性を生かしつつ組織の仕事を実現するやり方である。この方式の成否は、上司側の広い視野のもとでのリーダーシップと、職員自身側の問題意識と向上心にかかっている。そんな立派な上司も部下も初めからはいないので、人材を育てながらやり方を熟成させていかなければならない。

このようにして教職員個人まで、トップ・マネジメントの方針を浸透させると同時に、教職員の実態や考えをトップ・マネジメントに伝える機能が大切である。だからマネジメント・サイクルにはトップからボトムに至る流れと、ボトムからトップに至る流れの両方が必要である。そして途中で流れを止めたり淀ませたりする人がいては困るので、そのような人は排除し、流れを促進する働きをする人がポイント地点にいられるようにしなければならない。マネジメント・サイクルが回るようにすることは人事の要であり、人材育成の基本である。

3　マネジメント・サイクルを駆動する機能

全学のマネジメント・サイクルが常時適切に機能していくためには、トップ・マネジメント自身の仕事が計画的であり、緊張感を持ったものでなくてはならないが、その機能を補助または監視するために様々な仕掛けが考え出されている。その主なものを見ていきたい。

(1)　監事と監査機能

監事の役割というと、「間違ったこと、悪いことをするな」というコンプライアンスの観点が強調されることが多いが、私は今日の監事は、「業務が健全に推進されていくようにチェックする」という観点を強調したい。法令上に現れた監事の職務は次のとおりである。

(学校法人の場合) 私立学校法第三七条（役員の職務）第3項

3　監事の職務は、次のとおりとする。
一　学校法人の業務を監査すること。
二　学校法人の財産の状況を監査すること。
三　学校法人の業務又は財産の状況について、毎会計年度、監査報告書を作成し、当該会計年度終了後二月以内に理事会及び評議員会に提出すること。
四～六〈略〉

（国立大学法人の場合） 国立大学法人法第第一一条（役員の職務及び権限）第4項以下

4　監事は、国立大学法人の業務を監査する。（中略）監査報告書を作成しなければならない。
5　監事は、いつでも役員（監事を除く。）及び職員に対して事務及び事業の報告を求め、又は国立大学法人の業務及び財産の状況を調査することができる。
6～8項〈中略〉
9　監事は、監査の結果に基づき、必要があると認めるときは、学長又は文部科学大臣に意見を提出することができる。

（会社の場合） 会社法第七節（監査役）

（監査役の権限）
第三八一条　監査役は、取締役（会計参与設置会社にあっては、取締役及び会計参与）の職務の執行を監査する。（中略）監査報告を作成しなければならない。
2　監査役は、いつでも、取締役及び会計参与並びに支配人その他の使用人に対して事業の報告を求め、または監査役設置会社の業務及び財産の状況を調査することができる。
3～4項〈略〉
（取締役への報告義務）
第三八二条　監査役は、取締役が不正の行為をし、若しくは当該行為をするおそれがあると認めるとき、又は法令若しくは定款に違反する事実若しくは著しく不当な事実があると認めるときは、遅滞なく、その旨を取締役（取締役会設置会社にあっては、取締役会）に報告しなければならない。

（取締役会への出席義務等）
第三八三条　監査役は、取締役会に出席し、必要があると認めるときは、意見を述べなければならない。（後略）
2〜4項　〈略〉

このようにどの法人類型においても、監事（監査役）は、理事等の業務の執行の状況を把握するため、理事等からヒアリングし、資料を閲覧し、会議に出席するなどの要求をすることができる。その上で意見を述べ、報告書を取りまとめ、必要なところに報告するなどの権限を持っている。監事は理事会の業務からは独立して監査業務を行う。すなわち、法人の意思決定にはかかわらず、業務執行には責任を持たない。監事は、会計面のことだけではなく、業務全般について監査する。ただし、教育研究の内容には立ち入らない。一般論としてはこのようにまとめられるが、実際の監事の仕事の範囲については制度の趣旨に照らして判断していくことになる。

建前だけ見ると、監事は法人のすべてのことに関与できるように見えるが、本音のところでは、個人としての監事がどこまでできるかというと自ずから限界がある。任務の大きさに比べ、与えられている戦力は貧弱である。監事は常勤が望ましいということになっているが、実際には財政負担が大きく、多くの法人では非常勤としている。非常勤であって法人のすべての業務を把握するのは無理である。

したがって、監事の監査計画などで重点的に監査していく事項を整理することになる。学校法人には、学校法人会計基準に即して公認会計士が会計監査人となって行う監査や、法人内の職員が行う法人業務としての内部監査があるので、これらと連携しつつ役割分担していくこととなる。したがって、実際に監事に期待されるのは、学校法人運営の基本としての中長期計画の策定やその実施について適切に行われているかどうか、すなわち、本稿でいうマネジメント・サイクルが適切に推進されているかどうかを見ていくのが重要な任務であると考える。

この点は監事の人選に関わって来るわけで、監事は会計の専門家である必要はなく、企業や官庁などで組織のマネジメントに責任を持った経験があることが重要である。できれば公認会計士や弁護士などの専門職と、組織のマネジメント経験者の組み合わせが良いと考える。監事には大物や有能な者を迎えたいところだが、提供できる待遇や将来へのメリットなどはあまりなく、したがって期待も過大に持つことはできないのが現実である。可能な範囲で有効に活躍してもらうのが現実的であろう。

(2)　ＩＲ機能

日本の大学でもようやくＩＲという言葉が普及してきたが、まだ「ＩＲ室を立ち上げたけれど、何をどうすればいいのでしょうか」といった初歩的な質問が交わされることが多い。

本家のアメリカでは、大量の学生を把握し、中途退学などを防止するための取組みとして発展してきたようだが、日本ではもう少し本格的な取組みが必要だろうと考えている。学生に関連する教学面だけではなく、財政や人事などの法人マネジメントや教員の資質の向上のための教員マネジメントなども含めた、大学の重要な取組みについてデータを駆使して判断していくことと捉えたい。

すなわち、大学に関連する多くのデータを把握し、整理し、意思決定に活用できるように判りやすく提供する仕事である。「どうすれば学生がもっと勉強するようになるのか」とか、「どうすれば教員が熱心に仕事をするようになるのか」といった質問がＩＲ室に投げかけられ、性急に答えが求められることが多いようだが、「それはむしろトップ・マネジメントの判断でしょう」とお返ししたい。

すなわち、ＩＲの業務の一つはトップ・マネジメントの意思決定にデータ的な根拠を与えることであり、言い換えると、日本の組織で不足しているデータを用いての意思決定ができるようにすることである。そのためには、日ごろからトップとＩＲ担当者が対話して問題意識を共通にしておく必要がある。

もう一つのＩＲの業務は、学内の各現場との連携であるが、日本の大学の特徴は、貴重なデータが各部署に分散して埋もれており、それを発掘して全学で共用できるよう仕立てていく必要がある。そのためには教員組織も職員組織も手法と目的を共有し、何か調査やアンケートなどを行うときにはＩＲ室と相談して実施するように持っていく必要がある。得られたデータは、各部署で活用できる形に整理して各部署に還元していく。このような取組みを繰り返すことにより、各部署でもデータの重要性やデータ取り扱いのノウハウが蓄積されていくだろう。

言い換えると、トップもボトムも、データを用いて対話する習慣を身につけるべきであり、その流れをよくするつなぎ役がＩＲ室であろう。だからＩＲ室は、教職協働組織であり、トップ・マネジメントに直結した教員と職員、データ処理に堪能な専門職などで構成されることになる。そして、全学の教職員がデータを駆使して判断することに習熟するように習慣づけ、大学がデータに基づく知性の場となるようにしなければならない。

そのように鍛えられた組織ではマネジメント・サイクルは回りやすくなる。このように、ＩＲは、マネジメント・サイクルに密接に関連した業務である。

(3) ステークホルダーの意見把握

大学の活動は、外部から見るとのんびりしていると言われることが多い。これは教育のカリキュラムは年度単位で動いていて修正しようとしても時間がかかることや、研究では年数を限らないでやる習慣があったためなどが理由と思われる。

しかし今日では世の中全体がせっかちになってきており、そのような大学の言い分が通用しなくなっている。大学が正しいのか、世の中が正しいのか、事柄によって異なるかもしれないが、双方が対話して相互理解を深める必要があることは確かだろう。象牙の塔に立てこもって孤高の宴に浸る幸せな時代は終わっている。様々なステークホルダーの声に耳を傾け、聞くべきは聞き、拒否するべきものは理由を示して拒否するなど、態度を明らかにするのが対話の第一歩だろう。

①教職員…自校の教員と職員がステークホルダーと言えるのかどうか判らないが、トップ・マネジメントが第一に対話するべきは教員と職員であろう。会議などの公式の場でもいいし、日常の非公式な接点でもいい。ただし、古い大学などでは、教職員とも古い独善的な価値観に染まっていることがあり、それが世間に通用するかどうか時々試してみる必要がある。

②学生…自校の学生もステークホルダーである。学生調査や学生との対話を通して様々な知見を得ることができる。教員は、授業を通して学生と接しているのだが、大学そのものを話題にすることがあまりないようなので、大学

に関する学生の意見をもっと丁寧に聞き取るほうがよい。むしろ学生は、これからは大学の支え手として、大学の運営に参画してもらうようにしたい。大学の決定や行事などについて意見を聞いたり、理事会などの会議のメンバーになったり、モニターとして評価してもらったりすれば、満足度も高まり教育的効果も大きいだろう。大正大学ではＴＳＲ総合調査として二〇一五年以来毎年全学生に対して満足度調査を行い、その結果を改善施策に反映している。

③卒業生…学生は卒業すれば卒業生になる。同窓会に加入し、終生自大学に関心を持ち続けてくれる。卒業生が大学と関わりを持ち続けてもらうためには、まず、連絡先を把握していることに始まり、大学の広報資料やメールマガジンの配布、周年行事やホームカミングディの行事への参加などがある。卒業生側では、キャリア教育での指導や就職の際の情報提供、様々な形での教育参加や大学支援などがある。その延長上に寄付などの財政支援があり、絆を深めることが大切である。

④保護者…学生の父母も、学費の実質的な負担者であり、大学への理解を深めてもらい、大学の方針に共感してもらう必要がある。

⑤高校関係者…学生の出身高校関係者も、次の新入生を送り込んでくれるわけだから重要である。その際の決め手は、同校出身の学生が元気に活躍している姿であり、美辞麗句を並べるよりも学生の姿を見せるほうが、効果がある。

⑥就職先企業…卒業生が就職した企業関係者も、この大学の教育の良いところと物足りないところをよく知っていてくれる貴重な存在であり、次にも学生を受け入れてもらうということだけではなく、学生への教育の在り方への意見をもらうべき存在である。

⑦地域住民…大学の所在する地域の住民も、日頃大学と学生の在り方を観察していてくれるので、その意見は貴重である。地域社会との交流と相互理解はこれからの大学では重要である。

⑧行政機関…さらに、その延長としての行政も大学に対して好意的な目を向けてくれるように持っていく必要がある。

⑨マスコミ…マスコミがステークホルダーかかどうかわからないが、記事の書きぶりによって大学の印象も変わっ

てくる。日頃から記事の提供などにより大学に好印象を持ってもらうようにしたい。

⑩他大学の関係者：他大学の学長、教員、職員などが自大学をどう見ているかも把握しておきたい。周囲の大学から注視されるような大学に育てていきたい。

これらステークホルダーの意見やまなざしは、それが当たっているかどうかよく見極めなくてはならないけれど、自校の在り方への的確な批判となっていることが多い。教職員にありがちな独善的な見方を覆し、より良い在り方を目指すトップ・マネジメントへの追い風として活用したい。

(4)　教職員の中から湧き出てくる駆動力

しかし、このようにマネジメント・サイクルの駆動力となる仕掛けをいろいろ駆使しても、結局頼りとなるのは自校の教職員である。教員も職員も、幹部から中堅、若手に至るまでが自由闊達に意見を戦わせ、次々に創意工夫ある提案が出され、幹部がそれを受け止め、教職員自身の熱意と努力によって実行されていく、そんな姿を理想としたい。そのためにはどうすればよいのか。

冒頭にも書いたように、私は、トップ・マネジメントが大きな枠組みで主導しつつ、具体的な取組みは現場の創意工夫を活かし、トップからボトムまでのマネジメント・サイクルで循環しながら進んでいく姿を想定している。

(5)　最後はトップの決断と推進力

しかし、やはり最後に物を言うのはトップ・マネジメント、中でも理事長・学長の決断と推進力である。トップが、日ごろから培った人格的影響力と周囲の人が持つ信頼感をもとに、熟慮の上決断し、決断したからには断固として実行していくならば、皆ついていくだろう。恐れることなく進んで行こうではないか。

四　学長選考の在り方を考える　―意向投票は必要か？―

１　学級選挙の記憶

昭和三〇年代の話で恐縮だが、私は小学校を三回転校した。どの小学校でも学級委員長・副委員長は選挙で選ばれていた。私は一学期には転校してきたばかりなので誰も知っている人はなく選挙は関係ない状態だったが、なぜか二学期や三学期には学級委員長に選ばれることが多かった。当時はなぜか委員長は男子、副委員長は女子と決まっており（今ならとんでもないことだが）、お育ちのいい女子と一緒に活動できるのはよかったが、私は委員長になるのは大嫌いだった教師からは、クラス会の議長をして議論をまとめろとか、廊下を走らない決まりを守らせるようにしろとか、様々な注文が丸投げされてくるのだが、クラス会で討論しても何の発言もなく、「それは委員長の責任でしょう」と無責任な態度ばかり。投票で選んでおきながら協力しないのはおかしいではないかと言ってみても、誰も関心を持たないという状態が多かった。

そんなことから私は、投票による多数決での決定の仕方には不信感を持つようになっていた。もう少し大きくなってから、政治的な物事の決定のためには、戦争や暴力で解決するよりも、投票による多数決の解決の方が良いこと、投票による多数決は必ずしも真実を追求する手法ではなく、次善の策としての妥協を実現するための手法であることなどを知った。したがって物事を決めるとき、投票による多数決が相応しいケースもあるが、特定の誰か（決定権者）による決定がよいケースや、少人数の誰か（賢者）による議論で決定する方がよいケースもあり、事柄に応じて考えていけば良いことであろう。

では大学の場合、トップとしての学長はどのように選んだらよいのであろうか。

２　学長選考に関するこれまでの経緯

日本の大学で学長がどのように選ばれていたのか、大学の自治に関しては多数の文献があるが、学長の選ばれ方について書かれた文献を私はあまり知らない。詳細は専門の研究者にお任せしなければならないが、私はおおむね次のように理解している（拙著『大学職員は変わる』中の「管理運営方式の模索」より）。

(1) 戦前の状況

戦前の旧制帝国大学では、様々な出来事を経て大学の自治＝教授会の自治が定着し、学長選考は投票で行われる慣行が定着していた（「国立大学長の選考制度に関する研究―選挙制度の定着と学長像」羽田　貴史／金井　徹）。帝国大学以外の官立学校についての記述は見あたらなかったが、専門学校等では文部省が校長を決定していたと思われる。私立大学においては、私塾から財団法人へと移行し、それぞれの学校の性格に応じた決定のされ方が行われていた。たとえば慶應義塾では、一八八一（明治一四）年に塾長の制度が明確に規程化され、塾長が選ばれている。

(2) 新制大学の発足

敗戦後、新制大学の発足までの間には、旧制度での運用が行われつつ、新制度の準備と様々な検討がなされた。特に学長選考の在り方について明確な提案があったのは、一九四八年一〇月に文部省から発表された大学法試案要綱である。この試案では、各大学の管理に関する決定権を有する管理委員会がおかれ、学長を選任する権限も有していた。管理委員会は、国家代表、都道府県代表、同窓会代表、教授代表各三人と学長の一三人で構成されるとされていた。しかしこの案は、あまりにもアメリカの州立大学の方式の翻訳であり、大学関係者はみな反対して実現しなかった。

このように大学の管理方式の基本が定まらないまま、一九四九年には教育公務員特例法が成立してしまった。教育公務員特例法においては、学長の選考を含めた教員の人事に関する権限に関しては、暫定的に大学管理機関と称して規定され、それを事柄により評議会、教授会と読み替える変則的な定めとなっていた。暫定的な規定であったのは、近い将来、大学管理に関する新たな法制が定められると予想されていたからだと推測される。

また、一九四九年四月には新制国立大学が一斉に発足した。その際各大学が採用した管理運営方式は、おおむね旧帝国大学のそれの近いものであった。このことは、旧制高等教育機関にとって、帝国大学の在り方に接近することが上昇思考を満たすという傾向がもともとあったことに加え、教育公務員特例法において旧制帝国大学の慣行が基本的に是認されていたことも一因と言える。学長を投票により選考する方式もこのころ広まっていったと考えられる。

大学管理の基本法制については、慎重な議論を経て、一九五一年に国立大学管理法として国会に提出された。

この国立大学管理法は、自治の確立と民意の反映を主眼として、各大学に学外者を加えた評議会を置き、重要な事項について学長の諮問を受けることとされていた。学長の選考をはじめとした人事の権限は、教育公務員法と同様であった。今日からみればよく考えられた法案であったが、国会の審議は進まず、廃案となった。国会ではもっぱら初等中等教育が政策の焦点となり、大学関係者もすでに実体ができてしまったので法制の整備には熱意がなかったのだろう。

このように、大学管理の基本の法制が整備されないまま、その後六〇年推移してしまった。私見では、大学の管理運営の在り方と真剣に向き合うことなく過ごしてしまった新制国立大学を象徴する状態だと言わざるを得ないと考える。

私立大学については、学校教育法に定められている以上の法令上の措置はなく、学長の選考の方法は各大学に任されていた。古い大学は国立大学と同じように学長選挙を行い、新しい大学や中小規模の大学は学長選挙を行わないで理事会等が決定するという実態だった。視学委員として国立大学の委員が私立大学を訪問した際、「なぜ学長選挙をしないのですか」と言って私学の人を戸惑わせるという姿も時おり見られた。

いつしか、学長は選挙で選ぶものという思い込みが日本では広がり、定着してしまった。私はその後外国出張するたびに学長をどう選んでいるか聞くことにしているが、日本では大勢の投票で選んでいるというと相手は驚き「そんな組織はつぶれるでしょう」と心配されることが多かった。

(3)　国立大学法人制度の発足

二〇〇四（平成一六）年、国立大学法人制度が発足した。国立大学法人の狙いは、大学の自主性の確立と大学運営の改善を目指し、学長のリーダーシップの確立、理事会・経営評議会等の設置、学外者の経営参画などを実現するものであり、画期的な制度改正だった。

学長選考については、学長選考会議を設け、経営協議会の学外委員から選任された委員と学内の教員から選任された委員が同数で委員となり、学長選考を行うこととなった。同時に、国立大学法人の成立により教職員は公務員ではなくなったので、教育公務員特例法の対象外となり、同法に基づく教員人事に関する権限は法令からは姿を消し、学内規則の定めるところとなった。

学長選考の権限はあくまで学長選考会議にあり、その権限や役割と矛盾するような選考の手順は行うことができないことははっきりした。したがって、投票は選挙という決定権を有するような名前ではなく、意向投票など参考資料を得るためという名前と位置付けのものとなった。

学長選考会議が見識ある決定をしてそれが意向投票の結果と一致していたということならよいが、意向投票の結果の追認ばかりしていては学長選考会議の存在が問われる。逆に、学長選考会議が意向投票の結果と異なる決定をする（投票で第一位以外の候補者を候補者として決定する）こともある。不当な決定だと裁判に訴えられた例もあったが、いずれも学長選考会議の決定を是認する判決となり、この点ははっきりした。

私は、これだけの大きな改革なのだから、管理運営のあり方について深刻な議論が交わされるのではないかと心配（あるいは期待）していたのだが、大学関係者の受け止めは思ったよりも静かだった。これは、従来の在り方には問題が多くそろそろ変化するべき時期だと受け止められたのか、あるいは、法律や制度が変わっても実態はあまり変わりはしないと冷ややかに見られていたのか分からないが、確かにその後の変化の動きは十分とは思えなかった。運営費交付金の削減の方が教員にとっては大きな問題で、世の中の冷たい風がぬるま湯につかっていた国立大学の世界にも押し寄せてきた実感が沸いてきたのだろう。

(4)　二〇一四年のガバナンス改革

二〇一四（平成二六）年、中央教育審議会で「大学のガバナンス改革の推進について」の審議まとめが行われ、これを受けて翌年、学校教育法が改正され、国公私立を通して教授会の役割が明確化された。同時に国立大学法人法も改正され、学長選考会議の役割が明確化された。この審議まとめで示された学長の選考に関する論点を見てみよう。

「本来、学長選考組織は、学長に求められる職務や資質・能力についての考えを明示したうえで、学長選考を行うべきである。しかしながら、学長選考に際して、こうした情報が事前に十分明示されていなかったり、事実上、教職員による投票の結果を追認することになっていたりするような例などもあり、一部には、学長選考組織が、主体的に選考を行っているとは言い難い状況も見られる。」

「そのため、まず何よりも、学長選考組織が将来の大学のミッションを見通したうえで、ミッションの実現に向けて大学を委ねられる人材を獲得するため、求めるべき学長像を明確に示し、候補者のビジョンを確認したうえで決定すべきである。そのため、現在の学長選考方法が、そうした学長を選考するために適した方法なのか、再点検し、見直していくことが必要である。」

「一部の国立大学等では、その内部規則等において、法人化以前と同様に、実質的に教職員による意向投票の結果をそのまま学長選考に反映している場合も見られる。しかしながら、学内外から幅広く人格識見ともに優れた人材を学長に登用しようとする法制度の趣旨からして、過度に学内の意見に偏るような選考方法は適切とは言えない。

学長選考組織が、主体性を持って、意向投票の結果を自らの選考の参考の一つとして活用することはあり得る。例えば、学長選考組織が大学に求められる学長像に相応しい候補者を数人に絞り込んだうえで、候補者のビジョンを学内に示し、支持が得られる人物であるかを確認するために実施するなどの手続きを、内部規則を変更して規定しておくこと等が考えられる。重要なことは、意向投票の結果はあくまでも参考の一つであり、学長選考組織がその権限と責任において学長を最終的に決定すべきということである。」

このことは、二〇一四年八月二九日の改正法の施行通知でも次のように述べられている。

「学長等選考会議は、候補者の推薦への関与、所信表明の機会の設定やヒアリングの実施、質問状の公開など適切な方法を通じて、主体的な選考を行うこと。なお、選考の過程で教職員による、いわゆる意向投票を行うことは禁止されるものではないが、その場合も、投票結果をそのまま学長等選考会議の選考結果に反映させるなど、過度に学内または機関内の意見に偏るような選考方法は、社会の意見を学長の選考に反映させる仕組みとして設けられた学長等選考会議の主体的選考という観点からは適切ではないこと。」

このように、学長選考の意向投票は、禁止はされないけれど、過度の影響力を発揮しないように気をつけて使えと、要注意扱いである。しかしここまで言っても、学長選考会議があくまで参考に留めました、会議が主体的に決定しましたと言ってしまえば、それまでである。

法改正前であるが、二〇一三年度の文部科学省の調査によれば、国立大学では、「学内選挙の結果に従って決定」〇%、「学内選挙及び選考会議の議を経て決定」九五%、「選考会議の議のみにより決定」五%という結果である。私立大学については、「学内選挙の結果に従って決定」二六%、「学内選挙及び選考会議の議を経て決定」一一%、「選考会議の議のみにより決定」三六%、その他二七%と、多様な実態である。

同じく二〇一三年の私学事業団の調査では、「選挙のみ」一三%、「選挙と選挙以外の選考の組み合わせ」一八%、「選挙以外の選考（選考委員会、理事会等による選考）」六九%となっている。数字が多少食い違っているが大きな傾向は類似している。

少なくとも、大学の学長は選挙で選ぶのが通例だとは言えない実態であり、多くの国立大学と一部の私立大学で行われていることだと言える。

3　いくつかの大学の事例

ここでは私が直接経験した大学を中心にいくつかの事例を見てみよう。

(1)　東京大学

東京大学では、第一次候補者選考として、各部局各四名の代議員が投票し、第一次候補者として上位一〇人以内に絞り込む。これに経営協議会推

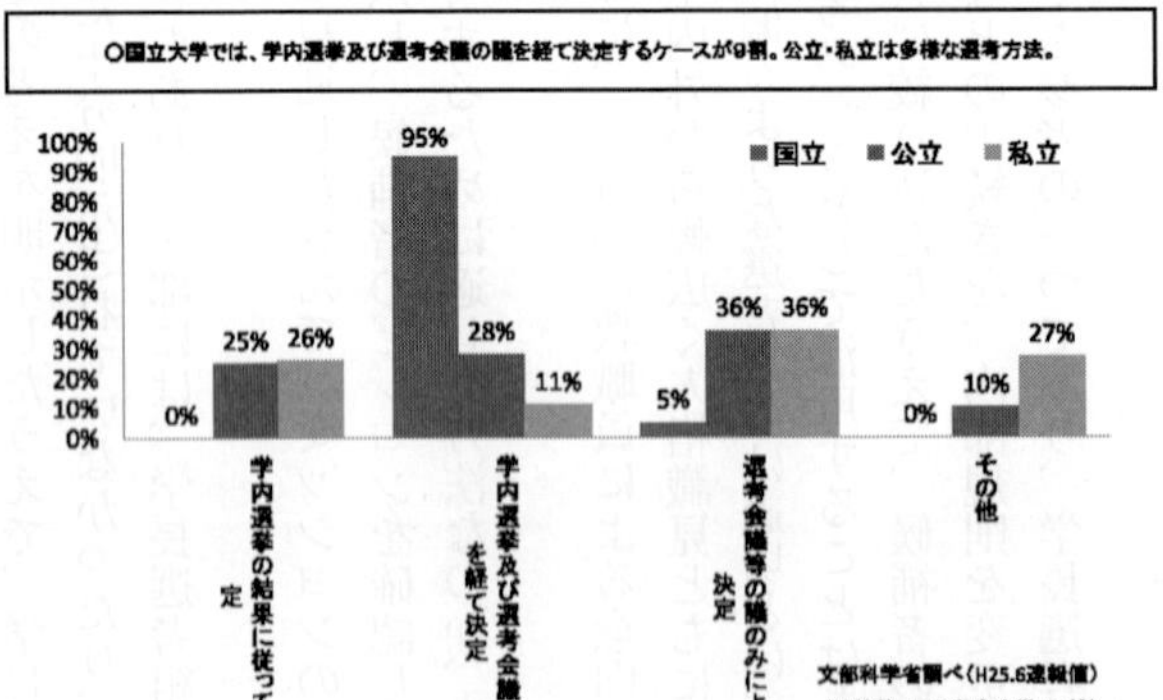

図１　学長選考方法　中央教育審議会大学分科会
組織運営部会第４回 2013 年 10 月（文科省作成　論点整理補足資料）

薦候補を加えて、総長選考会議がインタビューを行ったうえで、第二次総長候補者五人程度を決定する。教授会構成員で投票し、総長予定者を決定する。

大規模部局の影響が過大にならないように工夫されており、実際の選考に当たっては文系と理系が交互に就任する不文律が維持されている。しかし、最も重要な教授会構成員の投票はいわば大衆投票であり、人気投票とも言える。

法人化以後の総長選考において、最終候補として残るのは、いずれも前執行部の理事・副学長経験者であった。現代の複雑高度化した執行部の業務を担うためには、それなりの全学的業務の経験が必要であることが共通理解されていると言える。総長補佐⇒部局長執行部⇒部局長⇒理事・副学長⇒総長、という育成サイクルが事実上あると言えるが、不文律である。

(2) 慶應義塾大学

慶應義塾大学の塾長選考では、まず一二ある学部・部門ごとに第一次候補者二名ずつを選考する。二四人の候補者が出そろったところで、各候補者に所信表明を書いてもらい第二次選考の資料とする。ある日曜日に第二次候補者の選考が行われる。各学部・部門ごとに一定数の推薦委員四五〇人が招集され、投票が行われる。投票結果の上位三人が候補者として評議会に提出され、一人が次期塾長候補者として決定される。上位三人といっても第一位の者が選ばれることになっている。

慶應義塾の方式の特徴は、東大と同じく二段階方式であり、第二次選考の推薦委員が重要な役割になる。その学部・部門ごとの数は、毎年議論することにはなっているものの、変わることはない。三田の文科系四学部（法・経・商・文）で過半数近くなり、医学部や理工学部が多数の教員を擁すると言っても太刀打ちできない。歴代塾長の大半は三田出身であり、例外的に理工学部から安西塾長がなったが、医学部からの塾長はまだ出現していない。

私学の多くは、学長が交代すると理事・副学長も皆変わり、場合によっては事務幹部も変わり、仕事の経験の蓄積や継続性に問題が生じることが見られがちである。安西塾長から清家塾長への交代時もそのような傾向がみられ、安西積極路線から清家緊縮路線への転換は急激だった。ただしこれは、一五〇周年行事やリーマンショックによる財政危機のためであり、清家路線四年目で財政健全化を果たしたのは見事な成果だった。

(3) 浜松医科大学

浜松医科大学では、私は経営協議会委員であり、学長選考会議の委員も頼まれていた。ガバナンスに関する国立大学法人法改正以後最初の学長選考であったので、学長選考会議の在り方について関連する諸改正を議論した。浜松医科大学ではそれまで、参考資料としての教授会メンバーによる意向投票が行われていた。これをどうするか議論したところ、「派閥の対立のようになっている」「票集めが目に余る」などの率直な意見が多く、意向投票を行わないことで意見が一致した。同時に、選考手順の透明性を高め、より良い候補者を確保し、教授会メンバーの参加意識を保つため、次のような方式とした。

候補者は学内外からの完全公募とする、候補者を学長選考会議である程度の数に絞ったのち、抱負等の資料を提出してもらう、学長選考会議メンバーと教授会メンバーに対しプレゼンテーションと質疑をそれぞれの候補者ごとに行い、そのあとの学長選考会議で十分に議論したうえで学長選考会議委員の投票で候補者を決定する。実際の選考もその通りに行われ、学内と学外の立派な候補者が一人ずつ立候補し、真剣なプレゼンテーションと質疑がなされたのち、学長候補者が学長選考会議で決定された。

意向投票を行わないでも適切な選考が行われる事例が生まれたと私は考えている。

(4) 日本赤十字看護大学

日本赤十字看護大学では、私は学校法人日本赤十字学園の理事をしており、学長候補者選考委員会の委員も頼まれたことがある。日本赤十字学園は、一つの学校法人の下に六つの看護大学（北海道、秋田、東京、豊田、広島、九州）を設置しており、学長選考も全国的視野の下で適任者を選ぶように配慮されていた。したがって、各大学内での選挙や投票は行われず、学校法人に設置された学長候補者選考委員会で選考がすべて行われている。その委員会は、委員長が学校法人理事長であり、理事会から三人の委員、大学から学部長、教授など三人の委員で構成されている。候補者の推薦もこの委員長・委員から行われる。専門分野が看護に限定されているため、候補者となるのは多くの場合周知の方であり、粛々と選考されている。

(5) 大正大学

私は二〇一五年四月から大正大学に勤務しており、ちょうどこの年、前学長の任期満了に伴う学長選考が行われた。大正大学では、ちょうど同時期に大学のガバナンス改革が文部科学省から通知されたのでその趣旨を踏まえ、様々な学内意思決定組織の在り方の見直しが行われた。学長選考の方式もこの機会に見直され、次のとおりとなった。

理事長の招集による学長候補者推薦委員会が組織される。その構成は、理事長から指名された理事、教授会連合会から選出された教員、事務局から選出された職員である。この推薦委員会で選考の基準、候補者推薦の手順等が決まる。学長は設立四宗派から選出され、次回の選出宗派もここで決まることが大正大学の独自の点である。候補者が推薦され、候補者は所信表明書等を提出する。学長候補者推薦委員会で候補者は所信表明を行い、推薦委員会は学長に推薦する者を決定する。続いて、臨時の教授会連合会で所信表明が行われるが、投票などは行われない。最後に理事会が承認して理事長が学長を任命する。設立宗派の立場を尊重していることが大正大学の特徴である。

(6) その他の私学

私が最近いろいろな機会に入手できた資料でいくつかの例を見てみよう。

私立Ａ大学（大規模大学）では、学長候補者推薦委員会で立候補者及び推薦された者から投票によって上位五人が選出される。学生による信任投票が行われる。専任教員全員、一定の専任職員、校友会メンバーなどが投票し、選出される。多様な層の支持が必要なことが特色である。

私立Ｂ大学（大規模大学）では、学長選考委員会が組織され、学長候補者を選定して理事会に推薦する。理事会では専任教職員および評議員会の同意を経て理事長が決定する。専任教職員の同意は、教員及び職員の投票で行われる。この大学の学長は外部から招へいされることが多いことが特徴である。

私立C大学（大規模大学）では、投票制ではなく、理事会で決定されている。選考についてはオープンにされておらず、所属職員もよく分かっていない。

私立D大学（中規模大学）では、委員会が立ち上げられ、学内外から募った候補者の中から二人に絞られる。理事会で審議のうえ、決定される。

私立E大学（中規模）では、学外者も含めた選考委員会が組織され、推薦された候補者を三人以内に絞り、理事会に推薦する。理事会は評議会の意見を聞いたうえで議決する。

このように、私立大学は、大学の特色も、設置の経緯も、規模も多種多様であり、それに応じて管理運営の在り方も学長選考の在り方も多様である。このパターンでなければならないという一つの類型を示すことはできないが、どのパターンであれ共通に留意するべきポイントはありそうだ。

4　公立大学の学長選考

以上、国立大学、私立大学の事例を挙げたが、公立大学の学長選考はどうなっているのであろうか？

周知のとおり、公立大学は法人化と非法人化が混在するだけでなく、公立大学法人においてもその設立形態は様々である。すなわち、公立大学の学長選考は法人化していない大学においては、教育公務員特例法の定めにより、評議会が行うこととなり、法人化された公立大学法人の場合は、地方独立行政法人法第七一条「公立大学法人の理事長は、当該公立大学法人が設置する大学の学長となるものとする」により、法人の理事長が学長となるケースと、法人の理事長と別に学長が任命されるケースと二つの場合がある。つまり理事長＝学長の大学もあれば、地方公共団体の選択により別に学長を任命することも可能である。この場合、理事長とは別に任命された学長は、副理事長となる。

どちらの場合であっても、国立大学法人の学長選考と同様の仕組みが設けられているが、法人設立時においては、同法第七二条「学長となる理事長の公立大学法人の成立後最初の任命については、（中略）、定款で定めるところにより、設立団体の長が任命するものとする。」により、法人設立時の学長は、設立団体の長の意思のみで任命できることから、その影響と考えられるが、法人化した公立大学では、国立大学法人のように依然として学内の意向投票を尊重する仕組みを残しているところは、少数となっているという（公立大学協会）。

いずれにしても公立大学は大規模総合大学や小規模単科大学、戦前からの古い大学や最近新設された大学など、様々な実態があるものと思われる。

5　諸外国の実態

ではここで、諸外国でどうなっているか見てみよう。私の手元の資料としては、国立国会図書館調査及び法考査局主幹　文教科学調査室の寺倉憲一氏の「大学のガバナンス改革をめぐる国際的動向 ― 主要国の状況と我が国への示唆 ―」（『レファレンス』二〇一四年一一月号）がよくまとまっていると思われるので、同論文から引用しつつ見ていきたい。なお、紙数の関係もあり、諸外国のうち、米国、英国、ドイツを取り上げる。

(1)　米国

「米国の大学における学長は、内部昇格が極めて少なく、ほとんどの場合、外部からの招聘であるとされる。学長の選考方法は、大学によりさまざまであるが、理事会が編成した学長選考委員会が人材サーチ株式会社等を活用して候補者を絞り込み、その推薦に基づき最終的に理事会が任命する例などが報告されている。」

その背景にあるガバナンスの傾向としては、「米国の大学では、理事会、執行部、教員組織の三者がそれぞれの立場で大学運営に参加し、責任を分担するとともに、相互をチェックする「共同統治」に基づくガバナンスが構築されている」ことがあげられる。「学長に強いリーダーシップが求められるものの、多様な主体が責任を持って関与する重層的な構造が形成されている。」

このようにアメリカでは、学長は理事会が責任を持って選考・決定し、教員組織の意向投票はなく、教学面で専門家としての教員の意見が尊重されるという共同統治の中でその意見は反映されている。

これに関連して、ハーバード大学で二〇年間学長をしていたデレック・ボックは『アメリカの高等教育』（玉川大学出版会、二〇一五年）の中で、次のように述べている。

過去、大物学長が根本的な改革を始めたり大きな変化を起こしたりしてきたが、時代は変わってしまった。「学長はかつての大物学長が経験しなかった異様な困難に直面している。今日の学長ははるかに大きく複雑な組織を運営している。学長の義務は拡大している。彼らは大学のビジョンを作成し、教員に受け入れるよう説得しなければならないだけでなく、資金を集め、数千の事務職を管理するスタッフを組織して監督しなければならず、さらには卒業生、政治家、政府官僚、自治体関係者の前で大学を代表して話をして、多くの行事を主催し、毎年、次々と繰り返される大小さまざまな事件に対応しなければならない。」

「理事会は学長選びに際して、大学以外に目を向け、企業経営者や法律家に大学を率いることを任せる。三分の一弱の大学の学長は大学の勤務経験がない。…しかしこれらの学長は、高等教育に不慣れなため、キャンパス環境の特殊性を十分に感じ取れず、管理の努力はしばしば失敗する。彼らはピラミッド型階層組織にいたので、教員に命令でなく相談するというやり方を我慢強く行えず、教員からの信頼を勝ち得ることができない。」

「これらのリスクのために、多くの理事会は、教員として大学人の経歴を始め、次第に学部長、副学長、他大学の学長として管理職の経験を積んだ人物を学長に選ぶ。・・・選ばれがちな候補者は、教育・研究の現場からかなり以前に離れて、管理職としての好条件を求めて大学を渡り歩いた人物である。そのような人物は、予算の調整や大学の管理では手腕を発揮するが、教育・研究の質の向上でのビジョンや創造的なアイデアには乏しい。」

というわけで、アメリカの大学も多くの悩みを抱えているようだ。

(2) 英国

英国には、一九九二年以前から大学であった旧大学と、一九九二年の法律によりポリテクニクなどから移行した新大学とがある。前記、寺倉論文によると、「学長の採用は、新旧大学とも、カウンシルまたは管理委員会の学外メンバーが多数を占めるように構成された選考委員会が、ヘッドハンティング会社も活用し広く学外も含めて候補者を選考し、カウンシル又は管理委員会が任命することになっている。」

その背景となっているガバナンスの傾向としては、「旧大学では、学内の様々な意見に配慮した民主的な合意形成の仕組みがガバナンス体制に組み込まれているとされ、・・・学長のリーダーシップとボトムアップが融合した合意形成が図られている。新大学では、学長の強いリーダーシップによるトップダウン方式の大学運営が行われる傾向があるが、その場合でも、管理委員会には学長を監視・牽制する機能が備わっている。英国の大学ガバナンスでは、抑制と均衡の仕組みが有効に機能していると指摘されている。」

(3)　ドイツ

ドイツの大学制度では、大学に関する権限は各州にあり、二〇〇六年に連邦高等教育大綱法が廃止されたのち、州の独自性がさらに強まったと言われている。前記寺島論文によると、各州の中央合議機関として教授が多数を占める評議会と、最近の傾向として各大学に設置される学外有識者を含む大学評議会が重要な決定機関となっている。大学評議会は、評議会の構成員のうち教職員や学生から選出された一〇名と、経済界等の中から人選された学外者一〇名という構成員からなり、その議長は学外構成員から選出される。

「学長・総長の選考は、従来、大評議会の任務であったが、近年は大学評議会が行う例もあり、バイエルン州高等教育法でも、大学評議会が総長を選考することになっている。」

その背景にあるガバナンスの傾向としては、「近年では各大学に権限が委譲され、自律性が大幅に拡大されるとともに、学内の統治においては、学長をはじめとする執行機関の権限が強化される傾向にある。「管理」から「経営」への転換であり、大学の在り方に強い危機感を持った学長が強い指導力を発揮して改革を推進してきたという。」「ドイツの大学は、明確に定義された目標と最高経営層を持つ、より統御された組織に変貌を遂げたとされ、大学の国際ランキングでも健闘が目立つようになっている。」「一方で、合意形成重視の教授団による自治の伝統も依然としてインフォーマルな形で残っているとされ、学長が自らの法令上の権限を行使せず、教授たちの合意を得ようとする傾向もみられるという。」

二〇一三年の大学マネジメント研究会のドイツ大学調査の際、ベルリン自由大学の改革に学長のリーダーシップを発揮して業績を上げたのち、伝統あるハンブルグ大学学長に招かれたレンツェン学長を訪問した。同氏は、ハンブルグ大学の改革一〇年計画の表を示しながら、伝統大学では丁寧に合意形成しながら進めなければならない。改革には大学の特性に応じた手法が必要だという趣旨の説明をしてくれたことを記憶している。

6　どう変えていったらよいのか

以上、学長の選考について、日本の大学の過去の経緯、現在の仕組み、各大学の実施例、諸外国の状況を見てきた。これらを参考として、何が言えるだろうか。以下、私見を述べてみたい。

(1)　求められる学長像の変化

複雑多岐にわたる現代の大学の課題について、執行部を組織しつつその責任者として活動する学長は大変な仕事をこなさなければならない。かつては人格高潔で教育研究に秀でた者が典型とされていたかもしれないが、現在はむしろ、学内組織をまとめ、適切に機能させ、新しい課題を捉えてそれに対応する変革を進めること、対外的には、政府機関、企業、マスコミ、同窓会、地域社会などあらゆるステークホルダーに対応して大学への支持を形成することなどが必要とされている。

このような意欲とマネジメント能力を持つ者を学内外から発掘し、一人の候補者に絞り込んでいかなくてはならない。

(2)　どのような組織で選考するか

このような選考を適切に行うため、国内及び海外の多くの大学では学長選考のための組織が設置される。もちろん、理事長・理事会が直接行ってもかまわないけれど、ある程度の規模の大学ではそのような選考組織を置くべきだろう。国立大学ではすでに学長選考会議が置かれている。

この選考のための組織では、複雑多岐にわたる大学の課題で、次の学長の任期中に対処するべき課題は何か整理するとともに、そのような課題に対処できる学長候補者の発掘、人選を丁寧に行うことができなければならない。

そのためにはこの選考組織は、大学の在り方に深く関与している、十分な議論と合意形成ができる限定された人数のメンバーで構成される必要がある。

(3)　意向投票について

そのような選考組織が適切に設置され運用されるならば、そこから先の選考方法は、大学の在り方が多様であるのと同様に、多様であってよいと考えられる。しかし、多くの国立大学と一部の私立大学でみられる多数の構成員による大衆投票としての意向投票は弊害が大きく、廃止するべきと考える。

大衆投票は、大学の将来の課題を真剣に考えることもなく、候補者がそれに適切に対処できるかどうかも知らず、部局の利害や特定の政策の是非に左右される傾向があるのは周知のとおりである。多数派形成のための票集めや、時には裏での工作も噂され、マスコミや小説で面白おかしく書かれ、ひいては日本社会での大学の信用度を落としていると言っても過言ではない。また、これからの変化の激しい時代に、現状維持志向の強い教員集団の多数決で学長を決めていたのでは、時代を先取りするタイプのリーダーは選ばれない。もしも日本の大学がこのまま学長を選挙で選び続けるならば、世界の大学および日本の社会から取り残されることにならないか心配である。

日本の大学でこのような選考が続けられていたのは、学長がただの看板として存在した時代の名残りであり、今日のような具体的な課題に対処する存在ではなかったからだろう。これからの時代、学長の力量によって大学に、ひいては日本社会に大きな影響がある存在としての学長の選考は、プロフェッショナルに行われなければならない。少数の責任を果たし得る者による選考組織で決定を行うべきである。

(4)　教員組織の意見の反映

意向投票は一種の教員参加であり、教員の意見の反映の機会かもしれない。であるならば、そこに決定権を与えるのではなく、参考意見を実質的に吸収するようにすればよい。選考の途中段階で、候補者の所信表明を受けたり、プレゼンテーションと質疑応答の機会を設けたりすることが考えられる。

(5) 大学ガバナンスとの関連

重要なことは、大学経営については学長を中心とした執行部が責任を持つ、同時に、教学面については教員組織の意見が適切に反映されるようなガバナンスの在り方を実現することである。学長のリーダーシップによるトップダウン機能と教員の自主性を尊重する教育研究の特性を確保するボトムアップ機能を調和させると言ってもいい。このようなボトムアップのチャンネルが確保されるならば、学長選考の際の意向投票といった手順は必要なくなるであろう。

(6) 執行部の継続性

現代の学長の役割は確かに大きいけれど、大学執行部は多くの人が協力してチームとして機能するようになっている。学長交替により、大学の政策は変化するけれど、継続するべき仕事も多い。したがって、執行部の一部が継続したり、事務部門がつなぎの役割を果たしたりすることにより、継続性を担保するべきだろう。

(7) 教員選考組織の常設化

学長選考のみならず、学長と執行部の仕事について。教員組織、学生、その他のステークホルダーが検証し、意見を言い、必要ならば是正する仕組みを作っておく必要がある。国立大学法人の学長選考会議はこれに近い機能を法改正により持つものとされたが、さらにその在り方を強化する方向で検討したい。

(8) 大学経営人材の育成

学長をはじめとした大学執行部になる人材は、自然発生的にはなかなか育たないので、専門的な学習と経験により、計画的に育てられる必要がある。そのため学内の人材については、若い時期から発掘し、様々な機会を与える必要がある。学外の人材に対しては大学経営につながる能力資質を明示しておくことにより、各界から人材を得る工夫を常時していく必要がある。これらの人材育成確保策により、大学経営の改革と長期的持続を実現したい。

第三章　大学教員の役割と責任

一　大学教員の基本的素養を考える

1　多様化する教員の仕事と在り方

(1) 本稿の立場

これまで大学教員の在り方については多くの議論がされてきた。著書や論文に現れるその姿は、多くの場合、教育や研究に努力する崇高な使命が描かれることが多かった。確かに私のこれまでの大学の業務でも、教育に熱心であったり、研究にすばらしい業績を上げたりする教員は多く見られた。しかし一方、教育に熱心でなく、研究もあまり行っている様子もなく、ハラスメント事案を起こす教員や、大学の規律を乱す社会人として不適合とも見られる教員も見られた。

大学がかつてのように社会から隔絶された特別の職場であれば、少数のエリート学生が生まれれば教員の状態がどうであれ問題はないのかもしれない。しかし今や、高校卒の五〇％以上が大学生となり、学生が大衆化しているのと同様に教員も大衆化している状況では、大学教員を社会の中での一つの職業として捉え、その職業について全体として質を向上させていく方策を考えなければならない。

また、大学も多様化しており、日本では新制大学になって以来、高等教育への社会的要請を全て大学の枠組みで受け止めてきてしまった。そのため今日では、研究を重点とした大学ももちろん一部にあるが、教育を重点とした大学、職業生活に必要な能力の育成に主眼を置く大学など、様々な特性が混在している。そのため教員の在り方も様々となっており、学位で示される知的能力が基本として大切であることには変わりないが、それ以外の様々な力の発揮が必要となっているのも七〇〇校を超える大学の現実である。

大学教員を美化するのでもなく、一方的に批判するのでもなく、客観的に見て現状の把握と今後の質向上の方向性を考えてみたい。これからの日本の社会と大学が直面する難しい時代には、ぬるま湯のような極楽浄土はなく、引き締まった身と心で超えてゆくべき荒野が待ち構えているのだから。

(2) 大学教員の仕事の現状

これからの大学教員の基本的素養を考えるためには、これからの大学教員の仕事と在り方がどうなっているかを考える必要がある。そして、これからの在り方を考えるためには、現在がどうなっているかを確認する必要がある。

現在の教員の仕事に関するデータは様々にあるかもしれないが、本稿では有本章著『変貌する日本の大学教授職』（東信堂、二〇〇八年）に掲載された大学教員の生活時間基礎統計で見ていきたい。大学教員がどんな仕事に何時間従事しているのであろうか。

授業を行っている学期中について、一週間当たりの時間を見ると表１のとおりである（国立私立の一九大学一一〇〇人から回答あり）。

このように、教育と研究が二つの大きな仕事である中で教育の比重が増えつつある（ここでは数字は省略するが、私立では教育の時間が多く、国立では研究の時間が多い）。社会サービスと管理運営の仕事も、徐々に増加している傾向が見られる。

なお、この調査ではカテゴリーを次のように示している。教育とは、授業の準備、授業、学生指導、採点、評価など。研究とは、文献購読、執筆、実験、フィールドワークなど。社会サービスとは、依頼人・患者へのサービス、コンサルタント、講演、学外審議会、その他の社会サービスなど。管理運営とは、学内委員会、教員会議、事務など。概ね妥当なので、本稿でもこれに沿って考えていく（ただし、社会サービスは社会貢献、管理運営は学内業務と記述する）。

(3) これからの大学教員の仕事

このように、大学教員の仕事は、教育、研究、社会貢献、学内業務と区分できるが、その比重は大学の性格や各教員の役割によって異なっている。教育を重視する大学においては教育の比重が高く、研究を重視する大学においては研究の比重が高いであろう。学内に

表１　大学教員の仕事の時間

	2007年	1992年
教育	20.5時間	19.7時間
研究	16.7時間	21.6時間
社会サービス	4.0時間	3.4時間
管理運営	7.6時間	5.9時間

出典：有本章 著『変貌する日本の大学教授職』（東信堂、2008）より筆者作成

おける教員の役割によって、教育、研究、社会貢献、学内業務の比重はかなり異なっていると思われる。この傾向は将来はさらに進み、大学や教員の分化につながっていくだろう。
具体的に見ていくと次の通りとなる。

①教育の仕事

教育の仕事は、基本となる授業の持ち時間数や担当する学生数はどの大学にあってもある程度平準化されているだろう。しかし、授業の密度や学生との接触の濃度は考慮されているだろうか。

近年、アクティブラーニングや双方向対話型の授業が推奨され、将来の授業は皆その方向へ行くかの如きだが、その方向をとるとすればよく訓練された教員が少人数のクラスを担当するようにしなければならない。実際には、従来型の大教室での講義方式の授業と、少人数クラスでの双方向型の授業と、進学率五〇％時代の多様な学生に対応できる個別指導を組み合わせて授業と学習指導を行っていくことになるだろう。

こうなると教員の仕事を一律に見なすことはできず、各教員の特性ごとに役割を分担してもらうことになるだろう。また、授業の内容によっては全部の科目を一つの大学で賄う必要はなく、他の大学や外部の機関に委託したり、複数の大学が共同して行ったりするほうがよいものもあるかもしれない。

②研究の仕事

研究の仕事の基本は、仕事というよりも本人が興味を持ち楽しんでやってしまう活動であると言えるかもしれない。それが単なる趣味ではなく、大学や国が資金を提供して推進していく値打ちがあるものと認定するわけだから、一定の見通しと成果が予想されるものでなければならない。

このため各大学で基礎的な研究費などの条件整備をしつつ、国や公的団体が競争的研究資金を用意しているわけで、競争原理は重要である。研究の仕事は教員個人の仕事というよりもチームの仕事という性格が強くなってきており、研究費の獲得からチームの運営、研究基盤の整備まで一連の業務を切れ目なく確立していく必要がある。

③社会貢献の仕事

社会貢献の仕事は、産学連携であれ、地域連携であれ、一般的な社会的活動であれ、大学の知的資源を相手方に活用してもらう活動である。これからの大学は、ステークホルダーの満足度を高め、支持を得ていく必要がある。

　そのため、学内の知的資源を見渡し、相手側のニーズを見極め、うまくマッチングして成果を出していく必要がある。その際、相手が産業界のように私的利益を目的とする相手と、公共的な利益を第一とする大学の立場をすり合わせる必要がある。そのためには両方の立場を理解しつつ、大学の立場を確保していく必要がある。

④学内業務の仕事

　学内業務の仕事は、一般の教員の場合と、経営に重点的に関わる教員の場合とで異なるが、程度の差はあれ、現代の大学で仕事をしている限り無縁でいることはできない。不思議なことに大半の教員は、大学の業務は自分には不向きだと言いながら担当している。本当に不向きでその能力に欠けるならば担当してもらっては困る。教授会や学内委員会の仕事を雑務として軽視するならば、それらの決定も責任ある立場の人にお任せすればいい。

　また、責任ある立場を担当してもらう人についても、それぞれのポストに必要な能力・適性、それまでの経験と実績を示しながら、候補者の能力・適性、それまでの経験と実績を考慮し、十分な待遇と権限を与えて適任者を選任する必要がある。


　このように、仕事を通して見えてくるこれからの教員像は、これまでの教育研究で高い能力を有するという一律で建前論的な姿とは異なり、実際にそれぞれの教員が何をできるのかを見極め、仕事を分担していくという考え方になっていかざるを得ない。そのような前提に立ちつつ、教員として必要な基本的素養を考えていきたい。

２　それぞれの仕事に必要な基本的素養

　働く人の仕事に関する素養あるいは能力について、どう捉えるか分類のやり方は論者によって様々であるかもしれない。しかし、概ね、⑴知識・理解、⑵基本的技能（スキル）、⑶態度・意欲、といった区分の仕方が見られると考える。私は、区分の仕方にあまり拘《こだわ》りはないけれど、これに加えて、⑷総合的人間力、とでもいう力を取り上げていきたい。

(1) 知識・理解

1) 教育研究の専門分野に関する知識・理解

大学の教員であれば、長年の研鑽を積んで、学位論文執筆や学会活動で高度な知識・理解を獲得していることだろう。そのように、知識・理解の能力や達成度は示しやすい。ただし、研究面ではともすると細分化された分野での狭く深い知識・理解になりがちだが、学生に対する教育面では、ある程度の幅の広さと俯瞰する視点が必要である。教育と研究を一体的に行う教員には両者のバランスが必要であり、あまりにも狭い専門に特化する人は教育には向かない。幅の広さや俯瞰する視点は教養教育で必要であり、経験豊かな教員が担当するのに適しているかもしれない。

実技や臨床、フィールドワーク等が重要な分野については、学術論文も必要だが、実践経験が重視されるだろう。実際に多くの大学でそれらの分野が取り上げられ、多くの学生が学び、職業生活に入っているのだから、学術的知識・理解と並んで実践的知識・理解が教授されてもよいはずだ。一定の実務経験を積んだ人が一定の学術的達成を経て教育研究に従事することは当然である。

教育に関しては、高度な知識を体系的に教えるということだけではなく、学生に興味を持たせ、自分にとってどういう意味があるのかを常に考えさせ、大学を卒業しても忘れない何かを獲得させるように心がけたい。大学教育を通して得たものが一生を通して元学生の何らかの支えとなるようにしたい。そこに教育の醍醐味があるだろう。

研究に関しては、教員自身が高度の学術的達成を得ることと、学生には将来どのような生き方をするにせよ、学術的な発想や見方を身につけるようにさせたい。将来研究者を目指す学生にはもちろん、そうでない学生についても、真理の探究の大切さと面白さを味わう経験や、研究を達成するためのマネジメントの基本や不正防止の基本は当然必要である。

2) 学生・若者に関する知識・理解

教室での授業だけでなく、キャンパスライフでの様々な学生との接点すべてが教育的効果を持っている。教員は学生にとっては大人の代表であり、一種のロールモデルを演じているのだから、魅力ある姿を見せる必要がある。逆にだらしない姿や社会人として望ましくない行為やハラスメント行為は厳禁である。しかし堅苦しいだけでもダメで、何事かを楽しみながら達成する姿や打ち込んでいる姿を見せることも教育効果がある。

大衆化した今日の大学は、偏差値の高い大学も低い大学も同様に大衆化の影響は浸透している。イギリスではオックスフォード大学やケンブリッジ大学はエリート教育が継続しているようだが、日本では東京大学もエリート以外の大学も学生の意識は共通性が大きいのではないか。

学生の悩みは、学業、将来の進路、自分とは何か、生きる意味、家族との関係、精神的問題、肉体的問題、恋愛と性、経済的困難等々、さまざまな問題が複合して、自分でも何が本当の問題か分からないことがある。

これに対して誰か特定の専門家が向き合うだけでは間に合わない。教員と職員一人ひとりが現代の学生や若者に関する知識・理解を深め、ネットワークを作って誰かが真剣に向き合うようにしなければならない。

学生が入学して、数年間の学習とキャンパスライフを経験し、卒業して就職していく、その一連の過程をフォローアップしていくのは、ＥＭＩＲの部署が基礎データを提供するにしても、実際に学生と向かい合うのは全ての教員と職員である。現代の若者の特性と対処の基本を心得なければならない。

3) 大学に関する知識・理解

大学の教員は、大学に長年勤務していながら大学に関する知識・理解が少ない、という嘆きが大学の管理者側からしばしば聞こえてくる。私の経験でも、大学教員が大学に関して発言するとき、しばしば曖昧な知識、間違った知識で論じており、この教員は専門の研究を行う時もこの程度のあやふやな知識で対処しているのではないかと心配になることがある。少なくとも物事の適否は事実確認をしてから行うという基本は身につけてほしいものだ。

多くの教員は教育研究にできるだけ専念するべきなので、「雑務」とみなされる教授会や委員会の負担はできるだけ減らしたい。その際、それらの業務を減らすということはそれらの決定への関与を減らすことであり、後で異論を唱えないということだということも理解する必要がある。

そうは言っても大学の運営の基本や今何が課題になっているかなどの基礎的理解は必要であり、それらの周知のための会議や情報提供は必要である。これからは教育の無償化の機関対象となるための要件に、複数の学外理事の就任とともに実務家教員の授業単位が一割以上占めることと定められたことから、さらに増えてくる。そのため、従来の教員、実務家教員にかかわらず、教員の備えるべき知識・理解を共通認識するのためのハンドブッが必要であろう。

特に大学の意思決定に関わる役割を担う教員については、今後、善管注意義務も学校教育法に盛り込まれると、二〇一九年二月一二日に閣議決定された「学校教育法の一部改正する法案」にあるので、その役職に就く段階で十分な知識・理解を得ておく必要がさらに重要となった。このため、選任する際にすでに知識・理解が十分な者を選任することや、専門的研修に派遣することなどが必要であろう。大学経営の専門職というべき集団を形成したい。

(2)　基本的技能

1) コミュニケーション技能

どのような職業にあってもコミュニケーション技能は必須であるが、とりわけ大学教員は大勢の、あるいは一人の学生を相手にするので重要な技能である。ただ単に経験を積んでいるというのではなく、意図的に修練を積んでコミュニケーション力を向上させなければならない。

話すときには、明瞭な発音で、学生に聞こえる声で、できるだけ学生の顔を見ながら話す。学生が理解し考えるように、反応を確かめながら、間合いを取りながら話す。難しい専門用語はむき出しで使うのではなく、適度にコメントを付しながら、できるだけ誰でも理解できるように平易に話す。話の起承転結を考え、ストーリーを構成し、学生の印象に残る話をする。

聞く時には、学生に圧迫感を与えないようにし、無口な学生には導入を工夫し、しゃべりすぎる学生には話を整理するよう促し、適度なテンポでやり取りが行われるようにもっていく。個人面談の時は、学生が自分自身で問題の所在に辿りつくことができるように対話を重ねる。

書くときには、学術論文でも学生に読ませる教材であっても、主語述語を明確にし、できるだけ短い文章で主張のポイントを整理する。誤解や意味不明の個所がないよう気をつけ、さらに相手の心に訴える文章でありたい。

読む時には、特に学生の文章は読み取るのに困難なものが多いが、人は誰でもはじめからしっかりした文章を書くことはできず、その修練を積むために大学に来ているのだと心得て、添削やコメントを返すようにしたい。

大勢の学生を相手にするプレゼンテーションは、教員といえども試行錯誤で上達するものであり、日々の授業が修練の機会だと心得たい。学生が一五回のアクティブラーニングを繰り返したうえで発表のプレゼンテーションを行い達成感を味わうのと同じく、教員も納得のいくプレゼンテーションを行うことができた時、聞いている学生と一体となった充実感を味わうことができるだろう。

2) 言語的技能

日本人の大学教員の場合には、日本語能力は相当程度にあるとの前提で採用されているであろう。課題は主として外国語能力、特に国際共通語としての英語能力であり、語学試験の点数のみならず、語学を活用した実践が問われる。その点で、海外留学経験は重要であり、基本的には大学教員はみな海外留学経験者又はそれに匹敵する海外体験を持つ者であってほしい。

特にグローバルを標榜する大学にあっては、教員全員が高度の語学能力と海外経験を持つべきであって、一日も早くそのような状態を実現したい。また、英語のみならず英語以外の一～二ヶ国語をマスターしてほしい。

一方、ローカルな大学あるいは学生の英語力が低い大学にあっても、教員には英語力が必要であり、将来の日本はどんな職業、どんな地域にあっても英語力が求められる可能性があることから学生にも英語の基礎を教えておく必要がある。ただし、英語学習については、他大学や他の教育機会でも学習することはでき、大学としてどこまでやるか位置付けをはっきりさせる必要がある。

3) 数理的技能

理科系の専攻の教員であれば、数理的技能は当然身につけているはずなので、あとは、学生や一般人に対し分かりやすく説明する技能を習得してもらえばいい。

問題は文科系の教員であり、もちろん人によって熟達している人もいればそうでもない人もいる。文科系の学生への指導において数理的技能がどの程度必要か意見が分かれるかもしれないが、私はある程度は必要だと考える。数学は論理的思考の基本でありどの分野の学習でも基礎的な技能であり、この点では言語学習と同じであろう。文科系の学生がともすれば早くから数学の学習から離れてしまい、数学ができないから文科系を選んだと言っているのは、日本人の基本的能力の低下につながる。

今日どの職場でも数理的思考は必要とされており、近い将来のＡＩが普及する社会ではなおさらであろう。そのような学生を教育するためには文科系科目担当の教師にあっても十分な数理的技能が必要だと考える。

私はこれからの大学教育、特に学部教育は、文理融合型教育でなければならないと考えており、であれば教員も、どの科目を担当するにせよ文理融合型の技能を持つべきと考える。

4) 情報的技能

近未来のパソコンやインターネットの発達とＡＩの普及を予想すると、日本人の多くが情報的技能を飛躍的に身につける必要があると考える。しかし学生の実態を見ると、一部に先鋭的に熟達した学生はいるが、かなりの者は立ち遅れ、このままでは機械や一部の人びとに支配されるようになりはしないか心配である。

高度の情報専門家も不足しているだろうし、一般の人びとの情報的技能も不足していると考えられる。これからの大学教育にとってどの分野を専攻するにせよ情報的技能は基本的素養であり、カリキュラムにきちんと組み込んでおく必要がある。そのため、教員自身も情報的技能に熟達していなければならない。

コンピューター時代に打ち勝つためには、学生の主体的学習能力を身につけさせ、コンピューターを駆使して自ら考え、情報収集し、発表する力をつけさせなければならない。次々と生まれる新しい技術を使いこなす柔軟な能力を育てる必要がある。

すると大学教員は、何かを教えるというよりも、学生が力を伸ばす環境を作り、機会を与えるコーディネーターのような役割になるのかもしれない。

(3)　態度・意欲

態度・意欲のかなりの要素は、民間企業でも、公務員でも、そして大学教員でも共通に必要とされるものである。それぞれの職業の特質に応じて置かれる力点は異なるかもしれないが、基本は共通であろう。大学教員だから特殊な世界にあって、他の職業とは全く異なっているという捉え方を私はしない。

1)　リーダーシップ

リーダーシップの捉え方はいろいろあるかもしれないが、私は、仕事の目標を設定し、それをメンバーに共通理解させ、実現に向けて進める力、と捉えたい。これはいわば、マネジメント能力の発揮であり、集団で行うどの仕事でも重要であるが、大学の仕事でもまた重要である。

教育においては、教員集団をカリキュラムに沿って組織的に動かし、個別の授業においては学生たちに学習目標と年間授業計画を示して誘導していかなければならない。研究においては、研究テーマを設定し、研究プロジェクトを組織し、そのプロジェクトを動かしていかなければならない。

そのための資金の調達、研究者の人事、研究成果の発信など様々な仕事がある。社会貢献に関しては、民間企業や公的機関などの人々と相互理解し、双方の立場を生かしながら尊重し合い、成果を上げていかなければならない。学内業務については、雑務と言わず期限を守って仕事をし、責任ある立場に着いたら責任をもって対処しなければならない。

これらはすべて程度の差はあれ、リーダーシップの発揮と言ってよく、良い仕事を成し遂げるために必要なことである。

2)　チームワーク

チームワークとは言い換えれば、組織がよりよい仕事を達成するために、構成員が各自の役割を自覚し、お互いの仕事を助け合い尊重し合うことであろう。個人の仕事がよりよくできるためでもあり、組織の仕事もよりよくできるためである。大学教員は個人プレーばかりだと言われることが多いが、次のようにチームワークが重要なことは他の職業と同じである。以下ポイントを述べる。

①教育…教育においては、カリキュラムの目指す成果の実現のためにはカリキュラムポリシーのもとで各教員が共通の教育成果を実現する必要がある。もちろん個々の授業では、教員が個性や独自の研究成果を発揮することは望ましいが、科目群全体としての調和のある教育の実現が必要であろう。

②研究…研究においては、最終的には研究者個人の才能の発揮が重要であるが、それを支える研究室やプロジェクトのまとまりのよさも不可欠である。優れた研究成果を上げるチームは、若手研究者や事務職員に至るまでよい雰囲気で運営されている例が多い。

③社会貢献…社会貢献は、大学以外の人々との信頼関係を築くことによって成り立つ。学内業務は、大半がチームプレイの連続であって、個人の能力発揮はその上に成り立つ点では社会の多くの仕事と共通である。

3) セルフコントロール力

セルフコントロール力とは、他からあれこれ言われなくても、自分たちのことは自分たちでしっかり適切に決める、ということである。これは、大きな観点では、大学のことは大学自身でしっかり決めて他からの指示は受けないという大学の自治につながる。問題があった場合放置したりしないで、大学自身できちんと解決するという態度が必要である。自ら決めるべきことを決めず、痛みを伴う解決策をとらないのは自治の放棄でもある。

教員個人の観点で見れば、大学教員は自由度の高い職業だと言われているが、その自由度は教育研究の達成のためには物理的時間では測れない持続的な努力が必要なので社会的に認められていると言うべきだろう。典型的なのは裁量労働制であり、大学教員の勤務は毎日の定時的な労働時間では測ることができず、時間の使い方は大学教員自身の裁量に任せる必要があるので認められている。その結果、熱心な人は二四時間、昼も夜も自宅でも大学でもテーマに没頭しているということになり、一方、手抜きする人は週数時間の授業を行うだけで後はどこにいるのか分からないという状態になっている。

大学教員の自由度が認められるのはあくまで、自主的に熱心に教育研究を行うからであり、セルフコントロール力が必要なのだ。

これは、個人の才能の発揮が要請される世の中の職業共通の考え方であり、企業であればもし勤務の問題があれば企業自身が放置しないであろう。大学はそこまで統制力がある組織ではないので、教員自身のセルフコントロールの力が一層要請される。

4) 倫理観・責任感

コンプライアンスの意識といってもいいかもしれないが、平易に言えば、良いことは進んで行い、良くないことは自ら行わないようにするということである。社会の一般の仕事であれば上司や同僚がいつも見ているだろうし、外から見えるように透明度を高める努力がされているだろう。大学教員の仕事は上司や同僚が常時チェックしているわけではないし、外から見えない部分が大きい。それだけに教員自身に任されていることが多く、教員個人の倫理観・責任感が重要な役割を果たすだろう。

例えば授業の場面で、ＦＤでおおよそどのような状態を目指すかは示されるかもしれないが、個々の学生との対話をどこまで行うか、レポートにコメントをどこまで書くか、などは教員個人の裁量であろう。学生の満足度に大きな影響を与える部分が教員個人に任されているわけだ。学生との関係でよく問題となるのは、教員が感情のままに怒ればパワハラになるし、性がからんでくるとセクハラとなる。教員側は「自分はそんなつもりはなかった」と弁明するが、重要なのは学生側の受け止め方であり、教員側はそこを厳しく客観的に見ることができなければならない。

研究面では、論文の捏造・盗用などの研究不正の防止と、研究費の不適切使用の防止が必要である。これも、初めから不正をしようとして行う人は少ないと思うが、研究成果を早く上げようとするあまり曖昧なデータの使用をしてしまったり、業者との関係でズルズルと不正な資金使用をしてしまったりするケースは後を絶たない。大学教員は研究能力に自信がありプライドが高い人が多く、同時に社会的には未熟であり無防備なことがあり、思わぬ落とし穴に落ちることがしばしばある。自戒すべきであろう。

大学教員全員が高潔な倫理観・責任感を持つことまで期待はできないかもしれないが、社会常識の範囲で特に学生を教え導く立場であることを忘れてはならないだろう。

5) 向上心・生涯学習力

大学教員に向かって、向上心・生涯学習力が必要だと書くにはいささか場違いな感じがするのだが、やはり必要なことだろう。多くの教員は、生涯を通じて勉学に励んでいることは承知している。そしてその姿を見せることが学生にとってロールモデルとなっており、多くの学生が教員のその姿に影響を受けているだろう。

だから極少数の、向上心を失ったり、勉学の継続を放棄して長年同じ授業ばかり繰り返したりするような教師は悪い影響をもたらす。多くの学生に見られていることを自覚するべきだろう。

(4) 総合的人間力

以上、大学教員の基本的資質をいくつかに区分しながら記述してきたが、本当はそれらの力がバラバラに現れるのではなく、一人の人間の中に総合されて現れてくるものだ。例えば、課題を発見し課題を解決する力とも言える。新しいことを企画立案し、実行し、改善改革する力とも言える。自ら考え、判断し、行動する力とも言える。いわば全ての社会人に必要とされる力を大学教員もまた必要としており、それに加えて大学教員特有の力を持つことが必要なのだ。大学教員であることによって社会人として必要な力を無視していいわけではない。

最後に重要なのは、人格あるいは人間的魅力であろう。人それぞれの個性があり、魅力の現れ方は様々であろうけれど、その人がなぜか人を惹き付け、感化する力があるということは分かる。その人格あるいは人間的魅力をどのようにすれば獲得できるかは人それぞれであり、決まった方式があるわけではない。しかし、長年の努力、修練、良き行動の積み重ねにより生まれてくるのであろう。大学教員はそれを目指す人であってほしいと願っている。

3　最後に

本稿では、大学教員の基本的素養や資質そのものについて論考したが、その素養をどのように身につけ、そしてどのように発揮するか、その方策については、次節で述べるので概略のみに留め、次節以降を参照願いたい。

①大学院教育での工夫…第三章二節
②採用時の工夫…第三章二節
③初任者研修・ＦＤ研修…第三章二節
④日常活動全般での向上…第三章二節
⑤教員マネジメント・サイクルの確立…第三章第四節。
⑥不適格教員の排除…第三章四節

大学設置基準の改正により、これまでのＦＤの義務化（二〇〇八年）に加えて、二〇一七年度からＳＤ（教員も含む）も義務化されたのは、ＦＤの実質化が伴っていないことがその背景にある。

中教審答申「学士課程教育の再構築」（二〇〇八年）では、その具体的な一例として、「大学教員として必要な職能や教育力の内容を明らかに」されていない、「大学教員の公共的な役割・使命，専門性が必ずしも明確に認識されない」こともその要因の一つとして挙げている。

この答申からはや一〇年を経たが、大学教員の資質について明確化しようという議論や動きはこの間なかったように思う。各教育団体においても各学会においても、そのような議論が交わされたのか、寡聞にして知らない。

こうした求められている大学改革えの疎さが、前述した答申となり、実務家教員や学外理事の要請となっている。答申にも記述されているが、答申について批判する前に、教員自ら襟を正し、大学改革への意識改革をしなければ、日本の大学は世界から取り残される危機の只中にあることを自覚するべきであろう。

数多い教員のなかの数人の意見であるが、『大学マネジメント』二〇一七年六月号が、本来あるべき「大学教員の資質」を特集しており、その口火となれば、望外の喜びである。

二　大学教員の人材育成

1　はじめに

大学教員の役割は大きい。大学の教育研究が良い状態になるか、良くない状態に陥るかは、大学教員の能力と働きにかかっている。各大学が、大学教員に優れた人材を獲得し、その人材を優れた教員に育て、十分に力を発揮できる環境を整えていくことが必要である。

しかし、その重要さに比べ、大学教員の人材育成をどのように展開したらよいかについては、あまり議論されておらず、目立った実践もされていないようだ。もちろん教員のＦＤについては、近年多くの大学で熱心に取り組まれている。一方、給与や人数などの待遇の改善は、多くの大学で財政難からあまり進んでいない。このように個々の側面では進んでいる面もあり、進んでいない面もあるが、私は全体としての教員の人材育成こそ重要であり、人材育成をトータルに見通して改善を図っていく必要があると考える。

これに対し、中には教員は初めから完成した姿で登場するのであり、必要があれば自主自律的に研鑽を深めるのだから余計な手出しは必要ない、と主張する人がいるかもしれない。これはあまりにも古典的理念的な教員像であり、現実には多くの教員が未熟で力不足であり、多くの大学ではその対策に手を焼いているのが現実である。

ところが、その現実を正面から見据えて対策を講じようとする大学は少ない。教員からの批判を恐れてのことであろうけれど、私はそこに手を付けなければ大学の改善はあり得ないと考えている。

そこで、教員の人材育成に関して、総括的に考察を加えて、その上で改善策について考えてみたい。なお、人材育成の目指す教員像については、本書の第三章第一節を参照されたい。

2　大学教員の基礎資格

大学教員となる資格を国としてどのように捉えているだろうか。この資格を満たした者の中から各大学が人選して採用していくわけだから、採用の前提となる基礎資格と言っていいだろう。そこには二つのステップがあり、大学設置基準の要件と、大学・学部・学科等を設置する場合の大学設置・学校法人審議会の専門委員会での判定である。

(1) 大学設置基準における「教員の資格」

大学設置基準第一四条から一六条では、教員の資格について、次のように定めている。

> （教授の資格）
> 第一四条　教授となることのできる者は、次の各号のいずれかに該当し、かつ、大学における教育を担当するに相応しい教育上の能力を有すると認められるものとする。
> 一　博士の学位を有し、研究上の業績を有する者
> 二　研究上の業績が前号の者に準ずると認められる者
> 三　専門職学位を有し、当該専門職学位の専攻分野に関する実務上の業績を有する者
> 四　大学において教授、准教授または専任の講師の経歴のある者
> 五　芸術、体育等については、特殊な技能に秀でていると認められる者
> 六　専攻分野について、特に優れた知識及び経験を有すると認められる者
> （カッコ書きや例外規定等は一部省略、以下同じ。）

ここで重要なことは、第一四条の柱書の構成は、各号列記の条件に該当することと、「教育上の能力を有する」と認められることを同格で両方満たすことを要求していると読める点である。

大学設置基準は、研究に関する能力だけではなく教育上の能力も同様に求めているのだ。しかも、この柱書の記述は、第一五条（准教授の資格）にも、第一六条（講師の資格）にも、第一六条の二（助教の資格）にも、全く同一の文面で書かれており、大学設置基準が教育上の能力を重視していることがわかる。

ただし残念なことに、各号列記の方には、研究上の業績や実務上の知識経験が列記され、いわば判定しやすいのに

対し、一方の「教育上の能力」の方はこれ以上具体的な記述はなく、誰がどのように判定するのかがわからない記述となっていることである。その結果、採用等の際の判断は各大学に任されており、日本の大学教員全体として教育軽視の傾向となることにつながっているとも言える。

（准教授の資格）
第一五条　〔柱書は教授と同じ〕
一　前条（教授の資格）のいずれかに該当する者
二　大学において助教又はこれに準ずる職員としての経歴のある者
三　修士の学位又は専門職学位を有する者
四　研究所、試験所、調査所等に在職し、研究上の業績を有する者
五　専攻分野について、優れた知識及び経験を有すると認められる者

（講師の資格）
第一六条　講師となることのできる者は、次の各号のいずれかに該当する者とする。
一　教授又は准教授となることのできる者
二　その他特殊な専攻分野について、大学における教育を担当するに相応しい教育上の能力を有すると認められる者

（助教の資格）
第一六条の二　〔柱書は教授と同じ〕
一　教授又は准教授の各号のいずれかに該当する者
二　修士の学位又は専門職学位を有する者
三　専攻分野について、知識及び経験を有すると認められる者

各号列記の構成をみると、大学教員になるルートとしては、博士又は修士の学位を通していくルートと、専攻分野について知識及び経験を有するという実務ルートがあることがわかる。現実には学位を通していくルートがメインであるけれど、大学設置基準は多様なルートもあり得るということをあらかじめ想定しているといえる。

さて、大学設置基準そのものは上記のように定められているが、法令の基準は現実の場面で適用され、効果を発揮してこそ意味を持つ。その適用される機会としては、国のレベルで大学の設置認可の際に適用される場合と、各大学で教員の採用・昇進などに当たって適用される場合とがある。次に、国レベルでの適用の場合を見てみよう。

(2) 大学設置・学校法人審議会での審査

大学・学部・学科の設置認可の判定の際に、担当教員の適格性の判定が行われる。十分な人材を揃えられる大学の場合はあまり問題にならないが、大学によっては、大学設置・学校法人審議会の審査で、教員が教授としての資格が認められなかったとか、当該科目担当として認められなかったなどとして慌てて他の教員と差し替えたり、補充したりするなどの対応をすることがある。

大学設置・学校法人審議会の教員審査は、専門分野ごとの専門委員会で行われるので、専門委員会の委員は（公表されてはいないが）その分野の権威ある方々で構成されている。大学設置基準が弾力化・大綱化されても、この大学設置・学校法人審議会は適合か不適合かの判断をしなければならないので、曖昧なままでいるわけにはいかず、責任は重大である。大学の質を担保するのに最も重要なのは、教員の質を担保することであり、その判定をする専門委員会は、大学の質保証の国レベルでの最後の砦だと言ってよい。

しかし一方では、既成の権威ある方々の会議なので、新しい構想の学部・学科や領域をまたがる学際性のある学部・学科への対応には工夫がいる。合同の委員会や特別の委員会などの工夫をすることもあるが、質の保証と新しい構想への対応を両立させるには努力がいる。

この専門委員会は何を材料に判定しているのだろうか。私自身は直接担当したことがないし、仮にあっても口外するべきものではないが、公表されている資料から読み取ることはできる。

①「教員個人調書」には、履歴書として、学歴、職歴、学会及び社会における活動等、賞罰、現在の職務の状況等が記載される。

②「教育研究業績書」には、教育上の能力に関する事項として、教育方法の実践例や作製した教科書・教材が記載

される。職務上の実績に関する事項として、資格・免許、特許等、実務の経験を有する者についての特記事項などが記載される。研究業績に関する事項としては、著書、学術論文などが記載される。

③「担当予定授業科目」に関する資料も添付されるので、専門委員会としては当該教員予定者の教育研究能力を示す書類と各科目の内容水準を対比して検討し、当該教員予定者がその科目を担当できる能力があるかどうかを判定できるというわけだ。

判定のための資料としては過不足なく網羅されており、長年の大学設置・学校法人審議会の蓄積が反映して完成している方式だといえる。この国レベルでの同審議会による教員の判定と、各大学レベルでの採用・昇進等の判断が相まって、教員の質保証の体系ができているといえよう。

ただし、問題がないわけではない。

大学設置・学校法人審議会の判断が機能するのは大学が完成年度に達する四年乃至六年のアフターケアー期間内のことであり、それを過ぎればそれ以降の教員採用は大学のみの判断でできることになっている。いわば、最初は厳しいが、後は野放しの状態である。それ以降の教員の質の確保は、各大学の力量と見識に任されており、大学での採用・昇進は多くの場合緩みがちである。それを防ぐにはどうすればいいのだろうか。

(3)　他の方法はあるだろうか

例えば、国が全面的に関与する形で、全部の大学の全部の教員の採用や研修を行うことも、実現可能性は別として、理論的には考えられる。

これに近い事例としては、日本では、戦後の新制大学発足時に二つある。一つは、敗戦後の一九四六年、軍国主義者・国家主義者の教職追放を求める勅令が公布され、文部省は「教職員適格審査委員会規程」を定め、文部省・各都道府県及び各大学に委員会を設けて審査が行われた。この結果、実際に不適格として退職させられた教員や自発的に大学を去った教員たちがいる。これは敗戦後の特殊事情であり、教員としての能力全体を見て判定するものではなかったが、記録によればかなり大規模に行われたものである（天野郁夫『新制大学の誕生』四八八頁「適格審査の実態」）。

もう一つは、一九四九年の新制大学発足の際に一斉に設置認可が行われた事例で、大変な作業だったようである。

その結果、旧制の専門学校などで学校の施設設備や教員の確保に問題があり、大学になるのを断念せざるを得なかった学校が多数あった。これらを救済するために暫定措置としての短期大学が制度化されたわけだが、大規模な教員の適格判定が行われた例ともいえる（天野前掲書、五七三頁「設置審査の現実」、七〇〇頁「昇格か廃校か」）。

いずれの例も大規模な転換期に緊急にやむを得ず行われたもので、これを継続して実施することは考えられなかっただろう。多大な関係者の労力と時間と資金を必要とする取組みであり、今の段階で、あるいは近い将来、そのような判定をやりきることができるであろうか。

イギリスおよびフランスの例は『大学マネジメント』二〇一七年六月号で、本間政雄氏がイギリスの例を、大島弘子氏がフランスの例を紹介している。

本間政雄「英国の高等教育教員資格（ＰＧＣＨＥ）について」によれば、一九九七年のデアリング報告、二〇〇三年の白書「教育の未来」で提言され、二〇〇七年一月一日以降に雇用されるすべての教員について適用されている。そのフレームワークは、①活動領域、②コア知識、③専門職としての価値、から構成されており、英国の大学で開講され認証されているプログラムで、大学院で取得する単位一年間の三分の一相当の証明書を取得すると高等教育教員資格を取得することができる。この制度開始後一〇年間に、資格を取ったフェローは八万八千人に昇り、全教員四一万人の二一％に相当する。一見地味だが、着実な進展を見せるイギリスらしい取組みである。

大島弘子「フランスの教員資格（アグレガシオン）において求められる能力」によれば、フランスの大学で専任教員のポストを得るためには資格を取得しなければならず、その資格への道は二つしかない。一つは、四年ぐらいかけて博士論文を仕上げて、博士号保持者となること。もう一つは、一年かけて受験準備をし、アグレガシオンという教員資格・採用試験に合格し、アグレガシオン資格保持者となることである。アグレガシオンは、基本的には中等教員資格・採用試験であるが、取得者の多くはその後博士論文を書き、大学の准教授・教授又は他の研究機関の研究員に移行しており、残りの半数も高等教育機関で教えている。試験は、何日もかかる筆記試験と口頭試問であり、知力はもちろん、体力と精神力を求められ、平素の読書と研鑽が求められる。試験と言っても簡単なものではなく、候補者の全能力と人格が試されるという感じである。

今後の日本においても、国内外を参考にどのような取組みが必要かつ可能か検討してみる値打ちがあるであろう。

3　大学院での教育

大学の教員になるためのメインルートは大学院であり、そこで修士または博士の学位を取得することである。つまり、大学院での所定の単位を取得し、そのうえで学位論文が合格すれば学位が取得でき、大学教員としての資格が証明されるというわけである。だが、実態は本当に能力が証明されているだろうか。

学校教育法に立ち返ってみると、第九九条で、「大学院は、学術の理論及び応用を教授研究し、その深奥を極め、または高度の専門性が求められる職業を担うための深い学識及び卓越した能力を培い、文化の進展に寄与することを目的とする。」と定められている。前段の「学術の深奥を極める」点は研究者の道につながり、後段の「高度の専門性が求められる」点は高度職業人の道につながると読める。私は大学の教員は、研究者の側面と高度職業人の側面があるわけだから、両方の要素が必要だと理解するべきだと考える。

日本の大学院は、戦前から研究者の養成を主眼として行われてきた後遺症が未だに続いており、研究者養成の場だとの意識が抜けない教員が多い（特に古い大学）。大学院に関する法律が上記のように変わってもう二〇年以上経つのに、高度職業人についてどのように養成していくかの共通理解は未だにできているとは思えず、大学教員についても、その目指す人材像やそのためのカリキュラムも明確とは言えない。

大学教員として必要な資質について考えてみると、私見では前節「大学教員の基本的資質を考える」で述べたように、①専門的知識・理解であり、この中には当然当該専攻分野に加えて、大学教員として備えておくべき大学や学生に関する知識・理解が必要である。②専門的技能としては、語学力、情報処理能力に加えて、大学における教授法をマスターしていなければならない。そして現代は、アクティブラーニングやＩＣＴの活用など、大学の教授法が激変しつつある時代である。③大学教員としての意欲・態度については、一般的素養に加えて学生とのコミュニケーション力や教育指導におけるリーダーシップなどが必要である。④さらに全人格的能力として人格的感化力が相当程度必要であろう。

これらの能力を、大学教員になろうとする者に、大学院教育は身につけさせているだろうか。指導する立場にある既存の教授たちにこそ上記の資質が不足しており、そのため私は大変悲観的である。個人的なやり方だけではなく、大学院としての組織的な取組みができているとも思えない現実がある。

試みに、ＨＰで公表されている大学院のカリキュラムをいくつか見てみると、大半の科目はそれぞれの専門分野に関する科目であり。私が期待する前述のような能力育成につながる科目は残念ながら見当たらない。

恐らく説明としては、前述のような能力は、科目の指導内容としては示されていないけれど、日頃の各科目の教授指導の中で触れられ、日常の研究室における先輩教員との接触において伝えられ、後輩学生への指導体験の中で教員としての技量を向上させる経験を積むことで果たされているという弁明がなされるだろう。しかし、それらはいわば「隠れたカリキュラム」であって、大学教員として必要な基本的資質に関しては、できるだけ正式のカリキュラムの中で実施するべきではないだろうか。

これは大学教員についてだけ言えるのではなく、大学院で教育を受け学位を取得した人々に関する質保証の問題だと言える。大学院が拡大し、増加した大学院修了者の就職が問題となっているが、肝心の大学院側は、どのようなカリキュラムでどのような能力を持った人材を育てているのか不明確なままだ。これでは社会の側は相変わらず、大学院を出ると狭い専門分野のことしか知らない、応用の利かない専門家ばかりだという誤解（正解？）を持ったままだろう。大学院を出た者が、企業であれ、官庁であれ、そして大学であれ指導的な役割を果たすような人材養成をしなければ、日本社会のレベルアップはいつまでもできないだろう。

４　採用

いよいよ各大学での人材育成確保の段階となるが、公募にせよ一本釣りにせよ、まず優秀な人材がその大学で働いてみようという気になってくれなければならない。

そのために考慮されるべき条件としては、給与等の処遇、研究費の潤沢さ、設備の充実度、補助者の確保の状況などの研究環境、授業の持ち時間、学生の質、学内業務の負担の度合い、大学の社会的ステータス、地理的な便利さなど多岐にわたる。これらについては、大学の努力で変えられるものもあれば、どうにもならないものもある。教員が何を大学に望むかを把握しながら折り合いをつけていくことになる。現在は、多くの場合、大学のポストに比べて教員志願者が圧倒的に多い状態であり、こういう時期にこそ採用をきちんと行い、優秀で熱心な将来の大学を担ってくれる人材を確保する必要がある。

採用は多くの場合、退職者の補充として行われるが、学部の新設に伴う新規ポストの場合もある。いずれにせよ、いったん採用すると定年退職まで雇用し続けなければならず、数億円の生涯賃金を払い続けることになるので、採用には慎重を期さなければならない。二〇年、三〇年経っても価値を持ち続ける人材を見極めなければならない。そこで重要になるのが、大学としてどのような大学づくりを目指すのかという長期計画（あるいは見通し）である。

この学部・学科は将来どのような方向に展開するであろうかという見通し、その方向に沿った人材を確保する必要がある。もっと身近には、現在この教員はAとBを担当しているが、次にはBとCを担当してもらえる人が欲しい、といったケースはよく見られる。学部・学科の改革の方向を、その学部・学科自身が検討し提案してくるならばよいが、多くの場合は、学部・学科自身は保守的に前任者と同じ分野の教員を採用したがるものである。そこで重要なのは、理事長・学長や、学部長が、当該組織の将来の在り方を見据えて新しい方向を打ち出し、それに沿った人材を確保することである。そのためにも学部・学科の中長期将来構想が重要である。教員の採用にあたっては、常に片手に組織の将来構想を持ち、片手に近い将来の退職者の見通しを持ち、判断していく必要がある。

通常、教員の採用にあたっては、選考委員会方式をとるケースが多くみられる。選考委員会では、まずどのような採用を行うか上記の将来見通しを含めて方向を確認していく必要がある。人材確保のためにはできるだけオープンな公募方式をとるべきである。内部昇格を前提とする場合に公募をしないで済ませることがあるが、一本釣りを繰り返すと甘えの温床となり、水準の低下が起こりがちであるので、できるだけ競争性や透明性を保つ方式とするべきである。

選考委員会で候補者を一人あるいは少人数に絞り、面接や模擬授業で確認することになる。書類や論文も基礎資料として重要ではあるが、やはり生身の姿に接して確認する必要がある。その大学の学生に話しかける姿を想定して、アクティブな双方向の授業ができるか、ＩＴＣを活用できるかなど確認しておく必要がある。

その候補者が過去の職場でどのような実績を上げ、どのような振る舞いをしてきたか、よく調べる必要がある。前任校の人が推薦状を書くと美辞麗句を並べることが多いが、そのような推薦状を書く人は信用を失う。採用校としては様々なルートで候補者の人物について裏付けをとり、確認していく必要がある。

もちろん大学によって採用の際の観点は様々である。世界水準の競争に晒されている大学は、甘い採用をすれば大学自身が競争に勝てないかもしれないのだから、人間性その他の面で多少問題があっても競争に勝てる人材が必要かもしれない。そのような採用は、研究業績は上がるかもしれないが、ハラスメントや研究不正などのリスクは高まるので、警戒態勢を敷いておく必要がある。逆に水準があまり高くない大学では、人物は円満だが、現在のメンバーの存在を脅かすことのないような水準の人を採りたがるかもしれない。しかし、そのような採用を続ければ大学の水準は低下するばかりであり、理事長・学長・学部長が歯止めをかける必要がある。現在のメンバーよりも向上が期待できる採用をするべきである。

採用に至る一連の過程の中で、大学のトップから同僚に至るまで様々な立場の人々に会ってもらい、当該候補者にその大学が将来何を必要としているかの理解をしてもらいたい。同時に、大学側もその候補者の本当の姿を多面的に見極めるよう、職員や学生に至るまで参加してその印象を確認することも必要であろう（いわば三六〇度評価である）。

５　職務経歴

無事採用されると、それ以後長い職業生活が始まる。日本の企業や官庁、大学職員においてはローテーション人事が普及しており、専門性が身につかないという欠点はあるものの、多様な経験をして成長につながるという長所もある。一方、専門性の高い職業や大学教員は、一般的には人事異動がなく、ポストを変えたりランクアップしたりするためにはそれなりの業績を示して学内で定めている昇任基準をクリアしたり、他のより良いステータスのポストを獲得する必要がある。世界的にはこちらのほうが普通の在り方かもしれない。

大学の教員の業務は、教育と研究の比重が多く、社会貢献と学内業務も一定の比重となっている。以前は教員の仕事は個人営業の仕事という色彩があったかもしれないが、今はむしろ組織の仕事という性格が強くなっている。教育については標準的な授業持ち時間を割り振られて、所定のカリキュラムの基で役割を果たしていかなければならない。社会貢献も学内業務も教員集団で分担しているわけで、個人の色彩が強いのは研究だけであるが、研究も今や自然科学ではチームプレイとなっている。これら組織の仕事は面倒くさいという面はもちろんあるけれど、様々な他者との接点があり、新しい課題の解決があり、仕事を通しての成長の契機となるであろう。大学教員は、ローテーション人事はしないかもしれないが、業務の多様性を経験するチャンスはある。

大学教員の特徴の一つは、自ら望んで大学間を移動するチャンスがあることで、東大も慶應も若い時期に他大学を経験する教員が多かった。それらの教員は確かに視野が広く現大学を相対化して見ることができるという利点があった。長期の海外留学や企業経験などもこれに並ぶ利点があるだろう。

教員の世界は年功序列ではないけれど、自ずから豊富な経験を生かす局面はある。学内委員会の委員長、学科長、学部長などのまとめ役を頼まれることも多くなるであろうし、教育研究の面でもアドバイスをしたりリーダーとなったりするケースが増えるだろう。この点は後述するが、教員の世界での重要な役割である。

したがって、学部長など教員組織の中心となる人は、各教員の力量の向上を図るべく、教育・研究・社会貢献・学内業務について適材適所でかつ本人の成長につながる経験を得させるよう業務経験を割り振っていく必要がある。教員集団もそれを受け入れて、組織の一員としての役割を果たす習慣を身に着けていく必要がある。

6　学会活動

教員は、よく言われることであるが、大学と学会の二つの世界に帰属している。大学では給料を貰えるが様々な義務が課せられる。学会は会費を払う立場であるが、様々なものが得られる。ほとんどすべての教員は何らかの学会に属しているであろう。

学会で得られるものは何であろうか。もちろん研究面で、新しい知見やテーマが得られる。自分の研究成果を学会で発表したり、学会誌に論文を掲載したりすることができる。学会の際にあるいは学会でのつながりを契機として様々な人と知り合い、研究面のみならず、ネットワークを形成して情報が得られ、大学人として教えられることが多くある。大学教員にとって、学会は大きな成長の機会だ。

また、学会に限らず、大学の内外での様々な活動を通して、様々な人々とのネットワークを形成していくことは、教員の成長にとって重要である。教員の場合は誰かが人事異動を考えてくれるわけではないので、それらのネットワークを通して人事に関する情報を得ることが有利になる。教員の世界は実力本位とはいうものの、人脈が広く顔が利く人物が有利だというのはどの世界でも見られることである。

７　研修（ＦＤ・ＳＤ）

教員の資質の向上には、前述の「職務経歴」と「学会活動」が、昔からある手法であるが、近年それだけでは十分ではないとの認識が深まり、大学として組織的に行う資質の向上のための活動が重視されるようになってきた。

まず注目されたのは授業の改善のための活動であり、一九九九年に大学設置基準でも規定され、これに基づいて各大学でＦＤとして取り組まれた。

> （教育内容の改善のための組織的な研修等）
> 第二五条の三　大学は、当該大学の授業の内容及び方法の改善を図るための組織的な研修及び研究を実施するものとする。

教員個人に任せるのではなく、組織的な取組みが重要だという表明であり、これに応じてかなりの大学でＦＤ研修が取り組まれたが、教員の参加者が十分集まらないこと、本当に研修してほしい教員は参加しないこと、授業の改善だけの研修では十分ではないことなどの課題があった。

そして二〇一六年度に、中教審の審議まとめでガバナンス改革が提唱されたのを受けて学校教育法が改正された際に、大学のガバナンスを支える大学の職員全体に研修に取り組ませるように大学設置基準に次の条項が加わった。この職員には、役員、教員、事務職員等大学のあらゆる職員が含まれる。

（研修の機会等）
第四二条の三　大学は、当該大学の教育研究活動等の適切かつ効果的な運営を図るため、その職員に必要な知識及び技能を習得させ、並びにその能力及び資質を向上させるための研修の機会を設けることその他必要な取組を行うものとする。

さらに、この改正と同時に、教員と職員の連携と協働が提唱されていることも併せて理解する必要がある。

（教員と事務職員等の連携及び協働）
第二条の三　大学は、当該大学の教育研究活動等の組織的かつ効果的な運営を図るため、当該大学の教員と事務職員等との適切な役割分担の下で、これらの者の間の連携体制を確保し、これらの者の協働によりその職務が行われるよう留意するものとする。

つまり、授業のみならず教育研究全般の運営の改善のため職員全体の能力と資質の向上が必要であり、その取組みは教員と事務職員等との連携と共同により行われなければならない、ということだ。今日の大学の課題を真正面から踏まえた画期的な改正である。教員と事務職員が大学運営の向上のため、共に能力を向上させ、共に働くこれからの大学の姿を示している。

大学設置基準は美しく改正されたが、問題はこれをどう実質化していくかだ。まずは研修の充実を図り、教員の授業改善だけではなく、職員の事務効率化だけではなく、教育研究活動と大学運営業務全体を向上させる観点からの研修を行う必要がある（それには当然役員も加わる）。

さらに私は、いわゆる研修だけではなく、様々な業務を人材育成の観点から捉え直して再構成することも必要だと考える。私は職員については様々な局面を総合的に捉えて改善していくトータルプラン方式をかねてから提唱してきたが、教員についても同様の取組みが必要かつ有効だと考える。本稿はその観点から幅広くまとめたものである。

教員は、自分の専攻分野の研究だけをしていればいいわけではない。大学の構成員としての役割が果たせるように、自分の大学の課題を知り、考察し、改善策を考え、実行していく責務がある。しかもそれは個人プレーではなく、組織的な共同性のある取組みでなければならない。その面でのリーダー経験者が学部長、学長として育っていき、その他の多くの教員はそれを理解し支える立場で教育研究を遂行するということになるだろう。

具体的なＦＤ／ＳＤ諸活動で、私が関与して効果があったと思われる例を挙げておこう。

ちょうど三つのポリシーを大学として策定する時期でもあり、三つのポリシーに照らして現行カリキュラムが適切であるかどうか、過不足はないかを教員のグループワークで検討した。各学部学科のグループを同じ部屋に入れて行ったため、学部学科間の雰囲気や議論の仕方の違いも際立って、面白い研修となった。自分の学部学科のことを他の学部学科の教員にもわかるように説明するのは、実は日ごろやったことがなく、結構大変なことであることが分かった。

異なる学部学科の教員をできるだけ多様性のあるグループに編成し、教育課題とその解決策を討議するのも有効である。異質なもののぶつかり合いが大切である。さらには、一種の発表会であるが、教員と職員、さらには学生も入れてグループ編成し、実行している取組み、あるいはこれからやろうとしている取組みについてプレゼンテーションしてもらうのもよい。このタイプは、発表時も大切であるが、実は準備の過程で様々な議論や共同作業が行われることが重要である。

このような形態ができるならば、実際の業務の中でも同じようにやればよい。ある課題について多角的に分析し、討議し、解決策を考え、提案していく。教員だけだと抽象論になりがちであって実効性に欠けることがあるが、職員が議論に参加することにより予算や制度の裏付けをしっかりとし、根回しや説得工作の展開など実践的に組み立てられる。このような経験は教員の教育研究の遂行にも役立つであろう。

８　学内教員集団の相互作用

ここまで教員の資質向上のための組織的取組みについて強調してきたが、実はそれが完成形ではないと考える。そのような取組みが定着し、ほとんど意識して努力するまでもない状態にまでもっていきたい。

よりよい授業への改善の為、話し合い、授業を見せ合い、相互に批評し合ってさらに相互に深め合う。研究についても異なる分野でも協力することにより新しい展開が実現するかもしれない。社会貢献についても各教員が得意とすることを職員と共同して展開できるだろう。学内業務についてはまさに教員と職員の連携と役割分担で効果的な達成ができる。

全ての教員が向上心をもって教育研究に励み、教員としての資質を向上させるよう努力していれば、自ずから手抜きやさぼりをする教員はいなくなるであろう。特に教員としての資質で最も重要で育成困難な人格的感化力は、先輩や同僚の教員との日常的な接触や共同作業により育まれるものである。そのような自然体での資質の向上への努力が行われているのが大学だという姿になれば、社会の大学への信頼は揺るぎないものとなるであろう。

これらのことが自発的に十分できていればいいが、たぶんどこでも十分ではないであろう。それでは十分に行わせるために強制的に行わせることができるだろうか。恐らく全員にやりなさいと号令をかけても、それは本当に内発的な身につくものとはならないだろう。大学や学部の組織の取組みとしては、教員の成長のための様々な取組みを紹介し、サポートし、好事例を示したりした上で、教員の自発的な取組みとして展開されるように仕向けていくことが大切であろう。教員の仕事と同様に、教員の成長のための取組みも、節目ごとに制御しながら、自発性自主性を重んじつつ進めていく必要がある。

そこで関連して、次の論点は、教員の特質を生かした評価の在り方はどのようなものになるのか、そして教員に関する組織的なマネジメントはどのようにしたらよいのか、である。次節以降に論じたい。

三　大学教員の評価について

1　大学教員にとっての評価とは

⑴　大学教員は、自分は学生を評価しているのに、なぜ自分が評価されるのは嫌いなのか

教員の在り方を議論すると、必ず評価をどうするかが重要なポイントだということに辿り着く。無責任で自由な討論ならばそれで盛り上がるのだが、ではそれを実施する具体策を考えましょうと提起するとさっきまでの元気はなくなり、議論は曖昧なままで終わることが多い。まして公開の場で多くの教員の前で評価の議論をしようものなら、大声での反対論が述べられて立ち往生するだろう。

まさに評価の問題は大学教員との議論では触れてはならないタブーのようなものだ。そのため、教員の評価の在り方を正面きって論じることを多くの人は避けてきたが、その結果評価は実行されず、教員の行為で何が良くて何が不足しているかわからないままとなって、教育研究も教員の行動特性も放置されたままとなっている。これが日本の大学の停滞の一因でもあると、私は考えている。

企業の経営者にも、企業の社員にも、大学の事務職員にも、評価はついて回るのに、大学の教員には、なぜ評価は曖昧なままなのだろうか。評価は人と仕事がある限りあるはずだ。無いように見えるのは、見えるようになされていず、評価によって何がどうなるのかが明らかでないからだろう。しかし、評価の問題を放置したままでは大学経営は成り立たず、大学の教育研究の向上も、後述するように教学マネジメント・サイクルも望めない。

教員は、学生の評価は当たり前にやるのに、教員自身の評価はなぜアレルギーがあるのだろうか。いくつかの仮説が考えられる。

〈仮説①〉評価されるのは誰しも嫌なものだが、通常はこれを拒否することはできない。ところが教員は嫌だといえば大学内ではそれがまかり通ってしまう。だがそんな状態を放置すれば、そんな大学は社会に通用しなくなり、

ステークホルダーの信頼を失うだろう（これが今の日本の大学の状態だろう）。社会の巷の職業では、評価は必ず何らかの形で存在し、評価は拒否できないものだという常識を教員に徹底させる必要がある。

〈仮説②〉評価をしようにもどうやればいいのか定説がなく、議論百出で決まらない。それではこれから定説を造り上げるべきだろう。

〈仮説③〉評価をやっても、誰にも得がない。それでは、評価がプラスにつながるような評価の在り方を考えよう。

(2) 大学教員評価の現状

研究者による、全国の国公私立大学を対象としたアンケート調査結果から、教員評価の状況や課題が次のように分析されている。（蔦田敏行、奥居正樹、林隆之「日本の大学における教員評価制度の進捗とその課題」『大学評価・学位研究』第一〇号、二〇〇九年）。

「教員評価制度は教員個人の教育・研究活動や意識の改善を目的に導入されており、八割の国立大学では、ほぼ全学的に導入済みの段階であったが、私立大学では四割弱、公立大学では三割弱の大学でしか導入されていなかった。評価結果は、一定程度、給与や賞与に活用されているが、人事への活用は、私立大学では積極的、国立大学では消極的な傾向がある。教員評価制度を導入した大学では、今後、制度をどのように活用していくか、組織目標と評価制度をどのように連動させていくかということに関心が移ってきている。教員評価は個人を対象とした導入の段階から組織改善のためのシステムへと向けて発展の段階にあると考えられる。」

妥当な考察であると考えられる。以前の調査に比べて、法人化後の国立大学での導入が進んでおり、これは、中期目標・中期計画で記述されていたり、認証評価で取り上げられたりしている結果であろう。

ただし、そのような計画や報告でやることになっているとしても、それがどれほど一人ひとりの教員に真剣に受け止められ、影響力を発揮しているかどうかはもう少し実態を見なければわからない。国立大学では、法人化以前から、給与の特別昇給や勤勉手当の配分の際に業績の良い者に配慮することは、ある程度しかも目立たないように行われていたが、法人化後は公然と体系的に行うことができるようになったということだろう。

私立大学においてはもっと切実な状況であり、学生の指導が十分できない教員を放置することは経営上の問題につながるので、評価をきちんと行いそれを人事等に反映することが進んでいるのだろう。教員たち自身からも、努力して実績を上げている教員も、努力せず無能な教員も同じ給料というのは納得できないという声が聞こえてくる。しかしそれらの声は公然とは語られず、理事長・学長・執行部で何とかしてくれという話になる。

このように大学教員の評価は、どの大学でも避けて通ることはできない問題だと言える。ここで参考までに、他の組織での評価の状況を見てみよう。

(3) 初等中等教育にみる評価の現状

初等中等教育においては、評価は勤務評定に反対する日教組との関係で労使問題あるいは政治問題として争点になってきた経緯があり、各都道府県においても形式的に勤務評定制度は作ったが、実質的には使わないといった対応が蔓延していた。それが、日教組の参加と協調の方向での路線転換もあり、現代的な観点からの教員評価システムが確立されてきている。私の知り合いの組合活動家も、「以前は何でも反対していたが、反対だけでは何も獲得できないことが分かった。評価もきちんとしてもらって、教員の努力を認めてもらいたい。校長が恣意的に評点をつけるのは困るので、客観的なやり方で教員の役にも立つ方法を考えてほしい」と言っていたのを思い出す。

文部科学省ＨＰに掲載されている「教員評価システムの取り組み状況について」（二〇一〇年）を見ると、教員評価の狙いについて次のように記述されている。

「教員の資質を向上させ、学校教育に対する信頼を確保するために、教員評価により、教員が自らその教育活動を見直し、自発的に改善して行くとともに、教員の能力と業績を適切に評価し、意欲と自信を持たせ、また、教員の指導力や勤務実績が処遇上も報われるようにしていくことが必要である。」

そして、教員評価システムはすべての都道府県及び政令指定都市教育委員会で実施している。大半の教育委員会で能力評価と業績評価が行われており、さらに絶対評価と相対評価、評価者が誰か、評価者の訓練、評価基準の公表、評価結果の開示、苦情相談・苦情処理などについて教育委員会ごとに定めている。

評価結果の活用分野については、研修、配置転換、昇任、降任・免職、昇給・降給、勤勉手当、表彰、条件付き採用期間の勤務状況判定、指導改善研修の認定、人材育成・能力開発・資質向上などに活用されている。一方、評価結果を特に活用していない教育委員会も少数見られる。全体としては、かなりしっかりと実施され、活用されていると思われるが、その効果の測定が課題であろう。

(4) 企業の社員、大学の事務職員の評価の状況

企業の社員や大学の事務職員についてかなり普及して行われている「目標によるマネジメント」(Management by Objectives：通常「目標管理」と訳されているが「管理」の要素は強調されるべきではない)における達成度の判定は、単純な評点ではなく、上司が部下に指導し、アドバイスする根拠となるものである。半年あるいは一年のサイクルで、どの業務をどのように行い何を達成するかを上司との対話を通して設定し、半年あるいは一年間の実践ののち、その達成が当初の目標に照らして優れたものであったか、不十分なものであったかが上司との対話を通して判定される。当然そこでは、本人の仕事について何が優れており、何が不十分であったか、今後の活動を向上させるためにどのような工夫をすればよいかなどのアドバイスが行われることが期待されている。これは評価であると同時に指導助言であり、本人の自発性を引き出しながら組織として期待される成果を上げるために工夫された仕組みである。

このように、企業の社員や大学の職員における評価は、評点の通告として行われるのではなく、なぜそのようにみられるのか、これからどうすれば良いのかなどを含めて対話として行われる必要がある。今不十分であるならば、近未来にはこの方向で変えていかなければならない。

(5) 大学教員が行っている学生評価、そして教員に対する評価の考え方

大学教員自身は、学生をどのように評価しているであろうか。期末試験をしてその点数で評価を割り振っているやり方をしている大学教員は、直ちにそのやり方を改めるべきである。それに対して、三つのポリシーに基づき、シラバスを作成し、その達成度を把握して評価しているならば、必ず多面的な資料を収集してそのうえで判定しているだろう。上から目線でただ点をつけているわけではあるまい。

大学教員が拒否反応を起こすのは、そのような上から目線の単純な評価に対してであるならば、理解できる。であるならば、その程度のお粗末な学生評価をしているあなたは教員失格ですね、ということになる。それに対し、教員が学生に行っているような丁寧な根拠を集めて行う評価ならば大学教員も嫌と言えないであろう。教員が学生に対して行っている以上の丁寧な評価を教員についてはやりましょう、ということになる。

丁寧な納得性の高い評価がどのような在り方かというと、教員の活動の全体について、事実やデータを十分に把握し、公開された所定の方式で評点をつけるとともに今後の改善についてアドバイスする、そしてその結果は主として状態をより良くする方向で活用されるといったイメージになるだろう。

この社会で、誰かから給与をいただいて仕事をしているならば、その給与に相応しい働きをしているかどうかの検証は免れることはできない。あたかも教員は評価の対象外だというが如き机上の空論は、社会には通用しない。要は、大学教員に相応しい評価の在り方を作っていかなければならない。

そこで課題は、①教員の活動を、誰が何をやっているか見えるようにすること、②その根拠に基づいて、評価を誰がどのように実施するか、③評価結果をどのように生かしていくか、ということになる。

２　教員の活動の見える化

評価のことを言う前に、誰が何をしてどのような成果（業績）を上げているかが判らなければならない。同じ学部にいながら、あの人は誰だ、何をしているのだ、と見えない存在になっている人がいないだろうか。それは極端だとしても、研究の発表もせず、授業のある時に来るだけ、学内業務も分担しないで学問の自由だと言っている教員は昔はいたようだ（今もそれに近い人はいる）。

現代はそのような教員は最早、存在できないだろう。授業は持ち時間をきちんと割り振られ、カリキュラム編成でシラバスを相互に見せ合い、担当授業の時間割と教室も調整の上決定される。研究費について学内の研究費が誰にどれだけ配分され、外部の競争的資金について誰がどれだけ獲得しているか公表している大学もあれば、公表していない大学でも、いつの間にか皆知っている。研究の状況に応じて、研究室の配分も変わり、設備の購入やその設備を設置するスペースも配慮されなければならない。企業との関係や地域社会との関係でやるべき業務は多数あり、それも大学の重要な仕事だ。そして学部長や学部の○○委員長などの重要性は高まってきており、従来は持ち回りで平等に分担していたかもしれないが、今後は業務遂行能力のある人に分担してもらわねば困ることになり、そんな能力は誰にでもあるわけではない。

このような各教員の仕事の状況と何ができる人かという能力の状況は、これまでは学部長と一部の中心的な教員と事務長が経験的に知っており、相談しながら決めていたのだろう。しかしこれからは、これだけ複雑化した教員組織の運営について、このような非科学的な経験値だけで決めるのではなく、もっと科学的かつ合理的に決めるべきだ。ましてこれからの人工知能の時代に、人工知能を創造し、運用する人間集団が経験値だけで物事を決めているのは不思議な状態だ。

誰が何をしてどのような成果（業績）を上げているかという基本情報は、組織としてきちんと把握しておく必要がある。そしてその情報の要点を外部にも公表し、組織と教員個人に対する信頼を得られるようにしたい。

学生に対しては、入学時から、初年次教育、一年から四年までの学業成績と学業以外の諸活動を記録し、その学生の全体像が見えるポートフォリオの作成がその後の学生指導に効果的だとされている。

組織としての大学については、認証評価の仕組みが確立されつつあり、まず大学自身が自己点検評価を行って自分の姿を見据え、そのうえで外部評価機関が第三者評価を行う。ここでは自己点検評価が最も重要な役割を果たすべきであり、第三者評価はその適正さを担保するために行われる。本当は自己点検評価が第三者評価と同じくらいに厳しくできるならば、それこそ大学の自治の根源となるだろう。

今一足飛びにそこまでいかないにしても、自己点検評価で、自大学のデータを体系的に収集して公表していくことは重要だ。しかもそれは七年に一度の認証評価の年にのみ行われるのではなく、毎年行われるべきだ。データは皆パソコンによってつくられるのだから、作成は容易なはずだ。容易でないように見えるのは、組織の縦割りや、方針のぶれ、教職員の非協力などの人間の要素であり、人工知能時代には一掃されると期待している。

このような状況を踏まえれば、中心に位置する教員自身のデータの見える化（データの体系的な収集と公表）ができないはずはない。教員自身は、自己の情報の一覧というべき資料をしばしば作成している。ＨＰや各種資料に掲載する教員紹介の資料、外部研究資金に応募する際の書式、他大学（または自大学）の教員公募に応募する際の調書など様々な資料がある。これらの資料のいわば原本というべき資料を自分で作成しておき、大学側もそれを持っているべきだ。

さらに大学側には、公表できない情報も多数ある。典型的なのは、教員の不適切な行為に関する情報であり、どの組織のトップの机の引き出しの中にも、簡単に開けてはならない封筒やファイルの束があるはずだ。もし無いのなら情報の蓄積が途絶えているのであり、危険な状態である。ハラスメントや不正行為は繰り返すのが特徴であり、処分に至らない程度の行為も繰り返せば大きな事件になる可能性もあり、その日に備えて資料はきちんと保存しておかなければならない。

３　評価活動

(1)　自己点検評価

大学の自己点検評価と同じように、教員個人の場合であっても自己点検評価が評価の基本である。その場合、評価というからには、行為とその結果を記録するだけではなく、それがうまくいったのかどうか、次のサイクルではどう改善するのかを考察することが重要である。そのためには当初の目標設定が大事で、その目標に照らしてうまくいったのかどうかという考察、それがまさに評価だ。これは目標によるマネジメントそのものであって、目標によるマネジメントのサイクルを回す、ということになる。

教育については、学部・学科に年間の教育計画があるはずで、それに応じた教員個人の年間教育計画もあるはずだ。特に個々の授業については、シラバスを作成しており、そのシラバスがいわば公開の授業計画だ。その目標を達成しているかどうか見ればよい。

研究については、研究資金の獲得と連動しており、どのような競争的資金を獲得するかの計画とまでは言えないかもしれないが目論見があるだろう。いったん研究資金を獲得したならば、必ず研究計画を提出しているだろうから、その目標を達成しているかどうか見ればよい。文科系の研究で資金を必要としないものは見えにくいが、ある程度の計画とその達成状況は書けるだろう。

社会貢献、地域貢献、産学連携については、相手があることであり、なかなか計画的にはいかないものだが、様々な機会を捉えて業績を達成していく必要がある。

学内業務は、できるだけ年間の業務計画の中で位置付けるべきであり、同時に、突然起きる事態への対応もきちんと記録しておく必要がある。

これらについて、あまりにも詳細に記録を作成するのは過剰な労力となるので、できるだけ簡略に、報告書にはインデックス機能を持たせて詳細は別の原資料を参照するようにしたい。

(2) 他者・第三者の視点

物事を客観的にみるときは、他者・第三者の視点を取り入れることが有効である。相手が評価やその分野の専門家ではないにしても、一定の関係性を持つ人（ステークホルダー）の意見を聞き、どう見えるかを知っておくことは貴重である。誤解があるならば誤解があるという事実を把握できただけでも貴重であり、私の経験ではかなり的を射た意見を聞くことができると感じる。

教育については何といっても学生であり、学生のアンケートや授業評価はかなりの大学で行われている。「なんだ、あの居眠りばかりしている学生に俺を評価させるのか」という反発は、授業評価導入の初期にはあったかもしれないが、今は、学生の見方も結構真剣だね、という教員側の受け止めになっているのではないか。

研究については、外部の競争的資金の獲得状況が明確に判る。学会活動でも公開されるだろうけれど、学内でも研究紀要執筆や研究発表会の開催、あるいは全学または学部の研究推進委員会などで把握できるだろう。

社会貢献については行政や関係団体の意見が、地域貢献については地域の意見が、産学連携については企業等の意見が聞くことができる。学内業務については、まさに学部長はじめ執行部自身の専管事項でもあり、全学的業務については学長の意見を聞くことができる。

このように、どの仕事にあっても有意義な意見を言ってもらえそうな外部の存在はあり、また、意見を聞くということがつながりを作る効果もある。

全学の状況についても、ステークホルダーの意見を聞くことは重要であり、学生、保護者、卒業生、入学生を送ってくれる高校、卒業生を採用してくれる企業、地元の地域、関係する産業界、各種団体などの意見を、教員評価とは別に把握するようにしたい。

(3) 組織の機関による評価

前述のような、自己点検評価、第三者の意見などの積み上げの上に、機関としての教員評価がなされる。大学によって仕組みは異なるだろうけれど、学科長、学部長、学長などが担当したり、評価委員会の方式で担当したりする大学もあるだろう。

この段階になると、その後の評価結果の活用との絡みの比重が大きくなり、教員個人も心穏やかではいられないので、反対が多く、なかなか実行できないということになりがちだ。しかし、これをやらなければ評価も効果を十分発揮できないので、なんとか議論を重ね、工夫して実施に到達したい。

今や大学教員においても評価が必要であること、その評価は単純に点数で評定するのではなく、教員の活動のアドバイスになるような方向づけで行うこと、評価は自己点検で作成される資料や第三者の意見も参考にし、客観的に行われること、評価結果の活用はまたそれぞれの施策の在り方を検討する中で適切に考慮されることなどを、懇切丁寧に説明していくほかないだろう。

そして、このような視点からは、評価はそれ自身で議論が完結するものではなく、より広義の教学マネジメント、あるいは教員マネジメントの一環として捉えていく必要がある。組織として教学の向上を図り、教員のより良い活動の実現のための取組みの中での位置付けを考える必要があるが、詳細は次の機会に譲りたい。

職員に対する評価はかなりきちんと実行されつつあるのだから、教員の評価がいつまでもできないはずはない。いつまでもできない大学は国民の厳しい評価を受け、消滅への道を辿ることになりかねないことをよく考えるべきである。

4　評価結果の活用

このように関係者が苦労して作成した評価結果について、これを見た教員本人が改善向上の参考とし、組織のしかるべき人がより良い状態への指導助言をするために活用するのが、第一の活用である。これはすでに諸事例でみたように、どの評価作用にも共通する活用方法であり、最も基幹的な活用方法である。

これで関係者がみな納得し、改善向上のための努力が進んでなされるならば、ここで評価活動は終わりである。そして、日本の大学の教員評価の状況は多くの場合ここで留まっている。過去の（そんな過去があったかどうか判らないが）理想的な教育研究に没頭する善人の集団であれば、構成員の自治に任せていいのかもしれない。しかし、教員の世界も人間社会の一部であり、今や大学教員も大衆化して、いろいろな人が混在しているのが現実である。そこでは、教員の世界においても良い活動を促進し、良くない活動を是正することが必要であり、その施策のための根拠として評価結果を活用することが有効である。では、施策ごとに概観してみよう。

(1)　給与・昇進など人事面での活用

どの社会組織においても、給与や手当の決定の際には仕事の実績や能力を反映するのが常識であり、問題はどのように判定し、どの程度に反映するかである。ところがかつては、教員の世界はそのような反映を拒否し一律平等の要求がまかり通っていた。さすがに今日はある程度の反映は必要あるいはやむを得ないと受け止められているようだが、ではどんな方法で、どの程度に反映するかについての定説はない。

確かに、個人の仕事の成果が把握しやすいモノの生産や販売とは異なり、大学教員の仕事の評価は単純な数値としては表示しにくく、多くの構成員がそれなりにまじめに努力している状態であれば差はつきにくい。だから、給与への反映は極端には大きくなりにくく、様々な努力を認め奨励するという観点での一定の範囲内のものとなるだろう。

ただし、その範囲が多くの大学ではまだ狭すぎる状態である。

さらに、評価の多くは絶対評価であり、皆が良い評価に到達することを目指すものであるが、給与決定はその年の限られた原資を配分するための相対評価にならざるを得ず、評価の際に得られた資料を基にできるだけ客観的な根拠を持ちつつ行われる相対評価、ということにならざるを得ない。

もちろん、飛びぬけて良い評価（あるいは悪い評価）を得る人もいるが、給与への反映は制度可能な範囲で行いつつ、良いものには顕彰で、悪いものには処分で措置するといったことも必要であり、給与だけで全てに対処できるわけではない。

同時に、現状では多くの大学ではあまり差がつかない給与制度とその運用に留まっているが、もう少し実績や能力を反映する仕組みに変えるべきである。今もなお古い私学では人事院規則（つまり公務員）を参考に給与制度を組み立てているところもあるが、国立大学法人が依然として公務員的な在り方を脱却できない状態なのに対し、私学はその自由を生かして大胆で新しい給与制度にチャレンジするべきである。

また、その責任と権限（つまり労力）が増加している役職者や業務に対しては適正な給与・手当を考慮すべきであり、学長・学部長や何らかの重要業務の責任者などは大胆に改善する必要がある。これは、学内業務は特段の能力は必要なく無償のボランティアあるいは持ち回りでやればいいという古い時代の感覚が残っている反映である。今や時代は変わり、大学もその経営に有能な人材を得なければ発展存続できない時代になってきているのだからそれを反映するべきである。

昇進についても同様に考えられ、一定の期間在職して甘い学内審査を経ればみな教授になるようでは、水準を維持向上することはできない。国立時代に教授の定数が決まっていた国立大学ではまだ厳しさはあるが、私立大学では予算があれば上位職に登用でき、教授ばかりになってしまって、お粗末な教授も結構多い。平素の評価の積み重ねを活用して適正に審査するべきであろう。

(2)　様々な環境整備

私の見るところでは、大学教員の希望としては、もちろん給与は高いにこしたことはないが、企業や個人営業の人（の一部）がどん欲に高収入を求めるほどには、高い給与には執着しないと考える。むしろ、それぞれのライフスタイルや仕事のスタイルに応じて、職場に求めるものは様々であり、その様々な求めに応じる配慮をすれば満足度は高まると考える。東大の時「私は○○の研究が好きで堪らない。その好きなことをやっていてお給料が貰えるのだから贅沢は言いません」と言っている教授がいた。その教員が職場に求めるものを提供する際に、評価結果を考慮してより積極的な判断していくことができるだろう。

事柄により、あるものは学長・学部長の判断で決定できるとか、あるものは選考委員会のような組織で検討して決定するとか、あるものは何らかの基準を決めておき該当すれば実施するといった、やり方は様々であろうけれど、大事なことは、誰かが恣意的に決めるのではなく、評価の結果を参考として生かしつつ、業績や能力のある者への励ましや援助として活用されることであろう。

①研究費

東京大学の小宮山総長（当時）はいつも「カネカネ」と言っていたが、これは個人的に贅沢する金が欲しかったわけではなく、東大の研究を発展させるためには資金が必要だったからだ。特に自然科学系の研究は今や資金なくして進めることはできず、今日ノーベル賞を獲得できる立派な研究も三〇年前に若手研究者が一定の資金を使うことができてこそ実現したわけだ。

多くの大学教員は、自分は研究者であり、研究が一番重要だと考えているのだから、その研究費の配分においては大学教員としての評価を加味して配分する効果は大きい。外部の競争的資金はもっぱら研究の観点から配分機関により決定されるが、学内の研究資金は大学としての教員評価を活用できるはずだ。

②補助者

研究の推進は、今やチームプレイであり、研究室では猫の手も借りたいほどだ。外部の競争的資金の多くは間接経費が措置され、それによって研究補助者を雇用することができる。しかし、研究費の管理の作業も補助者の雇用業務も膨大であり、研究が進めば進むほど現場は疲弊しがちだ。競争的資金であれ大学の自己資金であれ、研究室をサポートする業務を行う補助者は必要で、その配分は学部の戦略的マターだ。その際にも、大学教員としての評価を加味して判断していけば効果は大きい。

③スペース

自然科学系であれば設備が増加すれば当然その置き場所が必要で、理科系学部が不便な郊外にあえて立地するのもそのためだ。文科系といえども、たくさんの資料や図書を手元に置いておきたいのは当然だ。スペースは、ヒト・カネと並ぶ重要事項で、学部間の取り合いの次には学部内での取り合いとなる。声の大きな有力教授が広くてよい場所を独占するのではなく、大学教員としての評価の高い者が広くてよい場所を得られるようにするべきだ。

④時間

教員が忙しいというのはどの分野でも共通の課題だが、特に文系の教員は諸活動を一人でやることが多く、時間が足りないというのは大きな悩みだ。文系の研究の振興策については、国の審議会等でしばしば取り上げられるが、なかなか名案がなく、結局、時間が欲しいということになる（カネももちろんある程度は欲しいけれど、たくさんもらっても使いきれず、かえって使うのに手間がかかる）。

では教員の時間を増やすにはどうすればいいのか。

基本的には教員を増やして、一人当たりの授業持ち時間や業務負担を軽くすればいい。これを一律平等に適用すると大変な財政負担になるので、大学教員としての評価結果を活用して重点配分することが考えられる。

サバティカルも時間の面での手法の一つと言える。大学によっては一律持ち回りでやっているところや学部長とのコネで決まるところもあるようだが、本当は大学教員としての評価を考慮して決定するべきだろう。

⑤顕彰

良い成果を上げたり良いことをしたりしたら、当然誉めたたえるべきであり、それは大学教員も同じだ。現在でも、教育優秀教員を選定したり、学生の授業評価アンケートで評価の高い者を公表したりしている大学はある。

もう一歩進めて、教育・研究・社会貢献・学内業務それぞれを視野に入れ、貢献度や評価の高い者の存在を見えるようにし、誉めたたえる習慣をつけるべきであろう。

一方、評価の結果、是正が必要だと思われる教員への対応については次節、「教員マネジメント」で述べる。

四　大学の教員マネジメントを考える

1　教員マネジメントの必要性

(1) 課題設定

中教審答申「高等教育のグランドデザイン」の柱の一つ「教育の質保証」を担保するため、「教学マネジメント指針」の策定が掲げられている。教学マネジメントとは「大学がその教育目的を達成するために行う管理運営や、その確立に当たって，学長のリーダーシップの下で，三つの方針に基づく体系的で組織的な教育の展開，その成果の点検・評価を行い，教育及び学修の質の向上に向けた不断の改善に取り組むことが必要」とされている（答申用語集。中教審大学分科会教学マネジメント特別委員会資料より）。

「教育及び学修の質の向上に向けた不断の改善」には、どんなにお膳立てを良くしても、実行役の教員のマネジメントは欠かせないのに、特別委員会の議事録には、教員の活動をより良く改善向上していくための組織的取組み、といった意味での「教員マネジメント」について議論されている様子が読めない。

殊更にこういう観点を強調するのは、日本の大学ではこのような観点からの課題意識があまり見られないし、実はそれが日本の大学の大きな弱点であり、大学改革がうまく進まない一因ではないかという疑問を私は持っているからだ。

教員の在り方については、多くの伝統的大学では大学の自治の名のもとに各部局に任され放置されてきた。各部局では学部長はいわば調整役で、大半の決定や活動は各教員に任され、その結果としてバラバラに教育が行われる傾向がある。他方では、経営優先志向の新設大学の一部では教員の在り方を真剣に考えてきたとは思われないような傾向（教員の水準の低下、不祥事の発生など）がみられるところもある。どちらにあっても、教学の向上のため教員の在り方をどう変えていくかという取組みは不十分であり、それが日本の大学の弱点は教育にあるという批判につながっているのだろう。

大学教員のあまり良くない状態については、ネットなどの匿名記事では多数書かれているが、信頼度の高い実名での論考はあまり多くない。周囲の教員からの反発を慮《おもんばか》ってのことであろうけれど、良くないことは良くないと正面切って言うべきである。経済学者の橘木俊詔氏は、『経済学部タチバナキ教授が見たニッポンの大学教授と大学生』（東洋経済新報社、二〇一五年）の中で、次のように証言している。

「学者の世界はまず自由で、だれにも干渉されず、たとえ研究を一切しなくても何の制裁も科されない。……公務員の身分保障や学問の自由の原則というようなことは、実は表向きの理由でしかない。実態はどこの大学でも、教授同士の間にお互いの研究業績や教育実績については口を挟まないという不文律があり、何をしていても、あるいはしていなくても、批判やプレッシャーに晒されることはなく、学内で大手を振っていられる雰囲気ができているのだ。まして大学の管理当局も、このムードには口を出せない。そういう特異な組織風土や身内意識こそが、日本の学者が浸かるぬるま湯の真相なのである。」

基本的に私も同感である。ただし補足すれば、そのような風土にもかかわらず厳しい努力を続けて熱意ある教育を実践したり、優れた業績を達成したりしていく尊敬するべき教員も多数いることを、私も経験的に知っている。また、分野別に見ると文系、理工系や医療系ごとの特徴はある程度あるものの、基本的にはどの分野でもどの問題も起きうる状況であると、これまでの経験から私は考えている。

(2)　日本の教員の特徴

それではこの状態を是正するために、どのようにすればいいのだろうか。上記の橘木氏の文章の中ではそのヒントとして、制裁を科すること、あるいは管理当局が口を出すことが示唆されているが、本当にそうしていいのだろうか。そうすることによって、優れた教育研究の達成がかえって実現しにくくなる恐れはないのだろうか。

これらの点については、諸外国でも取組みは様々であり、これが世界共通の望ましい取組みだという在り方を私はまだ見出だせていない。世界の大学について造詣の深い潮木守一氏は、『職業としての大学教授』（中公叢書、二〇〇九年）において、フランス、ドイツ、日本、アメリカの研究大学、アメリカの州立一般大学、イギリスの大学の「主要五か国の比較」表を作成している。日本を中心にまとめてみると次のとおりである。
○教員の中で教授の占める割合…日本は四〇％で最も高く、他国は一〇～二〇％台。
○終身職まで辿り着く期間…日本は三一歳で、フランス、アメリカの州立一般大学と並んで早い。他国は四〇歳頃と遅い。
○内部からの昇進と外部からの招聘のバランス…日本はほとんどが内部からの昇進、他国は外部からの招聘が多い。
○教員の価格（給与）の決め方…日本は政府の決めた給与表に準じて決まる。交渉の余地はない。他国は日本と同じ国と交渉で決まる国とがある。
○大学と教員の関係…日本は、教員にとって大学はシェルター。フランス、アメリカの一般州立大学も同じ。アメリカとドイツの研究大学は、大学は教員に投資する。イギリスは半々。
○大学外の職業への途中転職の壁…日本は途中転職困難。フランス、アメリカの一般州立大学も同じ。ドイツ、アメリカの研究大学、イギリスは、場合によっては途中転職可能。
○三〇歳代の生活費を大学内で確保できる機会…日本はほとんどない。フランス、アメリカの州立一般大学は多くない。ドイツ、アメリカの研究大学では多くある。

このように、日本の大学は、三〇代では生活費を獲得できず、しかし終身職までは早くたどり着き、途中転職もなく、決まった給与で処遇され、内部昇進を経た上で、多くの教員が教授に辿り着くことができる。大学は教員の保護地（または隠れ場所）だ。フランスとアメリカの一般州立大学がこれに似ていて、対極にあるのが、ドイツ、アメリカの研究大学、イギリスの研究大学である。アメリカ、イギリス、ドイツが高く、フランス、日本が低いという、今日の世界の大学評価に見事に合致しているといえよう。

橘木氏の描いたぬるま湯状態の背景として、潮木氏が分析したような仕組みがある。これを変えていくことが課題だ。

(3) アメリカも悩んでいる

さらに困難なのは、アメリカやイギリスの研究大学が理想的な在り方なのかというと、そうでもないという指摘もあることだ。アメリカのハーバード大学で長く学長を務めたデレック・ボックは、『アメリカの高等教育』（玉川大学出版部、二〇一五年）の中の第一〇章「改革の展望」で次のように述べている。

「大学は変化が非常に遅い、ということがしばしば言われる。デューク大学の元理事によれば、『もしこの世の終わりが間近に迫っていることを知ったら、デューク大学に来るだろう。なぜならば、ここではすべての時間がゆっくりとしか動かないからだ。』同じ意味で、教員は自校以外の全ての大学の改革を促すとしばしば批判される。」こういう言い方はただの愚痴になりがちだが、ボック元学長の偉いのは、それに続けて、この状態を変える手がかりを示していることだ。

「現行の教育法と学生の学びを支援するという教員が言明した責務との間に存在する矛盾は、改革を促す最も有効な誘因である。もし評価の結果が現行の教育法は教員が想定しているほど学生の学びを支援していないことを明確に示すならば、教員は幹部からの介入がなくても教育法を改めるであろう。……教育改革の鍵は、生じると仮定していた成果が、現行の教育法では得られないことを教員に示し、理解してもらうことである。一旦そのことが認識されれば、大学の教員が心の奥深くに抱く価値観は、彼らに修正案を探すように仕向けるであろう。」

このように、教員は大学に関する一定の価値観を持っており、データを示しその意義に気付かせることにより、教員は自ら改革へ動き出すはずだという、教員への信頼感に基づく楽観的な考えを表明している。

私は人の行為に関するこの考え方について、働く人は理念を共有することにより目標設定を行い、それを自律的に達成していくというドラッカーの『マネジメント』（ダイヤモンド社、二〇〇一年ほか）の考え方や、人は対話を通して何をするべきか自ら見出していくというカーネギーの『人を動かす』（創元社、一九三六年）の考え方に共通するアメリカの良心的で楽観的な見方を感じる。それで問題が解決するならそれでよいだろう。

(4) 日本での改善の方向は

それでは、日本の状況はどうなのだろうか。現代の大学教育の改革の動向について最も精通していると思われる教育学者の金子元久氏の『大学教育の再構築』（玉川大学出版部、二〇一三年）によれば、教育理念や個々の授業の位置付けを、一人ひとりの教員の枠を超えて、組織的に議論し、共有することが不可欠である、としたうえで、次のように述べている。

「学士課程教育を個々の学部学科の教授会のみによって管理するのではなく、それを全学的な観点から調整・管理するメカニズムが必要だということになる。」

「具体的な大学教育改革の鍵が、大学全体の視点からのイニシアティブと、個別の教員の主体的な努力の相互作用にあるとすると、その両者の間をどのように結びつけることができるかが、極めて重要な課題となる。」

「そのようなシステムを形成し、運営していく上では教員だけではなく、大学職員が果たすべき役割が大きい。そうした意味で、職員の専門性を形成し、教員と職員の間の効果的な協力体制を形成することが必要である。」

現実には、様々な局面があるのだから各種の手法の合わせ技でやっていくしかないだろう。①教員にデータを示し解決の方向を考えてもらい、実行するように粘り強く議論を重ねることにより望ましい改善を実現する自主性重視型、②執行部が望ましい在り方を明確に提示し、それを実現するための方策を打ち出す執行部主導型、③望ましい行動をとる教員は称賛し優遇し、望ましくない行動をとる教員は制裁を課し冷遇する制度化型、などが考えられる。

さらに、これらの方策を行うレベルについては、全学レベルで理事長・学長・執行部が行う場合、各部局レベルで学部長・学科長・部局の執行部が行う場合、各教員レベルで、教員の相互の働きかけや対話などにより行う場合、などに分けて考えられる。

私自身は、各教員レベルでの努力が①の自主性重視型により普及していくのがもちろん望ましいと考えるが、現実にはそれはなかなか動き出しが遅く、効果を発揮しないので、全学レベル、部局レベルでの②③の手法も適切に組み合わせて対処するべきと考えている。それでは以下順次、レベルごとに、具体的な取組みを例示しながら見ていこう。

2　全学レベルでの取組み

全学教員マネジメントの取組みは、例えば① 全学の教員の在り方に関して未来のあるべき姿を提示し、それを実現するための筋道を示すこと、②全学共通の教員マネジメントの枠組みを明示し、望ましい方向へ全学を誘導すること、

③称賛されるべき在り方は何であり非難されるべき在り方は何であるかを明確にし、それを実行すること、④全学の教員が自主的に望ましい在り方に進んでいくように条件を整備しつつ、注意深く導き、働きかけること、などが挙げられる。

(1)　未来のあるべき姿の提示と目標設定

言い換えると、将来ビジョンや中長期目標の設定と言ってもよい。様々なデータを駆使して、現状の教員がどのような状態であるかの実態を把握し、その強みと弱みを分析し、未来に向かってどのような姿を実現するかをできるだけ具体的に描く必要がある。将来ビジョンというと、将来の夢物語や美辞麗句を並べることと誤解している人が多いが、実はそれを具体化すると数値目標などのＫＰＩにつながり、あるべき姿に合致する教員の採用と人材育成をすることにつながるのだから、大変厳しい仕事なのだ。

多くの大学では、中長期計画などであるべき教育研究や経営像を記述しているはずである。であるならば、それを支え実行する教員像も、明示にせよ黙示にせよ想定しているはずであり、これからは未来の教員像を明確に示していく必要がある。その未来の教員像を実現するために現実的にどのような資源を投入できて、どのような手法で変えていくのかできるだけ具体的に想定し、実行しなければならない。さらに、どのような状態になったら目標達成と言えるのかを指標をもって示し、達成状況を見ながらさらに対処を検討するという進め方も必要であろう。これは全学のマネジメントと一貫したものであり、別個のものではなく、むしろその一部を為すものである。

あるべき教員像といっても、今後は様々な在り方が想定され、多様性への配慮が必要であろう。多様性があってもよいが全体として向上の方向に誘導するのが全学執行部の任務である。

(2)　教学マネジメントの枠組みを示し、全学を誘導

教育内容・教育方法は誰が決めるのか。授業を担当するのは個々の教員なのだからすべて教員の自主性に任せようというのはあまりにも古典的な考えであり、現代は通用しない。大きな方向は社会やステークホルダー、特に学生の

動向に着目して、大学全体の方向性をもって大学執行部がリーダーシップを発揮するべきだろう。

同時に現場の状況を一番把握し教員への働きかけの最前線となっている各部局の執行部は、全学の方針と、部局の現場の実態とを両睨みしながら具体的な方策を生み出していく必要がある。そして各教員は、教育者としての自らの理念と全学の方針の折り合いをつけ、部局の一員として議論に参加し合意を形成し、具体的に教育に取り組んでいく必要がある。

1) 三つのポリシーの策定

近年の動きとしては、入学、在学中の教育、卒業に関する三つのポリシーを明確に表示し、実行するという、中教審答申に沿った動きがあった。法令にも書かれたので全大学が取り組んだはずだが、学内での取組みの真剣さは大学によって差があっただろう。学長や執行部が適当に作文してHPに掲載しただけの大学もあるかもしれない。そうではなくて、各部局にも議論を徹底させ、部局ごとのポリシーを作成した上で全学のポリシーをまとめ、それを実現するための方策を具体的にヒト・モノ・カネの手当てをして、その上でポリシーを実現しようとしている大学もあるだろう。もちろん後者の大学が本物であり、この時代を乗り切る大学となるだろう。

さらに、三つのポリシーの実現のためには個々の教員の力が連携して発揮される必要があり、納得と共感の上で取組みが行われる必要がある。個々の教員がイヤだイヤだと言いながら形だけ取り組んでいるのではすぐに学生に見破られ、教育の効果は発揮されないだろう。逆に、多くの教員は各自の持つ教育理念と大学のポリシーが合致していると納得し、その上で自分は何を為すべきかを考え自主的に努力してくれる、そんな状態が形成されれば大きな教育効果があるだろう。三つのポリシーの策定そのものが、大きな研修の機会であり、合意形成の場であるような取組みの仕方をしたい。

2) 教育の在り方の革新

例えば、アクティブラーニングの普及定着が典型であり、教員が一定の知識を教え込む伝統的な知識注入型の授業ではなく、双方向・対話型で学生の主体性を引き出すことにより効果を発揮する教育方法への転換である。より根底的に考えれば、先述のドラッカーやカーネギーの考え方にも共通する、人の内面の価値観に働きかけ主体性を引き出すことにより学習や仕事をよりよく効果的に遂行しようとするものであろう。

このような方向は、私は、学生も、さらには職業人にも（その中には当然大学教員・職員も入る）共通に必要とする能力・態度であろうと考える。ところが実態は、このような新しい教育に必要な能力・態度が弱い教員がかなり存在し、新しい教育の展開の支障となっている面がある。新しい教育の在り方をどのように展開していったらよいのだろうか。

すでに中教審をはじめ各種の文献には教育改革の方向性の提言は出ているので、それらを用いて大学執行部が全学の教員に呼び掛けるぐらいのことはどの大学でもやっているだろう。しかし、それだけではなかなか普及定着し教育効果を上げるまでには到達しないので、マネジメントの手法を持って取組む必要がある。将来のあるべき姿は、各種の権威ある文献に出ているのでそれをわかりやすくまとめた上で、自分の大学ではどのように取り組んでいくかを整理する必要がある。ここでも将来ビジョンや中期目標・計画に位置付けて明示していくべきである。では本学の実態はどうか、既に新しい教育方法に取組んでいる教員はどれくらいいて、どのようにやっていて、その授業の効果はどうであるのか。逆に言うと、旧来の教育方法のままの教員はどれくらいいて、その授業の効果はどうであるのか。それらを調査分析して公開する必要がある。他の先進的大学の事例を調べ、ライバル校の取組み度合いを把握し、自校が当面目指すべき姿を描いてみる。

さらに条件整備が重要である。アクティブラーニングでも、キャリア教育でも、フィールド学習でも、実践型学習でも、授業内容・授業方法において、授業の時間区分や、学期区分や、教室の在り方や、授業補助者の配置などいろいろ工夫するべき点が出てくる。典型的なのは教室の在り方で、学生が同じ方向を向いて教員の話を聞く弁当箱型の教室は知識注入型の一斉授業用であり、それももちろん必要だろう。それに加えて、机や椅子を自由にレイアウトし、集団でのプレゼンテーションと少人数のディスカッションと一対一の対話などが柔軟に実現できる、フリーに使えるスペースが教室として必要である。

近年、大学図書館に新しい学習の場としてのラーニングコモンズがかなり整備されてきているが、ラーニングコモンズの考え方は一般の教室にもかなり応用でき、新しい学びの場の設置と新しい学び方の実現は表裏一体である。大学によってかなり活用されているケースもあれば、入れ物は新しくなったが授業は相変わらずだという差が付き始めているのではないか。

これらの取組みも、大学が必要な資源配分を行うことと、各部局がその環境を生かした授業を展開することと、各教員がその環境を駆使して新しい教育を実践し成果を上げることが、皆結びついて実現していくのだろう。

(3)　称賛あるいは非難を明確に

優れた授業を熱心に展開し学生からの評価も高い教員は、称賛するべきである。日本の古い組織（その典型が大学の教員組織だ）の体質として、たとえ良いことであっても突出して行い、まして称賛されるとなるとその足を引っ張って平等の沼に引き込もうとする力が働く。その点には注意深くして、本人に負担とならないような称賛の方法を工夫する必要があるが、称賛はするべきである。大学として優秀教員の表彰をしたり、学生の授業評価で高評価の者を公表したり、様々な方法が考えられるが、大学としてこのような方法で称賛するということを明示しておく必要がある。

そして大学としての賞賛は大きなイベントになるが、各部局での日常的な優れた取組みの紹介などは大いに行うべきである。授業の注目するべき実践の展開や学生の優れた活動の実践、研究の外部資金の獲得、研究成果の発表、社会貢献活動の紹介など、教員に関するグッドプラクティスの公表と紹介は、称賛の言葉を添えながら広く行うべきである。

逆に、教員として相応しくない行為、良くない行為も多くの大学で後を絶たないのが現実である。長年にわたり放置しておいて、良くない行為が繰り返され、困ったものだと言っているだけでは何の解決にもならない。非難あるいは制裁のルールを明確にし、きちんとした調査のうえ、結論を明確にして対処するべきである。

懲戒処分に該当するような事例については、国立大学においては法人化以前の公務員時代からの数多くの処分の実績の蓄積があり、どのような行為をすればどのような処置になるかおおよその相場はある。時代の変化により、ハラスメント、飲酒、研究不正など非難の程度が重くなってきた類型もあり要注意である。

私立大学においては、受験者への影響などを考慮してできるだけ良くないことの公表は避け、処分は発生させないという大学が多く、裏にこもってきたのが実態であろう。しかし今日、放置しておいた場合のリスクも大きく、かなりの私学でも処分が発生している。私は、教員が良くないことをした場合に、それは良くないことだという非難を明確にしなければその後の発生を防止することができず、私学への信頼は高まらないと考える。悪いことが起きても隠す体質が続いていたことが私学への社会的信頼が高まらない一因だと考える。これを是正するべきである。

この非難と制裁の在り方は、大学の姿勢としてきちんと示すべきであり、大学執行部の責任として明確にするべきである。

懲戒処分に至らない程度の良くない行為は、実は日常的に多数あり、これも放置すれば大きな良くない行為や組織全体の緩みにつながる。これらは職場の上司としての部局長（大学によっては学長）が注意を与え、叱責し、人間関係に問題がある場合などには配置を変えるなどの処置をする必要がある。そしてその事跡は人事管理上の記録を作成保存し、次の良くない行為の発生に備える必要がある。残念ながら、多くの良くない行為は繰り返されることが多い。

良くない行為を防止する最も有力な作用は、日常的な職場での教職員相互の働きかけである。して良いこと、良くないことを日常的に自然に話し合い、率直に注意し合うオープンな風土が必要である。古い封建制の風土が残る大学組織がそれを脱皮できるかどうかが試されている。

(4) 教員相互の自主的な働きかけの促進

ここまで何度も触れたように、教育の向上のためには個々の教員の日常的な努力が必要である。その努力を促進するためには、直接には部局の運営について責任を持つ部局執行部の取組みが重要であり、その背後から全学の運営について責任を持つ全学執行部が関わることになる。したがって、全学執行部の取組みとしては、部局の運営について部局長に指示あるいは要請あるいは情報提供して全学の方針を浸透させることと、全学の各教員に対して直接または間接に働きかけて全学の方針を趣旨徹底することの二つになる。

1) 学部長への働きかけ

大学執行部、特に学長と学部長の関係は大変親密なもので、全学部局長会議、教育研究評議会ほか、各種の委員会などで共にメンバーになっている者も多く、日常的に顔を合わせ、意見交換しているはずである。それにもかかわらず、多くの大学で、「学長が、部局が動かないので」と嘆いているのは、学部長個人の資質の問題もあるが、学部長の位置付けの問題が大きい。

学部長が学部教授会の選挙で選出されている場合には、いわば学部長は学部教授会の伝達役であり、学部教授会で授権された範囲内での動きしかできない。学長が、学部教授会の意向と異なる方針で動こうとするならば、いきなり方針表明するのではなく、まず学部長と内々の相談をし、それが熟した段階で発議するといった手間をかけるのが通例である。逆に、学部長が学長主導で指名される大学にあっては、学長の意向は通りやすいが、学部長の学部教授への指導力は弱くなりがちで、学長が直接学部教授会に働きかけることが必要になるケースもある。

何れにしても、学部長は教育研究と経営の要となる重要な位置にいるけれど、日本の大学の実態としては、ローテーションで二年程度の任期を務めるだけで、教員としての実力の養成も学部の教授への影響力の発揮も組織の長としての教育訓練も十分とは言えない。学部長の在り方は、日本の大学の大きな問題であり、教育マネジメントの大きな弱点となっている。

2) 学部教員への働きかけ

全学執行部の立場で現場教員に直接働きかける手法は限られており、全学執行部からは、自分たちがこれほど熱心に議論しているのに部局に伝わっていないようだ、との嘆きがしばしば聞こえてくる。現場教員からは逆に、全学執行部が何を考えているか全くわからない、学部長に聞いてもよくわからないというだけだ、との不満も聞こえてくる。大学はそのように意思疎通が難しい組織なのだ。

全学執行部が現場教員に働きかける学内コミュニケーションの手法としては、全学教員集会で執行部が直接対面で語りかけること（ただし大規模校では不可能）、ＨＰやメールマガジン、学内広報誌等の媒体を使うこと（ただしよく読まない教員が多い）、執行部が学部教授会へ出向いて行って直接説明し意見交換すること（部局の数だけ行かなければならず手間がかかるが、一年がかりでやろうと思えばできるし、効果も大きい）などが考えられる。私の経験でも、現場へ出向いて行っての直接の説明と意見交換は効果が大きく、そのあと懇親会でもやればなお効果的である。

３　学部・学科レベルでの取組み

学部・学科のマネジメントについては、これまであまり論じられてこなかったようであるが、全学マネジメントと現場教員との結節点であり、両者を旨く動かしていく動力源でもあり、重要な役割が期待される。その認識が不十分であったことが日本の大学マネジメントの弱点であったと言っても過言ではないであろう。

学部・学科ごとのマネジメントのポイントを、全学のポイントと対照させつつ順次見ていこう。すでに全学の記述の際、部局についてもかなり触れているので簡略に記述する。

1) 将来のあるべき姿の提示と目標設定する

全学のあるべき姿に即しつつ自学部・学科のあるべき姿を提示し、そのあるべき姿の実現に向けた目標設定をして、実現する。未来像であるとともに、実現可能な計画であり、具体的な目標設定が可能な設計をしなければならない。そして学部・学科の教員の議論を十分に行い、共通理解を形成し、目標を共有しなければならない。

2) 必要な資源の獲得と配分により取組みを実現する

学外、学内、学部内など様々なところから資源を獲得し、必要な施策に投入して具体的な取組みを実現していく。

ヒトについては、教員の人事が重要である。退職その他に伴う教員採用人事については、単に前任者に引き続く優秀な人をというのではなく、将来の学部・学科の在り方を見通し、学部・学科の発展や改組の方向を見据え、それに必要な専門分野の人材を獲得するようにする。新しい教育の在り方への配慮も必要である。モノについては、スペースの在り方が重要であり、建物の新設があってもなくても内部改修や配置換え等により必要なスペースを生み出していく必要がある。新しい教育の在り方に対応できる教室の確保、教員の研究室を単に従来型のスペースの取り合いにさせないで共同利用にしたり、合理的に配置換えしたりして効率的で快適なスペースが生み出されていくようにしたい。カネについては、大学によって配分方式が異なるので一律には言えないが、学部・学科全体として使用可能な財源を学部・学科全体として重点的に使えるように工夫する必要がある。

何れにせよ、個々の教員や研究室に任せてバラバラに運用するのではなく、学部長の指導力の下で様々な工夫を重ね、学部・学科全体として効果的な資源の配分と活用をする必要がある。

3) 様々な手法で優れた教員を誉め、問題のある教員を注意する

誉めるにせよ叱るにせよ、大きな案件は全学マターとなり所定のルールに従って処置することになるが、学部・学科レベルではむしろ日常のささやかに見える案件への働きかけが大事であろう。

教育研究や社会貢献での好ましい出来事については遠慮することなく学部執行部が誉めたり、ＨＰやポスターで掲示したり、会議等の機会に発表したりすればよい。そうやって、良いことをすれば皆が誉めたたえてくれるという雰囲気を作りたい。逆に良くない出来事については、公開の場ではなく、学部長室など目立たない部屋で少人数で、本人を説得して自覚を促す方向での注意を与える必要がある。それで反省する人と反省しない人がいるのはやむを得ない。繰り返せば対応がより厳しくなっていくことになる。緩んだ事象は見逃さないことが大切である。

4) 教員が自主的に望ましい動きをするように環境を整える

教員は自分の個室を持つことを好むが、同時に孤立感を持ち他の教員とのコミュニケーションがうまくできない人もいる。これに対しては例えば、組織的なＦＤの機会や、会議の場などで懇談する機会を持つほか、研究室の一隅に各教員が共通に寛いで使える談話コーナーあるいはサロンのスペースを用意し、そこでの自然な会話の中から新しいアイデアや取組みの工夫が生まれるように誘導したい。

4　各教員レベルでの取組み

全学的レベル、各学部・学科レベルの働きかけを受けて、現場の教員はどのような取組みを行えばよいのだろうか。

自ら研鑽を積み、教育研究の力量を高め、良き教員になろうとする全ての努力の積み重ねが必要であり、学部・学科でお膳立てしてくれた手法を利用してもよいし、自分でやり方を工夫してもよい。決まったパターンはないが、これまでの整理に倣って列挙すると次のようになろう。

①全学や学部・学科の示す将来の教育のあるべき姿と目標設定に対比させて、自己の将来像や目標を設定するとすればどのようになるかを考える。
②自分の求める教育の在り方を実現するためにどのような環境や条件を整備し、どのような努力をすればよいかを考える。このためには現在自分がやっていることを見える化し、その強みと弱みを点検し、強みを伸ばし弱みを補うにはどうすれば良いかを考える。
③周囲の教員の在り方を把握して、良い例には学び、良くない例には影響されないようにする。あるいは是正のために協力する。
④大学のＦＤ活動には参加し、各種の業務や活動にも関わりを持ち、その中で同僚教員や職員と情報交換や意見交換を行い、より良い在り方を追及する。

教員の仕事は生涯を通して向上を追及していくべき仕事であって、これで完成という状態はない。より良い状態を追及し続ける在り方こそが他の教員にも学生にも良い影響を与え、自己の満足度を高めるであろう。他の仕事では得難い優れた特性であり、選ばれた者だけが味わえる喜びであろう。

ここまでいろいろマネジメントとしての取組みを書いてきたが、教員の回想録などを聞いたり読んだりするとやはり影響が大きいのは、優れた指導教員、先輩、同僚などの影響力のようである。つまり、マネジメントの手法はあくまでより良くするための組織的なサポートの手法であり、教員に人生の生き方などの根本的で人格的な影響を与えるのは一期一会というような人との出会いの影響力が大きいのだろう。

しかしそこで思考停止してしまうと、人格的な出会いのあった教員は良いが、そうでない教員は向上の機会を得られないことになる。

やはり組織的に少なくとも一定程度の経験は全ての教員に保証するようにしなければならない。つまりマネジメントの手法により基礎的な経験は保証しつつ、それを超える経験は本人が研鑽を積み、道を進んでいくことにより得られるということになる。そして、そのように研鑽を積む教員が多数となれば、他の教員もうっかりはしていられない。自ずから、教育にも研究にも、社会貢献にも学内業務にも真剣に関わる教員が多数派となっていくだろう。そのような状態の実現を期待しながら今日もまた、ドブ掃除のようなマネジメントの業務に四苦八苦しながら取り組んでいくのが現実だ。

第四章　教学マネジメントを支える職員の役割と責任

一　これからの職員の人事マネジメント

1　大学職員の人事マネジメントの必要性

これからの大学が、少子高齢化、グローバル化、地域の振興、科学技術の進展、財政の困難などの課題を克服し、近未来に向けて教育研究などの機能を高度化していくためには何が必要だろうか。特に「高等教育のグランド・デザイン」答申のなかで教学マネジメントのが求められる上では、私は、大学の仕事を担っている理事長・学長などの大学執行部、大学教員、大学職員のそれぞれが力量を高め、役割を果たし、そのうえで一体となって仕事をしていくことが必要だと考える。本稿では主として大学職員について論じていきたい。

では現段階はどのような状態と見ればいいのだろうか。

一〇数年前までは恐らく多くの大学では、職員は定型的な日常業務に従事し、教員の指示の下で与えられた業務を遂行していればいいと考えられていたかもしれない。しかしこの間、国公立大学の法人化があり、一八歳人口の減少による私学の経営危機があり、学生の質の変化と新しい教育の展開があり、競争的資金による研究の推進があり、そして前述した教学マネジメントが求められている。それらに対応するためには職員が大きな役割を果たさなければならないとの認識が共有されてきただろう。そのためには従来のままの職員ではなく、課題を発見・解決する企画的業務、教員と協働して進める業務、大学執行部と一体となって行う業務が重要となってきた。これら新しい業務に対応できる新しい職員の在り方が求められている。

しかし、人が変化するというのは、簡単なことではない。古くからいる中高年層は、過去に習得した仕事のやり方を維持しようとする。終身雇用制のもとでは多少出来が悪くても解雇するわけにはいかないので、何とか新しい仕事のやり方を習得してもらうよう努力するほかない。期待されるのは新規参入してくる若者たちで、大学職員の仕事の社会的イメージはかなり上がっており、優秀でやる気がある若者が多く参入してくる傾向にある。しかし個々の職場では、古い体質の職員に囲まれた結果、新人もすぐに古い体質になるという現象もしばしばみられる。

このため、職員の在り方を変えるためには自然の流れに任せていてはいけないので、人事マネジメントの手法のもとで、強力に指導・介入していく必要がある。人事マネジメントといっても、特別の手法があるわけではなく、一般のマネジメントと同じく、中長期の目標を設定し、そのうえで毎年度の改善改革を計画的に進めていかなくてはならない。そのため、大学の将来ビジョン、中長期計画の確立、それを実現するための経営と教学の改善改革、それを担う教員と職員の人材の在り方などを列挙して、実現可能な取組みを同時並行に進めていくことが必要である。これらの職員の人材育成の取組みの全体を文書で明確に示し、毎年度着実に実績を上げつつ取り組んでいくことが重要である。その際、経営の在り方、教員の在り方も同時並行に改善改革することも当然必要である。

２　近未来の職員人事マネジメントの枠組み

参考までに諸外国の大学職員との比較をすると、アメリカでは、教員以外は、大学経営職、各分野の専門職、その他のルーティンを行うスタッフに区分されているようだ。各職の専門性が明確であり、入職時から分離しており、キャリアアップのためには大学院での学位取得が必要である。多くの職員は大学全体を考えるのは一部の経営職の仕事と見なしている模様である。他の諸国の状況はあまり情報がないが、大枠はアメリカと似ているようだ。

日本では、教員以外では職員として様々な役割が混在しており、高い専門性の確立には向いていないが、ローテーション人事により大学全体への視野を養い、職員の中で優れた者が経営職に到達することが可能である。多くの職員とモチベーションを分かち合うことができるが、年功序列と終身雇用の保守性に阻まれて人材育成と登用が進まない。これらは日本型雇用慣行に根差しており、大学のみならず一般企業でも共通であるが、多くの企業は厳しい経営環境を乗り切るため変容しつつある。昔ながらの牧歌的制度運用をしている大学の保守性が際立っているのではなかろうか。

近未来の職員人事マネジメントの枠組みを想定すると、日本型雇用は簡単には崩れないかもしれないが、風穴を開けていくことが必要であろう。特に、年功序列を排除して、実力本位の人材登用ができなければならない。同時に終身雇用職員にも専門性を高める取組みが必要である。職員の流動性を高め、かなりの部分に能力が確立した外部の人材を取り入れ、高い専門性は外部人材と内部養成人材の組み合わせで対処する。経営専門職についてはかなり若い時期から特別な養成訓練の機会を与え、試練を経て能力を高めさせる。多くの職員は、まじめに職務を遂行してもらい、ワークライフバランスを保持しつつ一定の貢献をしてもらう。

さらに、雇用の多様化が進む一方、ＡＩやＩＴの発達により業務の大幅な見直しが進めば、現在のルーティンワークを担当している職員の数は減り、政策決定や人間を相手にする業務や人間でなければできない業務に人を重点的に配置することになるだろう。あるいは、各大学で共通に必要とされる業務は外部の会社や組織に任せ、個々の大学の事務部門、特に管理系部門はできるだけ身軽になる方向となるであろう。

3　一般の専任職員の人材育成

多くの専任職員は、新卒一括採用され、人事ローテーションを経て職務経験を重ねていくのが現状である。今後様々な変形があるかもしれないが、現実的にはこれを踏まえて考えていく。人事マネジメントにおいては、採用、人事異動、研修、評価、給与、組織の在り方、業務の在り方などの全体を人材育成の観点から捉え直し、この職場で仕事することそのものが人材育成につながるような職場の在り方を目指したい。大学は、ブラック職場とは対極の人材成長職場でなければならない。

①採用

採用に当たっては、専門分野、出身大学、人間のタイプ、男女、様々な職務経歴のある者などできるだけ多様性を確保することが大事である。今後グローバル大学を目指すならば、外国人職員も当然採用するべきである。新卒一括採用ではなく、民間企業などを経験した者などからの採用も必要である。外部人材の獲得については、若い職員については新卒採用と同じくローテーション人事で育てていき、専門性の高い職歴豊富な者については、専門的職員確保の一環として行うことになる。いずれ人事の流動性が高まっていけば、誰が生え抜き（プロパー）か、誰が外部人材かなどという区分は、制度的にも職員自身の意識の上でも薄れていく。必要な人材を必要なポストに活用するようになるだろう。

②人事異動

人事異動については、若い時期はできるだけ幅広く経験し、経験を重ねるにつれ特定の分野を継続的に経験し、専門性を高めることが考えられる。もちろん様々なケースがあって、語学堪能職員などは初めから専門的人材として国際関係業務に特化してもらうことが考えられるが、一方、その人の将来を考えると他分野も経験して幅を広げておくことも必要である。このように人材育成は個別性が高いので、職員ポートフォリオを作成して、職務経歴、得意分野、本人の今後の希望などを把握しておく必要がある。そのうえで、主要な分野で活躍できそうな人材のリストアップを平素からしておく必要がある。

③研修

研修は、いわゆる「偉い人」の話を聞くだけの知識注入型の研修は最小限として、学生への教育と同じく、アクティブラーニング型を大幅に取り入れるべきである。双方向対話型で、今後何をしていくのかを立案し、提案し、発表し、議論し、できるだけ実践で生かしていくようにしたい。大学の授業と、職場での仕事のスタイルが一貫性を持つような在り方を、まず大学という職場で実現したい。研修でもあり、業務改善でもあるような取組みを増やしたい。また、外部の研修も大いに活用し、内部の研修と外部の研修トータルで人材育成していくようにしたい。

④評価

評価については、すでに目標管理方式（正しくは目標設定によるマネジメント方式）が多くの大学で採り入れられており、これを形式的にやるのではなく、職員の主体性を生かし、セルフマネジメント力を向上させる方向で活用したい。職員個人の自己点検評価が基本である。その評価で客観的に把握できた業務達成度を用いて限られた財源を重点配分していくのが給与決定である。評価結果は、給与決定に反映されるだけではなく、周囲の人たちの称賛や、次の人事異動で重要なポストに就くことなどで反映される。

⑤組織と業務

組織の在り方も柔軟性を持たせ、固定的な部課制から流動的なグループ・チーム制やプロジェクト方式に移行していくべきだろう。個人の才能が発揮され、必要な業務に人材が集中されるような組織の在り方にしなければならない。

業務の在り方も、より効率的に、同時に創造的になるように変えていかなくてはならない。現場から改善提案が次々に上がってきて、それが実現していくような職場に変えていかなくてはならない。

以上の全体をトータルに方針提示し、計画的に実行していけば、職員のレベルの向上は必ず実現すると考える。ただし、人の在り方を変えるには時間がかかるので、例えば一〇年間持続的に取組みを続けることができるかどうかがポイントであろう。

4　専門性の高い職員の育成確保

二〇一六年の大学設置基準の改正で、研修の義務化は実現したが、専門職の位置付けは実現しなかった。文科省の各専門分野を網羅した実態調査でも、実際に配置している大学も配置が必要だと考えている大学も、少数に留まったのでやむを得ないことであろう。しかし、必要だと考える大学は配置すればいいわけだから、大学独自の取組みとして専門性の高い職員の育成確保を行うべきであろう。

専門性の高い職員の育成確保については、採用時にその能力に着目した採用を行う方式、採用後にその分野の経験を継続的に積ませ高いレベルに到達させる方式、すでに高い能力と実績を発揮している人を他の組織等から獲得する方式がある。どの方式であれ適任者が獲得できればいいのだから、組織の必要に応じて実行すればいい。

その際大事なことは、その時点での能力適性だけではなく、その後の職業生活を見通してモチベーションを持ち続けることができる人事や処遇になっているかどうかだ。専門性の高い職員の雇用は競争的資金によって行われることが多く、任期付の雇用となるケースが多い。しかし本当にその仕事を組織が責任を持って将来とも遂行しようとするならば、終身雇用の専任職員として雇用するべきである。

また、専門性の高い職員が孤立した存在にならないように、当該分野に責任を持つ教員や職員が常時そばにいることで適切な意思疎通を図り、適切な業務分担を行う組織作りが必要である。専門的職員は、高度な専門的内容を理解しつつ、煩雑な事務業務も遂行できるというイメージなので、ともするとややこしい業務を何でも放り込む魔法のゴミ箱のように見なされることがある。しかし、専門的職員もプライドを持って才能を生かしたいのであり、教員と職員と専門的職員がチームとして機能するようにしなければならない。

5　非正規職員に関する課題

専任職員は、終身雇用、所定労働時間の勤務、不定形で多様な業務の担当、ローテーション人事などで特徴付けられるが、どれかがそうでない職員は、任期付き、短時間勤務、職種限定などで特徴付けられている（ここではまとめて非正規職員と呼んでおく）。

人件費節減のための正規職員の削減と並行して非正規職員の雇用は増大している。従来その雇用条件が曖昧なことが多かったため、様々な職場でのトラブルが生じていた。特に雇用期間については、労働契約法の改正により上限五年（研究に関する職については一〇年）と明確化されたが、その五年目が到来して各職場ではどのように対応しているのだろうか。その任期で雇用契約が終了するにせよ、継続雇用に転換するにせよ、正規職員に採用するにせよ、その対処方針を明確にしておく必要があろう。非正規職員に関するトラブルの多くは雇用時に雇用条件が曖昧であったり、契約更新について口当たりの良い説明をしたりすることで発生する。

非正規職員の方々にも、職場の正当な構成員として、一体感を持って勤務してもらうことが好ましい。そのため、情報の共有、行事への参加、意見の聴取と反映、適切な評価、研修の機会提供など、可能な範囲で配慮する必要がある。

さらに、一定の実績のある方々については、正規職員への登用の道を開いておく効果は高い。これは、一般の事務についても、高度の専門性のある業務についてもいえることである。

6　経営も変わる、教学も変わる

これからの大学経営においては、理事長・学長を中心とした執行部とそれを支える中枢の人材が重要である。その中枢人材は、アメリカであればＭＢＡをとって大学幹部へのキャリアを積んだ人となるであろうが、日本も何れはそうなるかもしれないが、まだ時間がかかりそうだ。現実的には、教員のうち経営の才能がある人、職員のうち企画能力の高い人、企業経営などを経験して大学に応用できる外部人材が考えられ、そのチームで取り組むことになるだろう。そこに参画して活躍できる人材を職員の中からも育成していく必要がある。

経営幹部としての人材育成は、例えば管理職になってからでは遅いので、若手職員のうちからその才能を見抜いて選抜し、難しい仕事を経験させながら育成していく。このことはどの組織でも実は事実上やっていることである。

経営幹部につながるものとして経験するべき仕事は、中長期計画の立案、理事長・学長の重点政策の展開、全学の情報の集約と方針への反映（ＩＲ機能）、戦略的広報の展開などが挙げられる。しかしこれらだけでなく、管理部門も教学部門も重要な仕事は大学としての政策決定に関わるものであり、多くの職員の支えがあって成り立っている業務である。職員はこれらの仕事を創意工夫と主体性を持って遂行するべきであり、その業務経験が将来の経営幹部の育成につながる。これからの大学経営に必要なのは、速やかで大胆な意思決定、データに基づく意思決定、長期的見通しを持った説得力のある意思決定であり、それを支える職員の業務を通しての育成が不可欠である。

また、教学面においても、職員の役割は大きくなっている。これまで教学は教員の専権事項であるかの如く考えられてきたが、学部学科ごと教員ごとに分立して好き勝手に授業をやっているならばそれでよいが、これからはそうはいかない。三つのポリシーに基づき全学として取り組むべき課題に対する方向性が重要である。

例えば、これからはアクティブラーニングを重視するとか、キャリア教育を重視するとか、社会人基礎力を重視するとか言っても、各教員に任せているだけでは実行されない。教育活動やキャンパスライフ全体を通して配慮していくことが必要であり、教員と職員が力を合わせて取り組んでいくことにより効果を上げる課題は多い。

いよいよ職員が教学面でも力を発揮するべき時代となってきた。

二　トータルプランによる職員養成の実践

１　今日の大学を取り巻く諸状況

本節では、東大、慶應、大正大学での実践経験を基に、これからの大学職員は、そしてこれからの大学経営ははどう変わっていったら良いか、それを考えるためには、これからの社会と大学がどう変わっていくのかを考えてみたい。まず、この一〇数年の大学を取り巻く諸状況を概観してみよう。

なんといっても大きい変化は、一八歳人口の減少と過剰な大学の収容規模である。だが、一八歳人口がどうなるかは一八年前から分かっていたのであり、その中で大学は設置基準を満たせば設置できるという原則を堅持し、全体の規模についての規制はかけてこなかったのだからこうなるのは当然である。大学の設置に対する意欲が予想以上に強く、新規参入が続く中から新たに社会のニーズに対応する大学が生まれることを考えると、この方針が誤っていたとは言えない。社会のニーズに応えられなかった大学は自らを変化させてニーズに対応するか、退出するしかない。

これと並行して、大学への進学率が拡大したことにより、大学に様々な学生が進学するようになり、学生の大学選択の視点が変化し、学生の進路も不明確になった。従来の大学の発想では受け止めきれない学生が増えたわけだが、そのような学生に入学してもらうことにより大学経営は成り立っているのだから、誰にも文句は言えないわけだ。学生の実態に適応した教育をしなければならない。

さらに、国の財政状況が危機的に悪化し、行財政改革が進められ、公的助成が弱体化してきた。大学行政では、設置認可などの事前規制が緩和されるとともに、認証評価などの事後評価が厳正化された。情報公開が徹底され、大学内の事実を、隠すことにより守るのではなく、見えるようにすることによって信頼を得る方向となった。

これらの方向は、政府レベルでは一連の教育再生実行会議の提言でも示されている。特に、教育の在り方については「大学教育の質的転換について」の中教審答申が二〇一二年になされ、各大学でも教育改革の取組みが行われている。

経営の在り方については、中教審から「大学のガバナンス改革の推進について」の中教審審議まとめが二〇一四年になされ、学校教育法及び国立大学法人法が改正され、再び「高等教育のグランドデザイン」答申により、さらなるガバナンスの強化が求められている。学校教育法の改正も閣議決定されている。高大連携についても、「高大接続の実現に向けた高等学校教育、大学教育、大学入学者選抜の一体的改革について」の中教審の答申がなされ、二〇二〇年度には大学入学共通テストが始まる。

これらの答申や制度改正があれば、その実行を促すための補助金等が措置され、各大学はその獲得に右往左往させられることになる。「これではまるで改革疲れだ」との嘆きもしばしば聞こえてくるが、大事なのは、各大学がどのような在り方を目指そうとしているかであり、国の補助金や制度の活用はあくまでその手段に過ぎない。大学の主体性こそが問われているのだ。これからの困難な時代を乗り切るためには、各大学は自らの力で魅力ある教育研究を実現しなければ存続できない。そしてそのためには、大学マネジメントの向上が不可欠なのだ。誰かが何かをしてくれないと言い訳するのではなく、やるべきことを自らやることだ。

ある大学へ行き、構成員が、「大学経営はどこかの誰かがやってくれるもの」と思っている大学は衰退する。構成員が、「大学経営は自分たち一人ひとりが担っている」と思っている大学は発展する。

2　近未来の社会の激変と大学

次に目を未来に転じ、二一世紀の半ばを想定して近未来の社会の大変化と大学の在り方を考えてみよう。もちろん未来予測は不確実であるが、長期的な取組みを進めるためには手がかりを集め、想像力を働かせて可能な限り描いてみよう。

(1)　超少子高齢化社会へ

高齢者が長生きする一方、少子化対策をある程度進めたとしても出生率が劇的に改善するとは思えない。したがって、一八歳人口の減少は不可避であり、二〇五〇年には現在の六〇％になるとの推計もある。少子高齢化は高度産業国家共通の現象であり、台湾、韓国は日本よりもさらに急激な少子高齢化が進むと予想されている。

これに対しては、年金・医療など社会保障の在り方の見直しや、労働の在り方の見直しが不可欠である。多くの人は長く働くようになり、人生の各ステップで職業能力の向上へのチャレンジが必要になる。大学はその需要に応えられるだろうか。従来型を維持しようとする大学は、一八歳人口の縮小に合わせて六〇％程度に縮小撤退を重ねることになる。一八歳人口以外の新しいマーケットを対象として開拓する大学は存続するが、自らを大きく変容させる必要がある。

⑵　グローバル化とローカル化

世界、特に東アジアは、産業も文化も、仕事も生活も一体不可分になっていく。主観的に隣国を嫌ってみても、商売の相手に隣国の人が多くなれば、仲良く付き合っていかなければならない。アジアの主要都市は多民族・多言語・多文化共生になっていく。すると大学では、教員も学生も使用言語もかなりの比率が日本語以外になっていく。教育内容・教育方法・教育水準も世界標準となっていき、教員も学生も国境を越えて流動していく。

一方、国内の地域は、衰退するところもあり、何らかの方策で存続する地域もある。多くの大学は地域を支えていくことが役割となり、このローカルへの貢献もやはり従来の大学を大きく変容させなければできない。

グローバル化もローカル化も、中小規模大学の方が対応力があり、今日繁栄している巨大大学は両方追求するという幻影をいつまで維持できるだろうか。

⑶　科学技術の発展とＩＴ化

先端科学技術の国際競争は激化する一方である。この競争に勝つためには、人材育成と資源投入が必要であり、各先進国とも財政難の中、科学技術への投資を止めることは競争から降りることになり、止められない。どこかで協調と協力の方向に変えなければならないが、むしろこれは政治の問題であろう。

また複雑で巨大な科学技術を、科学の専門家だけに任せておくことは危険である。市民の良識が科学をコントロールできなくてはならないが、そのためには市民が文理融合の知恵を身につけることが必要である。ＩＴ、人工知能の発達により、多くの仕事がロボットによって行われるようになる一方、ロボットでは代替できない人間の仕事の重要性は高まる。それに対応できる仕事能力を学習する必要がある。

情報通信の発達により、一流の授業が遠隔で公開される。その結果、大教室での知識伝達型授業は少なくなり、少人数・双方向・対話型授業が中心となる。大学は価値創造型授業の場となる。

(4) 国家財政の危機

一〇〇〇兆円の借金をした国がいつまでも繁栄を続けることができるはずがない。いつか国家財政は破たんし、または、破たんを回避するために超緊縮となる。したがって、大学に対する国の財政も激減し、国立大学を直撃する。国立大学運営費交付金の減により、国立大学は再編縮小への道を辿る。

私学への国の資金は一〇％と少ないので、これがさらに減っても生き延びる力を多くの私学は持っている。しかしそのためには、苦しくなる家計のもとで学納金を負担してくれる保護者（主として父母）を納得させるだけの教育を展開しなければならない。

産業界も大学も、存続するためには協力関係が必要であり、従来型の産学連携のみならず、人材養成と産業振興を結び付けて進めていく体制が必要となる。

3　近未来の大学像

以上のような社会の変化を想定しつつ、近未来の大学像を考えてみよう。

(1) さらなる多様化

大学の在り方がさらに多様となり、一つの像では描ききれないことだ。例えば、①世界水準の研究を中心とした大学、

②高度専門職・職業人養成を中心とした大学、③健全な市民のためのリベラル・アーツ中心の大学、④多様な職業能力の養成普及を中心とした大学、⑤中等教育の補充機能を中心とした大学、などである。

このうち、①〜③まではこれまで大学関係者も論じていたが、これからの大学は④⑤も正面から取り上げて正当な大学の機能として論じるべきだ。実態は既に④⑤の学生も入れて大学は成り立っており、社会的にもそれらの若者に教育を施すことは重要な大学の役割となっており、今後はますます必要となるだろう。ただし、そのためには大学の教育も教員の在り方も変わらなければならない。

(2) 大学の概念の拡張

日本の学校制度の悪弊は、制度を固く考えて、その枠組みで捉えきれない現象を位置付ける必要が出た場合には、新しい制度を作ったり例外措置を位置付けたり細かい改正を重ねることになることだ。最近の専門職大学の動きもその一例で、実は大学の在り方を柔軟に捉えれば済む問題だと私は考える。長いスパンで捉えれば、専修学校・各種学校、職業能力開発学校などの中等教育以後の教育機関は皆大学として（あるいは大学と同等として）位置付けていくことになるだろう。営利企業や外国大学が関与する形態も参入するだろう。要するに外形ではなく、実質で適否を判断していく時代になるだろう。

教育形態も様々となり、今もすでに出始めているが、オンライン学習や単位累積加算型学習も普及していくだろう。ＡＩや遠隔通信の飛躍的発達などにより、現在では想定できない設置形態、教育内容・方法、教員、学生が現れるかもしれない。このような変化を、古い大学概念から見て堕落と受け止めるのではなく、新しい可能性を開くものとして積極的に捉える国や大学が生き残るだろう。

(3) 新規参入と退出が繰り返される

現状でも大学の規模が過大であり、新規参入を規制せよとの議論があるが、それは保護主義的な停滞への道だと考える。学生の選択や財政事情により重要度が低くなった大学のある程度の退出は避けられない。逆に、社会の変化に応じた新規需要は必ず一定程度はあるのだから、そこを敏感に的確に受け止める機能は維持しなければならない。社会の変化と大学の現状のギャップをいかに埋められるか、大学が痛みに耐えて進化できるかが問われている。

(4)　安定状態はなく、絶えず変化することが常態に

社会の変化に対応する大学の変化を改革と呼ぶとすれば、社会の変化は終わらない、むしろ加速するのだから、大学の変化を求める大学改革は終わらない。社会が変化する限り、大学改革は永続する。もちろん古い在り方を保つことができる大学も一部あるかもしれないが、極少数だろうし、変化の影響を免れることはできない。嘆いている者は置いて行かれ、守りに入る大学は滅び、変化の中で新しい在り方を創造する大学は生き残るだろう。

4　多様化する大学職員の類型

ここで、次は「大学経営を変える」を論じ、「大学の仕事の担い手は誰か」を論じ、「教員も変わる」を論じたいところであるが、前の二章で述べているので省略し、大学職員の在り方に議論を移す。

ポイントは、社会の変化に応じて大学が変化していくためには、大学の経営の在り方も変わらなければならない。大学の経営が変わるためには、教員や職員の在り方も変わらなければならない。なぜなら、大学の経営を支えるのは、どこかに素晴らしい専門家がいるわけではなく、現在いる教員がよく勉強するか、内部の職員が能力を高めるか、内部に人材がいない場合には外部の人材に大学のことをよく知ってもらったうえで来てもらうかしかない。

特に事務職員等の職員については、長年にわたり教員よりも一段低く見なされ、権限や責任を持たされることなく、指示された定型的な仕事をこなすことに甘んじてきた実態がある。しかし、近年の大学を取り巻く社会環境の変化に伴い、大学が変化しより良い教育研究を展開しつつ生き残るためには、職員も変化して経営と教育研究を支えなければならなくなってきた。

そのためには、職員の能力を高める人材の確保と育成が大事であり、職員に権限と責任を与えて活躍してもらう必

要がある。経営が古いままで職員にしっかりやれというのは無理な注文であり、経営を変えることと職員を変えることとは同時並行に行わなければならない。

近未来を展望すると、大学の在り方が複雑多様になると同時に、それを支える職員の在り方も複雑多様になると考えられる。いくつかの類型に分けて考えてみよう。

(1)　特定の分野の専門性を高めていく職員

職員の専門性を巡っては様々な議論がなされているが、すでに専門的な職として確立しているのは、看護師・診療放射線技師・理学療法士などの医療系職員、自然科学系分野を中心とした技術職員、司書などの図書系職員などが挙げられる。これらはスキルの体系が明確であり、その専門職集団での職位と報酬の体系が確立され、人材養成の道筋が描かれているという共通点がある（技術職員は大学によってばらつきがあるが）。国家資格によって裏付けられていることが大きい。

これらの集団は、専門職としてのまとまりは強いが、逆に大学組織の中で、事務職員など他の職員との連携協力という面ではしばしば壁を作りがちである。日本型の業務分掌が柔軟にできている組織の中で、仕事の境界について折り合いをつけていく必要がある。またそれぞれ、職の体系が一応できているとはいえ、専門性の内実をさらに明確にして、どうすればステップアップできるかという道筋が見えるようにしたい。

これらのすでに確立している専門職のほかに、教員の手には余るが職員の仕事と言うには高度の専門性が求められる職について議論がなされている。第三の職という言い方もされることがあるが、現在大学の職を教員とそれ以外と区分けするのが通念となっていることから、その位置付けには「そうは言ってもやはり教員以外の職員ではないか」という冷めた見方もある。

この形成途上の専門職としては、研究支援に関するＵＲＡ、データを用いた大学意思決定支援をするＩＲが取り上げられることが多い。徐々に各大学に広まりつつはあるが、その専門的なスキルの体系やスキルアップの方法、人材育成の道筋などについてまだ十分な共通理解ができているとはいえず、実態も様々である。大学設置基準の改正に関してかなりの議論がされたものの制度化は見送りとなったのは、必要性は認められるが職としての確立が未完成と見なされたからだろう。関係者のさらなる努力により、職としての確立に向けての基礎作業を続ける必要がある。

さらには、管理運営の分野、学生支援やカリキュラムマネジメントの分野、国際交流や情報・ＩＴの分野なども考えられ、突き詰めて言えば現在職員が行っている多くの仕事は専門職の仕事となり、職員の多くも専門職としての能力を身につける時代が来るだろう。現在でもジョブローテーションと言いながら多くの職員は関連ある業務に続けて従事している。これを単なるローテーションではなく、スキルアップを伴うローテーションとする必要がある。いずれにしても、専門的な業務内容、そのレベル区分、能力の確認方法などを確立していく必要がある。また、ＵＲＡについては外部人材が多いこともあり、当面は教員 ― 高度専門職 ― 一般の事務職員の連携が必要である。専門職の確立は一挙には進まないが、継続的に目指して努力を重ねるべきである。

(2) 多様な業務を経験しつつ、組織のリーダーとなっていく職員

上述のように、これからは多くの職員が何らかの専門性を持つことが必要であるが、同時に、全体への視野を持つように多様な分野の経験も必要である。私は東大在任時に、若い時期にいくつかの業務を経験し徐々に専門性を高める方式を推奨したが、今でもその考えは変わらない。

特に現状の大学職員で不足しているのは、組織の仕事の方向性を考えだし主導的に牽引するリーダーである。リーダーは放置していては現れないので、計画的に養成する必要がある。多くの組織では、組織全体を見渡すような業務や企画立案業務・連絡調整業務・クリティカルな仕事などを優秀な職員に次々に経験させる方法はよくみられる。これからは、大学院教育、他の機関・組織の経験、海外経験、平素からの組織外の広い交流の蓄積などが有効であろう。

(3) 定型的な業務を着実に遂行する職員

大学の業務には定型的な業務が多いことは事実である。大勢いるように見える職員も決して遊んでいるわけではなく、熱心にたくさんの仕事、定型的な仕事を処理しているのである。これに対しては、徹底的な業務改善が必要である。

無駄な仕事をなくすためには、組織の在り方も変え、仕事の在り方も変えなければならない。一〇～二〇年前にはシステム化によってかなりの業務改善が進んだが、近い将来はＡＩの発達普及により、多くの定型的業務は消えてしまうと言われている。

同時に、人の雇用の在り方も変わり、終身雇用はただ長くいるだけではなく、長くいることにより良い仕事ができるようになることが求められる。定型的業務を行う古いタイプの職員は定型的業務の縮小に伴って姿を消し、有期雇用職員・派遣職員、業務の外注化、大学間の共同処理などの多様な形態がさらに広がるだろう。

５　大学職員は変わる

それではどのようにすれば大学職員は変わるようになるのか。多くの大学で悩んでいることである。これに対しては、私は、大学としての努力と職員側での努力が合致した時に効果が出ると考える。職員側の努力は放置していたのでは大きな動きになりにくいので、大学側の働きかけが重要である。大学側の働きかけは、変わることの呼びかけなど意識面の働きかけも重要であるが、意識は行動を変えることにより変わるものであり、一定の仕組みを作って職員の行動を変えるようにする必要がある。しかもその働きかけは、特定の個別課題（人事、評価、組織、業務など）ごとに行うのでは単発的であり、職員の抱えるすべての問題を洗い出し、どの課題も関連があるので、それらを同時並行的に変えていくことが効果的である。

私はこの手法を東大の時に「事務職員等の人事・業務・組織の改善プラン」として進め、一定の効果を上げたと考えている。いわば、変化のためのトータルプラン方式であり、どの大学でも応用できるものだと考えている。詳細は拙著『大学職員は変わる』（学校経理研究会、二〇〇四年）に記述してあるが、ここではそのエッセンスを述べる。

⑴　どのような大学職員像を描くのか

まず目標としてのあるべき職員像の提示が必要である。東大の時は初めからきちんと記述したわけではなく、法人化の作業を通して様々な呼びかけをし、ある時それをまとめて記述したものであり、結果としてはよくまとまっているので今でも使っている。次の六項目である。

- ・組織の活力の発揮と職員個人の職業生活の幸福の実現が両立できるようにする。
- ・各職員が、採用から退職まで、能力を向上させつつ、手ごたえのある職業生活が送れるようにする。
- ・各職員が、自分の得意分野・専門分野を持ちながら、大学の仕事全般への視野も持てるようにする。
- ・各職員が、指示されたことをやるだけでなく、自分の意見を持ち、創意工夫を発揮できるようにする。
- ・各職員が、周囲の人と気持ちよく理解しあい、支えあい、喜びを分かち合えるようにする。
- ・各職員が、心身ともに健康で、誇りを持って人に語りうる仕事ができるようにする。

これに対し、私からの呼びかけだけではなく、職員自らの発言がほしいと若手職員のプロジェクトチームを編成し、提案してもらったところ、大変熱心に討議や調査を重ね、「東大職員ミッション」と「東大職員7か条」をまとめてくれた。

(2)　人事異動は人材育成の視点で

職員の大きな関心事である人事について、職員は突然天の声によって動かされるもののように感じていた。私はそうではなく、大学側の適材適所の観点と、本人の人材育成の観点のすり合わせと捉えた。大学側は人事異動のガイドラインを明確にし、人事異動をある程度予測可能とした。このため、全部の課の仕事の概要と学習のポイントを記述した『キャリアガイド』（学校経理研究会、二〇〇七年）を作成した。各職員には自分の中長期及び短期のキャリアプランを考えてもらい、毎年作成する職員調書に記述してもらった。

新規採用は、国大協による統一試験のほか、東京大学独自の採用試験、非常勤職員からの登用試験を制度化し多様化した。特に独自採用試験は東京大学卒業者が採用者のほぼ半分を占め、その他の大学卒業者も同じく優秀で、優秀な職員の採用に成功した。初任者研修を三カ月行い、初めは本部に配属して研修を充実し、全学的視野を持たせた。採用、研修には若手の先輩職員を活用し、メンターとしても活用した。

人事異動のガイドラインは、新規採用後は二～三年ごとに異動して多様な経験をし、三〇代で各自のキャリアプランを明確にし、専門分野を選択する、それ以後は一箇所に長く在職して専門性を高めるというものだった。影響力が大きかったのは課長・事務長登用試験の実施で、年功序列を排除し、学内公募による実力本位の登用とした。これにより若手幹部と女性幹部の登用が進んだ。

研修はお仕着せではなく、自己啓発重視とし、意見発表と討論を大幅に取り入れた。今日でいうアクティブラーニングであり、教授会等でもきちんと発言できる幹部職員の実現につながった。

(3) 評価の基本はコミュニケーション

東大では、国立大学の中ではいち早く目標管理制度を取り入れ、評価の基本は点数をつけることではなく、上司と部下とのコミュニケーションの促進であると説明した。目標管理制度は慶應義塾大学でも行われており、大正大学では二〇一六年から実行されている。

目標管理の評定は絶対評価であるが、昇任・昇格、昇給・手当への反映は限られた財源の配分で相対評価にならざるを得ない。慶應義塾大学と大正大学では四〇歳ごろまでは横一線の昇進をするが、管理職登用は試験選抜で、それ以後は成果に基づく給与決定とする体系となっている。

ここで重要なのは、業務の構造の把握であり、組織と個人を結び付ける捉え方である。組織としては大学全体の年度計画があり、それを受けて部や課の計画が設定される。各課で課の年度業務計画表と業務担当者の業務分担表が定まれば、職員個人の達成目標の設定ができる。そして年度末には業務の達成状況を見て大学と部や課の年度報告が記述される。同時に職員個人についても年間業務の達成度が判定される。このように大学全体（組織）と職員（Aさん）の評価は実は結びついているのであり、これを見えるようにすることが重要である。大正大学では、組織のマネジメントサイクルと教職員個人のマネジメントサイクルがきちんと回るようにしようとしている。

(4) 組織改善はフラット化と柔軟化で

東大の場合は、古くからのピラミッド型の組織構造を壊し、フラットで柔軟な組織にすることが課題だった。そこで、中間管理職をなくし、リーダーとメンバーが直接結びつき、リーダーがメンバーの人事管理と業務管理を行うようにした。

慶應義塾大学と大正大学は、すでに職員数が切り詰められ、否応なしにフラットな構造となっていた。大正大学では長年の蓄積により部が細分化されていたので、部の数を半減して大くくりの部とした。小さな組織なのに縦割り・蛸壷の意識が強かったのに対して、部長の任務の半分は全学的課題だとした。

(5) 全員参加による自律的な業務改善

業務の改善は、実務に精通した担当者自らが進んで行う必要がある。去年よりも一歩改善したやり方をするということは、昨年より一歩向上した自分を実現することである。全職員の自律的な取組みを促進するため、一種の大衆運動として行った。

年二回全学で提案募集を行い、優秀者（グループ）には総長表彰を安田講堂で行い、発表会を行った。幸い現在も継続して取り組まれており、ＨＰで公表されている。

(6) 意思疎通の円滑化

大学での難関は意思疎通の円滑化である。本部と部局、教員と職員、ほっておいたらバラバラになりがちな組織体質であるが、事務組織は全学共通ルールで動く協調の基盤である。職員からの発信、職員への発信を大切にしようとしたが、これをやればできるという決め手はいまだに見つからない。結局、直接対面の対話を疲れることなく繰り返す必要があり、近道はない。学生への教育でアクティブラーニングが重要なのと同じく、教職員との対話もアクティブラーニングなのだ。

6　まとめ

大学は企業とは違うと言われることが多いが、私は組織のマネジメントや職員の人材養成では共通点が多いと考えている。長い経験と蓄積のある優秀な企業から学ぶべきことは多い。特に、大学職員と優秀企業の社員の、人材育成の視点と手法は次のようにほぼ共通である。

- 経済性を追求するとともに、社会的使命を重視する。
- 社内の切磋琢磨を促進するとともに、一体感を重視する。
- 長期的観点からの人材確保と育成を重視する。

また、大学職員の育成は、学生への教育と共通性が高いと考える。自校の大学職員のあるべき姿は、その大学が育てようとする学生像と一致するはずだ。もしも一致していない場合は、どちらかが間違っていると考えた方がいい。

大学職員は、最も身近な社会人であり、その働いている姿が学生のロールモデルである。生涯学習時代の学習のポイントは、学生であれ、社会人であれ、その一員としての大学職員であれ、共通のはずである。

私は以上のような問題意識で職員養成を考えている。

三　トータルプランで職員の力を高める

1　大学職員の能力をどう捉えるか

(1) 能力の様々な捉え方

大学職員の能力の向上を考えるに当たっては、職員の能力をどう捉えるかを考えなくてはならない。職員の能力の捉え方については様々な人が様々に言っているが、私は、学校教育で育てようとしている力が参考になると思う。なぜなら私は、初等中等教育で育てようとする力と、高等教育で育てようとする力と、職場で必要とする力は、一貫して捉えなければならないと考えているからだ。もちろん段階に応じて重点になる部分や現れ方は異なるが、基本は一貫しているべきだろう。

では、代表的な力の捉え方を見てみよう。

①学士力

二〇〇八年の中央教育審議会答申で提唱されたものであり、次の四つの内容からなっている。

ア 知識・理解（文化、社会、自然等）
イ 汎用的技能（コミュニケーションスキル、数量的スキル、問題解決能力等）
ウ 態度・志向性（自己管理力、チームワーク、倫理観、社会的責任等）
エ 総合的な学習経験と創造的思考力

②社会人基礎力

二〇〇六年に経済産業省の有識者会議が提唱したもので、職場や地域社会で多様な人々と仕事をしていくために必要な基礎的な力として三つの能力と一二の能力要素が提唱された。

ア 前に踏み出す力（アクション）…主体性、働きかけ力、実行力

イ 考え抜く力（シンキング）…課題発見力、計画力、想像力
ウ チームで働く力（チームワーク）…発信力、傾聴力、柔軟性、情況把握力、規律性、ストレスコントロール

ただし、この社会人基礎力は、基礎学力、専門知識、人間性・基本的な生活習慣があることを前提として成り立っている。

③学力の三要素

現行学校教育法で示されたものである。

ア 基礎的・基本的な知識・技能
イ 知識・技能を活用して課題を解決するために必要な思考力・判断力・表現力等
ウ 主体的に学習に取り組む態度

それぞれもっともな整理であるが、能力を「〇〇力」として列挙していっても、「〇〇力」はみな重なりあったり境界が曖昧であったりするので、混とんとするばかりだ。実務的には、ある程度大くくりにまとめて、その内容はなんであり、その力を育てるにはどうするか、測定するにはどうするかを同時に考えなくてはならない。

私は、「学士力」を参考に使うことが多く、これを大学職員に適用して、次のように考えている。

ア 大学の業務に関する専門的な知識・理解
〇大学に関する基礎的知識・理解（大学、科学、経営、マネジメント）
〇業務分野ごとの実践的知識・理解（教育、学生支援、研究、国際、情報、総務、人事、財務など）
これらは、学習や業務を通して習得可能であり、テキストの作成や達成度の測定もある程度可能である。
イ 職業生活や社会生活全般で必要な技能
〇コミュニケーションスキル、数量的スキル、情報リテラシー、論理的思考力、問題解決力
これらの一部は学習や業務を通して習得可能であるが、入職以前に体得しておくべき技能も多い。ここにはテキストの作成や達成度の測定可能なものもある。

ウ 態度・意欲
○自己管理力、チームワーク、リーダーシップ、倫理観、市民としての社会的責任、生涯学習力
これらの一部は入職以前の学校教育、社会教育、家庭教育で育てられるものであるが、職業生活を通して育まれていく面もある。テキストの作成や達成度の測定は難しいが、この育成のための努力は続けなければならない。
エ 創造的思考力
○課題を発見し解決する力、企画・立案・実行する力、自ら考え、判断し、行動する力
いわば、総合的、全人格的能力であり、テキストの作成や達成度の客観的判定は難しいが、見る人が見ればこの人物にその力があるかどうかはすぐにわかるという特性がある。それを見分ける側が総合判断の努力を続けなければならない。

能力判定で難しいのは、人間は変わり得る、ということだ。それまで平凡な人だと見られていた人が、危機的な状況に直面して驚くべき力を発揮することがある。逆に、有能と思われていた人が、大事なところで決断できず機を逸することもある。人間の能力は予測困難だと言ってしまえばそれまでだが、予測が難しいことは承知の上で最善の人事上の選択をするべきだろう。そのため日頃から様々なシミュレーションをして、多くの職員に能力向上のチャンスを与えておく必要がある。

2　職員の能力をどう伸ばすか

(1)　能力のある人を採用する

当然のことながら、入職後に能力を伸ばすのは大変だし当たりはずれがあるので、すでに能力のある人を採用したい。しかしその見極めが難しい。そのため、採用に至る能力判定も多面的に行わなければならない。
通常行われるのはペーパーテストやＳＰＩであり、知的に一定水準の能力があることは確認できる。論文を書かせ

れば文章力や論理的思考力が一応分かるがまだ決定的ではない。どの組織でも最も重視されるのは面接であり、面接者の眼力、人間力が試されるときでもある。説得力ある面接をしなければ有能な人は来ない。

大学での学力判定が厳格化すれば大学作成の調査書が有効な資料になるかもしれないが、大学自身が大学の調査書を信用していないのが現状である。大学は、就職先で信頼される調査書を作成するべきであり、それは、平素の成績評価をデータに基づき、その学生が何を行ったかが分かるように記述するべきである。

個々人の判定だけではなく、チームとしてどのようなメンバーを揃えるかという点も重要である。安易な採用をすると皆同じような同質集団になってしまうが、多様性が大事である。そのため、タイプの異なる人材を意識的に集めるべきだ。男性と女性、理系と文系、外国人、自大学卒業生と他大学卒業生、新規卒業者と既卒で社会人経験者など、できるだけ多様な方がいい。これからは専門性に着目した経験者の採用が増えるだろう。また、近い将来大学院で学位取得は入職前であれ入職後であれ必要になるだろう。

いまや大学職員は社会的に魅力ある職業として認知されつつあり、有能な人材が参入してきている。この機会に有能な人材を思い切り採用するべきであり、入職後他へ転出することを恐れてはならない。他の組織から欲しいと思われるような人材のプールとなるべきである。

⑵　職場での業務を通した成長

職場で業務を行うことが成長につながること、これが職員の成長の本命である。これがなければ、終身雇用も、目標によるマネジメントも、ワークライフバランスもない。採用、人事、評価、組織、業務、の全ての場面で職員の成長のために仕掛けを組み込まなければならない。私がこの一〇年間トータルプラン方式を推奨しているのはそのためである。

昔はＯＪＴが行われていたが、現在は忙しくなってそれどころではなくなった。という意見がある。しかしどんなに忙しくても、職員の成長への配慮は可能である。職員の成長は、人事担当だけが意識するのではなく、職員全員、特に幹部職員全員が心がけるべきことである。現状ではそれができない者が幹部となっているので不具合が生じている。一日も早く年功序列を排して、実力本位の幹部登用とする必要がある。誤解してはならないのは、部下を消耗品のようにすり減らして業績を上げるのは幹部として実力があるのではないということだ。部下の成長に配慮したうえで業績を上げるのが本当の幹部の実力である。

(3) 業務を離れての学習

業務とは時間と場所を分けて行う研修には様々なやり方がある。詳細は次項で書くが、その内容・方法は業務とのつながりに配慮されなければならない。また、学生に対する教育効果がある例を参考とすると、受講者の主体性を生かした研修、双方向対話型の研修、アクティブラーニングを取り入れた研修が効果的であり、様々な工夫が可能である。研修を充実することは、職員に対し大学はあなた方の成長を気にかけていますよ、というメッセージであり、職員の求心力を高める効果がある。昼間の講師の話は忘れても夜の情報交換会のことは忘れないという人が多いのももっともである。

また、大学側がお膳立てするばかりでなく、職員の自主的な勉強会があるべきだ。大学内でもいいし、大学を超えて職員が集まってもよい。そのような自主的な学習活動がない組織は活力がないと言わざるをえない。

(4) 本人の持続的努力

しかし、これら職場側からの働きかけだけでは十分ではない。何よりも大切なのは、本人の持続的努力であり、日々継続する幅広い多様な知的探求である。

と言っても大げさなものばかりではなく、社会の動きについて議論する、新聞やメディア、諸資料に目を通すこと、読書することなど幅広く考えればよい。社会問題や国際関係や科学上の出来事や企業などの経営問題など、大学の参考になるものが多い。いわば大学の仕事は生涯学習を必要とする仕事である。学習が好きだからこそ大学職員という仕事を選んだのだろうから、いまさら勉強したくないとは言えないだろう。

なお、ここで学習や勉強と言っているのは、受験勉強のような勉強ではなく、知的好奇心の発露する勉強であり、教員の研究の根源と共通するものである。面白ければ続く勉強である。

3　研修の多様な在り方

(1) 大学設置基準の改正

二〇一六年三月に大学設置基準が改正され、「第四三条の三」が新設された（施行は二〇一七年四月）。

> （第四三条の三）大学等は、当該大学の教育研究活動の適切かつ効果的な運営を図るため、その職員に必要な知識及び技能を習得させ、並びにその能力及び資質を向上させるための、研修の機会を設けることその他必要な取組を行うものとする。

文部科学省自身の注によると、「職員」は、教員、事務職員、技術職員を含む概念である。「研修の機会」は、自大学のみならず、外部の資源も積極的に有効活用する必要がある。「その他必要な取組」は、研修のみならず、人材のキャリアパスを見据え、適材適所の人材育成・活用・評価という戦略的観点から研修を位置付けることが重要である。

ここで重要なのは、研修を単体で捉えるのではなく、人事・評価・組織の在り方・業務の在り方をトータルに捉えたうえでその全体をどう改善するかが大切であるということだ。これはまさに私がこの一〇年間、各地各大学（文部科学省を含む）で提唱してきたことである。これから各大学での人材育成のトータルプランの策定が重要となるであろう。

研修は、その重要な一部だが、研修だけで職員がよくなるというのは幻想にすぎない。もちろん研修をしないよりはする方がましであり、できるだけ豊富で多様な研修をするべきであるが、さらに一歩踏み込んで業務との関連や人材育成全体との関連を計画的に織り込んだ研修を行うべきである。

(2) 研修の現状と今後

考えてみれば、教職員の資質向上のための研修は、これまでも行われていて当たり前であり、ことさら大学設置基準に書かれなくても各大学が自主的に取り組んでいなければならなかったはずである。ところが、その取組みを十分にやっていない大学があまりにも多いという実態があり、それが教職員の遅れた在り方につながり、大学改革の障害になっているという認識がこの設置基準改正につながっている。

大学のガバナンス改革の議論の中から出てきた問題意識に根差していることを強く認識するべきである。目指すのは、一般的な能力向上はもちろんベースとして必要であるが、そこからさらに、大学をこれからあるべき方向に変えていく改革改善のマインドと能力を持たせることである。

では、現状で比較的熱心に体系的に取り組んでいる大学に現れている研修の基本形を見てみよう。

①階層別研修

階層や経験年数に応じて受講する研修であり、採用直後の初任者研修、数年経験者の若手職員の研修、五年経験や一〇年経験あるいは主任・係長などの中堅職員対象の研修、管理職・部課長事務長などの幹部職員研修、理事・副学長・事務幹部などの執行部の研修などがある。

初任者研修には、接遇の仕方やマナーなどの社会人としての基礎的素養、自大学に関する理解（自校の歴史を知り将来を考える、学生や教員と話して実態を知るなど）、主要業務のポイントの把握、語学・情報などの基本的スキル習得、プレゼンテーション・ディスカッション、ペーパーのまとめ方の習得その他様々な内容が考えられる。東京大学で私は正式配属前の三カ月の初任者研修を行った。慶應義塾でも、四月一日の採用後、六月一日の正式配属までは研修の位置付けで特別なプログラムと仮配属部署での業務経験をさせていた。

中堅・若手研修は、かなりの業務経験を積み、自らの強みと弱みもある程度自覚しているので、主体性を生かせる方式が向いている。様々なメニューが考えられるが、私が重視しているのはグループディスカッションであり、そこから生まれる改善提言であり、その提言を実際に実行することである。

管理職研修は、トップ自らが働きかけるものであり、私は研修というよりも、ビジョンや中長期目標の策定そのもの、組織改善や業務改善そのもの、でもあると考えている。抽象的な訓話を聞かせて管理職が変わるはずがない。管理職を変えるのは、自ら責任ある行動をすることであり、行動できない場合は管理職でなくなるというトップの姿勢である。

②業務別研修

人事・会計・学生・教務・研究・図書・情報・国際など業務分野別に行う研修である。本当は、それぞれの業務ごとに必要なスキルをレベルに分けて提示し、それに沿った研修を組み立てるべきである。それができれば専門職としての人材養成につながる可能性がある。これについては別稿で論じたい。

③スキル別研修

語学・情報などのスキルで、全員が身に付けるべきものと特定の職員がかなり高いレベルで身に付けるものとがある。高度化すると学内だけではなく、外部で学習する機会が必要となり、さらには海外や民間での経験を積ませる必要がある。

④特定のテーマに関する研修

ハラスメントやメンタルヘルス、リスク管理など個別の重要事項で研修に取り上げるべきものがある。案件が生じると研修する、となりがちであるが、問題が生じるのを防ぐためにも重要なものは定期的に行う必要がある。どの研修にあっても、講義を聴くだけではなく、双方向対話型のアクティブな学習を重視する必要がある。これは学生に対する教育も同じである。また、いわゆる研修で完結するのではなく、業務との関連を持たせ、研修の成果が業務に反映されるような、研修であり業務であるような方法を工夫するべきである。

さらに、学内だけではなく、外部の学習機会と結びつけたり、自己啓発と結びつけたりして広がりを持たせることが効果的である。

⑶　能力向上のための多様な方法

ここでは、私が実際に実行して一定の効果があったと思っている、仕事を通して職員の力を高める方策について紹介したい。もちろん、他の多くの人々はもっと異なる様々な手法を駆使していると思われるので、機会があれば交流してより幅の広い提案にしていきたい。

1）仕事の企画・記録をＡ４一枚にまとめ、それを蓄積する。

人に見せるための資料はまず簡潔明瞭でなければならない。そのため、企画書はＡ４一枚でおおよそ何をしようとしているかが分かるように作成する。趣旨、目的、何をどのようにするのか、それに必要な予算・人員はどうか。期待される成果は何か、などである。詳細は付属資料を添付し、基本は一枚で用事が済むようにする。実行した後での振り返りも同様で、企画書を実施結果に応じて修正して作成すればよい。

会議の資料で配布するとともに、部内の共通理解の資料となり、ファイルに綴じておけば記録となり、人事異動があった場合の引き継ぎ資料となる。これを例えば一年間まとめればこの仕事に関するマニュアルともなる。

2) 資料は共有してファイリング

仕事はチームでやるにしてもラインでやるにしても、この仕事に関する主担当は誰かを決めておき、その仕事に関する資料は一つのファイルに全部まとめ、それ以外は各自で長期に保管しないようにする。とりあえずの資料は各自で持っていてもいいけれど、一週間あるいは一カ月など仕事のサイクルに応じて整理していく。数年後に担当者が全員人事異動しても資料はきちんとそろっているのが組織としての仕事である。

古い組織では、着任以前の仕事は自分はいなかったので分かりません、で済まそうとし責任逃れが横行して無責任組織となってしまう。ファイルの定期的なチェックが必要である。担当者が不在の時も、そのファイルを見ればおおよそのことが分かるようにしたい。資料の共有は、情報の共有、方針の共有につながる。

3) データや調査結果は全学で共有、これがＩＲにつながる

データや調査結果は、大学内ではよく見てみると各部課にいろいろ蓄積されている。しかしそれらが、他の部課に見えるようになっておらず、重複や不足があり、暦年の比較や学内学外との比較分析ができずにいることが多い。そこで重要なのが全学の情報の結節点としてのＩＲ部署である。統計的手法や調査の手法に精通し、各部署からの相談に応じたり、各部署に必要なデータ収集を行うように働きかけたり、そして政策決定の場に必要なデータを提供したりする機能を発揮するべきである。

この機能が各部課に浸透すれば、各部課の担当者も皆ＩＲ機能の担い手になり、データを駆使した仕事の進め方が定着する。ＩＲ部署を孤立させてはならず、全学の中枢として機能を発揮してもらわなければならない。

4）全体像が見えるように仕事を与える

特に新しい仕事の場合、上司が部下に「これやっておいて」と言って仕事を与えるだけでは部下は戸惑うばかりだ。この仕事はどういう流れの中で生じてきたのか、特に問題となっているポイントは何か、この仕事を取り巻く周辺の事情はどうなっているのかなど、仕事全体の中での位置付けが分かるように与えなければならない。訳も分からずにやらされる部下は徒労感を持つが、全体の視野を持った部下はモチベーションを持って仕事を遂行できる。

意味の分からない仕事が続くと疲弊するが、その意味が分かり自分の力が生かされている仕事だと実感できれば疲れなく取り組むことができる。上司の任務は部下に全体像を見せて意味を与えることだ。

5）前例を知りつつ、前例に捉われない。去年より一歩前進する

仕事の処理案を「去年と同じですから」と言って持ってくる部下がいる。この人は気の毒にこれまで前例を変えないことが大事だと思っている上司に訓練されてきたんだな、と思う。この部下ももうすぐ前例踏襲型上司となって、役に立たない人になってしまうだろう。これからの大学に必要なのは、絶えず改善改良を心がけ、処理案を説明するとき、去年よりも一歩前進したのはどこかを説明する人だ。

これも上司の姿勢が大事であり、上司の上司、つまりトップの姿勢の影響は大きい。

6）仕事の将来像を持つ

仕事の改善改良を心がけるとき、この仕事は将来どういう方向のものとするべきかを考えるようにしたい。これが目標設定によるマネジメントの基本である。そのためには、何が課題であるのか、現在どこまでできているのか、では今年何をやるのか、その結果はどうだったのか（振り返り）、ではその次に何をするのか、と次々につながっていく。

私は東大で職員の改善プランを作成し、実行したとき、毎年振り返りを行いつつ、長期的なあるべき姿に近づけていく作業を繰り返して効果を上げた。考えてみれば、あらゆる仕事の基本である。

7) ディスカッションとプレゼンテーションの活用

情報や方針は共有しながら進めたい。そのためには、個人で考えているよりも、メンバー相互で議論を繰り返し、まとめていきたい。一人で考えていると壁にぶつかっているようなときに、複数の人で考えれば別の情報や考え方に出会うこともある。

そして、ある程度まとめたら、大勢の前でプレゼンしてまた議論してみるといい。机の前で考えているよりも別のアイデアが湧いてくることもある。人前で分かりやすく、論理的に説明する経験は貴重である。新人からトップに至るまでこのような経験を繰り返して鍛えていくべきである。

8) 異なる部署の人、教員、学生、外部の人とのコミュニケーション

大学組織の共通の病理は、縦割り・蛸壺・閉鎖性である。古い組織では特に害が大きい。これを打破しなければならない。そのためには様々な機会を捉えて、とにかく議論の幅を広げること、様々な人に意見を聞くことが大事である。大正大学では、TSR総合調査として、あらゆるステークホルダーの満足度を把握しようとしており、学生全員の意見は毎年聞くとともに、二〇一六年度は高校関係者の意見を聞いている。以後、就職先の企業、卒業生、地域住民など順次意見を聞いていく方針である。意見を聞くためには情報を公開し、まず内部で情報共有しなければならない。このような作業を繰り返しながら鍛えられた組織となっていくのだ。

9) 現場に入って課題発見・課題解決

大学というところは、真理探究の場であるはずだが、東大・慶應の経験を通して、大学とはなんと「噂」が横行する場であることかと感じた。何の根拠もない噂話やまた聞きが真《まこと》しやかに流通していく、これで学問の方は大丈夫なのかと心配になることがしばしばあった。

我々は何よりもまず事実を確かめなければならない。そのためには現場へ行って、現場の実態を把握すること。特に教育研究の現場である教室・研究室は、平素、ともすると密室になりがちである。良いことも悪いことも発生する

現場を我々はよく把握しなければならない。そうしてこそ課題発見・課題解決につながる可能性がある。

10）業務でもあり、研修でもあるような取組みを

人材育成に配慮しつつ業務を行うようにすると、業務でもあり、研修でもあるような取組みが増えてくる。そのような区分はどうでもよいのであり、役に立てばいいのだ。

例えば、東大の時、新人の研修に昨年新人だった若手職員に活躍してもらい、効果を上げた。特に、去年新人だった時こういう資料がほしかったという資料を作ってみようと呼び掛け、結果として『新人職員ハンドブック』ができた。

東大で登用試験による積極的な幹部が増えてきたので、部課長事務長会で「幹部職員のためのテキストを作ろうではないか。みなさんはこういう幹部になるというプレゼンをして選考を通ったのだから、それを集めてまとめてみよう」と呼びかけた。結果として、『幹部職員行動指針』が作成された。

日本スポーツ振興センターの時、階層別研修の主任・係長級のグループ討議の際、改善提案をしてもらったところよい意見が多数出たので、それを集約して『職員パワーアッププラン』をまとめ、実行した。

11）評論や愚痴はやめて、前向きな提案と実行を

どの職場にもあれこれ評論をして、ではどうすればいいかを自分では言わない人がいる。嫌な点うまくいかない点をいくらでも挙げてくれる人もいる。しかし、そんなことは聞きたくない。聞きたいのは、ではどうすればいいかの提案であり、どういうことを実行しているかの報告である。ひたすら前向きに、愚直に進むべきだ。

12）変化は小さな部分から始まる、それを広げていく

どんな組織にあっても、初めから大改革ができるわけではない。初めは孤立しているかに見える小さな部分で少人数から動きが始まり、それが徐々に大きくなっていく。やがてボトムアップとトップダウンが結合して本格的な動きとなる。時代の変化を先取りしているのは我々だとの確信を持つことができれば恐れるものはない。前進あるのみだ。

四　業務分野ごとの専門性をどう捉えるか

大学職員の専門性については、これまでも様々な機会に議論し執筆してきた。特に業務分野ごとの分析は、東大時代に東大職員の協力を得て『大学職員キャリアガイド』（学校経理研究会、二〇〇七年）として公表し、私の第一冊目の著書『大学職員は変わる』（学校経理研究会、二〇〇九年）でも展開した。それからほぼ一〇年経つので、現段階の視点で再度詳述してみたい。

1　基本的枠組みについて

(1)　大学職員の専門性とは　―なぜ殊更論点になるのか―

大学職員を論じるときの論点の一つに、職員の専門性をどう捉えるかという点がある。しかし、組織の業務が様々な種類に分化していて各職員がそれを分担して担当し、その業務に精通するようになるというのは企業等の組織においても普通に見られることであり、なぜ大学職員について殊更に専門性が論点になるのだろうか。その理由として、次のようなことが考えられる。

①大学の業務は、規模が大きかろうと小さかろうと、教学から経営まで全一式が必要であり、小規模ならば少人数で済ませるというメリットがあまりない。

あまりに人数を絞ろうとすると「手が回らない」状態になり、業務に支障をきたすことになる。一方、大規模大学の多くは終身雇用と年功序列賃金の枠組みの中で、仕事をしてもしなくても給料は変わらないという状態が続いており、業務に精通した職員が一部には育っているけれど、決して集団として十分育っていない。

このような状態を打破するため、職員の業務遂行能力の向上が期待されており、特に現状では不足している専門的能力の向上が期待されている。時折現れる力量ある職員個人に期待するだけでなく、その分野を担う職員集団を育成し確保する仕組みを形成する必要がある。

②近年の社会状況の変化や大学改革の動向により、業務は高度化し複雑化している。

従来このような変化への対応は主として教員からなる大学や学部の執行部が行ってきたが、ここでも「手が回らない」状態になり、教員であれ職員であれ外部人材であれ、なんとかこういう難しい業務ができる人がいないかと切実に期待されるようになった。しかし、そんな便利な人材が突然現れるはずもなく、時間をかけた地道な育成確保方策が必要であることは言うまでもない。

③また近年、大学職員の側に、大学の重要な業務を担って役割を果たそうとする意欲と能力のある人材が現れつつある。

しかし、教員はもちろん何らかの専門を持っているのに対し、大学職員は「あなたの専門性はどこにあるのですか」という問いに直面することになる。一方、教員はそれぞれの分野の教育研究の専門性を高めるために必要な学術的訓練はされているので、大学の業務を担当しても一定の質の高い仕事はできる人は多い。しかし、多くの教員にとって大学の業務は本来やりたい仕事ではないことが多く、一定の任期で交代していくことが多いので、自分と一緒に業務を担ってくれる職員、しっかりとサポートしてくれる職員への期待は大きい。業務の継続性や高度化のためにも、そのような職員の存在は必要である。

④民間企業等にはない、大学職員独自の業務の特徴は、教員及び学生とともに仕事をする点にある。

教員については、その教育研究をより良く達成してもらうためには個々人の独創性を発揮してもらい才能を開花してもらえるよう、自由度を高め環境を整備していく必要がある。同時に、高い公共性を確保し社会の信頼を得ていくためには不正や怠業を防止し、透明度を高くしていく必要がある。大学職員はこの両面の要請を両立させながら微妙なバランスをとりつつ教員に仕事をしてもらうという独特の専門性が必要である。

学生については、教育を施す対価として授業料を払ってもらうという消費者としての立場のみならず、ある面では社会人予備集団として社会のルールの厳しさを教えるとともに、成長の過程にある若者を保護し守り育てるという態度も必要である。さらには大学の重要な構成員としてともに大学を支えてもらうという関係でもある。一人ひとりの学生にこのような注意深い態度で接していくことも、大学職員の専門性の特徴である。

以上の点を踏まえ、いくつかのポイントを上げると次のとおりとなる。

①これまでも時折優れた職員個人は現れたが、今後はある業務を担う質の高い集団が形成され、仕事の質が継続されるような仕組みを形成する必要がある。

②諸外国に見られる専門的職員は、優れているかもしれないがそれぞれの社会の雇用慣行などに根差しているものなので、そのまま日本に適用することは多くの場合難しい。現状の日本型雇用をできるだけ変えつつ、日本の状況に根差した在り方を考えなければならない。

③大学の多くの重要な業務は、教員と職員が役割分担しながら協力して行うことにより、より良く遂行されると考える。業務分野ごとに適切な連携・協力・分担の在り方を考える必要がある。

④大学の業務は、日常の実務的な業務と、その業務の将来を見越して新たな業務を企画・立案・実行する業務とがある。職員もその特性に応じてどちらかに重点を置くように分化していくだろう。現状の中高年の世代はルーティンワークが中心であった時代に採用育成されており、その中から抜け出す幹部職員と優れた能力を持つ若い世代とを組み合わせて新しい業務を創造していきたい。

(2)　専門性と幅の広さをどう調和させるのか

日本型ローテーション人事のいいところは、職員が人事異動を繰り返しているうちに、視野が広くなって、組織の業務の全体像が分かってくるという点だ。ただそれが度を超すと、それぞれの業務の上部だけしか分からず、縦割り業務を調子よく渡っていくだけの人になってしまう。逆にうまくいくならば、担当者としての実務から、各業務の政策立案、そして大学全体の業務の見通しをつけることができる人材が育つだろう。

一方、専門性を高めるためには、一つの分野を長く繰り返し経験する方がいいことは明らかである。ローテーション人事と言っても、大学によっては脈絡なく異動させているところもあるかもしれないが、多くの大学はそれなりに関連のある分野を多く経験させるようにしているだろう。そして同じ分野で同じことをさせるのではなく、節目節目でより高度な業務を遂行できるように配慮されているだろう。

このような実態を踏まえて、私が前々から提唱しているのは、若いうちは早めの異動で様々な業務を経験して本人も組織も適性を見極めて、ある時期に私は（当該職員は）この業務を専門として生かしていくのが良いと判断してそのように進む、という方式だ。これは実は多くの大学の人事で行われている方式でもある。

もちろん例外はあるわけで、規模の小さな組織では、あまり頻繁なローテーション人事異動は難しい。人事異動というのは本人の行く先と後任の補充がセットであり、その長い連鎖を組み立てなければならない。したがって小規模組織では、人事異動にばかり頼るのではなく、事務分掌範囲を広くしたり、他の業務を兼務したりといった工夫で、経験の幅を広げるよう補っていくことになる。

職員を新規採用した当初から、かなり専門性が明確で、活躍してもらう業務分野もはっきりしているケースもある。大学・大学院での学習が職場で生かされることになり、日本でも将来的にはこれが本流になるかもしれない。したがって、この場合には当該業務分野を中心に経験することになるが、組織の全体像を知るためには時折、他の業務分野を経験しておくことも必要である。当該職員が将来組織のマネジメントの重要な立場になるかもしれない可能性を持っているとすればなおさらである。

さらに高い専門性を求めるためには、内部の職員から育てるのでは間に合わないので、外部の専門家を獲得することになる。その人が教員の立場になるのであれ職員の立場になるのであれ、採用時に業務範囲などの条件を明確にしておき、事務組織や教員組織とのつながりと切り分けを明確にしておく必要がある。民間企業等との取り合いにもなるので、処遇にも配慮する必要がある。

(3)　専門性を生かしながらキャリア形成をする　―　想定されるキャリアパス

このようにいくつかの例外はあるが、日本の現状を踏まえた近未来のキャリアパス、専門性を生かしながらのキャリアパスを想定してみよう。

①採用されて最初の数年間（女性の場合は出産・育児の事情に要配慮）は、いわば経験の幅を広げる時期で、大学内のできるだけ異なった業務を経験する。この時期に、大学全体への視野を養うためできるだけ本部を経験させ

るべきだ。特に上司の人格が重要で、組織の病気である「縦割り」にこだわる者が、部下に対しても縦割り体質を遺伝させてはならない。この時期に、全職員が大学の職員であり、特定の部や課の職員ではないことを徹底する必要がある。

②次に専門とする業務をある程度はっきりさせた後は、その業務の中での経験の幅を広げ、実務を十分に習得して専門性をレベルアップする。本部・大規模部局・小規模部局をバランスよく経験し、時折他の共通部門的な業務も経験し、長期研修や他の組織への出向経験、大学院での学習なども有益である。

③このような過程を経て専門性のグレードを上げ、個々の実務のみならず、当該専門分野に関する政策を企画・立案・実行できるようになる。教員と協力して業務を遂行し、学部長・学長を適切にサポートし、他の業務部署との調整をしっかりできるようになる。

④やがて幹部となる時には、当該業務の専門性を生かした幹部になるか、幅の広さに裏付くけられたマネジメント力を生かした幹部になるか、いずれかのルートがあればよい。専門性を生かす道が、昇進の袋小路となってはいけない。

(4) 人事制度や組織構造も変えなければならない

このようなキャリアパスを実現するためには、人事制度や組織構造の様々な点を変えなければならない。

①多くの大学では、目標管理制度の導入とともに職務基準書を作成しているであろう。主な業務ごとにどのようなことができるようになるかを三段階程度のグレードごとに記述したものであり、分野ごとの専門性の達成状況が把握できる資料である。つまり専門性の内実をある程度明確にしたうえで、専門性の面での評価を行う必要がある。

②専門性の達成度に応じてグレードが上がっていく。この場合、在職年数を考慮してもいいが、上位のグレードに行くほど経験年数ではなく専門性の達成度を重点に判断していく必要がある。そして賃金等の処遇は、グレードごとに定まる。つまり長くいれば処遇が上がる年功賃金は、専門性の確立と相容れないものであり、やめる必要がある。

③組織構造で、係員—主任・係長—課長・部長というマネジメントの体系と、グレードⅠの専門職—グレードⅡの専門職—グレードⅢの専門職という専門職の体系が、一致するかどうかは組織の判断であるが、本気で専門性の確立に進もうとするならば一致させるべきである。グレードⅢの専門職を高度専門職と呼ぶならば、高度専門職の処遇は課長・部長という管理職の殊遇の体系と同等にする必要がある。

(5) 近未来の新しい専門職の姿は

近未来の大学の専門的業務は、①教員のうち専門的業務に精通している人（すでに多数いる）、②本当の専門職として外部から参入してくれる人（当然それなりの処遇をしなければならない）、③職員のうち専門性を高める人材養成を経て高度専門職になった人、の三者の連携したチームで担われるだろう。

職員も、現在のような大学卒で卒後すぐ採用される人ばかりでなく、大学院修了で社会経験もある人が増えていくだろう。つまり②と③はかなり接近していくだろう。

逆に、従来事務職員としてまとめて論じられていた人のうち、専門性が達成できない人たちは、処遇も向上せず、いずれ非正規雇用職員やＡＩによる業務見直しの中で消えていくだろう。ただし、その移行は一〇～二〇年かかるだろうから、今すぐ雇用不安になるわけではない。専門職中心に切り替えることができる大学は生き残るだろうし、切り替えができない大学は大学そのものが存続できないのだから、特定の職員の雇用だけの問題ではないことになる。

私は、いずれ全職員が専門職になると考えている。大学のように様々な職種や業務が相互に関連しあって成り立っている職場では、特定の職種や業務だけが飛び抜けて高い専門性を達成することは難しい。審議会や教員中心の議論

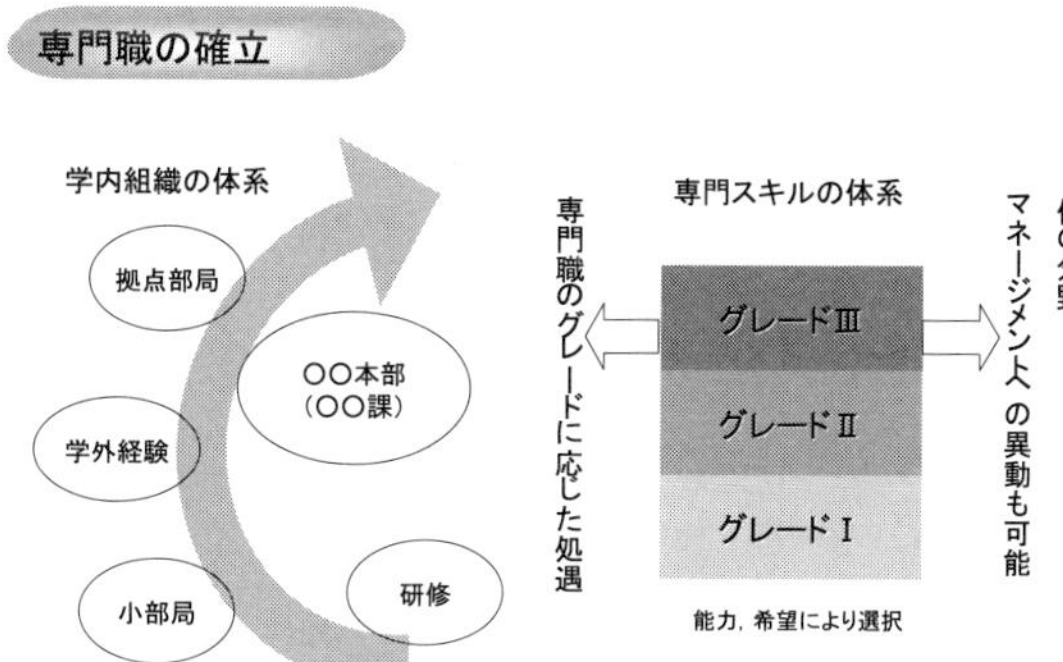

＊　本部○○課と人事課で○○専門職全員のリストを把握
人事には部局の意見を反映
＊　○○専門職養成目標　グレードⅢ○○人、Ⅱ○○人、Ⅰ○○人

の場ではそれぞれの論者が思いつく「〇〇専門職」が目立って論じられやすい。しかし、本当は各職種や業務が全体的に質を高めて専門性を高めていくことが、時間がかかるようで実は実現可能性があると私は考える。その中長期の移行期間を各大学が持ちこたえながら、あるべき姿を実現できるかどうかが分かれ道であろう。

2　分野ごとの考察

ここから分野ごとの考察を行うに当たって、分野を通して共通のフレームを考えておきたい。それぞれの分野で、次のような整理をしてみる。

①一般知識…当該分野の職員のみならず、全教職員が共通に身に付けておくべき一般的知識・能力・態度がある。
②実務知識…当該分野の実務の知識・能力・態度がある。
③政策立案…当該分野の企画・政策立案に必要な知識・能力・態度がある。
④専門能力…さらに高度な専門性が要求される個別の業務については内部の教職員で特別な能力・経験のある人に担ってもらうか、外部の専門家に業務を委託するかということを考えなくてはならない。

そして全体を通して、教員や学生の納得や共感を得られる知識・能力・態度が必要であり、そこが民間企業の仕事とは異なる専門性の発揮されるところである。

ここで注意を要するのは、①は係員で、②は係長で、③は課長といった機械的な区分けをするのではなく、係員の時から①・②・③の仕事は、比重は異なるけれど同時並行に生じるのであり、②実務知識（実務）をやりながら③（政策立案）の経験も積み重ねることが、将来の幹部人材養成に必要である。古い大きな組織では、係員・係長としては優秀だが、幹部としては無能な人物が大量に発生するのは、機械的な区分けをしているためであり、幹部になって初めて政策立案するのではなく、それまでに政策立案能力を試してその力があると実証された者を幹部登用するべきである。

(1)　学生支援

①一般知識　学生支援は大学職員の基本マインドであり、どの業務を担当していようと教育・学生支援の視点を持つ必

要がある。学生支援担当職員はその面のリーダーとして、全学の職員を牽引していくべき立場に立つ。

②実務知識　学生支援の実務としては、学籍管理ができること、各種証明書の発行・更新手続きができること、学生生活の指導・支援ができること、障害学生の生活指導・支援ができること、課外活動団体の指導ができること、学生に関するトラブルの対応ができること、学内外の奨学金に関する事務ができることなどが挙げられる。

③政策立案　学生支援の企画立案としては、現在の学生の実態を踏まえつつ、将来の学生に対する指導や支援の在り方を想定すること、学生の抱える課題は、不本意入学、学習不適応、将来の進路への不安、家族関係、友人関係、教員との関係、経済的問題、健康上の問題、恋愛や性に関する問題など多様で複合的なので、学内の様々の部署との連携すること、などが挙げられる。特に、入学から学習活動とキャンパスライフ、そして就職・進路決定に至るまで、一貫した政策のもとで個々の学生を把握して指導していくような体制作りをしていく必要がある。

④専門能力　学生支援に熟達した教員集団の形成に努めるとともに、カウンセラー、医師、弁護士などとも相談できる素養を身に付けておく必要がある。

(2)　入試（学生確保）

①一般知識　大学の経営が成り立つように学生を確保し、数を満たすだけではなくより良い質の学生を確保することは、一八歳人口減少期の大学の存続にとって最重要課題である。このため、すべての教職員が、より質の高い教育研究を実現してそれを社会に知ってもらうことに努めるとともに、より直接には、高校及び高校生との様々な接点を通して働きかける必要があり、その中心を担うのが入試（学生確保）担当職員である。

②実務知識　入試（学生確保）の実務としては、受験生に対する相談対応、高校との対応、オープンキャンパスをはじめとした各種イベントの企画運営、広報データの集積・分析、入試の方式・日程の策定と募集要項の作成、入試業務の実施などが挙げられる。

③政策立案　入試（学生確保）の企画立案としては、競合する他大学の入試動向を把握・分析し、自大学の強みと弱みを分析し、強みを伸ばして勝ち抜く計画を立てること、入試広報と全学の広報を連動させ最も効果的な広報を展開すること、学生募集の観点から各学部学科や教育活動・施設等の条件整備など全般にわたって在り方を変

えていく提案をすることなどが挙げられる。

④専門能力　どの大学にあっても、入試に精通した教員または職員を育て、リーダーシップを発揮してもらう必要がある。魅力ある教員が学生確保の先頭に立ってほしいが、多くの場合一般の教員は学生募集の役には立たないので、専門的職員が中心的に入試（学生確保）を担っていく必要がある。

(3) 就職（キャリア支援）

①一般知識　三つのポリシーでディプロマポリシーと言って美辞麗句を並べてみたところで、実際の各大学の関心事は、卒業生がどこへ就職できるかということだ。東大・慶應と言えども、卒業生を放置していては満足度の高い就職はできないので、今や、就職支援は全大学の教職員の重要業務である。就職に精通した教員と職員を先頭に就職（キャリア支援）がどれだけ組織的に遂行できるかが、大学の評価を左右する時代となった。

②実務知識　就職（キャリア支援）の実務としては、就活支援講座や各種キャリア講座の運営、各学部学科の進路状況に応じた指導助言、ガイドブックなど就職支援ツールの作成・活用、企業訪問による情報収集や求人依頼、企業等との信頼関係の構築などが挙げられる。

③政策立案　就職（キャリア支援）の企画立案としては、就職活動を良好に遂行できた学生の事例を分析し、多くの学生に応用可能とすること、その振り返りを全学部学科の教育活動の改善に活用すること、就職支援は高学年の技術的な問題のみならず、低学年からの仕事と人生に関する真剣な態度を養う教育が問われていることを踏まえることなどが挙げられる。

④専門能力　多くの教員は就職活動や職業生活に真剣に取組んだ経験がないので、就職（キャリア支援）についても専門的職員がリーダーシップを発揮し、教員に協力してもらいつつ展開する必要がある。さらに個別の指導助言を得るためには、民間企業で活躍した人の様々な形での助力（内部の教職員になってもらうか、外部の立場で協力してもらうかなど）が必要である。

(4) 卒業生

①一般知識　大学が長期的に持続可能となるためには、卒業生が強い絆で大学と結ばれていることが不可欠である。そ

の絆を支えるものは、学生時代に自分はこの大学によって成長させてもらい、手ごたえのある学生生活を送ることができたという高い満足度である。すべての教職員が学生に在学中から卒業後にかけて高い満足度をもたらすことができているかどうかが問われている。

②実務知識　卒業生に関する実務としては、在学中からの同窓会活動への参加の呼びかけ、卒業生の名簿の作成管理、卒業生への大学の情報の提供や諸行事への案内、卒業生が学生のために活躍できる機会の提供などが挙げられる。

③政策立案　卒業生に関する企画立案としては、卒業生が大学に対し何を期待しているかを調査し、卒業生の期待に応える政策を立案すること、卒業生が参加してもらえるような大学の諸活動を立案すること、同窓会の活動と大学の卒業生政策がうまくかみ合うように配慮することなどが挙げられる。

④専門能力　卒業生との良好な関係の持続のためには、教員と職員と卒業生が一体となってのネットワークの形成や魅力ある活動づくりが必要である。

(5)　教務

①一般知識　教務こそ、大学の様々な教育活動の結節点になっている。学部学科ごとのカリキュラムの編成は、全学で調和があって狙いが明確な出来上がりとなって学生に提示されなければならない。教員の誰が責任者となろうと全学に目配りしつつまとめなければならない。事務的には、緻密なスケジュール管理、人員管理、施設管理などしっかりと行われなければならない。カリキュラム編成は教員人事そのものであり、大学がポリシーを持って取り組まなければならない。

②実務知識　教務に関する実務としては、教員と連携してのカリキュラム編成、人事課と連携しての教員の確保、時間割編成と教室の確保、授業運営の改善策の実施、学生の授業登録のチェック、諸資格に関する所管省庁との調整、成績評定・卒業等評定、ＦＤ、ラーニングコモンズの活用、授業評価・学力調査など各種の調査の実施などが挙げられる。

③政策立案　教務に関する企画立案としては、国や各大学の教育改革の動向と自大学の今後の展開の立案、学部学科・

授業科目・授業形態・授業方法の絶えざる革新、それに応じた教員の確保と人事の基礎資料作成、などが挙げられる。これからの大学にあっては、教育マネジメントあるいは教員マネジメントが重要となってくるであろうし、それは教員と職員が協力して行わなければならない。

④専門能力　教務は外部に専門家がいるわけではないので、内部の教員と職員が、誰かが長期に従事してリーダーになっていかなければならない。いずれは学長あるいは学長に近い立場になるであろうしっかりした人が担当するべきである。漫然と毎年同じようなカリキュラムを繰り返している大学、学部学科ごとにバラバラであるような大学は魅力を落としていくだろう。そのためには、教員にどれだけ緊張感を持って教育を行ってもらうかが大切だ。

(6)　研究支援

①一般知識　研究は教員の才能によるところが大きいが、その成果が上がるよう全学で関心を持って推進していく必要がある。現代の学術は細分化され、教員にあっても全体像が見えにくく、まして職員にとっては関心を持ちにくいかもしれない。しかし、大学で勤務する面白さは様々な学術に触れるところにあり、教員も職員も自大学で進められている研究の全体像を把握するようにし、できれば対外的にも説明できるようにしたい。

②実務知識　研究支援の実務としては、外部資金の獲得のための情報収集、申請書の作成、研究の推進に当たっての資金の管理、研究費の支出、研究補助者の人事管理、監査や会計検査への対応、研究不正防止のためのルールの運用、各種の手引き・パンフレットの作成、各種の説明会の開催、研究成果のマスコミへの広報展開などが挙げられる。巨額の研究資金を獲得すればそれに伴う事務作業も膨大となるのでその準備もしなければならない。

③政策立案　研究支援の企画立案としては、当該大学の研究推進のポリシーの策定、研究推進体制の在り方の改善、学外学内との連携体制の整備などが挙げられる。教員は研究の展開のためにはヒト・モノ・カネについて従来のルールに捉われない使い方を求めることがあり、これに対して従来のルールを守るだけではなく、どのような新しい取り扱いが可能であるかを検討するべきである。教員ができるだけ才能を発揮できるよう自由度を高めるとともに、教員が舞台から足を踏み外さないように配慮しつつ舞台回しをしていく必要がある。

④専門能力　研究に関する業務は、中心となる教員と担当職員が力量を高めて取組むことに加え、外部資金の獲得・運

用について専門的能力を持つＵＲＡ（リサーチ・アドミニストレーター）の活躍が期待されている。ただし、ＵＲＡにお任せすれば何でも解決するわけではなく、教員とＵＲＡと専門的職員が連携してチームとして業務遂行する必要がある。

(7) 産学連携

①一般知識　産業振興のために大学の研究力が期待されており、大学としても資金援助や様々な協力を産業界から得るメリットは大きい。公共的利益を追求する大学に相応しいルールの下で、できるだけ柔軟に産業界の期待に応えるようにしていきたい。

②実務知識　産学連携については、広報展開、共同研究・受託研究などの契約の締結、それに伴う内部規則の整備、知的財産権の管理のほか、企業等の方々との日常的な情報交換などが挙げられる。

③政策立案　企業の多様な要望に柔軟に応えられるよう学内の研究資源を見えるようにしつつ、連携の在り方について多様で柔軟な在り方を整備しておく必要がある。したがって、教員にも課題意識を持ってもらい、企業にも大学の特性を理解してもらうよう、両者のつなぎができるようにしたい。

④専門能力　契約や知的財産権の専門的事項は、専門的職員でもある程度はできるが、厳密には弁護士やＵＲＡの援助を受ける必要がある。

(8) 社会連携

①一般知識　これからの国立・公立・私立どの大学にとっても、地域との関係づくりが重要であり、重要なステークホルダーとして良好な関係を形成する必要がある。その際、地域連携担当のみならず、大学の教職員全体が、地域を受け入れ、地域に参加するという態度を示していく必要がある。

②実務知識　地域連携に関する実務としては、広く地域や自治体の情報を把握し、年間の流れを把握し、それに対応する学内体制を整備し、地域のイベント・学内のイベントを適切に運営することなどが挙げられる。関係者とのコミュニケーションが大切である。

③政策立案　地域連携に関する企画立案としては、地域の考えている地域づくりと大学の将来構想をすり合わせ、どのような連携が可能であるか提案すること、大学の持っている教員・学生等の資源を地域で生かしていくこと、地域の資源を大学の活動で生かしていくことなどが考えられる。

④専門能力　地域の事情に精通した教職員を育てるか、地域に精通した地域の人に協力してもらうことが考えられる。

(9) 図書館

①一般知識　大学図書館は、伝統的な図書・資料の収集・保存・活用の業務に加えて、広く様々な形での学生の学習の支援、教員の研究の支援の役割を、各大学や図書館の実情に応じて果たすようになってきている。図書館は開かれた多様な活動の場となりつつある。ラーニングコモンズは図書館に置かれるケースと別に置かれるケースがあるが、どちらにしても学内各部署の協力により、よりよく活用されていく。

②実務知識　図書館に関する実務としては、レファレンス、学習支援業務、図書・資料の選択・収集、図書館の利用促進、ラーニングコモンズと連携しての学習支援などが挙げられる。学術情報リテラシー、国際的情報交流のための語学力も必要である。

③政策立案　図書館に関する企画立案としては、図書・資料の収集・保存・活用については、カリキュラムに応じた学習の状況、研究の進展の状況に応じながら変化に対応していくこと、新しい学びの姿に応じた図書館整備活用をしていくこと、教育の質保証推進につながる学生の主体的活用を促進することなどが必要である。できるだけ多くの学生が出入りし、全学の学びの中心として充実させていきたい。

④専門能力　図書館に関する専門職としては既に司書が確立しているが、今後は司書も活躍の幅を広げ、広く教育研究に協力していく必要がある。情報や語学に堪能な職員も多いので、関係分野に人材の活用を図りたい。

(10) 情報

①一般知識　情報は今や全教職員が身に付けているべき当然の素養であるが、その素養がなんであるかを明示しておく必要がある。全教職員の情報に関するレベルによって全学の情報体制、業務が変わっていく。

②実務知識　情報に関する実務としては、ネットワークシステムの維持運用とトラブル対応、情報システムの改善と新技術の導入、教職員の情報レベルを上げるための取組みなどが挙げられる。

③政策立案　情報に関する企画立案としては、どの大学でも学内にいくつものシステムが乱立しているがこれを全学統合し合理的なシステムにしなければならない。システム構築は業務改善そのものでもあり、各部課の意見を聞きつつ、不合理な事務処理はなくしていかなければならない。そのような努力をして、近い将来のＡＩの本格的導入を準備していくことになる。

④専門能力　情報システムは外部業者をうまく使いこなしていく必要があるが、そのためにはかなりの素養を持った教員又は職員が継続的に担当する必要がある。一方、情報に関する専門的職員を雇用する場合は、情報の業務だけではなく全学の業務を理解できるような工夫をする必要がある。

⑾　国際

①一般知識　どの大学においても国際関係の業務は重要度は増しているが、それに対応するべき教職員の語学力や国際感覚は追いついていないのが現状である。このため、教職員全体の語学力や国際感覚を向上させる努力と、少数の国際関係に精通した教職員の確保の両面で努力していく必要がある。

②実務知識　国際に関する実務としては、海外の大学等との交流協定の締結、海外からの訪問者および自学教職員の海外訪問に関すること、英文資料など各種資料の整備、教員・研究員の交流に関すること、外国人留学生の受け入れ・日本人学生の派遣に関することなどが挙げられる。

③政策立案　国際に関する企画立案としては、大学の国際交流に関する方針・計画の策定と全学への展開、学内各部署で担当している国際関係業務のレベルアップの取組みなどが挙げられる。国際業務は、特定の部署が集中的に担当する方式よりも、各部署がそれぞれ担当し全学連携して効果を上げる方式の方が有効である。

④専門能力　内部の職員の語学力もかなり向上してきたが、国際交渉などを担当するためには相当の語学力と経験が必要である。そのような語学堪能職員は任期付職員として採用されるケースが現状では多いが、本当に必要な人は専任の専門的職員として採用する必要がある。国際業務を担当できる教員・職員をリストアップし、長期的

な人材育成確保を実現する必要がある。

⑿　病院

①一般知識　附属病院を持つ大学の数は限られているが、当該大学にとっては予算・人員などの面で病院は大きな存在となっている。したがって、病院担当の職員だけではなく、全学の職員が病院についてある程度の知識・理解を持つ必要がある。

②実務知識　病院に関する実務としては、医療法・健康保険法などの法制度、医療訴訟、医療安全、医療物品の管理、治験、外来、入院、診療記録（カルテ）、患者への医療サービス、病院の経営分析などが挙げられる。

③政策立案　病院に関する企画立案としては、病院の経営分析に基づく収入の増加と支出の削減の徹底、病院の再開発・将来計画の継続的検討、医療安全の徹底と事故があった場合の適切な対応、日頃からの医師、看護師等への趣旨徹底などが挙げられる。

④専門能力　このように複雑多様で膨大な業務に、医師・看護師をはじめとした医療関係の様々な専門職とチームを組んで対処していく必要がある。絶えず密接な情報交換を重ね、各専門職の立場を尊重しつつ、組織としてまとめていく力量が必要である。

⒀　人事

①一般知識　人事は全教職員の関心事であり、人を育てることを大切にする大学運営につなげたい。特に将来の事務幹部となる者はどの部署にいようと人事の基本をマスターしておく必要がある。

②実務知識　人事に関する実務としては、採用、研修、人事評価、給与・退職手当、就業規則、勤務条件、過半数代表や職員組合対応などの労務、服務、年金、共済組合などが挙げられる。

③政策立案　人事に関する企画立案としては、組織を支える根幹となる人材の育成確保の計画と実行、雇用が複雑多様化する中で雇用関係を安定させつつ将来の人件費をコントロールしていくことなどが挙げられる。

④専門能力　国立大学の人事は公務員時代の煩雑な事務を引きずっており、業務改善の余地が大きい。逆に私立大学の人事は最低限の要員しか配置されておらず、政策的な取組みができていないことが多い。このような状態を打

開して政策としての人事を実現したい。専門的事項については、社労士、弁護士等の協力を得ていく必要がある。

⒁　財務

①一般知識　すべての組織は資金がなくては成り立たず、その資金は日々の地道な取組みの中から得られてくる。どの部署の職員にあっても、大学全体の財政状況と各部署の歳入歳出の状況を把握し、無駄のない業務遂行につなげなくてはならない。

②実務知識　財務に関する実務としては、予算・決算の取りまとめ、資金管理・運用、支払い、収入・債権管理、資産管理、物品役務の調達、旅費などが挙げられる。

③政策立案　財務に関する企画立案としては、大学の中長期計画に応じた資金計画の策定、学長のリーダーシップが発揮される形での予算編成の実現などが挙げられる。

④専門能力　国立大学の財務は公務員時代の煩雑な事務を引きずっており、業務改善の余地が大きい。逆に私立大学の財務は最低限の要員しか配置されておらず、政策的な取組みができていないことが多い。このような状態を打開して政策としての財務を実現したい。専門的事項については、公認会計士等の協力を得、特に資産運用については民間企業のノウハウを取り入れたい。

⒂　施設

①一般知識　施設は、整備に大きな資金を要し、一旦整備されると長期間にわたって維持・活用され、大学のシンボル的存在になっていく。したがって、施設に関する業務は施設担当だけでなく、多くの教職員の意見と協力を得ながら進めていく必要がある。

②実務知識　施設に関する実務としては、施設に関する計画の策定と実施、工事の実施に関する業者、関係官庁、地域住民との調整、植栽・バリアフリーなどの環境への配慮、設備の整備と保全などが挙げられる。

③政策立案　施設に関する企画立案としては、中長期の学内施設計画の立案と合意形成、施設の有効利用として収入を得る方策の実現、入札・調達の方式の改善などが挙げられる。

④専門能力　国立大学の施設は公務員時代の体制を引きずっており、業務改善の余地が大きい。逆に私立大学の施設は専門的職員が育っておらず、業者への丸投げが多いと思われる。業者とうまく交渉できる目利きが必要だろう。

(16)　広報

①一般知識　今や広報は戦略的積極的に進める時代である。そのためには、広報担当だけではなく、全教職員が協力して発信するべき情報、受け止めるべき情報を把握し、それを広報担当が取りまとめて利用するようにするべきである。「全教職員が広報担当」とのマインドを持たなければならない。

②実務知識　広報に関する実務としては、発信するべき学内情報の収集、HP・広報誌の作成・運用、マスコミへの情報提供、マスコミからの取材対応（危機管理の時に重要）などが挙げられる。入試広報を、全学広報と一体化して担当するケースと、別途担当するケースとがある。

③政策立案　広報に関する企画立案としては、広報に関する全学ネットワークを形成し活用すること、広報の良い話題となる素材をブラッシュアップすること、逆に悪い話題となることを隠さずきちんと説明できるようにすること、マスコミとの良好な関係を日頃から作っておくことなどが挙げられる。

④専門能力　広報について経験を積んだ専門的職員を育てる必要がある。民間企業などで広報の実績を上げた人を採用することも有力であろう。

(17)　ＩＲ

①一般知識　ＩＲについて、日本の大学で組織の形だけは作られつつあるが、機能はまだ十分ではない。アメリカのように大量のデータを一元的に集中する方式もあるかもしれないが、日本ではそれぞれの部署がかなりのデータを持っており、それをつないで使えるように仕上げる分散方式の方が現実的ではないか。全学のＩＲのネットワークを作り、ＩＲ室でデータを仕上げ、理事会等の判断の場に提供するようにしたい。

②実務知識　ＩＲに関する実務としては、大学が全学的に行う調査・アンケートの立案、各部署が行う調査・アンケートへの指導助言、さらに必要なデータの収集方策の検討、分析結果の利用しやすい形での提示などが挙げられる。

③政策立案　ＩＲに関する企画立案としては、理事会や経営企画部門の議論を踏まえた課題設定と調査、調査結果を理事会や経営企画部門に提示しての活用の促進、全学の業務がそのような課題意識で行われるような影響力の発揮などが考えられる。

④専門能力　ＩＲは典型的な教職協働機能であり、情報処理に精通した人、統計手法に精通した人、学内業務に精通した人、執行部の意志決定に関与している人がチームを組んで進める必要がある。

⒅ 監査

①一般知識　監査については、通常は、監査室の監査、会計監査人の監査、監事の監査となっており、過去の事跡について会計を中心に不正や誤りがないかどうかをチェックするものとして行われている。しかし私は、これからは、将来に行うべきことについて、より良く質を高める方向で、全学の業務が行われるように働きかけることが重要だと考えている。それは監査というよりも、経営と教学の質保証の推進というべきであろう。事業計画で達成するべき目標を具体的に設定し、事業報告でそれが達成できたかどうかを検証し、毎年そのサイクルを回していく。それを組織についても、教員・職員個人についても応用していきたい。

②実務知識　この実務としては、事業計画と予算の策定、事業報告と決算の作成と重なり合う。

③政策立案　この企画立案としては、大学が取り組むべき重要事項の検討、過去の不十分または良くない事案の調査・検証などがある。

④専門能力　他の事務組織・教学組織とは独立しつつ、事務的には経営企画担当のサポートを受ける。

⒆ 総務

①一般知識　事務組織にまだ企画があまり期待されていなかった時代には、企画的業務は総務部で行っていただろう。次第に企画的業務が質・量ともに増加し、経営企画担当（あるいは学長室など）として独立し、現在ではどちらかというと事務的でルーティン的なものが総務担当で、新規案件や執行部により近いものが経営企画担当となっているようだ。もちろんそんな決まりはないので、各大学が必要に応じて決めればよい。また、総務的機

能は事務分掌を大くくりにしか決めていない日本の組織の知恵であって、担当部署がはっきりしない案件が生じた場合に、それを放置するのではなく、まず総務担当で整理し道筋をつけてから、担当に渡していくことが多い。様々な案件に柔軟に対応できる組織の知恵であろう。

②実務知識　総務の実務としては、大学の年間計画の作成、行事の式典等の設営、会議の設営、公文書の管理、学内規則の改廃などが挙げられる（大学により異なる）。

③政策立案　総務の企画立案としては、学内事務組織についての組織編成の改善、仕事のやり方の改善が重要と考える。

④専門能力　総務の専門職という捉え方があり得るかよく分からないが、総務担当は狭い分野ではなく広く様々な分野を経験している人が望ましいのではないか。

⒇　経営企画

①一般知識　私が東大で法人化した時、総長（及び副学長）のところには専任職員で係員二人、非常勤二人がいるだけだった。これでは間に合わないので、課長補佐級と係長級二人を補充し、さらに次々に強化して、企画課を作り、最終的には企画部を作ってしまった。質・量ともそれ以上の仕事が出てきたのだ。執行部と教員組織・事務組織の要として重要である。経営企画的判断力は、急には身につかないので、若手のうちから厳しい判断が必要な局面を経験させ、人材育成する必要がある。

②実務知識と③政策立案　経営企画担当に関しては、実務と企画立案が混然一体となっているので、まとめて論じよう。学長（執行部）の日程管理、来客調整（誰にいつ会うかも戦略的判断が必要）、対外的対内的な発言の調整、役員会その他重要な会議の設営、議題に関する資料の収集、学内外の諸情報の収集、文部科学省等官庁等の連絡調整、各課題に対する対処方針の原案作成と裏づけデータの把握などが挙げられる。大事なことは、対処方針の原案として、いくつかの案を提示して学長（執行部）が選択できるようにすることである。また、全学のマネジメントサイクルが回るよう、広報と、ＩＲと、監査と一体となって進めることが重要である。

④専門能力　最近の教員や職員にもかなり経営企画に熟達した人材が現れつつあるが、なお足りないところは民間企業等の厳しい環境を経験した人に参加してもらうことが有益である。

五　ＡＩ時代の大学職員の在り方を考える

１　ＡＩに奪われる仕事、奪われない仕事は何か

(1)　ＡＩとは何か

最初に、人工知能とはどんなものかということの確認をしたい。というのは、私自身人工知能に精通しているわけでもなく、日ごろ大学のことを考えている人たちと話してもどうも人によって理解が様々なようだ。人工知能は大学関係者の間でもまだ共通理解が形成されていない新しい課題だと言えるかもしれない。

そこで、人工知能に精通している野村直之氏の『人工知能が変える仕事の未来』（日本経済新聞出版社、二〇一六年）を読んでみると、研究者の状況について次のように書いてある。

「そもそも人工知能とは何でしょうか？　その回答はＡＩ専門の研究者の間でもまちまちだったり、曖昧だったりして、実は人工知能の定義ははっきりしていません。…ロボティクスの専門家、大阪大学大学院・浅田稔教授に至っては、『知能が明確に定義できていないのに、その人造版＝人工知能が定義できるわけがない』、と大変はっきり言い切っておられます。」

それにもかかわらず、巷には人工知能に関するネット情報や本が溢れており、中には近い将来人間の仕事の〇〇％はなくなる、といったセンセーショナルな記事もあり、働く人々の不安感を煽っている。

確かに近年、コンピューターの機能が急激に向上し、ディープラーニングで大量の情報を解析して「賢く」なることができ、ビッグデータを駆使していろいろなことが分かるようになり、ＩｏＴが仕事の現場に入り込み、人工知能連合軍が人間の労働者を駆逐するのは時間の問題であるかのようだ。

しかし私はこの議論には違和感があって、人工知能と人間の知能は、基本的に別のものだと考える。人間の知能は、大脳皮質だけでできているわけではなく、大脳皮質は古い脳の部分の基礎の上にあり、そこが情動や欲望などを司っ

ている。さらに、脳だけが孤立して存在しているわけではなく、身体全体の感覚や働きの上に成り立っている。さらに人間の身体は大気や風や光や水などの周辺の環境の中で成り立っている。人間の知能は、これら全体の基盤の上で働いており、喜びも悲しみも達成感も嫌悪感も混然一体となったうえで生きている、働いている、生活している、というものだろう。

人工知能とは、このような人間の知能のうち、与えられた記憶や情報に基づいて判断するといった、一部分の機能のみを集中的に強力に達成するものではないだろうか。だから人工知能は、あくまで発達した道具であり、使うと役に立つ部分と役に立たない部分を見極めて、役立たせればよいだろう。

東京大学等でコンピューターの研究をしてきた西垣通氏は、『ビッグデータと人工知能』（中公新書、二〇一六年）の中で次のように述べており、私も同感である。

「人間の脳のメカニズムをいくらシミュレートしたところで、人工知能が人間の思考とぴったり同じ情報処理をすることなど絶対に不可能なのだ。脳は独立した論理的存在ではなく、生きた身体と不可分であり、個々の身体は刻刻変化していく生態系全体の中に組み込まれているのである。・・・どんな職種でも、人間の仕事のやり方が変わっていくことは確かだろう。つまり、近未来の我々には人間にしかできない仕事が求められ、コンピューターにできるような仕事は人工知能が受け持つようになるというわけだ。」

(2)　ＡＩと仕事

それでは次に、近未来にどんな仕事を人工知能と人間は分担すればよいのだろうか。単純な例を挙げれば、大量の情報を取り扱う仕事、いくら繰り返してもミスしない仕事などは人工知能に向いている。さらに今後「学習」することにより人工知能の守備範囲はどんどん広がっていくだろう。

ここでは逆に、人工知能に奪われない、人間でなければできない仕事は何かを考えてみる。最近のベストセラーである井上智洋氏の『人工知能と経済の未来』（文春新書、二〇一六年）には次のように書かれている。

「それでも人間はそんな汎用ＡＩ・ロボットには負けない、いくつかの領域を持つものと思われます。生命の壁

が存在するならば、

・クリエイティヴィティ系（Creativity　創造性）…小説を書く、映画を撮る、発明する、新しい商品の企画を考える、研究をして論文を書くといった仕事。

・マネジメント系（Management　経営・管理）…工場・店舗・プロジェクトの管理、会社の経営など。

・ホスピタリティ系（Hospitality　もてなし）…介護士、看護師、保育、インストラクターなどの仕事。

といった三つの分野はなくならないだろうと私は考えています。」

このような井上氏の例示は、具体例については論者によって様々なものが挙がるかもしれないが、基本的な考え方の方向はこのように捉えたうえで、本稿を書いていくこととしたい。

２　大学職員の業務で消えるもの、消えないもの

⑴　消えない業務は

前節で、大学職員仕事を、具体的な業務分野ごとに考察して、実務、企画立案、専門職業務、に分類して列挙したが、ここではその時の分類と、前述の井上氏の「なくならない三分野」を照らし合わせて検討してみる。なお、この「なくならない三分野」については、井上氏の例示より幅広くし、大学職員の業務に対照できるよう、ここでは次のように捉えてみる。

①新しい業務を創造する、企画開発・実施の業務…例えば、囲碁・将棋など既存のルールに基づいて行うゲームはすべてＡＩの勝ちとなるかもしれないが、次にどんなゲームを作るか、人間が喜びや興味を感じて夢中になるゲームのルールをつくることは、ＡＩにも容易にはできないだろう。

②組織と個人がより良く業務を遂行できるようにする、マネジメントの業務…マネジメントで大切な点は、何らかの価値基準に基づいて目標を設定することだろう。ＡＩは価値基準を持てるだろうか、目標を設定できるだろうか。この戦いが天王山だといった判断ができるだろうか。

③学生・教員・職員をサポートする人的支援業務…介護職、医療職などが典型であるが、もっと広げて考えれば学生指導や子育て、隣人との付き合いにも共通する、何かを型通りするだけではなく、相手の人間の満足度を高め、喜びを持って受け入れられる仕事の仕方が大切であろう。

実際には多くの業務は、これらの要素が混然一体となって行われており、なかなか区分や割り切りは難しい。しかし、ＡＩの全面的導入の時代を迎えて、業務を区分し整理しなければＡＩの導入そのものが困難になるかもしれないのだから、今からシミュレーションして頭の体操をしておくことも有益であろう。導入の過渡期が五年かかるか一〇年かかるか判らないが、過渡期のうちに整理できれば良いというぐらいの構えでいたい。

(2)　教学部門では

教学部門については、主な業務を例示すると、次のように考えられる。

①企画開発・実施の業務

・学生が直面する様々な課題について、把握分析し、それに対する支援の在り方を構築すること。
・当該大学および他大学の入学生の分析により、入学生確保戦略を策定し、遂行すること。自大学の強みと弱みを分析し、入学生確保戦略を策定展開すること。学生確保の観点から自大学の在り方全般を変えていく提案をすること。
・入学時から卒業時まで、一貫したキャリア教育が展開できるようにすること。
・卒業生の期待に応えられる施策を企画立案し、展開すること。
・国や各大学の教育改革の動向と自大学の今後の展開について提案、情報提供すること。教育の改善状況について絶えず現状の把握と分析を行い、改善を進めること。
・研究の推進について、国の動向や研究費の状況を把握し、大学の政策に反映すること。

②マネジメントの業務

・全学の大学職員が学生支援を基本的マインドとして持つことができるようにすること。

・学生の抱える複雑多様な課題に対し、全学で対応するネットワークを形成し、入学から学習活動とキャンパスライフ、そして就職・進路決定に至るまで一貫した政策のもとで進められる体制づくりをすること。
・教員と職員と卒業生が一体となってのネットワーク形成や魅力ある活動づくりを行い、卒業生と大学との良好な関係を持続させること。
・学部学科のカリキュラム編成と実施が適切に行われるよう運用すること、そのカリキュラムの編成実施が可能な教員人事を将来への見通しを持ちながら行うこと。
・研究を推進するための学内組織を整備し、研究費の獲得や研究成果の実現に努めるとともに、研究費不正や研究倫理違反を防止すること。

③人的支援の業務
・学生への支援相談が適切に行えること。
・質の高い学生が確保できるよう高校及び高校生に適切に対応すること。
・教職員の全員がキャリア教育担当だとの自覚のもと、学生への働きかけを実践すること。
・企業等の就職先の理解が得られるように働きかけること。
・教育の向上のために、教員との意見交換を密に行い、必要なサポートを実施すること。
・研究の推進のために、教員との意見交換を密に行い、必要なサポートを実施すること。

以上は大まかな列挙に過ぎないが、ＡＩ時代になっても大学職員の業務はたくさんあると考えられる。

(3) 経営部門では

次に、経営部門について、主な業務を例示すると、次のように考えられる。

①企画立案・実施の業務
・全学の人材育成確保の計画を立案し実行する。その際、人件費と雇用人数、採用、研修、評価、給与、組織、業務を一体的に構想する必要がある。

・大学の中長期計画を実現し、学長のリーダーシップを実現する方向での予算の立案と執行をする必要がある。
・ＡＩ時代への移行には徹底した業務改善が必要であり、そのための提案し、実行する仕組みを構築する必要がある。
・理事長・学長と直結して全学の政策を企画立案し、実施していく必要がある。

②マネジメントの業務
・すべての事務幹部及び将来の幹部は人材養成の基本をマスターしておく必要がある。
・どの部署の職員にあっても大学全体の財政状況を把握し、財政の改善につなげる努力をする必要がある。
・業務改善を常時推進する体制を構築する必要がある。
・全学の経営企画のために中心となる組織を形成し、強力なメンバーで構成し、影響力を発揮させる必要がある。

③人的支援の業務
・個々の職員の成長を図りつつ、組織のパワーを上げるような方策を実行すること。
・教員から相談がある場合には、財政の規律を保ちつつ、教育研究を推進する方向での判断を行う必要がある。
・今ある業務を常に改善するマインドとノウハウをすべての職員に養う必要がある。
・経営企画のマインドと能力のある者を養成確保する必要がある。
以上の通り、ＡＩ時代になっても、大学職員の業務は相当にあると考えられる。

(4)　消える業務は

ＡＩ時代に消える、あるいは少なくなる仕事も当然のことながらたくさんある。逐一列挙することは手に余るが、主要なものを例示すれば次のとおりである。
・多数の案件について、定例的なチェックあるいは操作を繰り返す業務。（大学は、大企業ほど膨大な業務を統一的に処理する例は多くないが、それでもいろいろある。）
・決定に至る階層が多数あるため、会議等での説明や承認の手順が幾重にも入り組んでいる業務。（大学はとにかく会議が多く、意思決定の手順が複雑である。）

・給与体系や会計制度が複雑で分かりにくくできているために、手続き的業務が多すぎる。（国の人事院規則を参考に給与制度を定めている大学が私学にあっても相変わらず多いが、企業的に簡潔明瞭で合理的なものにするべきである。）
・学内のシステムが統合され、データが共通化されれば、会計処理、人事処理、学生に関するデータなどすべて共通に取り扱うことができるようになる。そこでは、業務としての処理のみでなく、ＩＲとしてのデータの把握ができ、以後の業務改善や取組みの根拠づけにもつながる。

ＡＩ時代は、いわば業務改善が徹底的に進み、働き方も、そこでの人間の生き方も変わってくる状況が生まれる。ここまで業務ごとに見てきたが、全体像を知るためには、ＡＩ時代の人事・組織・業務の全体を横断的にトータルに描いてみる必要がある。

３　ＡＩ時代の大学職員の人事・組織・業務

(1) 人事関連

これまで人事制度の基本的フレームと思われてきた、定年制、終身雇用、年功序列、ローテーション人事、新卒一括採用はなくなる。

終身雇用と年功序列は、労働者の生活を安定させるとともに、長年一つの仕事をすれば熟達するであろうという前提で行われてきた。しかし、年が経てば熟達するというのは幻想であり、年齢が上がるとともに処遇が上がらなければならない必然性はない。

ＡＩ時代を先入観なしに考えれば、処遇はすべて業務能力と実績で決まるのであり、年が経てば上がる人もいれば下がる人もいる。雇用は大切にするけれど、処遇は直線的に上がるわけではない、下がることもある。ある年齢で退職しなければならないという定年制は、解雇が難しい時代に分かり易い解雇理由を提供していたわけだが、ＡＩ時代には年齢ではなく、業務遂行能力で判定することになる。

したがって、八〇歳を過ぎても雇用される人がいるかもしれないし、六〇歳過ぎで雇用が終わる人もいるかもしれない。そこで雇用が終わる人は、その人の能力でも従事できる仕事を探すことになる。業務能力の判定が重要になってくるが、これは日々の業務評価がＡＩの援助により適正に行われ蓄積されることにより、客観的で透明度の高い評価となるだろう。

ローテーション人事は、人材育成のため、有益であれば行われるであろうし、不要であればなくなるだろう。要するに何のために行っているかであり、職務経歴はいろいろなパターンがあっていいだろう。

新卒一括採用は、日本社会の異常な雇用慣行であり、組織が必要とする人材をいつでもどのようにしてでも採用できるはずだ。本来は大学教育が職業人としての資質能力を育てる機能を持ち、その成果を成績判定でみることができ、企業等はその成績判定を信頼して採用を行うべきであり、多くの国はそうなっている。日本では、大学の最終成績判定を無視して採用を決めているが、これは、大学の最終成績判定が本人の業務能力を予測させるものになっていないことと、企業側の採用が相変わらず入学時の偏差値序列と面接の印象評価に留まっており、経験と勘による採用になっていることに起因している。これを是正しなければならない。さもないと世界的な競争環境の中で、日本は大学も企業も脱落していくと覚悟しなければならない。ＡＩ時代には偏差値秀才は役に立たないのだから。

さらに、本人の経験を豊富にするとともにキャリアアップのため、転職は普通に見られるようになる。一つの組織内での人材養成としてローテーション人事が行われてきたが、これはいわば組織の都合による人材育成であり、本人の主体的判断による人材育成は転職によって実現する。その転職を支援するのが大学等での学習であろう。

ＡＩ時代の人材育成はこのように変化していく。

(2) 組織関連

一〇数年前に、組織のフラット化が盛んに言われていたころ、私は、今はピラミッド型からフラット型への移行が行われるが、将来はフラット型からネットワーク型への移行が行われるだろうと予見したことがある。ＡＩ時代の仕事の組織はまさにネットワーク型になっていくだろう。

ピラミッド型組織は、会社全体であろうと、一つの単位組織であろうと同じ原理で組織がつくられる。上意下達の体系であり、統制の取れた、その分構成員の自由度のない組織であろう。フラット型組織は、そのうち一つの単位組織について、一人のリーダーのもとに数名のメンバーがいて、リーダーが業務管理と人事管理を行い、メンバーは目標設定方式で主体性を発揮しながらチームプレーを行うものと想定されていた。かなりの組織はそうなったが、会社全体の組織については、事業本部制などの分権性が進んだが、必ずしも明確な原理はなかったように思われる。

これがＡＩ時代になると、各業務単位の業務の進捗状況は広く見えるようになり、関連の部署では情報が共有され、必要な調整は常時行われるようになる。縦割りの壁はなくなり、全員のやっていることが見えるようになり、各人が自分の業務と全体の業務の判断を同時に行えるようになる。

したがって、各段階のトップの役割は各部署の進み方をコーディネートし、次の目標を設定することになる。稲森和夫氏のアメーバ経営がこれに近いが、それを担いうる人材の育成とＡＩの全面活用が成功の決め手となるだろう。

(3) 業務関連

ＡＩ時代は、業務改善が究極まで進む時代とも考えられる。

二〇年ほど前にパソコンが一人一台となり、各種のシステムが導入され、業務改善が飛躍的に進み、人員削減が行われた。算盤も計算機もタイピストもなくなり（または激減し）、業務担当者が直接パソコンで資料作成するようになり効率化された。しかし、現状ではまだ、システムは人事・会計・学務・研究など業務種別に乱立しており、同じ名前と数字を何度も打ち込まなければならない。今後のＡＩ時代には、名前を一箇所で入力すればすべてのデータで共通に使えるようになり、だれが何をしているかすべての業務で一覧することができるようになる。教員・職員・学生共にそうなることにより、一人ひとりの事情に応じた丁寧な対応と統一的な大量のデータ処理が両方できるようになる。前述のＡＩ時代にも残る業務で列挙した業務がそれである。

人々の働き方も変わり、ワークライフバランスは主体的に保たれるようになる。つまり各人の労働の成果はきちん計ることができない仕事に集中することになる。いわば、時間によって計られる労働はＡＩの仕事になり、人間は時間では成果の向上につながっていくことになる。逆に仕事が本人の主体性によってコントロールされ、それが長時間労働しても処遇や評価には関係ないことになる。逆に仕事が本人の主体性によってコントロールされ、それが長時間職場にいたとか業務に従事していたということでは計られないようになる。徒らにと把握されるようになり、

各人は、自分の生活時間の中で、本来の自分のための活動に充てる時間を決め、その残りで仕事に充てられる時間を決め、それによる処遇も納得の上で自分の時間配分を決定する。それ以上の収入を得たい人は転職して仕事中心のリスクのある生活を送ることになる。終身雇用制のもとで奴隷のように働かされるのではなく、契約で限定された仕事と処遇を獲得するという基本に立ち返ることになる。

そうなると、一つの会社や組織と専属の契約をする必要もなくなる。週のうち三日は物を作る仕事をし、二日は人を扱う仕事をするといった選択もできるようになる。この道一筋という生活ももちろんいいけれど、選択によっては複数の人生を生きることも構わない時代となる。どちらの仕事もきちんとできていればいいわけだ。これからの長寿社会で、長い人生をいろいろな仕事を味わいつつ楽しんで過ごすことができればいい。こうなると、会社側でなく、個人側がＡＩの援助により人生設計をしていくことになり、人間も学習し喜びを味わい、ＡＩも学習する（喜んでいるかどうかはわからないが）時代となる。ＡＩの性能が良くなれば、親から子へ、先輩から後輩にＡＩが伝授されるかもしれない。

このようにＡＩ時代には仕事のやり方も変わるだろう。奇妙な時代で慣れるのが大変そうに思えるかもしれないが、人間はすぐ慣れるものだ。場所や時間にかまわずにスマホをやりまくっている若者がＡＩ時代のトップランナーになるのかもしれない。なお、ＡＩ時代の教員や学生についても論じたいところであるが、次の機会としたい。

六　大学職員による教学マネジメントの展開

１　教学マネジメント、誰が何をするのか

答申に出てきた「教学マネジメント」という言葉は、まだ共通理解され普及しているとは言い難いかもしれないが、本稿では私は次のように大くくりな意味で使いたい。現代の大学における教育は、組織として計画的に、一定の達成目標を持ち、着実に実行され、それが適切であったかどうか検証され、検証結果に基づいて改善され、次のサイクルではより良い状態で遂行される必要がある。これだけだと一般のマネジメントと同じであるが、大学の教育の場合は個々の教員の自主性を尊重することとの兼ね合いに注意する必要がある。

大学の教育は、基本は個々の教員の学問的達成を生かしながら自由で創意工夫を生かして展開されなければならない。それがそのまま優れた教育に直結するならば幸福な予定調和的な状態というべきだが、現実はそうはいかない。

現代の大学には能力適性が多様な学生が入学し、教員もまた専門分野はもちろん、教育に対する習熟度、学生とのコミュニケーション能力の度合い、教育に対する熱意などは多様であることは周知の事実である。そのため、大学・学部・学科等は、教員の教育行動について一定のあるべき状態を期待しあるいは想定し、環境条件を整備し、教員を確保し、研修や相談などのサポートを行うなどの努力をする必要がある。

ただし、制度上・財政上の制約は必ず存在することも事実であり、その制約の中で最大限のより良い状態を実現するためにもマネジメント的発想は必要である。

その際、特に重要なことが二つある。一点目は、多様な学生の実態を踏まえて、個々の学生との関わりにおいて教育活動をどう行っていくか、同時に、集団としての学生をどう捉えて教育活動を行っていくかという点である。二点目は、多様な教員の実態を踏まえて、個々の教員の教育活動をどう捉えてどう改善していくか、同時に集団としての教員をどう捉えて組織として改善していくかということである。

これらを同時並行に行って初めて新しい時代に対応する教育が実現すると考えるが、現実の各大学の状況を見ると、果たしてうまくいっているであろうか。私は多くの大学ではかなり不十分な状態であると考えており、この状況を打開するために教学マネジメントが必要であると考える。

また、教学マネジメントを担うのは誰かと考えると、もちろん最も責任があるのは教員であることは言うまでもない。個々の教員に任せるだけで十分な対応ができるわけではなく、学長・学部長などの執行部のリーダーシップと、個々の教員の創意工夫が往復運動を繰り返す中からより良い在り方が生まれてくるだろう。

さらに今後重要となるのが、職員の存在である。かつては事務職員と呼ばれ教務や学生支援の事務を着実に行うのが任務だと思われていたのかもしれないが、今や学生や教員との接点の最前線で仕事をし、それぞれの実態を客観的で公平に把握することができる立場にあり、そこから教学マネジメントに大きな貢献ができると考える。

私はこの人たちを大学職員と呼びたい。かつては、教育は教員の専権事項で職員が口を出すものではないかの如く教員から思われていたのかもしれないが、実はかなりの大学で、日常の教育や学生支援の改善から、カリキュラム実施の適切性の確保、カリキュラム改革などの大きな動きへの対処、学部・学科等の設置・改組・廃止などの大学改革への対処など様々な局面で力を発揮してきた。現在多くの大学では、大学職員の人材確保と育成が進められており、これらの教学マネジメントを担うことができる大学職員も増えつつある。同時に、その段階に至らない旧来型の事務職員も多く存在していることも事実であり、私は、大学職員の確保と人材育成の進展と教学マネジメントにおける大学職員の役割の発揮は同時並行的に実現していくものと考える。

以下、代表的な四つのケースを取り上げ、具体的に考察してみたい。なおこれらは、実際の事例を参考としつつ、私が想定して記述したものである。

2　教学マネジメントの諸展開

(1)　学生への学習指導・学生支援相談

教育活動の主な場面は授業であるが、授業以外の場面も教育的に重要な意味を持っている。例えば、キャンパス内の様々な場所や時間での教員と学生との触れ合いがある。学生が教員の自由面談時間に教員室を訪問することもある。学科のスペースの中に学生が自由に過ごせるスペースがあれば教員もそこに顔を出して会話をすることができる。廊下やキャンパス内で教員が学生に声かけをしたり会話を楽しんだりすることもある。

これらは偶発的なものかもしれないが、そのようなチャンスをできるだけ見出し、生かし、活用するよう教員側が意図的に心がけることはできる。様々な機会に聞かれる学生側の感想に、先生と挨拶できたり会話ができたりしてうれしかった、先生が私のことを覚えて気にかけてくれてよかった、などの声が聞かれることがある。教員側は軽い気持ちで接していても、学生にとっては重大な接点の意味を持つことがある。それが逆の効果を持つと、折角、挨拶したのに先生から無視された、頭から自分の意見を否定された、など拒否的に受け止められ、場合によってはハラスメントと受け取られる可能性さえある。

そして、多くの学生は学習面の課題のほか、将来の進路、職業の選択、経済的な問題、身体的な問題、精神的な問題、性格に関する問題、性に関する問題、家族関係に関する問題など、自分自身でも何が問題なのか整理できずに混沌とした状態にあることが多い。したがって教員側も、それぞれの課題に対する専門的知見はないかもしれないが、大人の健全な常識の範囲で相談に乗り、支援し寄り添う姿勢で対応するのが好ましい場合が多い。教員集団が自然にそのような状態になればよいが、ある程度平素から会議や研修あるいは教員間の共通な雰囲気の形成を通して実現していく必要がある。

一方、大学職員側の出番も多い。授業の履修登録や単位の認定の相談などで教務課へ来たり、課外活動や奨学金のことで学生課に来たりする学生は多い。このような機会に、直接の用事以外に声かけをしたり、近況の会話をしたり、大学での出来事を話題にすることも重要である。何気ないやり取りの中から、実は学生が直面している深刻な課題が見えてくるかもしれない。大学が組織として把握するべき大学側の改善課題が見えてくるかもしれない。ヒントは至る所にある。それを見逃さずに、個別の学生への対応に生かすとともに、大学の在り方の改善向上に生かしていくのが大学職員の専門的力量と言えるだろう。

教員と職員がそれぞれ把握した学生の状況を共有したい。そして、入学前のオープンキャンパスに始まり、在学中の学習やキャンパスライフの状況、さらには就職や卒業後の進路まで把握して適切な対応をとることができるならば、学生の満足度は高まるだろう。これは大規模大学では難しく、中小規模大学で丁寧に行うことができる強みとなる。年次計画的にアンケートを行うなどにより、学生の満足度を把握していきたい。

これらの大学での日常的な学生への配慮を、計画的かつ組織的に実現していくことも教学マネジメントの課題であると考える。一人ひとりの教員と職員が最前線に立っているのだ。

(2) 授業のレベル、教育内容、教育方法の調整

次に、教育活動の最も重要な場面である授業について見てみよう。

一般に授業は個々の教員の力量に委ねられていると受け取られている。しかし同時に、大学・学部としてつまり組織としての教育の向上のための取組みが重要だとされ、カリキュラムポリシーの策定や、シラバスの作成など様々な取組みが教員に課せられるようになってきている。つまり、学ぶ意欲のある選ばれた学生と教授能力の高い選ばれた教員との幸福な出会いができた時代は歴史のかなたに過ぎ去り、能力・適性・意欲の多様な学生集団に対し、これまた教育能力・教育適性・教育意欲が様々な教員集団が授業をするわけだから、大学としても心配この上ない日々となっている。

いったいこの学部あるいはこの教師の授業は、学生のレベルにマッチしているだろうか。教育内容は適正だろうか。教育方法は学生を引き付けるものになっているだろうか。これらの疑問を放置しておくわけにはいかない。そのためにはいろいろな段階での取組みが必要だ。

まず教員の採用については、学術的能力を検証する論文等の研究業績審査はもちろん前提として必要だろうけれど、大学の実態に応じてその重要度は変えなければならない。むしろ、これまでの教育実績を確認し、模擬授業をしてもらって学生を惹き付ける力の有無の検証し、コミュニケーション力、発声や表情の魅力度合いを検証しなければならない。オープンキャンパスで高校生に話をさせると志願者が減ってしまう教員や、企業に就職依頼に行くと逆効果になる教員など採用するわけにはいかない。採用時にこれらの点を見極めておかないと、採用後に不都合なことが生じ是正しようとしても困難なことが多いので、水際で防ぐことが大事だ。授業を開始した後も、安心して放置するわけにいかない。シラバスを書いている大学は多くなっているだろうけれど、シラバスに書いてあることと、実際にやっていることが食い違っていては困る。アクティブラーニングをすると書いてあっても、実際に毎時間、学生に事前の調べをさせ、授業での発言を促し、双方向の対話を行い、事後に授業で得たものを確認するといったプロセスはなかなか大変であり、どの教員も十分にできるとは限らない。その対策としては、ＦＤで授業の技法を鍛えること、相互に授業を参観すること、学生のアンケートを得ることなどが実際にある程度行われている。

ただ、どの大学にあっても、それが必要な困った教員がその場に出てこないのが悩みだという声が聞こえてくる。向上の努力をしない者、能力・適性・意欲に問題がある者は、教育の場から排除することが必要であるが、この点が極めて甘いのが日本の大学の特徴であろう。そこまで極端にいかなくとも、教員自身が課題に気づいて自ら修正を施していくことができるように、組織として配慮するべきだろう。

これらの教育の質の保証のための措置を機能させるためには、まず、学長・学部長・学科長などの組織の責任者が責任を果たす必要がある。同時に、これらの責任者だけの問題とせず、教務委員会などの教員集団のしかるべき組織が役割を果たす必要があるが、教員は相互に介入することを嫌い、お互いにものを言わないことが多いので、実際には期待できないことが多い。

そこで期待されるのが事務組織であり、これまでは教育は教員の専権事項であり、うっかりものも言えないとの雰囲気があったかもしれないが、根拠となるエビデンスがあればしっかり提言できる。学生のアンケートで悪い意見が多く見られることを把握したり、学生との随時の会話で情報を得たり、授業の質を高めるための方策の提案に資するデータを集めたりすることはできる。いずれは教員についても見える化が普及し、良い授業はここがよい、悪い授業はここが悪いとはっきり言えるような状態が実現するかもしれない。教育の質保証のためにはそれが必要である。

大学職員は、客観公平な立場からいわば教育に関する舞台回しをする立場であり、これはまさに教学マネジメントの基盤になるであろう。教員の学術的知見に基づく判断と大学職員の実証的知見に基づく判断が相まって、教学マネジメントが推進されるであろう。

(3) カリキュラムの編成・改訂

授業を行ってみて感じるのは、毎時毎年絶えず見直して改善向上するべきことはその通りなのだが、実際にはなかなか十分には実行されにくいということだ。授業を開講するに当たってはかなり準備して最善の組み立てをするわけだし、それを修正するには年度単位の計画的な準備が必要だ。学会等の動向を反映し、適切な教材を収集し、時にはゲストを依頼し、フィールドに出て行って体験的学習をするなどの工夫をすればするほど、準備は大変になる。半年又は一年の授業は、一旦、始めてしまうと変えにくいのは無理もないと感じる。

まして大勢の教員が多数の授業科目を組み合わせて作成するカリキュラム編成となると、教員の役割分担と内容の調整はもちろん、時間割や教室の確保などの実務的なことも含めて複雑な作業となる。そして、一旦苦労して編成したカリキュラムも、学問の変化、社会の変化、学生の変化に応じて、随時修正・改善していく必要がある。特定の科目の追加・変更・削除は日常的に行われているだろうが、時には大きな修正を行わなければならないこともある。

多くの場合、カリキュラムの編成・改訂は、教員の持ち時間や人数の修正につながり、教員の利害に直結している。その分野の授業時間が減ることは、その分野の（講座の）教員数が減ることにつながり、激しい抵抗が生じる。教授会が主導権を持ってカリキュラムが決められている大学にあっては、教員相互の利害調整がほとんど不可能なため、大きなカリキュラムの改訂は実現するのは容易ではない。これが大学教育の硬直性の原因である。

この状況を打開するための方策はいくつか考えられる。

課題提起をするのは、学長・学部長・学科長など様々なケースがあるだろう。カリキュラムの改訂は時間がかかるのだから、ある日突然言い出してすぐやるというわけにはいかないことが多い。課題提起をして、教員間で様々な議論をし、成案を得ていくわけだが、教員の意見だけに任せていると現状維持的な結論になりがちなのは周知のとおりである。課題提起する者が説得力のある根拠を示しながら現状の問題点と改善案を説明し、異論を説得し、多数派形成をする必要がある。

できれば中長期計画の中で方向性を打ち出し、段階的に目指すカリキュラム編成に近づけていき、ある程度準備が蓄積された段階で大きな改訂をするといった、息の長い取組みが必要である。教授の退職に伴う教員採用の時がチャンスであり、教授会に任せて漫然と行っているだけでは前任者と同じ分野と傾向の教員を採用することになって変化がない。教員交替のチャンスに今後どのような教育が必要となるかを十分議論し、新しい方向性に沿った教員採用を行わなければならない。この議論の際に、学長・学部長・学科長がリーダーシップを発揮し、あるべき方向に誘導しなければならない。これが大学ガバナンスの発揮の焦点の一つであり、教学マネジメントの要点は教員マネジメントであると言っても過言ではない。

ではこのようなカリキュラム関連では大学職員はどのような役割を発揮できるであろうか。課題提起は説得力あるものでなければならず、現状のカリキュラムが妥当なものであるかどうか、学生に対する教育効果を発揮しているかどうか、発揮していないとすれば原因は何か、実証的なデータは必ずあるはずであり、それらに関する資料を作成するのは大学職員である。学長・学部長・学科長と一体となって改善のための資料を作成し、時には説明し、議論をまとめていく役割が大学職員にはある。

(4) 学部・学科の設置・改組・廃止

さらに、教育組織の在り方そのものを大きく変えようとするならば、学部・学科の設置・改組・廃止の課題になってくる。従来の学部・学科の一部を変更して新しい教育内容を取り入れるならば改組となる。改組に伴って教員も新たに採用するか、研鑽を積んだうえで可能な者は新しい分野を担当してもらう。従来の学部・学科では対応できない分野の場合は新規の設置となる。この場合も、純然とした新しい分野の学部・学科の場合と、従来の学部・学科に手を加えることが難しい場合に次善の策として新学部・学科を設置する場合とがある。

さらに、規模の拡大が困難な場合には、既存の学部・学科を見直して縮小または廃止を行わなければならない。縮小または廃止に対しては、関係者は死に物狂いで抵抗するので、ある時は見返りを提示して穏やかに、ある時は抵抗を排して断固として進めなければならない。いずれにせよこれらは全学の組織の在り方を検討する中で結論を出していかなければならない。あるいは、教育と研究の組織を一体的に考える古典的な発想だけでなく、教育組織と研究組織を分離、あるいは教員の所属組織と教育プログラムを分離するなどの試みもみられ、教員の雇用の安定性と教育の柔軟性の確保を狙ったものとも言える。

これらは大学の基本組織の在り方に関わる課題であり、学長を中心として、関係教員と職員による中枢組織（学長室、企画部など）で担当し、全学的な議論を戦略的に展開して推進する必要がある。学内外の情報を適切に収集把握し、逆に中枢の考えを適時適切に発信し、学内をうまく改革の方向でまとめていかなければならない。

これらの動き全体を適切にコーディネートし、着地点まで誘導していくためには、理論的にしっかりしているとともに、主要メンバーとの人間的信頼感があり、地を這うような努力を惜しまず、相手を圧倒する熱意で目的を貫徹する人物が必要である。教員であれ、職員であれ、そのような人が教学マネジメントの中枢に必要である。

3　教務専門職への展望（経験知に裏付けられた高度専門性を確立）

以上のような考察を踏まえ、教学マネジメントに役割を果たす大学職員について、どのようなことが言えるだろうか。大学職員の範囲については、大学により部課編成の体系が異なるので概略しか言えないが、教務部（課）を中心に、学生部（課）も関係が深い。全学的なポリシーや組織の在り方については企画部（学長室、総務課、人事課、財務課など）が当然連携しなければならない。さらに、日常的な教育指導や学生支援については、学生に直接関わる部（課）の者はもちろん、管理部門など関係が間接的な部（課）の者も役割を果たさなければならない。つまり仕事が縦割りであってはならず、私は関係ないという職員が一人もいてはならない。その中で教務部（課）と企画部（学長室）が連携して責任を持ち、事務組織全体をリードしていかなければならない。

大学職員が教学マネジメントについて果たすことができる役割は、現段階では、

①学生や教員とのさまざまな接点を生かした情報収集、相談を受けての対応、課題発見・課題解決への働きかけなど、現場の知見を活かすこと

②学生や教員の実態について、様々な客観的なデータを把握し、分かりやすく印象的な手法でプレゼンテーションし、共通理解を形成する基盤を作ること

③大学がとり得る施策について、法令などの枠組み、設置基準や補助金などの基準との関係、財源や人的資源との関係などから、可能な選択肢をいくつか提示し、それぞれのメリット・デメリットを整理して議論の整理に資すること
④学内の議論が一定の期間内に結論を出すことができるよう、タイムリミットがどうなっているのかを分析し、議論の展開の道筋を大学・学部の中枢と一体となって立案すること
⑤一旦結論が出たならばその実現のため、事務組織内では制度・予算・関連する課題について処理案を作成し、学部学科に対しては議論がうまく収まるよう、反対者がいる場合は反対の理由の根源を把握し説得の材料をそろえるなど処理案の正当性を根拠づけること
⑥新施策が実現した場合には、学内外への説明を適切に行い、広報すること

などが挙げられる。

これらの仕事を遂行する大学職員は、かなりの経験と知見が必要である。これまで各大学には、時折教学マネジメントに熟達した職員が登場し、教員と職員の信頼を集めて活動し、仕事を成し遂げてきた。いわば大学紛争で培った職人芸にも通じる経験知から、数々の大学改革で力を発揮してきた貴重な存在である。しかし、これらの方々の多くは口数が少なく、「いや、大したことはしていません」と謙遜することが多い。これでは経験の蓄積がなかなかできない。これからは、誰がどんな行動をして、何を成し遂げたかの振り返りをきちんと蓄積していきたいものだ。

今後は、教育の在り方を絶えず見直して変革していくことがどの大学でも不可欠となってきており、多くの大学でこのような教学マネジメントができる大学職員が必要であり、組織的計画的に育成する必要がある。そのため、上記のような地を這う経験知を生かしながら、大学と教育の在り方などについて理論的研鑽を積んだ者が必要である。

実際、多くの大学では、教学マネジメント部門はそこに長年勤務する者が多く、企画部（学長室）との人事交流もみられ、その中から熟達した職員が登場している。私はこれらの職員の人材育成の仕組みをもっと明確にし、学内におけるもっと高度で重要な役割が果たせるようにし、いわば教務専門職というべき職を確立するべきと考える。熟達した経験知を踏まえつつ、学術的に裏付けられた高度専門性を確立したい。

七　公立大学の職員

1　公立大学教職員のミッションと課題

十数年前、アメリカの教育調査で州の教育委員会を訪問した時、州の教育行政について明快な説明をしてくれた人がいた。感心して何をしている人か聞いたところ、州立大学の教育学部の教員で、同時に州の教育課程の立案と実施の責任者だという。大学の教員なのに州の行政についてそんなにコミットするのはなぜか、と聞いたところ、「それは私のミッションだから」との答えだった。州立大学と州の行政の関係について考えさせられた。

今日、日本の公立大学の役割が見えにくくなっているのではないか。かつては地域と疎遠だった国立大学は、法人化以後地域への貢献を重視しつつある。私立大学はもとより学生募集に熱心で地域との結びつきを形成している。では公立大学はどうするのか。主な資金源でみても、国立大学は国の税金であり、国民全体への貢献が求められる。私立大学は学納金であり、学生への貢献が求められる。とすれば、公立大学は地域の税金であり、地域住民への貢献が求められるのではないか。

さらにその貢献の現れ方は、審議会の委員になっているとか産学連携しているとかいうレベルではなく、日常の教育研究そのものが地域のニーズに応えるものになっていなくてはならないのではないか。つまり、地域への貢献そのものが公立大学教職員のミッションとなっていなければならないのではないか。

そうは言っても、公立大学の職員が日々行っている仕事が、国立や私立の職員とそれほど異なっているわけではない。国公私立通して、しばらく前までは、職員は定型的な業務をまじめに言われたとおりにこなしていればよいと見なされていた。ところが国公立は法人化や行財政の困難に直面し、私立は一八歳人口の減少に直面し、この難局を乗り切り、健全な経営を確立し、魅力ある教育研究を展開するためには、職員も力量を発揮し、重要な役割を果たすべきであるとの捉え方が国公私立共通に普及してきた。

その中で、公立大学特有の課題を取り上げると、①設置自治体との関係の在り方（言い換えれば地方自治体における大学行政の在り方）であり、②法人化に伴う設置自治体の職員から法人採用職員への切り替えであり、③その新たな状態のもとでの職員の人材育成方策の在り方ともいえる。以下詳細に見てみよう。

2　公立大学職員の現状と意識

(1)　現状調査

公立大学協会の二〇一五年度調査によれば、全公立大学八六校の職員は、附属病院以外では、九二八一人である。このうち、本務職員は四九二四人（うち設置団体の職員は二〇四六人、法人採用職員は二八七八人）、臨時職員等は四三五七人であり、合計九二八一人である。

本務職員についてみると、八六校の平均は一一四・六人であるが、たとえば、首都大学東京が三〇二人、大阪市立大学が二八〇人と大規模である一方、一〇人台の小規模大学もいくつか見られ、規模の差が大きいことが特徴である。担当分野別の人数を見ると、本務職員では、事務系三八五二人、司書系一七〇人、技術技能系二一二人、医療系三五一人、教務系一八五人、その他一五四人であり、それぞれこれに匹敵する臨時職員等がいる。

これに加えて、一〇大学には附属病院があり、本務職員一万二七五人（設置団体の職員一六八二人、法人採用職員八五九三人）、臨時職員等二六九五人、合計一万二九七三人であり、その大半は医療系職員である。

まとめると、職員の規模はばらつきが大きいこと、本務職員に匹敵する臨時職員等がいること、本務職員の過半数は法人採用職員であること、などが言える。諸般の事情からみれば、法人採用職員の比率と臨時職員等の比率はまだ増大する可能性があると思われる。

法人採用職員の比率については、規模、分野などによる特徴はあまり見られず、法人化後の年数に応じて徐々に増加する傾向にある。つまり、法人採用職員の増加については設置団体と大学の判断によって決まる、つまりコントロール可能な事柄であったと言える。

(2) 大学職員の意識調査から

ここからは、東京大学大学経営・政策研究センターの二〇一〇年「全国大学職員意識」を活用して分析する。公立大学の職員の特徴を見るため、国私立と同じ傾向のものと異なる傾向のものを抽出してみていきたい。

1) 国公私同じ傾向のもの

現仕事の選定理由としては、「地元で働けるから」が国公私とも六〇～七〇％台であった。仕事の内容については、「学生や教員への対応」「パターンが決まった職務の実施」が国公私とも九〇％台であり、一方、「新規事業の企画開発」は四〇～五〇％台であった。良くも悪くも似た傾向を持っていると言える。

職場環境については、「自分の意見や提案を言い易い雰囲気がある」「休暇を取得しやすい雰囲気がある」「教員との間に信頼関係が成り立っている」「自分の能力や適性が生かされている」がいずれも六〇～七〇％台、「上司は信頼して仕事を任せてくれる」に至っては八〇％台と、良好な職場環境である。

それに対し、「能力や適性が生かされた人事異動が行われている」「一定のキャリアモデルが示されている」は二〇～三〇％と不足しており、「大学の経営方針が全学で共有されていない」も、国公私立とも七〇％台がそう思うとしていて、人材育成の努力は不足している。

大学職員の望ましい将来像については、「専門性を高める職員と、ルーティン的な仕事をする職員とに分ける」「大学職員として専門職化し、大学間の異動を行えるようにする」の賛成は六〇％台にとどまるが、「職員を学内委員会の正式職員とするなど、発言の機会を増やす」「企画・立案にかかわる職員を計画的に養成する」は九〇％台が国公私立とも賛成している。

全体として、仕事の内容、職場環境、大学職員の将来像等はほぼ国公私共通の意識が形成されていると言えよう。

2) 公立が国私立と異なる傾向のもの

顕著な相違があるのは、入職に関することである。最初の入職先は、公立が「設置自治体」五五％であるのに対し、国立は「現在の大学」五七％、私立は「現在の大学」四八％である。現大学での勤続年数は、公立が「一～三年」が六九％、「六年まで」と合わせると九〇％に達するのに対し、国立私立とも「一～三年」は二〇％台、同時に長期勤務者も多く、「三〇～三九年」も一〇数％いる。現大学への採用の経緯は、公立は「設置自治体からの出向」六三％、「公募」二九％である。現在過半数が法人採用職員であること突き合せると、出向であった職員で法人採用に切り替わった者も相当あると考えられる。「国立は国家公務員試験」六〇％、「国立大学法人等職員採用試験」一九％であり、私立は「公募」六四％である。

人事制度の改革についてみると、「成果主義・目標管理制度」は、公立二二％、国立四一％、私立二八％で導入されている。「人事評価の給与への反映」は、公立二〇％、国立四五％、私立二三％で実施されている。制度改革は国立が一歩先んじている（どの程度実質的かは別として）が、公立・私立は遅れている現状である。

自身の将来については、「大学職員を続けたい」とする者が、国立も私立も八八％に達しているのに対し、公立ではわずかに五二％である。「現在勤務する大学で今後も働きたい」とする者が、国立も私立も八〇％を超えているのに対し、公立はわずかに五三％である一方「自治体で地方行政に貢献したい」とする者が六三％に達している。大学の仕事を長くするつもりはないという意識が多く見られる。

学習機会については、「所属大学主催の研修がある」とする者が、公立四〇％、国立八二％、私立六七％である。「大学関係団体主催の研修がある」とする者が、公立四〇％、国立六二％、私立七〇％である。「大学院を利用した経験がある」とする者は、公立二％、国立四％、私立五％である。国立は所属大学で、私立は大学関係団体でかなり学習機会が用意されているのに対し、公立はどちらも弱体である。

３　公立大学職員育成の改善方策

1）大学のミッションを明確に

基本的なことだが、まず各公立大学のミッションを明確にしなければならない。その各大学のミッションに応じて、教員と職員のミッションが見えてくる。すると、あるべき職員像が見えてくる。現状では多くの課題があることを踏まえつつ、中長期的にどのような職員像を目指すのか、自分たちで描くべきであろう。そしてそのあるべき職員像を目指して、人材育成の改善策を列挙し、全体的かつ計画的に実施していく必要がある。

2) 人事計画の策定

まず、人事計画である。設置自治体から法人採用職員に切り替えるにしても、どのような職員を切り替え、どのような職員を採用するのか、方針を定め、計画的に移行する必要がある。現実には慌しく多くの職員を切り替えた大学があるが、禍根を残さなければよいが心配である。

私は、法人化したとはいえ設置自治体とは密接な関連を持っていかなければならないのだから、必要なポストには自治体に精通した職員を置くべきであると考える。そのためには、設置自治体から来る職員には大学について学習してもらい、法人採用職員には設置自治体のことを学習してもらう必要がある。

法人採用職員は、長く大学にいることになるのだから、しっかりとしたキャリアプランを持ち、職務経験を通して能力向上を図る必要がある。人事異動は本人に適切な業務経験をさせる人材育成の観点から行い、本人の希望や能力適性とすり合わせる必要がある。評価もしっかり制度化し、積極的な取組みが高く評価されるようにする必要がある。国私立で見られる終身雇用に安住した状態にしてはならないだろう。

研修は体系的に行うと同時に、飛躍的に強化充実する必要がある。学生への教育と同じく単なる知識習得ではなく、大学業務の実践力向上につながる研修とする必要がある。

一方、設置自治体は、派遣する職員を単なるローテーションで選ぶのではなく、大学に熱意があり、課題に応じた能力を持つ職員を選ぶべきである。さらに根本的には、設置自治体は、当該公立大学によって何を成し遂げようとしているか明確な大学政策を持ち、それに応じた行政を行うべきである。

以上概括的にしか触れられなかったが、多様な公立大学には多様な取組み方策が可能であり、各大学がよくよく検討のうえ改善を進めることを期待したい。

第五章　ブックダイジェストから

Ⅰ　大学を考える

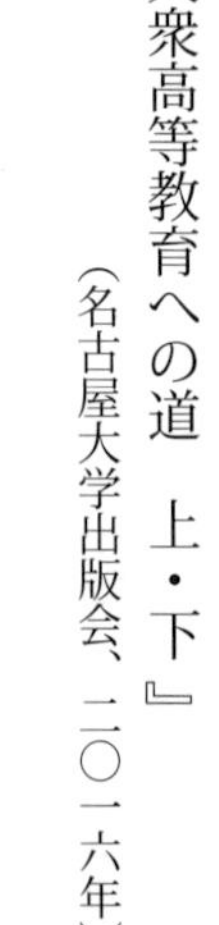

一　天野郁夫著『新制大学の誕生　大衆高等教育への道　上・下』（名古屋大学出版会、二〇一六年）

1　日本の大学の歴史を知る

早いもので、この連載（『大学マネジメント』ブックダイジェスト）も二〇〇九年四月の第一回以来、読者から「毎号読んでいます」等の励ましの言葉をいただきながら、長期に続けることができ二〇一七年一〇月号で一〇〇回に到達した。この記念すべき第一〇〇回に、私は何の迷いもなくこの本を選んだ。なぜなら、第一回に天野郁夫氏の『国立大学・法人化の行方』（東信堂、二〇〇八年）を取り上げ、併せて天野氏の他の著作、特に大学の歴史に関わる本を取り上げさせていただいた。折りしも天野氏の『新制大学の誕生』が先般出版され、第一回と趣旨を同じくする本書をメインに取り上げたいと思ったからである。本書は、天野氏の代表的な著作になるであろうし、日本の大学の歴史を知り、今日の大学が抱える諸問題の根源を理解しようとする人々の必読の書となるであろうことを確信している。

天野氏の研究業績については、研究者自らが綴った広島大学高等教育研究開発センターHPの「大学研究者の履歴書」に詳しい。日経新聞の「私の履歴書」の研究者版だが、天野氏の言葉で印象的なのは「私が常に拘ってきたのは差異・違いではなかったかと思う」「差異は至るところに転がっており、比較の軸のマイナーな側に身を置けば、それまで見えなかったものが見えてくる」との記述である。天野氏の歴史研究が、旧制専門学校から出発し、旧制大学、そして私学に及んだ、たいへんバランスの良い高等教育の全体像を捉えているのも、そうしたスタンスのなせる業であろう。

もう一つは、「高等教育の研究にとって、経験や実践の重要性がこれまで以上に増してきている。（略）・・・その経験や実践はディシプリンに基づき、理論的な手続きにより相対化され、対象化されて初めて研究者にとって意味のあるもの、研究の源泉となる」という記述である。現実的で実践的な課題を研究に昇華させる素晴らしいお手本が天野氏の著述から見て取れると言っていい。実際に、天野氏の高等教育の歴史に関する著作は、雄大な歴史の流れを詳らかにし、現代に通じる課題を浮き彫りし、読者は表層的な思考では問題解決できないことを痛感することになる。

まず『大学の誕生』（中公新書、二〇〇九年）では、明治初期から一九一八（大正七）年大学令の公布までの約四〇年間が語られる。上巻「帝国大学の時代」、下巻「大学への挑戦」からなる本書は、帝国大学設置を模索する明治維新以後の動きから始まり、一八七七年、日本で始めて「大学」の名称を冠された東京大学が設立され、一八八六年に帝国大学へと移行し整備されていく。同時に、多様な専門学校群が登場し、私学が展開し始める様が描かれている。東京帝国大学の挑戦者として設立された京都帝国大学の試みは挫折するが、その他の帝国大学や早稲田・慶應をはじめとした私立大学、さらに多様な専門学校が次々に設立されてくる。これらの諸学校は序列構造を形成しながら棲み分けが行われ、こうした多様化した高等教育の構造をどのように捉えていくか、学制改革の議論が行われ、大学令が制定された。これにより一定の要件を備えた官公私立学校には大学への道が開かれた経緯が詳述されている。

続く『高等教育の時代』（中公叢書、二〇一三年）は、大学令の公布から第二次世界大戦後に至る三〇年程度の、注目されることの少ない期間が、「戦間期 日本の大学（上）」、「大衆化大学の原像（下）」の、二巻で綴られた大書である。しかしこの時期に定着した大学の状況は、一部は戦後改革で修正されたものの、残存して受け継がれ、この時期の大学の状況の理解は重要である。大学令以後、多くの私学が専門学校から大学への道を辿ったがその道は苦難に満ちていた。政府の高等教育機関拡充計画により官立大学群や帝国大学が整備され、各分野で特徴ある専門学校が登場し、高等教育システムというべき構造が形成された。下巻の、「高等教員の世界」「入学者選抜と受験競争」「変貌する学生像」「就職難と学歴主義の時代」は、官公私立の状況が横断的に生き生きと描かれる魅力的な章である。この時期は、進学率の上昇による大衆化が進み、中等教育との接続の在り方など学制改革論議が繰り返されたものの、実行には至らず、戦時の破壊的な状況に突入してしまった。

天野氏の歴史叙述は、国としての制度改正とそれに至る政策決定の議論を丁寧に辿りつつ、各大学の大学史にみられる個別の現場の動きを詳細に辿り、しかも当時の学生や教員の姿が浮き彫りになるという魅力的な記述になっている。その特徴は近著『新制大学の誕生 ― 大衆高等教育への道 上・下』でも存分に発揮されている。上・下二巻で七三七頁の大著であるが、他の大書同様、大変読みやすい。「ほぼ昭和一五年から二五年までの短い期間に繰り広げられた激変の長い物語」（プロローグより）である。それではさっそくポイントにまとめながら読んでみよう。

2　何が書いてあるのだろう

二〇一四年時点で大学七八一校、短期大学三六二校、在学者の総数は三〇〇万人近く、同年齢人口比の進学率が五七％と、まさに「ユニバーサル」化した現代の高等教育システムの出発点は、一九四七年公布の「学校教育法」により発足した新しい大学制度にある。「新制大学」の名称で呼ばれたその新しい大学制度の発足は、最初の近代大学・東京大学の創設（一八七七年）から数えて一四〇年に満たない我が国の大学・高等教育システムの歴史の中で、最も重要な転換点であった。

戦前期の高等教育システムは、大きく括れば、大学・高等学校（大学予科）・専門学校・師範学校という四つの学校種からなり、そのうち大学、すなわち「旧制大学」はごく少数（一九四〇年時点で四七校）にすぎなかった。これに対して「新制大学」は、一九五〇年にはすでに二〇一校を数える。これだけ多数の新制大学の出現を可能にしたのは、大学以外の高等教育機関、とりわけ一九四〇年時点で一九三校に上った専門学校の存在である。新制大学は、旧制大学の「移行」だけでなく、これら専門学校を主とする非大学型の高等教育機関の「昇格」によって出現したのである。

この高等教育の制度改革は、一九四六年にGHQの招きで来日した、米国教育使節団の報告書からと記されるのが一般的であるが、この報告書が、高等教育の制度改革に触れる箇所は意外なほど少ない。本格的な改革の議論は、一九四六年に総理大臣の諮問機関として設置された「教育刷新委員会」を主要な舞台に展開された。併せて教育の民主化推進に強い発言力を持つGHQ、教育行政を直接に担当する文部省の様々な思惑、願望、要求が加わって、新しい高等教育・大学像をめぐる激しい議論の応酬となった。本書では、この教育刷新会議の膨大な会議録を読み解いていく。

同時に本書では、戦前期の高等教育改革の議論と現実を詳細に記述している。敗戦という歴史の大転換を挟みつつも、高等教育の戦時と戦後の間にあるのは「断絶」ではなく「連続」だと考えられるからである。学制改革議論が繰り返され、それに終止符を打つべく設置された「教育審議会」の答申が一九四一年に出されているが、戦時体制への突入もあって腰砕けとなり、制度の抜本的改革構想を打ち出せないまま終わった。この記憶を残した委員たちと文部省関係者がその記憶を出発点として議論を展開したことは、会議録の随所に見出すことができる。

さらに戦前期との連続性は、高等教育のシステム構造にみられる。新制大学の多くは、敗戦直後の短い期間に強行された移行・昇格であり、物的・人的資源の調達は思うに任せず、新しい大学の理念や理想を問い直し、理解する時間的余裕もないままの出発であった。新制大学は、旧制大学さらには多数を占めた高等学校・専門学校・師範学校の諸資源の水準を事実上そのままに継承して誕生したのである。「新しい酒袋」に盛られたのは「古い酒」に他ならなかった。

では、こうした状況を本書の三部構成に即してみていこう。

第一部「戦時体制と高等教育」では、学制改革論議が再燃し、教育審議会の答申に結実する一方、総力戦体制下の様々な要請に対応を迫られ、限定的な「合理化」「現代化」が行われた。国立セクターでは徹底した理工系の拡充策が取られ、附置研究所の大量新設など研究機能の格段の強化が図られた。公立セクターでは、専門的人材養成を目的とした専門学校の新設が相次ぎ、私立セクターでは、文系の定員削減と理工系への転換が強制されたが、急増された理工系は戦後に継承され、私立大学の総合化に大きな役割を果たすことになる。

第二部「戦後の高等教育改革」では、教育刷新委員会の審議を経て、学校教育法が成立する。高等教育改革の主要な舞台となったのは「上級学校体系」に関する第五特別委員会であった。アメリカ的な大学・高等教育モデルへの転換を暗黙の前提とする占領軍側に対し、戦前期の学制改革論議の記憶を残した刷新委員会での議論は、旧制高等学校・帝国大学制度の継承の是非を主要な論点として展開され、文部省は両者の間で現実的で実施可能な改革案を模索する。議論は混迷して深まらず、学校教育法は大学関係の諸条項について多くの点で曖昧さを残して制定された。学校教育法制定後も議論は錯綜し、新制大学への移行・昇格の方策、大学設置基準の在り方、教員養成問題と学芸大学構想、短期大学の必要論、大学院の制度設計、大学自治と管理運営組織、設置基準と教育課程編成、国立大学の地方移譲論など様々な課題が次々に飛び出し、対応を迫られた。

第三部「新制大学の誕生」では、新制大学への移行の過程を、実態に即して具体的に描き出す。国立大学セクターについては、「十一原則」に従って大規模な再編・統合が行われた。同一県内に立地する旧制度の官立大学・高等学校・専門学校・師範学校をすべて統合する方針は、様々な要望や思惑があったものの、例外を認めず厳格に適用され、この原則による三八校が一斉に発足した。このため「一県一大学」原則は「魔法の接着剤」と呼ばれた。

私立大学セクターでは、私立学校法の成立により、文部行政からの大幅な自由を獲得した。旧制度の私立大学は、大学・大学予科・専門部（専門学校）の三位一体的な法人経営を資産として生かしつつ、移行時に総合大学化し、その後の規模拡大への基盤を形成していく。緩い設置基準の下で多様性を特徴に設置・運営されてきた旧制の私立専門学校は、新しい大学設置基準は高いハードルであり、昇格を果たすためには資金や人材の調達に多大の努力を要求された。特に経営基盤の脆弱な女子専門学校は、廃校の危機に立たされ、暫定措置として短期大学が制度化されたことで救済されたものも少なくなかった。

以上、新制大学の誕生の時点で記述は終わり、その後の成長・発展の過程については次の書物に委ねられている。しかし本書を通読すれば、新制大学の誕生の時点に引き継がれ、新たに出現した様々な課題が、二一世紀も一七年を過ぎた現在の改革論議といかに通底し、共通しているかを見抜けるだろう。

なお、本書のプロローグはじめ随所に大変的確な要約がなされているので分かりやすく、本稿の多くはそれを参照にまとめさせていただいた。心ある読者はぜひ本書の本文そのものを通読されれば、より深い理解と示唆を得られるだろう。

3　その他の最近の二著

さらに天野氏の最近の二著も概観したい。

『帝国大学―近代日本のエリート育成装置』（中公新書、二〇一七年）は、学士会の「学士會会報」に連載されたもので、当然ながら旧帝国大学の通史である。北海道・東北・東京・名古屋・京都・大阪・九州の七大学が、いわば兄弟として歴史を形成してきたわけで、日本の近代の大学の歴史の全てではないけれど重要な側面が描かれている。特に制度の歴史のみならず、「高等学校生活」「学生から学士へ」「教授たちの世界」など生き生きとした記述は魅力的で、興味は尽きない。

『大学改革を問い直す』（慶應義塾大学出版会、二〇一三年）は、時論的な論文や講演筆記などをまとめたもので、二〇〇八年の『国立大学・法人化の行方』（東信堂）に続く五年間のものである。

大学改革が様々に主張され取り組まれている中で、歴史や世界の状況の理解のもと、常に良識をもって基本的な指摘をされる天野氏の存在は貴重である。現時点の改革論議を深めるためにも、『新制大学の誕生』以降の改革の流れについて、司馬遷の『史記』にも通じる大局感ある、包括的で体系的な検討と分析の大書を、引き続き執筆されんことを切に望みたい。

二　寺﨑 昌男、立教学院職員研究会 編著『21世紀の大学　職員の希望とリテラシー』（東信堂、二〇一六年）

1　大学職員のリテラシー

寺﨑昌男氏と言えば大学史研究の大家であり、私は若いころ寺﨑氏の著作である『戦後日本の教育改革8　大学改革』（東京大学出版会、一九六九年）や、『東京大学百年史』（東京大学出版会、一九八四年～）を読んで勉強したことがある（ただし後者は全一〇巻の大著であるので、実際に読んだのは通史の三巻のみ）。いずれも、大きな歴史の流れを捉えつつ事実の細部まで突き詰めて記述する姿勢に感心したことを覚えている。

以後、寺﨑氏の著作はできるだけ読むように心がけてきており、このブックダイジェストのシリーズでも、二〇一〇年までの著作をまとめて二〇〇九年九月号で紹介したことがある。今回はそれに続く二冊を取り上げたい。

寺﨑氏は、東京大学教授として活躍したのち、立教大学や桜美林大学での教育研究活動を通して、大学職員との交流を深めてきた。この『21世紀の大学』も「職員の希望とリテラシー」との副題がついており、「立教大学職員研究会」との共著の形をとっている。本の主要部分は寺﨑氏が職員研究会において話した講義が基になっているが、本書の後半は受講した職員の寄稿と座談会で構成されている。

実は本書が出版されてすぐに、二〇一七年三月の大学マネジメント研究会の総会での講演を寺﨑氏に依頼し、快く引き受けていただいた。本書の内容は立教大学職員のみならず、できるだけ広く大学職員に聞いていただきたいと考えたからである。幸い講演の内容も本書のポイントに沿ったものであったし、講演終了後の情報交換会にも出席いただいて、多くの職員と笑顔を絶やさず語り合っておられた姿が印象的であった。その時に私は、近い将来に本書をブック・ダイジェストで紹介しましょうと申し上げたが、ようやくその約束が果たせる。

本書の構成は、第一講「大学職員にどのようなリテラシーと能力が求められているか」、第二講「「大衆化」の響きを前に」、第三講「学問環境の変化の中でリベラル・アーツを考える」、第四講「求められている新しい学力と大学教育の課題」、第五講「立教学院の歴史を振り返る（一）独自性と建学の理念」、第六講「立教学院の歴史を振り返る（二）戦中・戦後の実態と問題」、となっている。

　私見では、第一講は大学職員へのメッセージであり、第二講から四講は、職員のみならず教員も学生も共通に知っておくべき基礎知識であり、第五・六講は、立教学院の事例を参考に各自自分の大学の歴史を考えるべきという課題提起であろう。以下第一講を中心に見ていく。

2　何が書いてあるのだろう

大学職員のリテラシー、あるいはミニマム・エッセンシャルズは、三つ挙げられる。

　一つ目は「大学とは（または大学という職場は）何を特質とする場なのか」である。桜美林大学での大学職員への授業を通して、職員が求めているものは実用的知識だけではなく、大学とは何を特質とする職場なのかということであり、「大学論」とか「大学組織論」と言われている分野だと気づいた。大学の制度や組織の成り立ちを知ることが、大学職員の位置と役割を知るうえで不可欠である。

　二つ目は「自分の勤務する大学のことをよく知っているか」である。大学に職を持つ職員の人たちであっても、その勤務大学のことをよく知らない人が多い。その代わり、いったん知ると、勤務大学の役にも大いに立つことが分かった。

　三つ目は「大学政策はどう動いているか」である。文部科学省には中央教育審議会があり、各官庁や組織にも様々な審議機関があり、それらが織りなして大学政策が形成されている。私学の職員はこれらの動向をよく知り、政策の本質を見抜くことが大切である。政策をよく知ったうえで、騙されず、本質を見抜き、賢く適応していくことができる。

　大学という場の特質を知ることにより、勉強のテーマが分かってくる。自校を知ることにより、強みを知ることができる。大学政策の動向への理解により、行政側のボキャブラリーをわが武器とすることができる。

　職員のコンピテンス（能力）として何が求められるか。一つは「企画力」だ。誰もが欲しいと言うけれどそれは何かと言うと皆言うことが違うが、何が課題かを発見し、それに総合的立体的に対応していく力、と言える。二つ目は「コミュニケーション力」である。他者理解力及び共感力を媒介とした、向上的に信号を交換していく力である。三番目は「情報収集力」である。ウェブを利用することや、様々な関係者と交流するのが大切である。大学はお互いが良くなればなるほど学生の福利に結び付く、企業秘密のない世界であり、各大学が情報・知識を交換して、連携すればいい。

　本書は、第二講以下でも、随所で立教大学の経験が語られ、大学職員の在り方が語られ、大学職員の良いテキストとなっている。

３　自校教育の重要性

『大学自らの総合力Ⅱ－大学再生への構想力』（東信堂、二〇一五年）では、二〇一〇年から二〇一五年にかけて発表された「カリキュラム改革という問題」「大学と地域、都市」「大学職員の能力開発（ＳＤ）への試論」「大学改革と同窓会・校友会」「学びがいのある大学づくりと沿革史・アーカイブズの役割」などの論考が収められているが、ここでは「自校教育の経験を語る」に注目したい。

　全学カリキュラムを始めた一九九七年ごろ、「立教大学を考える」というテーマで授業をしてみたところ、学生の反応がそれまでとは全く異なり、熱心に聞いてくれ、様々なレスポンスを寄せてくれた。一番驚いたのは、「四年間この大学が嫌いでたまらなかったけれど、この授業を聞いてすごく好きになった」という反応だった。新入学生はほとんど何も知らないでこの学校へ入ってきている。授業を聞いて「自分はどこにいるのか」居場所をはっきり確認できて、安心できたのだろう。学生たちも開示（ディスクロージャー）を望んでいる。大学の「恥」も含めて話すべきである。そして、自校教育は、多人数の教員、さらには職員による担当でもよいということに気づいた。

　今日の日本の学生の大半は不本意入学者であり、その学生たちに安堵感を与えることの意義は大きい。さらに、学生に大学問題に関心を持たせることにつながり、参加の意識が育ってくる。さらに、教える側の教員や職員に自覚を促すことになり、大学改革の原点を確認することにつながる。

　学長・理事長が美辞麗句を並べるのではなく、学術的な検証に基づく自校史を教員・職員・学生が共有するべきだろう。そこから希望はきっと生まれるものと考える。

三　潮木守一著『大学再生への具体像――大学とは何か（第二版）』（東信堂、二〇一三年）

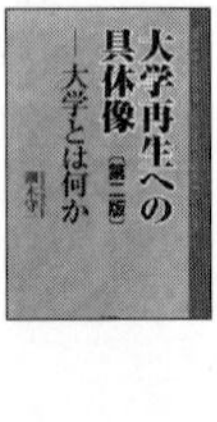

1　真夏の夜の三賢人による饗宴《シュンポジオン》

昨夏のとある夕べ、神楽坂において、黒羽亮一、市川昭午、潮木守一の三賢人を招いてご放談いただいたことがある。黒羽氏が著された私家版の回想録『海軍史縁・地縁・人縁　続々波のまにまに八〇年』（二〇一二年）は、多くは海軍時代の回想であるが、その終章「臨時教育審議会回顧」には、直接の当事者でなければ書けない生々しい記録がいろいろ記されているので、これを基に、黒羽先生を中心に市川、潮木両先生にもお話しをお伺いしようという贅を尽くした会合である。

臨時教育審議会（略して臨教審）とは、当時の中曽根康弘首相が、その数年前の財政再建への行政改革（土光臨調）の成果を、教育にも及ぼそうと始めたものである。当時は首相の私的諮問会議や松下幸之助率いる「世界を考える京都座会」が立ち上がり、各政党の思惑もからむなど教育改革論議が活発であり、そのスタートは難航したが、一九八四年に内閣に首相直属の臨教審を置くが、その事務局は文部省に置くという形で発足し、一九八七年に解散した。

黒羽氏は、その正味三年にわたる審議を「政治と行政（文部省）」ひいては「教育と国家」という視点で自身の記憶を残したくなったという。臨教審が、首相直属でありながら事務局が文部となったのも首相主導ではなく文部主導へと体制を整えたのも、直属にしてそのまま「首相個人や側近のアイデアは許されない」（文中）という各政党や日教組との刷り合せの結果である。審議の当初は「自由化論」を強力に主張する委員を中心に学校設立や学年制の自由化などが話題となったが、やがて「個性重視の原則」に収まっていき、硬直した学校体系から生涯学習体系への移行の理念の下、生涯学習局の設置、大学入試センター試験の実施、大学設置基準の改正などが文科省で検討された後、次々と実施された。また国立大学の法人化が二〇年近くたって実現するなど、別の文脈で時間をおいてから効果を発揮するものもあった。臨教審についてはさまざまな評価があるが、戦後の教育行政の大きな転換点であったことは間違いない。

このような黒羽氏の述懐を補足するように、市川、潮木両氏から当時のお考えや感想を拝聴でき、貴重な鼎談となった。

黒羽亮一氏は一九二八年生まれ、日経新聞の教育担当記者や論説委員を長く勤め、臨教審はじめ審議会等の委員など多数務められた、教育に関する良識あるご意見番である。私は大崎仁氏の『戦後大学史』を黒羽氏とともに分担執筆したことがある。

市川昭午氏は一九三〇年生まれ、筑波大学教授、国立教育研究所次長、国立財務センター研究部長などを歴任され、教育行政に造詣が深く、歯に衣着せぬ鋭い論法が特徴である。私は若いころ福岡県教育委員会に出向し日教組と対峙した折、市川氏の本を読んで励まされた。

そして、潮木守一氏は一九三四年生まれ、名古屋大学教授、同学部長などを歴任され、幅広い知見と実証的なデータを用いて論を展開されており、熟達した巧みな文章を駆使した著書多数がある。

これら三賢人による書籍は、この連載シリーズに、黒羽氏は『戦後大学政策の展開』（二〇一一年四月号）を、市川氏は『未来形の大学』（二〇一一年五月号）を、潮木氏は『世界の大学危機』（二〇一〇年二月号）を中心に紹介させていただいているが、『大学マネジメント』二〇一七年一二月号では潮木氏のそれ以後の著作を紹介したい。

2　何が書いてあるのだろう

『大学再生への具体像（第二版）』は二〇〇六年に発行された初版を、それ以後の変化を踏まえて改訂されたもので、第二版はしがきに「私がこれまで書いてきた本とは全く性格が違う本です。何かの文献やデータを基にしたものではなく、私自身の実体験をもとに書いた本です。」と書かれているとおり、体験報告とその観察・分析・反省となっている。

潮木氏は、名古屋大学教育学部の「発達臨床学専攻」、同大学大学院の「国際開発研究科」、東京の某私立女子大学の「現代社会学部」の立ち上げに関わり、これらを通して、文部官僚と折衝し、国会審議から政策動向を読み取り、海外実地研修を企画し、国際機関でのインターンを導入し、オンライン・ジャーナルを試みた。私立大学の新学部では、フィリピン植林活動を開始し、その植林ツアーの最後には英語による報告会を行い、新学部の授業では参加型学習の可能性を探った。

これらの体験を通して、大学改革を取り巻く環境の激変を実感し、学生、親、企業、実社会が大学に何を求めているか、それをつかみ取って根本的にあり方を見直す作業をしない限り大学の再生はあり得ない、そのためには教師に「死の跳躍」が必要であると痛感したが、ところが改革の最大の抵抗勢力は教員自身なのだと気づく。

こうした経験から、具体的な改革項目として一八の提言が末尾に記述されている。たとえば「科目ごとに第三者機関である資格認定機関を立ち上げ、そこで共通教科書を作成し、発行し、共通問題を使った資格認定試験を実施する。」「大学教員は自分の意思で勤務先大学を変えられる特権を利用して、大学を移動するべきである。」「学習する目標がよくわからないまま大学へ進学してくる学生を受け入れている大学は、大学教員を養成している博士課程に対して、今のような教員養成では役に立たないことをはっきりと告げるべきである。」いずれも共感できる提言である。しかし問題はどう実現するかであろう。『職業としての大学教授』（中公叢書、二〇〇九年）は、大学教員の在り方を欧米と比較しながら考察し、現状を厳しく分析している。その結果、「しばらく博士課程の募集を停止する。」と提案し、危機はそれほど切迫していると警鐘している。『転換期を読み解く―潮木守一時評・書評集』（東信堂、二〇〇九年）は、「内外教育」「日本経済新聞」「朝日新聞」「カレッジ・マネジメント」「学校法人」等の様々な新聞雑誌に掲載した時評・書評集である。『いくさの響きを聞きながら―横須賀そしてベルリン』（東信堂、二〇〇八年）は、少年時代を軍都横須賀で、留学時代を分断都市ベルリンで過ごした著者が、自分自身と軍人である父と母の歴史そしてドイツ市民の歴史と重ね合わせた回想録である。いわば戦争する国家と個人の論考である。

3　回想というより研究録

お二人の回顧録が並んだところで、市川氏の回顧録はないかと思い巡らすと、『教育政策研究五〇年　体験的研究入門』（日本図書センター、二〇一〇年）がある。本書は五〇〇頁を超える大著で研究者の厳しい姿勢で貫かれている。前半は「研究の回顧と展望」であり、その多くが著書として発行されている研究テーマが列挙され、詳細に解説されている。後半は「学んだ学校、勤めた職場」の回顧録であり、中でも大阪陸軍幼年学校や松本高等学校の記述が戦中戦後という厳しい時代だったはずなのに、瑞々しい青春に彩られ清清しい。今もなお旧制高校寮歌を愛好し、教育無償化に関する考察を進めておられると仄聞する。その姿勢を今後とも貫いて行かれるものと推察している。

今回は図らずも三人の大家の回想録的な著書が並んだが、いずれも私事に留まるものではなく、「教育と国家」の視点がその底辺にある。昨今の喧しい巷を三博士はどう観られているのだろうか、とイブを前にふと思うこのごろである。

四　山本眞一 著『質保証時代の高等教育』

（ジアース教育新社、続二〇一六年、上二〇一三年、下二〇一三年）

1　課題の全体像を見る目

世の中のどのような議論においても同様なのだが、とかく主張が明快で一刀両断に切る論者は、聞いているだけなら面白いのだがいざ実行しようとすると矛盾が生じたり反対が多かったりする。それに対して課題を全体的にとらえて考察する論者は、いろいろな立場やまだよくわからない論点などが見えすぎて、ではどうしたらよいのかという方向性が明確でなく、議論を主導する力に欠けることが多い。政治やマスコミにおける議論は訴求力優先で前者になりがちだが、大学に関する議論は、外部からは前者の議論が仕掛けられ、大学側は後者の立場で受け身に回ることが多いようだ。しかし、議論においては分析しているだけでは説得力はなく、ではどうすればいいのかという方針を言わなければならない。

例えば、ガバナンス改革において、教授会の在り方が批判されて制度改正が行われたわけだが、これに不満で教授会の重要さを主張する人もいる。しかし、教授会の現状がいいのかというといろいろ問題点もあることは事実で、現状のままでいいのだというだけでは説得力はなく、このように変えていけば役割が果たせるようになり重要な存在なのだ、と提案するべきだっただろう。文系学部の在り方の問題も同様で、文系がこのままでいいのかという議論はずっと以前からあり、それに対し文系は大切だと言うのはいいが、だからこのままでいいのだと言うのではなく、ここをこう変えていけば重要な役割が果たせるようになるなどと言うべきだっただろう。どのような主張においても、ではどうすればいいのかという改善提案をする必要がある。

大学の中でずっと過ごすと、とかく評論だけで現実とのかかわりが希薄な思考になりがちだが、行政や企業の実務の経験で鍛えられると、課題の全体像を見たうえで、ではどうするのかという提案をする訓練がなされ、習慣になってくる（ただしそうでもない人もいるが）。一番いいのは、実務の世界の経験も豊富で、大学の世界のこともよく理解したうえで活動することだろう。そういう意味では、行政経験が豊富な人が研鑽を積んだうえで大学の世界で活躍することは本人にも大学にもメリットが大きい。

その典型的な例が今回取り上げる山本眞一氏である。山本氏は私より二年早い一九七二年文部省に採用となり、行政経験を積むとともに、東京大学やアメリカのＮＳＦなどを経験したのち、筑波大学の教員に転じ、大学教育センター長、広島大学高等教育開発センター長などを経験し、現在桜美林大学教授である。この間、高等教育学会長はじめ各種の委員を歴任、大学の世界でも信頼されている方である。

この連載では、二〇一三年一月に『大学事務職員のための高等教育システム論』を取り上げたが、今回はそれ以後出版された『質保証時代の高等教育』を取り上げる。同書は、『文部科学教育通信』（ジアース教育新社）の連載を再編集し、二〇〇八～一二年の論考を「経営・政策編」（上巻）及び「教育・研究編」（下巻）にまとめたものである。さらに、二〇一三～一五年の連載をまとめ、「続編」として刊行している。本当はその次の本もそろそろ出るのではないかと思って待っていたが、先日お聞きしたところもう少し時間がかかるとのことだったので、今回『続編』を取り上げることにした。

2　何が書いてあるのだろう

「はじめに」によれば、昨今の大学改革には、大学の本質にまで踏み込んでくるものが出てきていて、先が読めないほど動きが激しい。例えば、①大学改革が制度の外枠のみならず、教育の内容や方法に踏み込むようになってきたこと、②大学のガバナンス改革が大きく動き出したこと、③政府と大学との関係は、従来にも増して政府が強く、大学が政府に従属するような形に変化しつつあること、などがあげられる。

この状況を考えるため、本書は、第一章「ガバナンス改革と自主・自立」、第二章「質保証と大学教育」、第三章「大学教職員の能力育成と活用」、第四章「人口減少への対応は如何に」、第五章「グローバル化と多様化の中で」、第六章「企画力を高めるために」、第七章「大学改革の先にあるもの」で構成されている。大学の現場で日々苦闘されている方々にとっては、課題の基本的理解と教職員の力量向上につながる魅力的な内容となっている。そのいくつかを見てみよう。

大学ガバナンス改革において、学長の独任制的意思決定が制度化されても、現実には多くの合議制的意思決定すなわち各種の会議体の力を借りなければ動かないことは明白である。産業界においても、コーポレートガバナンスは社長の独裁ではなく、取締役会、監事、株主総会の役割が大きく、またそういう配慮をするのが優良企業の証しである。まして様々な学問分野の専門家である教授らを動かすには、その専門職にふさわしい扱いをしなければ事が運ばないのは明白である。

教育研究の改善・改革を分野ごとに見ると、理系と医系は進んでおり、問題は残された文系の分野である。文系分野では、教育がそもそも不十分であると認識されている。研究改革についても資源のさらなる投入をという一般論以外にはめぼしいアイデアが出ていない。それは我が国の文系分野の研究活動が、基本的には明治以来の輸入学問の習慣から脱却できておらず、これからの脱却を目指すには、現在いる多くの研究者の存在意味を脅かすほどの改革が必要だからだろう。

職員論については、我々はここで一段と広い視野で語らなければならないのではないか。職員の能力の向上と学内の立場とはパラレルの関係で向上させなければならない。管理職には経営マインドが必要であり、かつそれは教育・研究・社会貢献という大学の使命に沿うものでなければならない。大学経営にかかわる人材は役員層をトップに、教育・研究を担う教員と、管理的業務と専門的業務を担う管理職・専門職がおり、さらに、これらを支える「支援職員」の存在も忘れてはならない。

今後とも山本氏の論考は、我々に大切なことの気づきと考えるヒントを与え続けてくれるだろう。

３　大先輩も活躍している

文部省経験者で大学の世界で活躍している先輩としては、瀧澤博三氏を挙げなくてはならない。瀧澤氏は一九五五年文部省入省、大学課長、管理局審議官、国立教育研究所長を歴任して退官後、帝京科学大学学長を務められ、最近まで日本私立大学協会附置私学高等教育研究所主幹をされていた。近年、同研究所は、瀧澤主幹のもとで研究活動やそれに基づく講演会、書籍の発行も活発に行ってきた。

瀧澤氏自身も随時論文を執筆しており、それらを集大成して、『高等教育政策と私学』（悠光堂、二〇一六年）を刊行された。長年の行政での政策立案経験を活かしつつ、私学の観点から規制改革、ガバナンス改革、認証評価などの課題分析や改善方向を提言しており、参考となる。これもまた、幅広い視野を持ちながら、私学経営の経験を生かした切り口で思考を重ねられた成果であろう。

五　金子元久著『大学教育の再構築　学生を成長させる大学へ』（玉川大学出版部、二〇一三年）

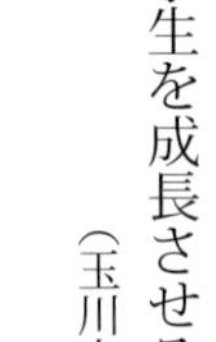

1　細やかに教育する大学は

ちょうどこの稿を書き始めようとした二〇一七年一二月一二日の朝日新聞に、「ひらく日本の大学　朝日新聞・河合塾共同調査」の記事が上記の表題で大きく掲載されていた。ST比と「きめ細やかな教育」の関係として、「卒業論文・卒業研究の必修化」「専門ゼミの必修化」「課題解決型の授業」の実施状況がST比と対応した棒グラフで描かれ、ST比が良い大学ほどそれらの実施率が高いことが示されていた。

社会科学系学部の「きめ細かさ得点」として、①課題解決型授業の実施、②研究への参加、③グループによる学習・発表を取り入れた科目、④教員との対話、学生間の対話を取り入れた対話型科目、⑤リポート・試験へのコメント返却、⑥卒業論文・卒業研究の必修化、⑦専門ゼミの必修化、⑧初年次ゼミの必修化、⑨学生の活動記録・成績記録、⑩学級担任制の導入が挙げられていた。

記事の中では、きめ細やかな教育を実践している大学の例として、「教師の卵、地域でスポーツ指導」の長崎国際大学、「期末評価、コメント付き」の東北公益大学、「ゼミで復興支援、手応え」の千葉商科大学、「実地調査、仲間と深める」の追手門学院大学、「グループで、ペアで議論」の創価大学が紹介されていた。

これらの大学の努力は、私もこれまで何らかの記事を読んだり話を聞いたりしてある程度は知っていたが、改めてこう列挙されているのを見ると日本の大学もなかなか教育に頑張っているではないかとの印象を持った。

そして記事のまとめとして、金子元久氏のコメントがあり、「今回の調査は、ST比が低い中小規模の地方大学が積極的に教育面の改善に取組んでいることを明らかにした」として、中小大学の地道な努力を社会はもっと評価すべきではないか、有名な大規模私大が必ずしも先進的でない、と述べられていた。実態調査や情報収集に基づき日本の大学の動向を最もよく把握し、将来の方向を指し示してくださる金子氏の言葉は励ましになる。

金子元久氏は、東京大学教育学部卒業、シカゴ大学、広島大学等で活躍し東京大学教育学研究科・教育学部教授をされ、私が東京大学理事だった時の教育学研究科長・教育学部長であった。その後、国立大学財務・経営センター、筑波大学で勤務されるとともに、中央教育審議会などで難問と言われるテーマの議論には必ず委員を歴任されており、現在最も活動的な高等教育学者と言っていいだろう。このシリーズでは、『大学の教育力』（ちくま新書、二〇〇七年）を取り上げたことがある（『大学マネジメント』二〇一〇年四月号）。

今回書評をするにあたり『大学教育の再構築』は発行時期からやや時間が経ってしまった感があるが、先日次の本のご予定をお尋ねしたところ、「いやもうちょっと」ということだったし、上記の新聞記事に見られるように、金子氏が本書で提言された方向で、大学の努力が最近ようやく現実化してきているとも考え、取り上げることにした。

２　何が書いてあるのだろう

本書は、金子氏が現代日本の大学に関する理論的枠組みを構築しながら、二〇〇五年から二〇一一年にかけて行われた「全国大学生調査」をはじめとしたいくつかの大規模調査で得られたデータをもとに、分析し、提言されている書物である。

学習時間については、「授業に関連した学習の時間」が一日一時間程度に過ぎず、大学設置基準の要求する学習時間に達しておらず、日米比較でも圧倒的に少なく、学習しない日本の学生の実態が明らかとなった。これは、高等教育のユニバーサル化の影響というよりも、大学教育が構造的に自律学習を生み出していないことが問題であるとしている。

授業方法については、「出席重視」「小テスト・レポート」などの管理型の効果は少なく、「グループワーク」「授業中に意見を述べさせる」「課題へのコメント」などの参加型の効果は高い。この分析は、学習時間の増加のカギは、学生をいかに授業に「巻き込む」かにあることを示している（この指摘は多くの大学や教師に影響を与えただろう。私も自分の授業では学生に発言を促したりレポートにコメントをつけたりするようにしている）。

学習動機は学習時間を規定する最大要因であり、卒業後の志望が明確で、それが大学での学習と関係していることが、自律的な学習時間を長くしている。それに次いで重要なのは授業の形態であり、特に誘導型、参加型の授業の効果が大きい。学習動機を形成する大学教育を行うという視点が求められる。

授業形態、特に参加型の授業は、汎用能力の形成に強い効果を持っている。参加型の授業がありそれに積極的に参加することが、汎用的能力についての自信を形成すると考えられる。誘導型の授業も、自律的な学習を促すことによって汎用能力に結び付く。自律的学習時間は、専門・職業能力、汎用能力、一般的な生活意欲のいずれにもプラスの影響を与える。

日本の大学教育の特質は、自律的学習時間の不足であり、学生に自律的学習を行わせるメカニズムを構造的に欠いていることである。これに対しては、教育課程と具体的な授業の在り方を改善していく必要がある。それは例えば、(A)体系化・標準化・統制、(B)導入・誘導・サポート、(C)経験・参加・探求、といったパターンが考えられる。

授業の進め方を含めて個々の教員の変化と、それを支える大学組織の改革が必要である。一人ひとりの教員の枠を超えて、組織的に議論し、共有することが不可欠である。学士課程教育のガバナンスをどのようにとらえ、どのように変化させていくかが問われているのである。

3　原理原則を踏まえた大学改革

もう一人、大学に関する基本的な発言を行っている学者である舘昭氏は、放送教育開発センター、大学評価・学位授与機構を経て、桜美林大学などで活躍している。この連載でも氏の著書『改めて「大学制度とは何か」を問う』(東信堂、二〇〇七年)、『原点に立ち返っての大学改革』(東信堂、二〇〇六年)を紹介した(大学マネジメント二〇〇九年五月号)。その後、様々な機会に発表した論考をまとめ『原理原則を踏まえた大学改革を』(東信堂、二〇一三年)を刊行し、「入試からアドミッションへ」「教養からリベラル・アーツへ」などの興味深いテーマを展開している。題名通り、舘氏の論考は原理原則への強いこだわりがあり、根の深い思考が求められる。

『東京帝国大学の真実　日本近代大学形成の検証と洞察』(東信堂、二〇一五年)は、一九七五年から一九八三年にかけての論考であり、舘氏が若き日に執筆したものであるが、「東京大学とはなにものであったのか」という問題意識に貫かれて、緊張感のある文章が並んでいる。「文部省設立以前の大学」「日本における高等技術教育の形成」をはじめとした学術論文は、通史的な歴史叙述ではなく読むのは大変であるが、読み進むにつれて大きな流れ、原理原則が見えてくる。これぞ歴史叙述の醍醐味であろう。

六　矢野眞和著『大学の条件　大衆化と市場化の経済分析』（東京大学出版会、二〇一五年）

１　高等教育の無償化

二〇一七年は、高等教育無償化の議論がにわかに盛り上がり、衆議院議員選挙の争点となり、文部科学省も参加した官邸の「人生一〇〇年時代構想会議」で検討され、一二月八日の閣議決定が行われた。その骨格は、授業料減免措置と給付型奨学金の拡充によるもので、支援対象者は学習状況について一定の要件を課すとされている。同時に支援対象大学は、①実務経験のある教員による科目の配置、②外部人材の理事への任命が一定割合以上、③厳格な成績管理を実施・公表、④財務・経営情報を開示、などとされ、今後ガイドラインが策定される。財源は引き上げられる消費税の一定割合を充てるもので、まさに官邸主導で大きな財政措置がなされようとしている。

高等教育への政府の資金が拡大するのは結構なことであるが、気になるのは、この間の大学側の動きや発言があまり目立たなかったことだ。補助金のように直接個々の大学に投入されるものではないので、大学側の切迫感も今一つだったのかもしれないが、公的な投資を得ることは、それなりの説明責任が伴うのは当然である。上記①～④の条件は、バラマキではないかという批判に対し、大学の質の向上を同時に推進するという説明になるが、この条件を厳格に適用していけば、認証評価と並ぶ大きな影響力を持つことになり、今後の制度設計が注目される。

なお私自身は、これからの少子化時代に日本の活力を維持するためには、個人の経済状況にかかわらず、高校卒業以後のできるだけ多くの者（できれば全員）に学習・訓練の機会を与えるべきだと考えており、そのような方向への施策の端緒となるならば推進したいと考えている。それはおそらく今の大学の在り方とは異なる教育内容と教育方法を駆使する「大学」となるだろう。

大学の在り方の議論と、経済の論理はなかなかかみ合わず、教育学者の中でも経済の観点を深めている人は少ない。しかし、教育や大学の在り方を考えるのに経済の観点は不可欠であり、経済の観点が弱いことが教育学者の（そして文部科学省の）弱点ではないかと思っている。その中にあって、一貫して「教育と経済」をテーマとして追及してきたのが矢野眞和氏である。

矢野氏は、東京工業大学工学部卒業後、民間企業、国立教育研究所、広島大学を経て東京工業大学教授、東京大学教授等を歴任してこられた。ブックダイジェストでは、二〇一一年四月に『習慣病になったニッポンの大学』（日本図書センター、二〇一一年）を紹介しており、今回はそれ以後の著書として『大学の条件』を取り上げたい。

2　何が書いてあるのだろう

教育に経済原理を適用させれば、「大衆化／反対」「市場化／賛成」になると思われている。しかし、最優先して考えなければならない大学政策の課題は、①教育機会の平等、②学習の効率性、③雇用の効率性である。このため、教育の入り口（機会）、中身（学習）、出口（雇用）を規定している資源配分の現状を経済的に分析し、望ましい在り方を考えなければならない。大学教育を対象に経済原理の分析を重ねると、その結論は意外なことに、「大衆化／賛成」「市場化／反対」となる。

市場化の現在から導き出されるのは、①市場化のイノベーション効果であり、大学教育の市場を切り開いたのは私立である。②公と私の境界線をダイナミックに理解すると、公と私はシフトを繰り返してきており、いまは私から公へ転換する時期に来ている。③「社会的必要性」型と「個人需要」型の教育政策の類型があるが、国公私という設置形態の意味と妥当性を問い、大衆化した大学の社会的ニーズを再定義しなければならない。

高騰する授業料を家計が負担し、しかも七五％の学生を私立が引き受けながら、進学率五〇％にまで達成することができたのは家族資本主義のおかげであり、成果である。しかしこれは「無理する家計」であり、自己責任の危険がいっぱいの社会である。私的なリスクヘッジではなく、積極的な公共投資が社会の平等化と効率化に資する大学政策が必要である。

現状分析に基づく資源論からの政策モデルを考察すると、①大学教育は効率的な投資である。②日本の収益率は世界の平均よりも大きい。③学力がないのに進学するのは無駄だという思い込みが強いが、学力別の収益率を計測すれば、だれでも大学に進学すれば報われる市場評価になっている。④所得税収入の増加を考慮すると、私立大学の収益率は、本人の私的収益率よりも公的な財政収益率のほうが大きい。所得の再配分効果によって、私大卒業生は、見知らぬ他人のためにより多くの税金を納めている。私立大学の成長によって得をしたのは政府であり、奉仕しているもしくは搾取されているのは私立である。⑤教育の経済効果を考察すると、進学率の不平等を是正することは、精神論ないしは政治上の課題ではなく、優れて経済効率的な判断である。

大学教育はだれのためにあるか。何よりも、本人のためにある。その一方で、教育の効果はみんなのためにもなっている。みんなのためになる教育を支えるためには、助け合いのマネーである税金を投入するのが理にかなっている。したがって、費用負担は、本人・家族・政府の三つの主体のシェア関係として理解できる。消費税一％で授業料は無償にかなり近づく。教育をみんなの人生の中心に据えるのが教育社会であり、教育家族から教育社会に転換する戦略が費用負担のパラダイムシフトである。

制度を中心とした大学改革の時代は終わった。これからはカリキュラムのマネジメント、すなわち教員のマネジメントが課題であり、大学経営における精神・制度・資源の整合性とコンセンサスが「自発性のガバナンス」を育て、それが大学教育の質を規定することになる。

３　教育劣位社会日本の病

政治家が「教育は国家百年の大計」などというたびに、私は、それは単なる口だけの精神論で、本気でやるなら金をつけてほしいと思ってきた。予算の実績から言えば教育軽視の政治家ばかりだ。しかしこれは政治家だけの責任ではない。矢野眞和、濱中淳子、小川和孝共著の、『教育劣位社会　教育費をめぐる世論の社会学』（岩波書店、二〇一六年）によれば、各種の世論調査における優先順位は、医療・介護＞雇用＞年金＞学校教育＞社会人教育となっており、国民世論の中では、日本は教育劣位社会なのだ。この構造は財政においても同じで、財政配分の優先順位から見て、教育はかなり劣位のポジションにあると言わざるを得ない。

しかし、大学教育費政策に対する国民の世論は、国民が熟慮した上での民意だとは思えない。戦前からの高等教育政策の歴史的経路に依存して記憶された世論だろう。教育劣位社会日本の転換点は、高等教育の転換点でもある。過去の政策経路を反省し、新しい世論を作る政策ビジョンが必要な時代の節目に私たちは生きている。

七　絹川正吉著『「大学の死」、そして復活』（東信堂、二〇一五年）

1　キャンパスそのものがリベラルアーツ

ＩＣＵのリベラルアーツの魅力と努力については、絹川正吉氏、鈴木典比古氏、日比谷潤子氏の歴代ＩＣＵ学長のお話を聞く機会もたびたびあった。この二月の図書館見学の機会に初めてＩＣＵを訪問し、広大なキャンパスも一巡し、よく味わってきた。

かねてから関心のあったＩＣＵを歩いてみると、キャンパスそのものがリベラルアーツを体現しているという感がする。リベラルアーツとは、単に科目の組み合わせを中心としたカリキュラム編成のことだけではなく、教員が共同して授業方法を工夫していること、学生が自ら能動的に学習を進めていること、その教員と学生の活動を支えている図書館の機能、さらには、学生と教職員が過ごす快適で知的なキャンパス空間、それらの総合力に支えられて成り立っているものだろう。

日本の教養教育については、その理論や理念についてはさまざまに語られており、その詳細については立ち入るつもりはないが、私は大括りで次のように考えている。それは、現代の大学教育において、分裂状態、タコツボ状態になっているものを、つなぎ、まとめ、全体的にとらえる力あるいは視点ではないだろうか。

私見では、一つは職業と大学である、働くことと学ぶことと言ってもいい。かつての学問は実社会を軽蔑し、実社会は学問を軽視していた。しかしこれからは、学問のある人と実社会をリードする人は一致しなければならないのではないか。その一致する基盤が教養ではないだろうか。もう一つは、大学でも社会でもエリートと大衆が渾然としてしまっているが、企業・官庁・地域社会のリーダーや大学教員・研究者・技術者などが共有する知的文化的精神的基盤を大切にしていく必要がある。エリート＝知識労働者の共通の基盤となるのが教養であろう。

だとすれば、教養とは単なる知識ではなく、ものの考え方、全体を把握する力、柔軟で創造的な思考力、言うこととやることを一致させる態度と行動力など、どの組織でも活力を発揮するために必要とされるものだろう。そしてその教養は、小・中・高等学校から大学さらには職場で継続的に一貫して養われるものではないだろうか。

ＩＣＵのキャンパスを散策しながらそのようなことを考えていたが、やはり絹川氏の本を読んでみる必要があろう。絹川氏は、一九二九年生まれ、ＩＣＵ教授から学長を勤められ、大学教育のリーダーとして活躍されている。この連載でももっと早く取り上げたいと思いつつ、前著『大学教育の思想―学士課程教育のデザイン』（東信堂、二〇〇六年）からやや時間が経ってしまったが、二〇一五年に『「大学の死」、そして復活』というやや刺激的な題の本が現れたので、見てみよう。

２　何が書いてあるのだろう

本書の冒頭の「「教養教育」を問う」が、各地での講演を集大成したものであり、本書の中心となっている。最初に「教養」あるいは「教養教育」をめぐる様々な言葉が分析され、次に、戦争中の河合栄次郎と三木清の言説も紹介され、ファシズムへの批判と加担の状況が問われる。日本的教養は思想形成に無力なので、アメリカのリベラルアーツとは異なる。アメリカの一般教育、ゼネラル・エデュケーションというのは、民主主義という思想性を持っており、その中から登場する「リベラルアーツ」は思想性と深くかかわりを持っている。

新制大学発足時に日本の大学がよく参照した「ハーバード大学報告書（一九四五年）」に書かれていた「人文、社会、自然の各領域から均等履修する」ことに日本の一般教育はとらわれてしまったが、むしろ同報告書に書かれていたゼネラル・エデュケーションの本質は、エリートの共通の社会的、政治的思想の基盤を作ること、西欧の遺産の保持と拡大、人文諸学の強調、知識の諸分野の統合だった。知の全体性についての認識を持つことがエリートのアイデンティティであり西欧的人間観が深く関わっている。

日本の「教養教育」という表現は混乱のもとであり、一回清算する必要がある。そのうえでいまこそ一般教育を復活すべきである。

ＩＣＵのリベラルアーツ教育では、創立時から「一般教育を推進することがリベラルアーツ教育の目的である」としている。リベラルアーツは、学術基礎教育、いわゆる専門（ディシプリン）を核とする教育で、専門は一般の部分だから、一般教育を推進することは、カレッジの目的として違和感はなかった。

ＩＣＵのリベラルアーツ教育の特性の第一は、学生の自己教育、主体的学習である。そのため科目選択構造を工夫して、学生一人ひとりが自分の学習カリキュラムを作る、学習の全体図を作る。特性の第二は、早期に専門を固定しないことである。第三は、「専門科目」も位置付けとしては教養科目である。第四は、教育の社会性であり、第五は、批判的思考能力・課題発見・解決能力の育成であり、第六はキャンパスライフを重視することである。これらのアカデミック能力の教育を、英語教育を通して行っていることがＩＣＵの特徴である。英語で学び方を学ぶ（English Language Program）である。

教員の人格的影響は本質的であり、「授業は教師の魂の鑑」なのだ。この章の最後に、アップルの創業者であるスティーブ・ジョブスの格言「アップルは技術とリベラルアーツの交差点に立つ」が引用されているのが印象的である。

3　リベラル・アーツ実践への苦闘

ＩＣＵの実践記録としては、絹川正吉編著『ＩＣＵ〈リベラルアーツ〉のすべて』（東信堂、二〇〇二年）に詳細に書かれている。はしがきの「ＩＣＵでは、日常の活動それ自体が改革であるから、ＩＣＵの現状を報告することが改革の報告になる」との絹川学長の言葉通りであろう。その後の動向が気になるところであるが、大学のパンフレットの森本あんり学務副学長の『ＩＣＵの教育組織改革』によれば、二〇〇八年に六学科の区割りをすべて廃止し、「アーツ・サイエンス学科」のみの単科にした。一年生は全員一つの学科に入学し、二年時終了までに専攻を決めるメジャー制度である。教員はすべての学生を対象に語らなければならず、教員の意識変化が重要である。決定に至る過程での議論と緊張感は相当なものだったようだ。

立教大学も、アメリカのリベラル・アーツカレッジを規範として設立され、一般教育部を置いて一般教育課程を実施してきた。しかし、一九九七年までに、一般教育部を廃止し、「全学で支える」という理念のもとに構築された「全カリ運営センター」が運営する新しい教養教育を開始した。「全カリ」は、「カリキュラム」であると同時に、「運営組織」であり、また、「教育革新の運動」である（立教大学ＨＰより）。このような、大学の全組織運営と教員の在り方を変える大改革を実行した立教大学に敬意を表したい。その実践の記録は、「全カリの記録編集委員会」による『立教大学〈全カリ〉のすべて―リベラル・アーツの再構築―』（東信堂、二〇〇一年）に詳細に書かれている。

八　吉田文著『大学と教養教育　戦後日本における模索』（岩波書店、二〇一三年）

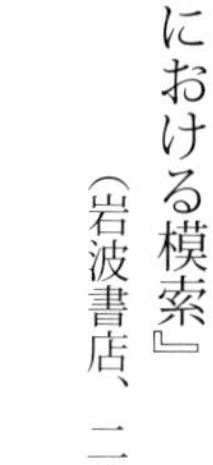

1　教養教育、一体誰が何を教えるのか

大学の教養教育に関する議論は尽きない。戦前の大学や専門学校では主として専門教育が行われていた。その中にあって、旧制高等学校は教養教育の当時の典型であったかもしれない。西欧知識獲得のための語学教育と、全寮制や教師との密接な関係に現れた人格形成が全体として教養ある人々を育てたのであろう。しかし今日では、このように手厚いエリート育成学校は制度として公費で実現することは難しいだろう。

戦後改革によりアメリカ型の新制大学が導入され、四年間で教養教育と専門教育を行うことになった。同時に新制大学は、国立大学にあっては旧制の様々な学校を一県一大学の原則の下で統合した。このため多くの国立大学では、専門教育は旧制の大学や専門学校等に由来する学部で後期二年間にやり、教養教育は旧制の高等学校等に由来する組織（のちの教養部）で前期二年間にやることになった。しかしこのスタイルは、私見では、あるべき教養教育の姿を描いた上での設計ではなく、短時間のうちに新制大学へ漏れなく切り替えるためのやむを得ざる措置だったと思われる。そして、いったんできてしまった枠組みは、長らく続いてしまった。

これに対し、学生も専門学部の教員もそして教養部の教員さえ、教養部での教養教育のあり方には不満が鬱積していた。一九九〇年代に設置基準が大綱化され、多くの大学で教養部があっという間に消滅したのは、文部省の指導というよりも、教養教育を支持し、教養部を守ろうとする人がいなかったからだろう。

そして今日、社会の要請の変化や学生の実態の変化などから、大学での教養教育が大事だとの主張が目立つようになってきた。確かに教養教育として主張される方向は重要そうに見えるが、論者によって重視する側面が様々であり、抽象的に論じているだけではよく見えてこない。やはり誰が何を教えるか具体的に、教育内容・教育方法、教育組織、担当教員について提示しながら吟味していく必要があるのではないか。

そのためには、戦後日本の大学の教養教育がどのように模索されたか知っておく必要がある。早稲田大学教育・総合科学学術院教授の吉田文氏による『大学と教養教育』は、この状況を丁寧に整然とまとめてくれており、大変参考になるので見てみよう。

2　何が書いてあるのだろう

本書では、戦後から今日に至る六〇年間の過程を四つの時期に区分したうえで、教養教育の目的、内容、接続、組織について分析している。ここでは組織に重点を置いて見ていきたい。

第一期の、一般教育の導入から一九六〇年ごろまでの時期は、理念や実態への理解がないまま日本に導入したことによる混乱と戦後の不安定期に新制大学が出発したことによる混乱との両方の状況が日本独特の仕組みの制度化につながった。まず直面したのが一般教育を組織的に位置付けることの困難さであり、やむなく一般教育担当教員と専門教育担当教員とを組織的に区別して位置付けたが、そのことにより両者の身分的差別となってしまった。国立大学では講座制の強大な力は、一般教育担当者を学部の組織構造の中に割り込ませるのを許さず、大学の学部からは排除されて教養部として組織化されていった。私立大学においては教養部として独立した組織にするほどの規模はなく、各学部がそれぞれに一般教育を実施するという方式が取られ、教員の差別問題は国立大学ほどには顕在化しなかった。

第二期の、一九六〇年ごろから七五年までは、大学が大衆化していく過程において、一般教育を実施する体制が整備されていくが、「四六答申」をはじめとして、様々な改革の検討がなされた。国立大学においてはそれまで学内措置であった教養部が法制化され、学部ではない「部」という組織に法的な根拠が与えられたが、それは二重構造のさらなる構造化だった。教員が学部に分属すれば責任があいまいになり、教員が組織化すれば差別問題が生じる、袋小路のような制度だった。その帰結が大学紛争だった。大学紛争は教養部が温床になって生じたケースが多く、一般教育に対する異議申し立てでもあった。

第三期の、一九七五年ごろから九一年の大学設置基準の大綱化までは、学生数の点で大きな変動がない安定期であるが、大学教育の活性化が模索され、結局は大綱化による一般教育政策の放棄につながった。この時期に総合科目の開設や四年間のくさび型カリキュラムなどが登場した。教養部の学部化構想が様々に検討されたが、教養部には人文・社会・自然と多様な教員がいて既存学部と重複する場合が多く、既存学部の反対により合意形成は容易ではなかった。私立大学は、一八歳人口の急増に対応する規模拡大を一般教育は非常勤講師への依存を高めることで対応した。

第四期の、大綱化から現在に至るまでは、一般教育は制度上その名称を失ったが、「教養教育」と呼ばれるようになり、一層重要性が強調されるようになる。全体としては教養教育の比重は低下し、大学・学部ごとの違いは顕在化する。教養教育においては、知識の習得のほか、能力の涵養が理念や目標に置かれるようになるが、その教育内容・教育方法は特定が困難であり、教養教育という範疇の科目を設ける必然性もないことになる。教養部などの教員組織が廃止された後は、一般教育担当教員は各学部に分属し、「全学出動体制」などの名のもとで多くの教員が教養教育にかかわるようになる。

このように、国立大学における教養部、私立大学における一般教育・教養教育の非常勤講師は、学生数の増減を吸収するバッファーとして機能してきた。しかるに今や、ユニバーサル段階に至ったところで、教養教育は多様化した学生層の大学教育の準備という役割を課されるようになった。教養教育の模索は続く。

3　楽天的な教養主義

東京大学教養学部は、一九四九年、旧制の第一高等学校と東京高等学校を母体として設立された。初代教養学部長の矢内原忠雄は、教養教育をリベラル・アーツ教育として位置付け、「よい教養学部ができなければ、よい東京大学はできない」との言葉のとおり、教養学部は今日までこのリベラル・アーツの旗を掲げ続けている。そのことは、教養学部設立五〇周年記念出版『東京大学は変わる　教養教育のチャレンジ』（東京大学出版会、二〇〇〇年）に書かれているほか、ベストセラーである小林康夫・船曳建夫編の「知の技法」（一九九四年）、「知の論理」（一九九五年）、「知のモラル」（一九九六年）、「新・知の技法」（一九九八年、以上東京大学出版会）で読むことができる。

最近の本としては、東京大学教育学研究科教授の斎藤兆史氏の『教養の力　東大駒場で学ぶこと』（集英社新書、二〇一三年）が、「全人教育としての教養教育が充実し、より多くの教養人が生まれれば、それだけ社会秩序は整っていくはずである」として、頑固者として教養主義に準じる覚悟を楽天的な教養主義者として宣言しているのが面白い。

九　有本章著『大学教授職とＦＤ　アメリカと日本』（東信堂、二〇〇五年）

1　大学教職員の向上の拠点

教師教育と言えば筑波大学（旧東京教育大学）と広島大学が東西の戦前からの拠点であるが、大学に関するセンター組織もこの二大学が先頭を切っていた。広島大学の高等教育研究開発センターが先行して一九七二年に設置され活発な研究活動を展開していたが、一九八六年に設置された筑波大学の大学研究センターは職員研修を重点的に行ってきたことが特色であろう。

　私は一〇年近く前からこの両センターの客員研究員をさせてもらっている。大学研究センターでは、「大学マネジメント人材養成」のための履修証明プログラムに年間を通して関わっており、講師やアドバイザーとして一定の貢献はできているのではないかと思っている。それに対し、高等教育研究開発センターの方は、毎年多数の論文集や資料集をいただいているものの、同センターを訪問したことも活動に参加したこともなく、心苦しく思っていたところ、訪問の機会が訪れた。

　二〇一五年一〇月に広島市内で大学マネジメント研究会の会合があり、この機にと日曜日ではあったがバスを乗り継いで広島大学を訪問した。休日にもかかわらず、事前のアポに秦由美子教授が応じてくださり、センターを案内してくださったのはありがたかった。センター内には土日でなくては来ることができない現役職員の院生が、広島大学の学位取得を目指して頑張っていて、いろいろと話が伺えた。また高等教育の資料や文献が日本で最も豊富に集められている資料室を見学することができ、その棚に私の本も並べてあって、思わず記念写真を撮ってしまった。

　思い起こせば一九八〇年、文部省の留学生課で初めて高等教育行政を担当した頃、発足して間もない広島大学のセンターは大学研究ノートなどの資料を次々に発刊し、私はそれらを読みながら大学に関する勉強を始めた。教員のＦＤにせよ、職員のＳＤにせよ、指導者がいて文献や情報があり、学ぶ教職員の拠り所となるセンター組織の役割は大きい。今日では様々な大学で大学に関するセンターは設置されているものの、筑波大学と広島大学のセンターは大切にしたいものだ。

その広島大学のセンター長であった有本章氏は、特に大学教授職に関する論考を次々に発表していた。現在多くの大学でＦＤ活動は行われているが、本当に教授職の向上につながるものとなっているか、一度点検する必要があるだろう。そのためにも改めて有本章著『大学教授職とＦＤ』を読んでみよう。

２　何が書いてあるのだろう

本書の第一部「大学教授とＦＤ―専門分野の視点」は、ＦＤの制度化に至る背景と、その現状が論じられている。そして、ＦＤの課題としては、授業構成要素の改革、教育課程・教員資質・教員養成の改善の必要性を説く。

第二部「アメリカのＦＤ」では、アメリカを中心とした諸外国のＦＤ活動の動向とＦＤの制度化の状況が報告されている。アメリカにおいてもＦＤの用語は多義的であり、活動も多様である。広義にとらえれば、アメリカのＦＤ活動は、教育と研究を基軸に大学教授職の資質の改善を目指す運動として見ることができる。それに学生数の減少、アカウンタビリティの要請、財政緊縮などの外圧の増大が加わり、教育や教員の質的改善を含めたＦＤ活動の遂行が各大学にとって欠かせない課題となった。

第三部「日本におけるＦＤの制度化」では、実態調査に基づく課題の分析が行われている。ＦＤの狭義の概念は、教授団や個々の教員の教育に関する授業を中心とした能力や技術などの資質を組織的な研究・研修によって開発することを意味する。これに対して日本のＦＤの広義の概念は、教育のみに限定するのではなく、研究、サービス、管理運営などのアカデミック・ワークやそれと関わる人事、評価、生活保障などの諸活動の全域を包括したものであり、広く大学教員のライフ・サイクル全体にかかわる概念である。

日本における制度化の進行を見ると、一九九一年以降、外に向かっては、学協会の活動、全国大学教育研究センター等の活動、個別大学の取組み、世界的ネットワークの形成などが進行した。反面その内側、各大学の取組状況を見ると、学長はＦＤが重要であると見なし、所属機関の教員にそれを大いに期待しているにもかかわらず、必ずしも期待通りの成果が得られていない。理念的にはボトムアップの取組みが必要であるとしながら、実際にはボトムに位置する教員の意識が十分に醸成されていない。ＦＤの実践が、教員の自主性や主体性を軸に展開されるまで進化していないのが現実である。

現在の日本の高等教育改革の状況をみると、教育の見直しの岐路にあるが、研究志向性の強かった制度、風土、意識を勘案すると、研究・教育・学習の全体を射程に入れた統合の問題を考え、実践し、評価する段階にまで未だ到達していない。これが今後の改革課題となっていると考えられる。

3　世界の大学教授職・日本の大学教授職

有本氏はさらに、『変貌する日本の大学教授職』（玉川大学出版部、二〇〇八年）、『変貌する世界の大学教授職』（玉川大学出版部、二〇一一年）を編著している。いずれも大規模な実態調査に基づき、広島大学をはじめとする高等教育研究者が分担執筆しており、教員の実態と課題に関するトータルな報告となっている。両書が取り上げている項目も、流動性、ジェンダーバイアス、管理運営、労働条件、生活時間、給与、ストレス、研究と教育、評価など共通するものが多く、世界的に見た日本の状況が分かるようになっている。

『日本の大学教授職』の末尾で有本氏は、「二一世紀の大学並びに大学教授職」にとって「最大の課題の一つは、標榜する理念の再構築、とりわけスカラーシップ（学識）の再構築」であり「研究・教育・学習の三点セットの統合を見据えた理念の再構築を明確に」すべきだが、この一五年間は「かかる理念を欠如した分断化や断片化の動きを辿っている」と断じている。

『世界の大学教授職』では、さらに日本の大学教授職の在り方について「大学教授職を閉鎖構造から開放構造へと転換して流動性を高める。教授比率を抑制し逆ピラミッド型からピラミッド型へ改革する。任期制を助教から教授まででのアカデミック・キャリア全体に拡大する。主要大学に温存されているインブリーディングを抑制し、アウトブリーディングを実現する。」「管理運営のボトムアップ型を担保したトップダウン型の改革を行う。」「研究・教育・学習の統合を追及することによって専門職のスカラーシップ観を確立する。専門職としての大学教授職を養成するために大学院教育の組織的充実を図る。」などの提言で末尾を結んでいる。これらは立ち遅れている日本の大学教授職が、世界の水準に追いつくために緊急に取り組むべき課題であろう。

一〇　大山 達雄、前田 正史 編『東京大学第二工学部の光芒　現代高等教育への示唆』（東京大学出版会、二〇一四年）

1　東京大学第二工学部とはなんだろう

私が東京大学に勤務している時、生産技術研究所千葉実験所の公開事業を見学に行ったことがある。都内の駒場キャンパスにある生産技術研究所本体には見られない大型でやや古風な実験設備が随所に設けられ、のびのびした開放的な実験所だった。千葉大学本部がすぐ隣接しているので、千葉大学事務局長を訪問して帰ってきた。

千葉大学のＨＰを見ていくと、「西千葉キャンパスの隣りに東京大学生産技術研究所があるのはなぜ？」という項目があり、次のように説明されている。「西千葉地区は、一九四二年に「東京大学第二工学部」として開かれた場所で、その一〇年後には「東京大学生産技術研究所」になりました。一方、一九四九年に誕生した千葉大学は、校舎が六カ所に分散し極めて不便でした。それを解消するために東大敷地の八割を千葉大の拠点キャンパス地として譲り受けたのです。二割は千葉実験所として残されました。」

生産技術研究所は、一九六二年に六本木に移転し、古風な建物を私は好きだったが、繁華街の真ん中で学問の場所としてはやや疑問だった。やがて駒場キャンパスに現代的な研究施設を整備して二〇〇一年に移転して完成状態を迎えた。六本木の土地は、国立新美術館と政策研究大学院大学となった。

東京大学第二工学部は、戦争中の一九四二年四月に開学し、工学研究者・技術者の養成のため、本郷の工学部とほぼ同規模で設置された。学生も同一の試験で選抜され、本郷と千葉へは機械的に振り分けられた、つまり学生は同質だった。教員は、古手は本郷に残る人が多く、千葉へは若手教員や民間からの研究者・実務家の参画が多くみられた。畑ばかりの土地を開拓してキャンパスを作ったため、整備は不十分だったが、逆に古いしがらみはなく、教員と学生が一緒になって過ごす時間と場所が豊富にあった。教育研究も開拓者精神に満ち、学問の塔に閉じこもるのではなく、生産現場と密接につながっていた。戦争中は軍との協力関係が多く、そのため「戦犯学部」とさえ言われ、学部としては廃止されたが、後身の生産技術研究所は戦後の産学連携のトップランナーとなっている。特に一九八〇年代から、第二工学部出身の方々が企業のトップに多数就いたため、戦後の産業界への優れた人材の供給源として注目された。

東大における人材も豊富で、私が東京大学理事となった法人化のころ、小宮山総長のもとで西尾茂文生産技術研究所長が財務担当理事となり、その時の前田正史生産技術研究所長が次の濱田総長の時の財務担当理事となった。お二人とも、豊かな発想で新機軸を考え出す力があり、仕事がよくできて楽しい方々だった。これはたまたまこのお二人がそういう特徴があったというだけではなく、生産技術研究所、さらには第二工学部そのものがそういう傾向だったのだろうと私は受け止めている。

いま私の手元には、東京大学第二工学部について書かれた三冊の本がある。今岡和彦著『東京大学第二工学部』（講談社、一九八七年）、中野昭著『東京大学第二工学部—なぜ九年間で消えたのか』（祥伝社新書、二〇一五年）はジャーナリストの手による読みやすい本である。大山達雄政策研究大学院大学理事・副学長、前田正史東京大学理事・副学長編『東京大学第二工学部の光芒』は、高等教育の歴史と今後の展望を視野に入れた重みのある本である。

2　何が書いてあるのだろう

日本の工学教育の源流をたどると、明治時代にさかのぼって二つの流れがある。一つは工部大学校であり、殖産興業のための担い手となりうる人材を育成する実践的工業教育機関であった。もう一つは開成学校から東京大学工学部に至る理論的体系的な工学の教育研究機関である。一八八六年に工部大学校が東京大学工芸学部と合併して帝国大学工科大学となったことはその後の工学教育に現場を離れた学理優先という大きな影響を残した。

第二次大戦の中でエンジニアへの急速な需要の増大があり、既存の各大学の工学部の拡充に加えて、東京帝国大学では平賀総長の下で第二工学部設立案が決定され、政府と帝国議会で速やかな決定がなされた。学部の設置に当たっては、第二工学部と第一工学部の間に「格差」が生じることのないよう、質・量ともに均等になるように配慮することが強調された。第二工学部は教員に若手が多く、企業などで実務に携わっていた者も多かったことから教育面でも特徴が出てきた。

第一期生（一九四二年）の入学式の頃はまだキャンパスの建設途上であり、予想に反して千葉へ振り分けられた者も多く、学生には戸惑いも見られたようだが、教官の熱心な指導などにより解消していった。教官による輪講会が毎週開催され、分野横断的な共通理解が普及していった。共通教室では学科の枠を超えた講義が行われ、さらに人文社会科学系の講義も重視された。実務経験者であった教官の語る産業現場での経験は、学生に大きな刺激を与えたという。

建設途上の施設は足りないものが多かったが、逆に自由な活動が活発となり、講演会、運動会、音楽会等が実施された。そこでは教官と学生がともに作業し、一体となって団結して行動することが多かった。海岸に近い畑の真ん中のキャンパスでは、戦時中にもかかわらず作物や魚は豊富に手に入った。学生寮に住む者も多く、旧制高校の寮のように自由なバンカラ気質があり、教官とも夜を徹して人生を語ることがあった。

終戦後、軍事に関連すると見られる講座は転換するなどの措置は取られたが、東大の議論はそれにとどまらず、結局第二工学部は廃止され、経済学部をはじめとした他学部の激しい分捕り合戦の末、半分ほどの講座は他学部へ振り分けられ、残った講座で生産技術研究所が設立された。しかしそれから間もなく、戦後の復興に伴って工学系人材養成の拡充が叫ばれ、実行されたことを考えると、廃止は残念なことであったと言わざるを得ない。

本書の後半は、当時の学生だった方々への聞き取りやインタビュー記事で構成され、第二工学部で過ごした学生生活を生き生きと語る喜びに満ちた姿は印象的である。困難な時代に一瞬だけ花開いた優れた教育の姿は、これからの高等教育の在り方を考える上でも多くの示唆を与えてくれる。その一部は生産技術研究所に受け継がれているだろうけれど、産業実務に結びついた教育の在り方をもっと幅広く普及したいと私は感じる。

３　軍艦総長・平賀譲

第二工学部が設置された時期の東大総長は、平賀譲であった。平賀は海軍から出向して東大で教えていたが、戦艦長門・陸奥、戦艦大和・武蔵を設計するなど「軍艦の神様」と言われた軍人技術者であった。この時期、東大では政府と右派の攻勢により、左派や自由主義者が次々に批判され辞職させられていた時期だった。思いがけず総長に選任された平賀は、最も困難と言われた経済学部の内紛について、左右両派を一気に辞職させ経済学部を再建するという「平賀粛学」を断行した。大学の置かれた状況に対しぎりぎりの筋を通した措置だった。一九四三年現職のまま病没。その人物と生涯は内藤初穂著『軍艦総長・平賀譲』（文芸春秋、一九八七年、現在は中公文庫）に詳しい。

一一　デレック・ボック著、宮田由紀夫訳『アメリカの高等教育』（玉川大学出版社、二〇一五年）

1　多様性が豊かさの源泉、ではその多様性をもたらすものは？

長年大学行政に関わってきて、不思議に思っている点がある。日本では、ある新しいタイプの大学（高等教育機関）を創ろうとすると、当然のことのようにまず審議会にかけ、法令を改正し、予算措置を講じ、その過程で様々な利害関係者が議論し、様々な既得権益との妥協を強いられ、結局はあまり面白みのない、新規性のないものが出てくることになる。これでは新しい社会の需要に応じたタイプの大学は出てこないはずだ。

むしろ大学に関しては、法令の制約を外し、設置基準や定員の考え方も無くし、自由に創って学生が集まるかどうか、やらせてみたらどうか。否、そんなことをしたらヘンな大学が次々にできて、質の低下をもたらす、と懸念する人もいるだろうが、逆に素晴らしく工夫された大学が登場して人気が出るかもしれない。そんな乱暴なやり方をしている国があるだろうかと問えば、それがアメリカだ。

もちろんかなり自由であるとはいえ、アクレディテーションのシステムや、奨学金受給のための基準など各種の質保証の仕組みがある。しかし、基本的に国の法令・制度・予算などで統制するのではなく、自由を基調とする多様性の中から優れたものを見出だすやり方と言っていいだろう。そこでは、大学関係者の自助努力や学長・有識者の先見性のあるリーダーシップが質保証への影響力を発揮している。それぞれの時代を象徴する大学像は、日本であれば審議会の答申に表わされるが、アメリカでは見識ある学長・有識者が書物や報告をまとめて発表している。個人の責任を明確にした固有名詞をもって語られる点も魅力的だ。その近年の注目するべき書物がボックの『アメリカの高等教育』である。

ボックは、一九七一年から一九九一年までハーバード大学の総長を務めた著名な法学者であり、本書はハーバード大学のことのみならず、アメリカの高等教育全体を視野に入れた優れた問題発見・問題解決の方向を示す書物となっている。

２　何が書いてあるだろう

アメリカの高等教育には、四五〇〇の大学、二〇〇〇万人の学生、一四〇万人の教員、四〇〇〇億ドルの予算がある。いくつかのタイプに分けてみると、二〇〇校ほどの研究大学（連邦政府の研究費の大部分を受け取っている）、七〇〇校以上の総合大学（多くは州立で大規模で、博士号授与大学院を持っている）、一〇〇〇校ほどの四年制大学（主に私立の非営利大学で、宗教諸派が設立し、リベラルアーツを提供していたが近年実学的科目が増えてきた）、一〇〇〇校以上のコミュニティ・カレッジ（二年制非営利で大半が州立）、一三〇〇校以上の営利大学（巨大で成長著しい営利大学で、職業訓練プログラムを提供、入学者も多いが退学者も多い）となっている。

アメリカの大学の特徴は多様性であり、政府の監督は緩く、資金源は自由すなわち家庭の役割が大きい。大学間の競争は激しく、近年はランキングの影響が著しい。

管理運営のやり方は、理事会、学長、事務局スタッフ、教員、さらには学生まで権力が分散している共同統治である。意思決定の仕組みは複雑で一見身動きが取れないようだが、数多くの議論を重ねる中で教員と大学幹部の合意は形成されていく。競争的で分権的な組織の複合体にみえる大学が、無政府状態と混乱に陥らないのは、大学という組織に共通に存在する根本的な価値観や規範を、教員も管理者も理解しているからだ。

学部教育はこの半世紀に大きく変化した。高卒者の八〇％近くが、時季は様々でも大学で学ぶ。その費用負担をどうするか、学ぶ内容をどうするか、特に極めて多様化した学生に対し、いかに教えるべきかが大きな問題となってくる。しかし、カリキュラムや教育方法は、トップからの規制や命令だけで変わらない。教育改革のカギは、現行の教育方法では期待する教育成果が得られないことを、教員に数値で示し、教員自身に理解してもらうことだ。いったんそれが認識されれば、教員は自らの大学の価値観や良心によって、改善方法を模索する。こうしたデータが蓄積されるにつれ、講義の形態は徐々に減り、グループ学習や学生による研究、ＩＣＴを利用した学習、問題解決型学習などが徐々に増えてきているという。

ボックはまた、大学院教育、専門職大学院（メディカルスクール、ロースクール、ビジネススクール）、研究についても言及し、最後に、本当に懸念すべき問題「外部からの脅威よりも、大学自身に起因する弱み」を指摘する。それは、ランク付けによる過度の競争は、大学システムのエネルギーと躍動には貢献してきたが、本当の教育の質の向上とは乖離してしまう惧れ。お金の影響力は増しており、何らかの制限を課さないと大学にとって大切な価値観を脅かしてしまうこと。さらに重要な問題は、現代の大学統治を適切に捌ける学長を見出だすことの困難さである。

　以上五〇〇ページの大著を独断的にまとめてみたが、ボックの描くアメリカの状況は実は日本の大学と驚くほどに共通する。日本の大学が極端に遅れているわけではないのだ。一歩ずつ改善していく地道なプロセスと熱意を持つことが大学改革にとって大事だと感じた。

3　学長たちの発信力

　ボックの本は以前にも読んだような気がして探してみると本棚の奥にあった。『ハーバード大学の戦略』（玉川大学出版部、一九八九年、小原国芳訳）である。なおこの原題は、『Higher Learning』（一九八六年）であり、ハーバードではなく、アメリカの高等教育全体について俯瞰している。今回の書はいわば三〇年ぶりにアメリカの高等教育の全体像を捉えたもので、さすがにハーバードの総長は視点を堅持している。①アメリカの高等教育システム、②学部教育、③専門大学院、④新しい発展、⑤改革への展望、と構成もほぼ同じである。

　そのボックに指名されて、ハーバードの文理学院（アーツ・アンド・サイエンス）の学長を一一年間務めたロソウスキーは、『大学の未来へ』（ＴＢＳブリタニカ、一九九二年、佐藤隆三訳）を著している。原題は、『The University : An Owner's Manual』（一九九〇年）。大学に対して権利を主張する教授、管理運営者、学生、さらには政府、一般市民、報道機関向けに大学のことを説明している。終章にある大学の管理運営七つの原則が①民主的運営は必ずしも最善とは限らない⑤大学では利害の衝突を意識的に避けることでよりよい決定ができる、など面白い。

　ニューヨーク州立大学総長をしていたボイヤー著『アメリカの大学・カレッジ』（リクルート出版、一九八八年、喜多村和之、舘昭、伊藤彰浩訳、一九九六年に玉川大学出版から改訂版）は、前著『ハイスクール』に引き続き、一般教育を重点に大学教育を論じた名著であり、今日でも参考になる。

　アメリカでは学長がアメリカの大学全体を語っているが、日本では大学全体については専ら教育学者が語り、学長は自分の大学のことを語っているのが常なのも不思議の一つのような気がする。

一二　秦由美子著『イギリスの大学　対位線の転位による質的転換』

（東信堂、二〇一四年）

1　イギリスの大学は変化しているのか

これまでイギリスの大学について様々な機会に見聞してきたが、オックスフォードやケンブリッジに代表される大学の特徴は、その伝統を重んじる保守性にあり、社会や政府がどのように変化しようと大学は容易に変化しないかの印象がある。オックスフォードもケンブリッジも、その起源はイギリスの近代国家が成立し大学制度が立法化するより遥か以前、一一世紀の末には大学の礎が築かれており、一〇〇年ぐらいの最近の出来事如きで動じるような存在ではないと言っているかのようだ。

これに対し、日本の大学の場合はどうだろうか。日本の大学は、明治期の帝国大学の創設、大正期の大学令による大学制度の確立、昭和期の新制大学への移行と、節目節目に変遷している。いずれの変節も、国家主導で立法を通して実現しており、各大学もそれを受け入れる形で設立や変化を遂げてきた。いわば、日本の大学の変化は、国家の人為的な政策によってもたらされたものが多く、大学自らの内発的な変化は部分的なものに留まっていると言ったら言い過ぎであろうか。

翻ればイギリスの大学も、大学教育の大衆化や国の政策を無視し続けているわけではなく、他の諸国と同様近年大きく変化している。その最も大きな変化が一九九二年の継続・高等教育法の制定による高等教育機関の一元化である。これによってイギリスの高等教育はどのように変化したか、秦由美子氏の『イギリスの大学』に詳しく書いてあるので、読んでみよう。

秦氏は、お茶の水女子大学卒業後、オックスフォード大学で修士号を、東京大学で博士号を取得され、大阪大学准教授を経て現在広島大学教授であり、イギリス高等教育を中心に各国の高等教育の国際化を研究され、その第一人者の一人である。

2　何が書いてあるのだろう

イギリスの高等教育は、一九六〇年代半ばに、大学と非大学型高等教育機関からなる「二元構造」と呼ばれる制度が形成された。

大学は純粋学問の学術的教育を教授し、独自の学位授与権と独立した自治権を有する。これに対し、非大学型高等教育機関は応用学問の実学的教育に力点をおく。この非大学型高等教育機関のうち、ポリテクニクのように規模やレベルが既存の大学とほぼ同等の機関が大学とは区別され、いわば准大学高等教育機関として大学と併存して高等教育を教授していた。ポリテクニクの学位授与権は全国学位授与審議会によって審査されるなど、既存の大学とはその存立形態、管理運営機構、学生の質、財政負担等の面で大きな差があり、政策的に実現された二元構造と言える。筆者の言葉を借りれば「大学が提供しようとしなかった地場産業と連携した職業教育や実務教育、大学において研究対象とはならない実学に基づいた職業関連科目を教授し、大学とは異種、かつ大学よりも質の低い教育機関」と位置づけられていたのである。

この状況に対し、一九八八年の教育改革法及び一九九二年の継続・高等教育法の制定により二元構造は解消され、ポリテクニクは大学に昇格し、准大学高等教育機関が大学に一元的に統合される形で消失した。これが高等教育の一元化である。

その背景は、①自国内の大学数及び学生数を拡大することで欧米諸国の動きに追随しようとするイギリス政府の対応と、社会からの大学の多様化を求める声、②増加する海外からの留学生の受け入れへの対応、③学生数が増加するなかで限られた予算で大学を効率的に運営するためのトップダウン式の大学経営の導入、④二元構造とすることにより准大学高等教育機関が独自性を打ち出して多様化するのではなく、既存の大学への同格化の路線を歩んでしまい、多様化が不十分だったこと、などが挙げられる。果たして、これらの課題は一元化によって解消していったであろうか。

一元化以降の進学者の質の変化については、エリート教育から大衆教育へと移行したと受け取られている。しかし良く見ると、かつての高等教育機関の二元構造の中に隠然と存在していたヒエラルキーが、形を変え一元構造の中にそのまま移し替えられ、エリート教育温存のための大衆教育への移行にすぎなかったとも言える。また、学位の質と制度の変化については、旧大学の学位取得に係る制度的外枠は固定されたままなので、多様化すると言いながら新大学は旧大学の制度を模倣せざるを得なかった。言い換えれば、新大学の非大学型高等教育機関としての機能を弱め、旧大学化が引き起こされているのである。

大学の管理運営と組織文化については、オックスフォードなどの伝統的大学では依然として高い制度的自律性と強い大学自治、そして教員自治が機能しており、従来の同僚制あるいは権限共有型とも言える組織文化が生き続けている。一方、新大学では大学昇格以前からその自治は弱く、昇格後も学外者が多数を占める理事会の権限が強く、旧大学のような大学自治は成立しているとは言い難い。伝統的大学が九〇〇年もの間行ってきた教育の改革を考えていないとするならば、教育改革を伴わない管理運営の改革とは、大学の根幹から外れた周縁の改革にすぎないものとなる。まとめると、二元的な構造を一元化する昇格の動きは、これまでイギリスで度々あったものであり、大学予備群だった諸機関が新大学に昇格し、その新大学の下位にまた予備軍である諸機関が存在している。その中で、今回の一元化の特徴は、一元化によって誕生した新大学において、初めて大学における高等教育の非エリート集団への教育が出現したことである。

旧大学とポリテクニクは制度的には一元化されたものの、間にあった境界（対位線）はあくまでエリート教育と非エリート教育を分ける線であったため、ポリテクニクが旧大学と同じ上位に組み込まれることはなかったが、対位線が転位する（位置が変わる）ことにより高等教育の量的かつ質的転換が起こった。しかし、旧大学によるエリート教育は何ら変化していない。

大学と非大学型高等教育機関の二つの狭間にある対位線は一元化によって本来は「消滅」されるべきものなのに、筆者がわざわざ「転位」と表したのは、一元化といっても、このように依然とその境界線たる対位線が形態を変えただけで存在していることを意味する。高等教育の大衆化が避けられない中で、伝統的大学のエリート教育が温存されている秘密はここにあるのだろう。ケンブリッジもオックスフォードも従前と変わらず世界ランキングで高い順位を維持している。

３　対話を通じての探求

秦氏の著書『イギリス高等教育の課題と展望』（明治図書、二〇〇一年）、『変わりゆくイギリスの大学』（学文社、二〇〇一年）も私の手元にある。両書とも、ドナルド・ドーアをはじめとした研究者、学長、副学長、研究所長、学部長、教育雇用省高等教育局長等、高等教育に関する実践的責任者が登場して様々な角度から思いのたけを語る対話によるイギリスの大学の真実の姿の探求が行われている。秦氏の特徴は、相手が思わず熱心に語ってしまう対話の技法にあるのではないかとさえ思える。

その特徴は、一年前に広島大学高等教育研究開発センターまで秦氏を訪ねた折にご恵贈いただいた『女性に贈る七つのメッセージ』（晃洋書房、二〇一二年）でも存分に発揮されている。指揮者、女優、アナウンサー、学長、企業社長など各界で活躍している七人の女性との対話を通して、多くの女性に元気と希望を与えている。秦氏と語る対談者もみな光り輝いてみえる。まさしく、平塚らいてうのいうとおり、女性の起源（元始）は、「太陽であった」のだろう。そう思えるほどの女性としての誇りと元気がこの本には溢れている。

一三　木戸裕著『ドイツ統一・EU統合とグローバリズム――教育の視点からみたその軌跡と課題』（東信堂、二〇一二年）

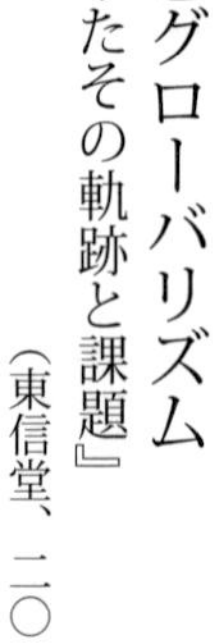

1　激動の戦後の克服

日本とドイツは、ともに第二次世界大戦の敗戦国であるが、戦後の大学の歩みは対照的である。

日本では、戦前の古い体制を打破するため、占領軍（アメリカ）による政治・経済・社会の改革が強力に行われ、教育もまた大きな改革が行われた。複線型の学校体系は六・三・三・四の単線型となり、高等教育機関も多様な形態から新制大学に一本化された。これらは一般にドイツ型からアメリカ型への変化と言われているが、戦前からの改革の論点でもあった。戦後数年間に大きな改革が一挙に行われ、変化は激烈だったが、その後経済の高度成長や教育の大衆化にあっても戦後改革路線は基本的に維持されてきた。

ドイツは、戦後すぐに東西冷戦の下、二つの国家に分裂した。自由主義体制が維持された西ドイツでは、基本的に戦前の教育制度は維持され、中等教育も高等教育も多様な複線型であった。社会主義体制となった東ドイツでは、初等中等教育段階は一〇年制普通教育総合技術上級学校が編成され、大学でも社会主義建設の教育が重視された。この分裂国家は、東ドイツの経済社会に閉塞的で著しい立ち遅れをもたらし、一九九一年に東西ドイツが統一されたのは周知の如くである。

また、戦後のヨーロッパ諸国は、政治・経済面の統合を目指してEUの建設を進め、高等教育についても一九九九年にボローニア宣言が行われ、ヨーロッパの大学を自由に異動し、共通の学位資格を得られるヨーロッパ高等教育圏の確立が進められてきた。これらの変化は、グローバル化、制度の共通化、アメリカ化などのキーワードで特徴づけることができる。

この大きな変化にも関わらず、ドイツの大学は着実な歩みを続け、二律背反する、時代に応じた変化と基本となる伝統的な要素の保持が両立しているという印象がある。ドイツの大学の戦後の変遷の経験は日本の大学にも参考になると思う。

この近時のドイツの大学の政策と実践を詳細に記述しているのが、木戸裕氏の『ドイツ統一・ヨーロッパ統合とグローバリズム』である。本書には初等中等教育やヨーロッパ各国に関する記述も多いが、ここではドイツの大学に絞って紹介しよう。木戸氏は、国立国会図書館に長く研究員として勤務され、文教に関する立法調査経験が豊富で、ドイツの教育研究の専門家でもある。

二〇一四年に大学マネジメント研究会がドイツ大学視察調査で渡独する事前勉強会において、木戸氏に詳細かつわかりやすく講演していただき、大変参考になったことに改めてお礼申し上げたい。

2　何が書いてあるだろう

ドイツの統一は、大学については西側による東側の吸収であり、旧東ドイツの大学は、それまでのマルクスレーニン主義のイデオロギー形成の一環としての大学から、西ドイツ型の学問研究の自由、大学の自治を基本とする大学へと大転換を遂げた。多数の教授は解雇され、従来の大学、学部、学科は、廃止もしくは再編された。そのため、旧西ドイツから多数の大学人が東の再建のために派遣された。

このように旧東ドイツの大学は大変化を遂げたが、未だに組織的にも人的にも、また教育内容の面でも不十分な状態である。様々なアンケート調査でも、東の人々は自分たちを「二流市民」と感じており、旧東のものはすべて悪いという「魔女狩り」意識があり、旧東の青少年に外国人敵視の傾向が強まっていると指摘されている。本当の統一ドイツの形成はまだこれからであろう。

ＥＵの教育政策の統合の動きは、一九九二年のマーストリヒト条約により、教育政策の緊密な協力関係が明文化され、構成国の言語の習得、学位等の大学間の相互承認と学生及び教員の移動の奨励、様々な面での協力と交流の促進が謳われ、エラスムス計画が策定、実施された。各国の学位を共通にし、学生と教員の移動を促進するボローニャ宣言が一九九九年に発せられた。これらのヨーロッパの動向を背景にした二〇〇〇年代のドイツの大学改革の動きをみると次の通りである。

大学への進学率はドイツにおいても上昇を続け、同一年齢の三分の一が大学に入学している。ドイツの大学は、学位授与権を持つ学術大学と、そうでない専門大学があり、専門大学の多くはそれまでの技術者学校や高等専門学校などが一九七〇年代に大学に昇格したものである。

入学者選抜については、従来各大学は自校の入学者選抜に関与せず、志願者が定員を上回る場合は、中央学籍配分機関が、アビトゥーア試験合格者を成績と待機期間に応じて配分していた。しかし一九九八年以降、一部は各大学が独自に選抜することができるようになり、その比率も徐々に拡大している。

ボローニャプロセスの一環として、学士、修士、博士という段階化された高等教育の基本構造が導入された。これとあわせてヨーロッパ共通の単位互換制度が取り入れられた。所定の単位を取得することにより学位が付与されるシステムに移行している。

大学教授の任用システムも、研究業績だけではなく、教育的適性も資格付与の前提とされた。大学外において達成された学問的業績でも大学教授としての専門性を証明できるとして、有能な人材を広く登用する道も開かれた。若手研究者をジュニア・プロフェッサーとして任用することができるようになった。このほか、授業料を徴収できるようになり、私立大学も増加しつつある。

近年注目されるのは、卓越した業績のある大学に、連邦政府と州政府の資金を重点的に投資するエクセレンス・イニシアティブであり、国際的な競争に勝ち抜こうという政策の現れである。私も二〇一四年のドイツの大学訪問調査で、伝統的な学術大学が革新的な試みに挑戦しつつある一方、専門大学は産業界と連携して活発な活動を展開する姿を見て、ドイツの大学の活力を肌で感じた。

3　ドイツの大学を厳格に論考した金子氏の書籍

ドイツの大学を論じた書物は多数あるが、近時私が読みごたえを感じたのは、京都大学準教授であり二〇一一年に惜しくも逝された、金子勉氏の『大学理念と大学改革 ― ドイツと日本』（東信堂、二〇一五年）である。フンボルト理念の再検討に始まり、ドイツにおける大学の組織原理と実態などを論じ、日本における大学の法的地位と組織改革に及んでいる。いかにもドイツ研究の学者らしい厳格で実証的な論考と日本の現実への論理的な分析がなされている。

私は、日本の国立大学法人制度も学校法人制度も教学組織としての大学制度も法制度として不十分なものであり、いつか高等教育制度の全体的な見直しが行われるべきと考えている。そのような問題意識からも示唆を得られる論考であると考える。

一四　高野篤子著『イギリス大学経営人材の養成』（東信堂、二〇一八年）

1　各国の大学職員事情

各国の大学のことを知りたいと思いつつ、教育や研究の状況については文献や体験談がかなりあり、おおよその様子はわかるのだが、経営や管理運営のことはどうも今一つわからない。教員として外国で教育や研究に携わったことのある教員はかなり増えてきているのに対し、外国の大学の経営や管理運営に携わったことのある人はあまりいないのだからやむを得ないかもしれない。そして、経営や管理運営の大事なポイントは、それに携わった人でないとわからない要素が多いのだから、なおさら分かりにくい。

そこで、私の乏しい経験でも外国の大学を訪問した時など、できるだけ経営や管理運営のことを聞くようにしている。しかし、大学によってはリーダーシップのある学長がすべてを掌握して説明してくれるのだが、そうでない大学では何でそんなつまらない質問をするのかといった回答ぶりだったりすることもある。大学や国によって、経営や管理運営への関心はかなり異なるのかもしれない。

さらに、経営人材の育成の在り方や、大学職員の在り方になると、ますます謎は深まる。面談する相手幹部に逐一経歴を教えてもらうことになるが、どこまで一般化できるか心もとないことが多い。大学職員一般になると日本とあまりにも違いが大きすぎてなかなか対話が成立しない。そんな中で、アメリカの大学の様子はだいぶわかってきているが、ヨーロッパの主要各国の大学職員の様子はまだほとんどわかっていない。

以前、イギリスの職員団体の人が来た時、日本ではローテーション人事があって昇進していくことができるという話題に対し、日本はなんて素晴らしいやり方でしょう、イギリスではじっと同じポストにいるだけでは人事異動もない、昇進もない、昇給もない、同じ仕事を続けるだけです、という回答だった。最近日本型雇用慣行は国内では評判が悪いが、終身雇用、ローテーション人事、内部からの幹部登用という点は、生かすべき面もあるのではないかという気がする。（年功序列と一括採用と定年制は廃止するべきであろう。）

イギリスの事情については、高野篤子氏の『イギリス大学経営人材の養成』（東信堂、二〇一八年）がこの分野では貴重な文献であり、参考となる。高野氏は、すでに『アメリカ大学管理運営職の養成』（東信堂、二〇一二年）を出版しておられ、このシリーズでも紹介した。教員と職員の両方の経験を生かしながら、現在、大正大学の学校経営・マネジメントコースの教員として活躍しておられる方である。

2　何が書いてあるのだろう

イギリスの一六五の高等教育機関で働いている教職員は、フルタイムでは二三万人、パートタイムでは一三万人である。このうち、教員は四七％であるのに対し、管理運営・専門・技術職二八％（マネージャー、非教学専門職、IT・医療などの専門職、学生生活支援などの職員など）、事務職一七％（一般的な管理運営補佐職員、事務員、秘書など）、現業職八％（施設管理、運転手、警備員など）との統計がある。（上杉：この統計を見ると、日本の大学職員は国公私立大学ともに度重なるスリム化により、現業職はもちろん、事務職も削減され、管理運営・専門・技術職に集中していると考えられる。）

教育研究戦略の策定や実施は基本的に教学側に決定権がある。非教学側のトップは伝統的にレジストラーであり、日本の事務局長に相当する。非教学職は、日本のようにローテーションではなく、アメリカと同様に専門性をもって垂直に移動し、キャリアアップしていく。非教学側の職員であっても、上位の職階になれば教学職と共に仕事をすることになるので、教員の仕事への理解とともに上級レベルの学位が求められる。このため大学院で学位を取得する者や、職能団体に所属して専門的知見を得る者が多い。このように、職員は日常的な業務（ルーティンワーク）を担ってきたが、一九七〇年代以降大学におけるトップマネジメントが強化され、それを支える管理運営の専門的な職員が求められるようになってきた。

イギリスにおいて高等教育を専門・専攻として開設する大学は二〇にのぼり、アメリカと同様に教育系の組織が大学院課程の提供母体となっている。高等教育を教える教員の数と所属組織は概して分散的であり、授与される学位はMAが多い。イギリスは日本より高等教育の規模が小さいにもかかわらず、高等教育を専門・専攻とする大学院課程の数は日本より多い。高等教育の博士課程に対する在学生数、すなわち需要の多さには目を見張るものがある。

大学における管理運営の専門職化が進むアメリカには大学職員全般を会員の対象とする団体は存在しない。だが、イギリスには大学職員の包括的な団体としてＡＵＡ（Association of University Administrators）が存在している。高等教育の管理運営及びマネジメントスタッフのための専門職団体で、会員のキャリアアップとネットワークの構築、キャリア開発の支援を行っている、会員数四五〇〇人の大規模な団体である。また、二〇〇四年に全英的な組織として政府により設立された高等教育リーダーシップ財団では、大学のリーダーを育成する研修プログラムが提供されている。ＡＵＡとリーダーシップ財団の両者の研修プログラムで共通していることは、どちらも参加者同士のグループ活動を重視し、参加者と上級レベルのリーダー経験者との意見交換を取り入れ、具体的な施策を提言したり判断したりできるようにしていることである。

これからの大学経営人材が、一定の専門的知識やスキル、職業倫理を有する専門職となるのには、修士・博士課程における教育といったＯＦＦ＝ＪＴと、修羅場をくぐり抜けるような実務経験といったＯＪＴの両者が有効であろう。日本でも管理運営の専門職のための能力開発とキャリア形成の機会と制度の充実が一層求められている。

３　なぜオックスフォードが世界一の大学なのか

最近のイギリスの大学に関する本で読みやすいのが、コリン・ジョイス（菅しおり訳）の『なぜオックスフォードが世界一の大学なのか』（三賢社、二〇一八年）であろう。著者はオックスフォード大学のセント・アンド・カレッジに入学、古代・近代史を学び、卒業後は日本語を学んでイギリスの新聞の日本特派員をしている人である。ユーモラスな文章で、オックスフォードでの大学時代を語っており、内容は高度だが気楽に読める本である。

カレッジの学生は一学年一〇〇人ほどであり、カレッジで寝起きし、食事をとり、カレッジの図書館で勉強し、チュートリアル（個別指導）を受け、スポーツをし、同じカレッジの友人と遊ぶ。入学試験はユニークで世界一公正であり、専攻課程は大学院と同じくらい厳しく、一流の学者による個人レッスンがあり、学生は勉強中毒になる。卒業試験は数日間で小論文を二〇本ほど書かなくてはならず世界で一番難度が高い。

このようにオックスフォードのやり方はユニークであり、他の大学がまねしようとしてもまねできないものがある。大学の学習と生活で大切なものがそこにある。

一五　ジェフリー・J・セリンゴ著、船守美穂訳
『カレッジ（アン）バウンド　米国高等教育の現状と近未来のパノラマ』
（東信堂、二〇一八年）

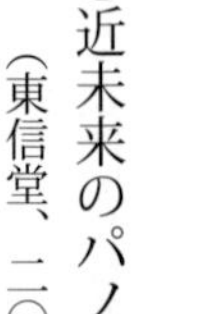

1　米国の大学も困っている

日米の教育の比較について「初等中等教育は日本が優れているのに対し、高等教育は米国が優れている」というのが通説だった。初等中等教育の比較は別の機会に譲るとして、高等教育については確かにその教育の仕組みや研究力さらには大学経営の在り方まで、米国の優れた事例が紹介され政策にも反映されてきた。しかし、その米国の情報は多くは一部のエリート大学に偏っており、あまたある米国大学の実態を反映していたのか疑問である。大規模で多様な米国の高等教育においては、優れた部分もあれば、おかしな部分もあると見るのが常識的であろう。

近年、米国の大学の実態をバランスよく、幻想を抱かせずに描いた（あるいは抉り出した）本が出版されており、なるほどそういうことだったのか、それは大変だ、日本でも同じことが起きそうだと気づかされる。しかし、これは米国の大学が特別凋落しつつあるわけではなく、日本や先進各国の大学も各国の特色や差異を超え、同じような困難、問題に直面している、同時性や共通性を考えさせられることが多い。そして各国の大学は、それを困ったことだと嘆くだけではなく、未来に向かっていく方向付けの必要性から、従来の規範や価値観にはとらわれずに変わり始めているように見える。

表題の著者セリンゴ氏は、『クロニクル・オブ・ハイヤー・エデュケーション』誌の編集長であり、米国の学生が抱える困難な事例をいくつか具体的に示し、その背景や原因を説明する、たいへん臨場感と説得力ある記述となっている。米国大学の闇の部分（高騰する授業料と低い卒業率、知的不足と高い失業率）を暴きつつ、ＡＩやＩＯＴがＭＯＯＣや適応型学習ソフトウェア、学位授与単位の開放をも可能にすると明るい展望を示している。なお原題の「College Unbound」とは直訳すれば束縛から解き放たれた大学を意味し、近未来のあるべき大学を指したものであろう。

訳者の船守美穂氏は、現在国立情報学研究所准教授として学術情報をはじめとした高等教育の動向を執筆し発信している。私が東京大学の理事として勤務していたときに国際関係担当特任准教授としていろいろ教えていただき、二〇一八年

七月にはマネ研サロンで「世界を覆う電子ジャーナルの影響」について講演いただいた。本書の末尾には「〈解説〉日本の高等教育について―訳者からのメッセージ」が付されており、分かりやすく丁寧なまとめとなっていて参考となろう。

２　何が書いてあるのだろう

事例の一つは、優れた公立高校に在学していたサマンサ・ディーツだ。彼女は大学進学を目指し、願書を出した五大学に皆合格した。そこで学資援助の提供条件が最も有利と見えた大学に進学を決めたが、実はこの大学の五年以内の卒業率は三八％という実績を見誤った。彼女は単位をできるだけ取り、バイトで授業料補填に努めていたが、結局、疲れ切ってドロップアウトしてしまった。これは何も珍しい話ではない。米国では毎年四〇万人もの学生がドロップアウトするのだから。

大学選びに当たって何をどのように学びたいのか、将来の何に向けて教育を受けたいかを明確にすることの方が、キャンパスツアーで、素敵な学生寮、クライミング用の壁、テクノロジーの詰まった教室などを見学するよりも重要である。そのようなもので惑わされてはならない。学生とその家族の多くは「気分」で大学選びをしてしまう。重要なのは卒業までに実際にどのくらいの費用がかかるのか、それに対する学生ローンがどれくらいになるか知っておくことだと著者は警告する。

米国では学生ローンの総額は一兆ドルを超えてしまった。学士号取得者の三分の二が学生ローンを借りており、全借入者の平均負債額は二万七千ドルであった。しかもエリート大学生の借入額は少なく、高収入の仕事も保障されているのに対し、下位大学の学生の借入額は大きく、新卒が正職員にすぐなれるシステムではない米国では、卒後の仕事の当てもない。

大学側に対しても五つの破壊的力が働いている。二〇〇八年のリーマンショックがその始まりだ。①赤字まみれの大学が増加している。財務報告をごまかし、授業料をディスカウントし、教員を解雇して支出を削減している。②米国の学生の四人に三人が州立大学に在籍しているが、どの州も補助金を削減し、ほぼすべての州立大学が私立大学のようになってきた。③授業料を満額支払える学生の供給が途絶えつつある。今や外国人学生と州外学生の取り合いとなっている。経済危機による米国中級階層の貧困化。④オンライン化により、多様な教育が提供され、学生は大学教育を自分で組み合わせて作ることができるようになる。⑤大学教育のコストに対する社会の不安が高くなり、年収五万ドル以下の大学卒業生のうち四人に一人が、大学の学位取得は損な買い物と言っている。

こうした破壊的現象の提示に比べ、著者の未来論は楽観的であり、教育のパーソナル化、授業のハイブリッド化に期待を寄せているように見える。むしろ、未来につながりそうな試みをしているUnboundな大学の例が興味深い。学習における実用性。新時代のコミュニティカレッジ。街を教室に。大学をより手に入れやすくする。世界を体験するという条件。大問題を探索する学部生。CO-OPプログラムのグローバル展開。都市再生の中心にて。空き時間を利用する。学生を巻き込むための新しいカリキュラム。ハリケーンにより新しい経験が必要とされる。キャンパスにおける仕事を学習経験にする。メイヨー・クリニックとの提携。学習をゲームに転換する。キャリア開発への着目。早期からの学位取得開始。プロジェクトベースの学位等々。おもちゃ箱をひっくり返したようなにぎやかさだ。

3　米国の大学の裏側を見る

学生として教員としてアメリカの大学を熟知し、日本の事情にも詳しいアキ・ロバーツ氏も米国の大学の本当の姿として、『アメリカの大学の裏側―「世界最高水準」は危機にあるか?』(朝日新書、二〇一七年)を著している。彼女は著名な教育学者竹内洋氏の長女であり、アメリカの高校と大学を卒業し、ウィスコンシン大学ミルウォーキー校社会学部の准教授である。

各大学の学長たちは、お金と時間をかけて(米国の)大学ランキングを攻略することに苦心している。実際にランキングが上位の方がよい学生が集まってきて、経営にも良い効果をもたらしている。テニュア制度は、学問の自由を守る働きがあるが、非常勤講師の比率や、研究業績が止まってしまった「枯れ木教授」が増大する問題もあり、テニュア制度への批判も強まっている。授業料が高騰し米国の大学は庶民には手が届かなくなってきた。財政難から州立大学への州の財政支援金が削減され見捨てられつつある。大学受験は、受験勉強の要らないホリスティック入試(学生の個性や人物の全体像を評価する)で、親や親戚が卒業生だと有利な「レガシー」が考慮され、人種や貧困度も考慮される。成績でAが増えるインフレが蔓延し、大学は高い授業料に見合う価値があるのかという疑問が生じているなど、さまざまな問題が噴出し、危機的な状況にあると警鐘を鳴らす。第六章では竹内洋氏が「アメリカを鏡に日本の大学を考える」を書いている。

果たして、日本の大学がCollege Unboundへと脱皮できるか、そのままとらわれの大学のままでいるか。今、日本の大学改革の本気度が試される。

一六　プリア・チャタジー著、住友進訳『アメリカ超一流大学完全入試マニュアル』（講談社、二〇一六年）

1　こんな入試を続けていると日本はダメになる

最近よく売れている文庫本に、ジョンファードン著『オックスフォード&ケンブリッジ大学　世界一「考えさせられる」入試問題』（河出文庫、二〇一七年）がある。売れている証拠に二冊目の続編も出ている。内容は、「あなたは自分を利口だと思いますか?」という質問をはじめとした両大学の入試の実際の設問五〇数題に対し、科学者である著者が自由自在に解答例を書いているものである。私見では、設問は決して奇をてらったものではなく、発想法や思考力を見る良い設問が並んでいると感じる。そして、アメリカやイギリスのエリート大学の学生や教員は、日常的にこのような自由な質問や回答をやり取りして会話し、楽しんでいるのではないかと推測する。そのような知的基盤の上に、高校の授業も、大学入試も、大学の教育も、さらには職場の採用も成り立っているのではないか。

一方、厳格性や公平性を重んじる日本の入試でこのような出題を試みると、さっそく、採点は誰がするのだ?採点の公平性はどうやって担保するのだ?手間と時間がかかるのに?といった疑問が続出し、大騒ぎになることだろう。そして結局は公平性、厳格性さらには効率性を考慮して知識の記憶力を問う設問が作成されてしまう。すると高校教育の現場は、建前は人格の完成や豊かな思考力を養うべきだが、入試のためには暗記詰込みをする方が有利だと、明治以来一〇〇年教育界を悩ませる矛盾がいまだ解けないでいることになる。その結果日本では、やたらに物知りだが愚かなエリートが排出され続けている。この流れを断ち切らなければならない。

そのため現在、高大接続改革として、高校教育改革、大学入試改革、大学改革の三位一体改革が提唱されているが、タイミングが現実に近づくにつれ、議論が目先の技術的なやり取りになってきている。問題設定には私も賛同するが、解決は容易ではない。アメリカやイギリスの入試にしても、入試だけを見てもよく分からず、入試を成り立たせている基盤から見ていかなければならない。

今回取り上げる本の原題は、「The Dirty Little Secrets of Getting into a Top College」（トップ大学へ入るための最上のちょっとした秘密）であり、マニュアル本とは違うけれど、日本の入試の在り方がいかに非常識なものかを考える材料となるだろう。著者のチャタジー氏は、インド生まれでハーバード大学にて学位取得、二五年以上にわたり卒業生面接官を務め、大学入試カウンセラーとして活躍している。アメリカでは入試は教員ではなく、このような専門職が担っていることがまず重要である。入試は教員が片手間で担えるほどの軽い仕事ではないのだ。

2　何が書いてあるのだろう

人生も、大学の入学者選抜も、公正な競争の場とは言えない。チャンスや機会は社会全体に平等に割り当てられているわけではない。大学側が重要だと判断する要素の中には、受験生の力ではどうにもならないものもある。しかし同時に、入学者選抜の過程には自分でコントロールできる要素もたくさん残されている。そこに努力を集中しよう。

大学の入試事務室は昔と同じように、学生のデータ（成績、単位数、試験の点数）、出願物（エッセイ、推薦状）、面接、課外活動、個人的資格などを頼りに合否を振り分けている。大学によって、これらの材料の比重には多少の相違はあるかもしれないが、基本的にはさほど違いはない。これら全部をまとめて「最高の自分」を反映した願書を作っていくのが一流大学合格のための「ホリスティック（全体論的）アプローチ」である。（上杉：日本のようにテストの勉強だけしていればいいのではない。）

超一流大学の入試事務室は、毎年約一六〇〇人の合格者という枠に、三万人の候補者の中から、それに見合う一六〇〇人を探し出している。入試事務室は慎重に次年度の新入生クラスをどんな編成にするのか考えている。アメリカの一流大学のすべてが「理想のクラス像」を持っており、その通りのクラスを築き上げることを最優先事項としている。（上杉：日本のように試験の点数順に合格させていては理想のクラスはできない。）

理想のクラスを決定する八つの要素は次の通り。一　人種、二　出身地、三　レガシー（親がその大学の卒業生）、四　国籍、五　家庭の所得水準、六　学力と研究の分野、七　スポーツ、八　課外活動。一～五までは自分の力ではどうにもできない。六～八は自分でコントロールできる。この八つの要素を組み合わせた全体適合性で合否は決まっていく。

学力については、ＡＩ（学力インデックス）と呼ばれるテストを利用し、学生の競争力を測定している。ＧＰＡ（高校の平均成績）、クラスランク（学生順位）、標準化テスト（全国共通テスト）などの成績をもとにして学生を順位づけているが、高校の成績が最も重視されている。高校の履修科目も、難易度の高い科目を選択するべきだ。国際科学フェアの勝者、頭角を現した科学者、発明家、起業家の卵など抜きんでた知性の持ち主なら通用する。

スポーツでの成功と勝利は、まさにリーダーシップと結び付けられて受け止められる。スポーツ選手は時間管理が得意で、学業成績もよい場合が多く、複数の役割がこなせる有能な人物であることが多い。

芸術や社会活動の優れた才能も評価される。ただし、団体で世界一周旅行に行ったり、オーケストラの一員で活動したりしたという程度では評価されない。並外れた才能の持ち主は、カーネギーホールで演奏したり、都市のスラム街や遠方の農村で意義ある活動をしたり大きな足跡を残している学生指導者が評価される。

そして、多様性は、スタンダードストロングの学生がさらなる要素を加えようとするとき、最も有効なカギとなる。様々なカギが重なり合う部分に自分をポジショニングできる。そして面接のときの素晴らしいプレゼンテーションこそ、あと一歩足りない現状を補強するために不可欠なものである。最高の自分を示すことができるようにしよう。

３　アメリカの受験生活もなかなか大変そうだ

アメリカ留学を志す人のための本は多数あり、記述が詳細で参考になる本も多い。中でも、プリンストン日本語学校高等部で長年進路指導に当たっている冷泉彰彦氏の『アイビーリーグの入り方　アメリカ大学入試の知られざる実態と名門大学の合格基準』（ＣＣＣメディアハウス、二〇一四年）は記述が体系的で詳細であり、アイビーリーグ各大学のデータも豊富で参考になる。これらを通して感じるのは、アメリカの大学の合否判定は、多くの要素を考慮した全体的なものであり、受験しようとする者は中等教育の早い段階で準備というより実績の積み上げを心掛ける必要がある。これを短期間の詰込みで何とかなる日本の一発勝負的な入試と比べると、長期間の持続的努力が必要である。かえって日本より大変そうだが、その努力は大学に入っても生かせるし、就職しても生かせるだろう。中等教育から大学、職場まで、一貫した能力形成のために優れたシステムとなっている。受験が終わると皆忘れてしまう日本の学生との違いはそこにもある。

一七　佐藤仁著『教えてみた「米国トップ校」』（角川新書、二〇一七年）

1　日米トップ校を比較すると

大学の国際的比較というのは難しいもので、ある限られた指標で数値的に序列をつけるランキングは、結果が分かりやすく影響力も大きいが、本当にそれが大学の真実を示すものであるのか疑問を持つ人が多いだろう。大学というものは、研究業績のようにグローバルな比較が可能な部分もあるけれど、教育の在り方やキャンパスライフの状況など、社会の歴史や文化に根差した要素も大きく、簡単にどの大学が優れていてどの大学が劣っているか判断ができないことが多い。どの国の大学も進学率が高まり大衆化して、トップ校と言えども様々な学生を受け入れており、教員も当然のことながら大衆化し、意識もやっていることもさまざまである。各大学のどの部分を見るかによっても評価は異なってくる。

したがって、議論をクリアーにするためには具体的なトップ校、例えばハーバード大学やプリンストン大学と東京大学や京都大学を比較するのが分かりやすいはずだが、これも簡単ではない。アメリカのトップ校は大半が私学であり、基金や寄付が大きいため規模は一学年二〇〇〇人以下で確かに丁寧な教育は可能である。しかし、こんなに恵まれた大学はごく少数であろう。日本のトップ校は大半が国立であり、しかも拡大志向が強いため一学年学生数は東大五〇〇〇人、京大三〇〇〇人と大規模であり、選び抜かれた集団とは言えないのが実態であろう。そこで学生たちが成長しているか、満足感を味わっているかよく吟味するべきだろう。このように大学の性格や条件がだいぶ違うので、比較は難しい。

日本の人たちは、東大のことはよく知っていると錯覚しているかもしれないが、実は東大の学生・教職員であっても東大の全体像をよく知らない人が多い。まして一般の人たちの東大のイメージは、学生はひたすら受験勉強をしてきた競争心が強く暗い人物であり、教員も同じ、と思っているかもしれない。しかし私が東大で接した学生・教員（大半が元学生）の多くは、ごく普通のまじめな人たちであり、優れた才能を持ち、持続する努力ができる人たちであった。

東大生産技術研究所の沖大幹教授は、『東大教授』（新潮新書、二〇一四年）の中で、東大教授の仕事と生活に関しその魅力と課題を冷静に書いておられ、参考になる。このような体験に基づく包括的な報告が、アメリカのトップ大学についても書かれるならば、比較の役に立つだろうと思っていたところ、よい本が出ているので紹介したい。

東大東洋文化研究所の佐藤仁教授は、東京大学で教員として一八年間教え、最近の四年間は年の半分を客員教授としてプリンストン大学で教えてきた。その経験を通して見えてきたことがたくさんあり、単純な礼賛や批判ではなく、今後のための報告をしてくれている。

2　何が書いてあるのだろう

米国トップ校の入学者選抜は、学力と人物を総合的に評価する方式であり、筆記試験に基づく学力を唯一の基準にしてきた東大とは大きく異なる。ただし、ハーバードはオールAが平均であり、プリンストンはみなそれぞれの高校の上位一〇％以内である。受験勉強一発で異才が入学できる東大の方が、変人が入りやすい。プリンストンでは、一八〇〇人程度の入学枠に対して三万通の願書が送られてくる。そこでは私学の名門校が有利であり、高校時代を、他人との違いの分かる経歴づくりに努力して課題をこなしていく「優秀なる羊たち」が合格していく。総合的な人物評価が過度な競争にさらされると、かえってチェック漏れがないオールラウンドの似たタイプの学生ばかりを集めることになる。

授業については、東大の学生は授業の出席時間が長く、課題にかける時間が短く、資格試験に準備などの学習時間が長い。これに対しプリンストンの学生は、授業の課題の圧力が大きく、授業の課題文献以外の本を読む時間がない。与えられた課題をこなすことにすべての時間とエネルギーを投入する学生たちに、果たして主体的に学び取っていく態度が身につくだろうか。授業の技術については同僚から学ぶことが多かった。ほとんどの教員が自分の担当科目以外の他の教員の講義にも出席していた。「白熱教室」のようなその場の瞬間の芸にとらわれなくてもよいのではないか。討論重視型の授業と言っても、その前提となる知識の共有ができていなければただの掛け合いになってしまう。

教員の待遇と環境は、教員個人の業績と交渉で決まっていく。それに対して、日本の大学は、基本的な制度が年功序列で設計されていて変わりそうもない。アメリカのように、待遇をめぐる駆け引きが過熱すると、教員個人の利害が優越して、長期的な働きかけを必要とする教育プログラムも不安定なものになってしまう。アメリカではテニュア審査で落とされた教員の訴訟が多発している。むしろ職場の居心地が大切であり、大学の構成員が自分は大切にされているという意識を持てるかどうかが重要である。日本は、年功序列を基本としつつ、国際競争力を維持・強化する道を探るべきだろう。

グローバル化については、日本ではその実態は「英語化」であるが、米国トップ校では、世界との関わりを増すことである。プリンストンの幹部は、アジア諸国の大学からの強烈な追い上げと、研究者や学生の内向き志向に危機感を覚えている。

米国トップ校から学んだ、日本のトップ校の強みを増す指針を五つ挙げてみよう。

一　教員の時間劣化を防ぐため、事務職員の意思決定参加を進める。二　授業の質を向上するために柔軟で統合化された態勢を整える。三　大学の運営における学生の役割を拡大する。四　若手研究者を優遇し、国際的な訓練の機会を増やす。五　「心の開国」でグローバル化を内に取り込む。

3　そうはいっても米英トップ校はかなり優れていることも確かだ

最後に英米のトップ校の教育の強みを分析してみよう。

オックスフォード大学大学院で教育学博士取得後、東京外国語大学教授をしている岡田昭人氏の『オックスフォードの教え方』では、日本人に欠けていてオックスフォードで身につけることができる能力を次のように挙げている。①統率力：自然に人の上に立ち、他の者をリードする力。②創造力：模倣を繰り返し、そこから斬新な発想を生む力。③戦闘力：相手の意思を尊重しながら、結果的に自身の主張を通す力。④分解力：問題解決の近道として問題の所在を分析する力。⑤冒険力：試練や苦難を糧として邁進する力。⑥表顕力：自身を深く印象付ける力。

グローバルカンパニーを経験した後、グローバルリーダーを養成するスクールを主宰している福原正大氏の『世界のトップスクールが実践する考える力の磨き方』（大和書房、二〇一三年）では、①認識を磨く。②国家を理解する。③自由をつかむ。④経済を知る。⑤科学技術・自然観を持つ。これら答えの出ない問題に取り組む力が、ハーバード、オックスフォードなど世界のトップ大学に挑戦するには必要だ。

一八　徳永　誠著『アジアで活躍する！　日本とＡＳＥＡＮの新時代』（イカロス出版株式会社、二〇一七年）

1　あの頃の留学生の仕事は

もう古い話で恐縮だが、今から三〇年ほど前の一九八〇年から八二年にかけて文部省の留学生課で仕事をした当時、私は外国人留学生を何とか増加させたいと、奨学金の増加、宿舎の整備、日本語教育への援助など、様々な施策の充実を図っていた。特に中国政府派遣留学生の受け入れ、そしてそれに続くマレーシア政府派遣留学生の受け入れは大きな政策課題だった。

　中国ではその頃文化大革命が終了し、その間一〇年間に大学がほぼ破壊されてしまったので、中国政府が近代化のために、先進国である欧米そして日本に大量の留学生を派遣する事業が始まった。日本政府もこれに全面協力することになり、私が着任した時には、中国全土から極めて優秀な学部留学生一〇〇人が長春で予備教育を受けていた。私は一月に零下二〇度の中を夜行列車で卒業試験問題を抱えて北京から長春へ行き、修了試験とオリエンテーションを行い、四月には成田、関西、長崎の各空港へ留学生を出迎えに行った。以後中国からの留学生受け入れは円滑に進行し、今日の中国の大発展につながっていると思っている。

　マレーシア政府は当時マハディール首相が、日本に倣ってマレーシアの近代化を実現しようとルックイースト政策を提唱し、大量の留学生をマレーシア政府の派遣で日本に送りたいとの打診があった。まずはマレーシアの高等学校教育のレベルや内容を確認する必要があると判断し、日本政府の調査団が派遣された。私もその一員として現地の高等学校を訪問し、教科書の実状や、実験実習の機器の実態などを確認してきた。その結果、実践的な専門的能力を身につけられる高等専門学校への受け入れが適当であると判断し、国立高等専門学校協会との協力のもと、予備教育も含めた受け入れのシステムを構築した。その後関係者の努力により円滑な受け入れが進められた。この時予算化に成功した高専留学生制度と専修学校留学生制度は今日でも継続している。

あのころの日本はまだ高度成長の勢いがあり、アジアへの協力の意欲は高まっていた。しかし今日、成長への熱い意欲と勢いを持っているのはむしろアジア各国で、停滞気味の日本はアジアへの関心が薄れてきているかのようにみえる。

その後しばらくは東南アジア絡みの仕事とは縁がなかったが、昨年一一月、大学マネジメント研究会の海外大学訪問調査に参加し、実に三五年ぶりにマレーシアを訪問することができた。

久々に目にしたクアラルンプールは今や現代的な大都市にすっかり様変わりし、活力にあふれていた。訪問した大学等でも前向きな話題が多く、日本の社会と大学の停滞が浮き彫りとなり、危機感を強く感じた。

この訪問調査に多大な貢献をしてくれたのがマレーシア政府観光局のマーケティング・マネージャーである徳永誠氏である。大学や高等教育省など政府関係のアポをはじめ旅の手配など、たいへんお世話になった。また視察調査の前後にも講演いただき、それらを通じて彼のマレーシアへの理解と日本の現状に対する危機感を我々も共有することができた。その徳永氏が、「実は今本を書いているのです」と言っていた本が『アジアで活躍する！』であり、徳永氏の思いがぎっしり詰まった熱意あふれる書物となっている。

2　何が書いてあるのだろう

徳永氏は、内向き傾向の昨今の日本の若者の背中を押し、世界、とりわけアジアに目を向ける契機となればと願い本書を上梓されたという。

もちろんマレーシアの文化や高等教育が中心に描かれているが、筆者はもっと広い目でＡＳＥＡＮのなかの日本を意識して、若者に海外に飛び出すよう促している。

その促しの一つが徳永氏自身の半生の記録だ。彼は英語が決して得意な学生ではなかったが、高校生の時、千葉県高校生海外派遣事業に応募して、シンガポール、クアラルンプール、バンコックへの訪問が叶った。この訪問が、それまでの狭い世界観「世界＝欧米」をぶち壊し、東南アジア特有の熱気と喧騒、そして人々の生きるパワーに熱く心惹かれる契機となる。

大学進学後も、当時のレジャーランドと言われた大学教育の風潮への疑念から学びや生き方を模索するなか、高校時のアジアへの思いを呼び覚まし、アジア諸国の海外援助に携わる民間団体の活動に加わる。そして、東南アジアでの研修や国際会議の参加、そこでの世界中の学生たちとの意見交換や交流のなかで、アジアの人々と「共に生きる」意識を深めていく。

大学卒業後は、駐日マレーシア大使館に採用され、長い大使館勤務を経て現在マレーシア観光開発公社東京事務所（後にマレーシア政府観光局）に勤務する徳永氏には、日本国内にいるとなかなか見えてこない世界の実態がみえる。世界経済において日本の地位は確実に低下している。国際社会の中で次世代を担う若者たちの役割はとても大きいのに日本の若者は内向き志向である。この国際競争に日本が生き残るには一人でも多くの若者が世界へ飛び出し、日本を外から見つめ直し世界に通用する人材になってもらいたい。

そういう焦燥からマレーシア政府観光局東京オフィスでは、東日本大震災直後に「ルック・マレーシア・プログラム」を立ち上げ、日本の若者にマレーシアでの研修の機会を提供したところ、日本の大学生達はディベートに慣れておらず、徳永氏は唖然としたという。日本の大学の授業は三〇年前とあまり変わっておらず、旧態依然だったからだ。しかしマレーシア滞在数週間の「英語で学ぶ」体験の後、それをステップにして様々な活動を重ねると、学生達自身が、日本はこのままではまずいと気付き危機感を持ち、成長する学生は多かった。本書ではこうした研修を通じて世界で活躍できる人材に成長した学生達の体験談も多く盛り込まれている。

ではマレーシアの高等教育機関の現在はというと、国立大学二〇校、私立大学六四校、カレッジ四〇〇校以上、イギリス、オーストラリアなどの外国大学のマレーシア分校が一〇校と拡大の途にある。マレーシアは国自体がミックスカルチャーで、マレー系、中国系、インド系の多民族が共生している。こうした環境を逆手にとり、豪州とのツイニング・プログラムやデュアルディグリー制度、学生が大学間を移動できるStudent Mobilityなどの国策が功を奏し、現在世界各国からも一〇万人以上の留学生が学んでおり、ＡＰＵに劣らず、いやそれ以上の「混ぜる教育」、グローバルな教育がなされている。（詳しくは『大学マネジメント』二〇一九年二月号「躍進する東南アジアの大学　ＳＧＰ・ＭＹＳ・ＶＮＭを中心に」を参照）

日本でもようやくSGUや「トビタテ！留学JAPAN」などの政策が具体化しているが、制度が整っても、若者がその気になれなければ意味がなく、徳永氏のような暖かい目線での若者への応援歌は、それこそ若者を「ワクワク」させる好著であろう。

3　激動するアジアの大学改革

この二年間、オーストラリア、台湾、ベトナム、マレーシア、シンガポールの大学を訪問し、その急成長ぶりに驚かされたものだ。北村友人、杉本美紀共編『激動するアジアの大学改革（増補版）』（上智大学出版、二〇一六年）には、上記の国に加えて、中国、韓国、タイ、インドネシア、カンボジア、ラオス、ブータン、インド、スリランカなど、急速に発展している状況が解説されている。これを読むと改めてアジア各国の社会と大学が激変の中にあることが分かる。それに対し日本の大学は、この三〇年間殆ど変わらずに停滞しているのは火を見るより明らかだ。言い換えれば、この三〇年で、日本はアジア諸国に大きく水を空けられたともいえよう。

徳永氏の著書は最後にこう結ばれている。

「少子高齢化と国内の市場縮小が急速に進む中、日本にとって生き残る道は、現在ダイナミックに成長するアジア諸国と一体化する以外にない。そしてそれを担うのは明日の日本を背負う若者たちである。」

三〇余年前、大量に留学生を受け入れるため飛び回った私だが、三〇余年を経た今、徳永氏のいうとおり「日本の若者が一人でも多く海外に飛び立ち育ち、日本をもう一度強く発展させていく原動力になってほしい」と期待してやまない。

Ⅱ　経営を考える

一　神野 直彦 著『「人間国家」への改革　参加保障型の福祉社会をつくる』（NHK出版、二〇一五年）

1　日本社会の将来構想は

日本社会の将来の在り方は、どのように展望できるだろうか。二〇〇九年に民主党政権が誕生した時の「コンクリートから人へ」というスローガンは、時代の変化を象徴して新鮮だったが、むなしく消えてしまった。そのあとの自民党政権では、相変わらず国債を増発しての古い成長路線が続き、私は二〇二〇年の東京オリンピック終了時には大きな失望が生まれるのではないかと心配している。路線転換するべきことは明らかなのに、その方向に向けた議論は深まっていない。

その中で、神野直彦氏の著作は時代の進路を照らしてくれる。私が東京大学の事務局長・理事でいたころ、神野氏は経済学部長だった。学部長との面談に行くと、若いころ日産自動車で人事の仕事を経験したことなど現場の実感を踏まえていろいろお話していただき、取りかかっていた事務職員の人事制度改革の参考となった。

神野氏は、財政学を専門としつつ、日本の社会の将来について次々と著書を発表しており、教育についても考察している。『教育再生の条件　経済学的考察』（岩波書店、二〇〇七年）では、今後の知識社会における教育の在り方について論じている。

今日の教育危機の本質は、「社会の中で生きていく能力を身につけさせること、むしろ、自ら社会を構成する主体となる力を身につけさせること」に失敗している危機だということができる。教育危機は社会の全般的危機の結果であると同時に、社会の全般的危機に帰結する根源的要因でもあり、学校教育の改革だけでは克服できない。

現在、一方では市場経済の原理である競争原理を解き放って、競争社会を実現しようとするシナリオがあるのに対し、他者の成功が自己の成功となる「協力原理」で営まれる領域が強力に機能する「協力社会」を目指すシナリオがある。後者は、歴史の「峠」を「希望と楽観主義」を携えて乗り越えていき、知識社会を築くことでもある。

スウェーデンの取組み例は、「知識社会」の形成は、教育によって可能になることを示している。経済成長と、雇用の確保、社会正義つまり所得の平等な配分という政策課題を同時に実現するのは教育しかない。そして、人間が人間として成長していくプロセスである「学び」こそが、社会の目的として位置付けられる。「学び」は手段ではない。人間は「人的資本」ではない。

知識社会における学校教育の使命は、教育体系への参加保障であり、それは知識社会そのものへの参加保障である。つまり、学校教育は、経済システムにおける労働市場への参加保障であり、社会システムにおける地域社会への参加保障である。社会全体をどのように改革するかというビジョンと結びついていない教育改革には意味がない。教育改革は市場社会を構成する経済、政治、社会という三つのサブシステムの相互関連を再編する改革と結びついた改革でなければならない。

教育機能の一つは、社会の構成員を育成して社会を維持していくことである。もう一つは、社会の構成員を育成して、現状の社会を否定することである。日本の教育再生は、この二つの教育機能を再生することである。工業社会から知識社会へという歴史の大転換期に、現状を否定し、いまだない未来を創造する教育こそ重要となる。

2　何が書いてあるのだろう

続いて神野氏は、『「分かち合い」の経済学』（岩波新書、二〇一〇年）において、スウェーデン語の「オムソーリ」（社会サービス＝悲しみを分かち合い、優しさを分かち合いながら生きている）を引用しつつ、新しい「分かち合い」の時代としての知識社会を描いている。

さらに、『「人間国家」への改革』では、日本社会の将来展望を全面的に描いている。「人間国家」のビジョンを築こうとするならば、工業社会の終焉という課題から教訓を引き出し、「人間国家」の経済システムを展望しておく必要がある。人間が人間に働きかける労働が増加し、人間が主体となっている労働が拡大する。高い人間的能力を必要とする職務が急増し、人間を人間的に使用する知識集約的産業が産業構造の基軸になる。これが知識社会である。「人間国家」の経済システムでは、人間の頭脳や神経系統の能力が要求される。つまり、知識労働と呼ぶべき形態が必要とされる。知識社会のインフラストラクチュアは、教育を基軸とする人間の人間的能力を高めて、その発揮を可能とする人的インフラストラクチュアでなければならない。インフラを物から人へと張り替えなければならない。

そのためには、学校教育以外の社会システムや経済システムにおける教育機能を高め、社会全体として体系的な教育を形成しなければならない。そうした教育体系の基軸として、学校教育も内包的かつ外延的に教育機能を拡大していく必要がある。しかし、「日本の高等教育は、いまだに、成人前かつ就職前の若者の教育に限定されている。そのような体制は一九世紀のものである」（ドラッカー）。知識社会では、学校教育全体でやり直しが利くように設計されていなければならない。

知識社会では、学校教育と労働が有機的に関連付けられ、学校教育と成人教育が体系的に結合されていなければならない。教育と労働の循環が形成される必要がある。また、人間的能力として二つの要素が必要である。一つは、個人的な人間的能力で、もう一つは、その個人的な人間的能力を惜しみなく与えあう人間の絆である。これが社会関係資本である。

市場については社会全体の構成要素の一つにすぎないと位置づけ、社会の構成員の共同意思決定のもとに市場を制御していく「人間国家」への道を歩まなければならない。

３　持続可能な働き方を考える

慶應義塾長の清家篤氏は、労働経済学が専門であり、多忙な公務の間に、『雇用再生』（ＮＨＫ出版、二〇一三年）を著し、雇用の在り方と働き方の全体像を分かりやすく将来展望を含めて書いている。ここでは、終身雇用制度の行方を見てみよう。

新卒一括採用は、制度・慣行として若者と企業双方にメリットの大きいものであり、この慣行を守りながら問題点を修正していくことが望ましい。長期雇用も、従業員の能力を高め、帰属意識を確保する点で従業員と企業双方にメリットがある。もちろん教育訓練は重要である。年功賃金については、止めるのではなく、年齢や勤続年数による賃金の増加分を抑制する方向で、三〇代後半くらいまでは従来と同じような年功賃金で、四〇代後半から賃金カーブをよりフラットにする形が考えられる。

定年退職制度については、平均寿命から一〇年を引いたところを年金支給開始年齢にすると想定し、それに合わせて定年退職制度を考えると、少なくとも六〇歳代後半までは現役で働けるようにし、さらに働く意思と能力のある人は長く働ける「生涯現役」の社会を考えることが必要になってくる。

二　伊賀泰代 著『採用基準』（ダイヤモンド社、二〇一二年）

1　ガラスの天井

二〇一六年一一月八日のアメリカの大統領選挙は、民主党のヒラリー・クリントンが、共和党のドナルド・トランプに敗北した。差はわずかで、選挙人ではトランプが上回っていたけれど、得票数ではクリントンが上回っていた。マスコミの分析では、白人と男性ではトランプが、マイノリティと女性ではクリントンが多かったという。

多くの人が（そして私も）期待していた、ヒラリーこそ「ガラスの天井」を打ち破ってくれるだろうという願いは実現しなかった。翌日のヒラリーの演説は心に残るものだった。「負けることはつらい。でも決して信じることをやめないでください。正しいことのために戦うことは、価値のあることです。やるべき価値のあることなんです。」「私たちは最も高い『ガラスの天井』を打ち破ることはできませんでした。でも、いつか誰かが打ち破るでしょう。その時が、今、私たちが考えている以上に早いことを望みます。」

「ガラスの天井」とは、女性が組織での地位を向上させ、より上位の役職に就こうとしたり意思決定の立場に立とうとしたりするとき、制度としての制約はないけれど、習慣や社会意識などによる暗黙の制約があって実現しないことだ。例えば、私が内閣府の男女共同参画局の審議官だった時、役所の男性幹部の昼言うことと夜言うことは異なっていた。昼の女性幹部もいる場ではみな男女共同参画に賛同するけれど、夜の男性幹部だけの飲み会になると「おまえは女性の幹部登用など本気で言っているんではないだろうな」とからんでくる有力者がいたり、部下の人事で「俺のところは男にしてくれよ、女は話が通じないから」などという発言が聞こえてきたりした。もうだいぶ昔の話だが、今はどうだろうか。もちろん多くの男性は（そして私も）、組織での地位は実力によって決まるべきものと考えているが、そうでない考えの男性もいまだにかなりいるという現実もある。

まして日本は、世界経済フォーラムの二〇一六年の「国際男女格差レポート」では、調査対象の一四四カ国中何と一一一位である。男女の給与差が大きい点や、職場で大事なポジションに女性がついていないことなどが指摘されている。国際ランキングはデータの取り方により変動するけれど、あまりにも低いのはかなりひどい実態を反映しているだろう。一方、上位は北欧諸国が占め、アメリカは四五位である。

アメリカと言えば、女性の活躍が目立ち、大企業の重要なポジションや大学教授や政治家でも女性が活躍している印象があるが、本当のところはどうだろうか。

アメリカのシェリル・サンドバーグは、ハーバード・ビジネス・スクールでＭＢＡを取得、世界銀行の調査アシスタント、マッキンゼーのコンサルタント、財務省首席補佐官などを経てグーグルの副社長、そしてフェイスブックの最高執行責任者（ＣＯＯ）という、輝くような経歴を持って活躍している人である。『フォーブス』の二〇一一年八月号で「世界で最もパワフルな女性一〇〇人」が特集されたとき、ドイツのメルケル首相、アメリカのクリントン国務長官と並んで、第五位にランクされた人でもある。その人が書いた『リーン・イン(一歩踏み出せ)女性、仕事、リーダーへの意欲』(日本経済新聞出版社、二〇一三年）は、さぞさっそうとした仕事の達成の記述かと思うと、そうではない。

結婚は幸せな生活を送る必要条件だと思い込んでいたのに結婚生活の破綻と離婚を経験し、二人の子供の子育てと仕事の両立に悩んだ。女性の直面する障害物の頂点にあるのが「恐れ」である。皆に嫌われる恐れ、世間のネガティブな関心を引く恐れ、力量以上のことを引き受けてしまう恐れ、非難される恐れ、そして、悪い母親、悪い妻、悪い娘になる恐れ、である。女性が力を手にするためには、この内なる障壁を打破しなければならない。

何だ、これでは日本の状態と大差ないではないか。

伊賀泰代氏は、カルフォルニア大学バークレー校ハース・スクール・オブ・ビジネスにてＭＢＡを取得、マッキンゼー・アンド・カンパニー・ジャパンにて、コンサルタントおよび人材育成・採用マネージャーを勤めた方である。同氏の『採用基準』は、特別に女性を取り上げて書かれた本ではないけれど、本気で人材育成や採用をするならば、男だから、女だからという古い固定観念は入る余地はなく、あるべき採用基準通りに判断していけばよい、と読み取れる本である。

２　何が書いてあるのだろう

マッキンゼーの採用基準について、いくつかの誤解がある。ケース面接に関する誤解、「地頭信仰」が招く誤解、分析が得意な人を求めているという誤解、優等生を求めているという誤解、優秀な日本人を求めているという誤解、みんな問題である。

マッキンゼーが求めている人材を一言で表現すれば、「将来グローバルリーダーとして活躍できる人」と言うべきである。既存のやり方を変えるには、強力なリーダーシップが必要とされる。現実に問題を解決するのは、問題解決スキルではなくリーダーシップである。問題解決のステップを一つずつ行動に移していく必要があり、その時に必要になるのがリーダーシップである。他者を巻き込んで現状を変えていこうと思えば、必ずリーダーシップが必要となる。

チームにリーダーは一人いれば良いのではない。本来のリーダーとは、チームの使命を達成するために、必要なことをやる人である。全メンバーがリーダーとしての自覚を持って活動するチームは、一人がリーダー、その他はみんなフォロアーというチームより、明らかに高い成果を出すことができる。

では採用に当たって、どのようにして将来のリーダーを見分けるのか。人はリーダー体験を積むことによってリーダーシップを身につけていく。だから、マッキンゼーをはじめ欧米企業や欧米大学は、入試や面接においてすべての人に過去のリーダーシップ体験を問うているのだ。どこでどのようなリーダーシップを発揮してきたか、その実績を確認しなければならない。

3　不格好でもいい、経営者が実践するリーダーシップ

南場智子氏は、マッキンゼー・アンド・カンパニーに入社してから、ハーバード・ビジネス・スクールでＭＢＡを取得、一九九九年ＤｅＮＡを設立して代表取締役社長に就任、途中から病気療養の夫の看病をしながら代表権のない取締役として活動している方である。

『不格好経営　チームＤｅＮＡの挑戦』（日本経済新聞出版社、二〇一三年）は、それまでマッキンゼーのコンサルタントとして「調子よく」やっていた南場氏が、「そんなに熱っぽく語るなら、自分でやったらどうだ」との一言に動かされ、経営者に転身、右往左往しながら会社の立ち上げの苦労と喜びを味わう様子が書かれている。波乱万丈の南場氏のエネルギーと実行力もすごいが、南場社長の前に次々と現れる個性的な社員たちや周囲から支えてくれる有能な人びとの姿が魅力的だ。これも、社長だけでなく登場人物全員がリーダーシップを発揮している、だから気持ちの良いストーリーなのだ。

三　河合 雅司 著『未来の年表　人口減少日本でこれから起きること』

（講談社現代新書、二〇一七年）

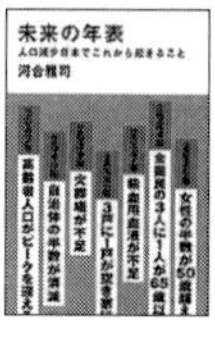

1　人口減少をどう克服するか

二〇一八年二月に、高知市内で大学マネジメント研究会主催の地域交流会ｉｎ高知「地方創生と大学改革」が開催された。会場には一〇〇人を超える大学関係者、行政関係者、一般市民が参加し、熱い講演と議論が行われた。

尾崎正直高知県知事、脇口宏高知大学長の熱心な挨拶の後、基調講演は、ベストセラー『未来の年表』著者である河合雅司氏であり、受田浩之高知大学副学長、中原広元国税庁長官、黒笹慈幾南国生活技術研究所長（元小学館で「釣りバカ日記」を担当、同漫画の主人公浜ちゃんのモデル）その他の諸氏がシンポジウムを行い、最後は、野嶋佐由美高知県立大学学長の挨拶でしめていただいた。

河合氏は、産経新聞社論説委員として人口政策、社会保障政策を専門とする中で、人口減少が日本社会に大きな影響をもたらすことに早くから警鐘を鳴らしてこられた。大学マネジメント研究会においても数年前から講演や原稿執筆をしていただいてきた。私が大正大学勤務となったのち、大正大学地域構想研究所の客員教授もしていただいている。とりわけ注目されたのは『未来の年表』を刊行して、爆発的な売れ行きを示したことである。それまで河合氏は、人口減少の深刻な課題についてなかなか国民の理解が盛り上がらないと嘆いていたが、ご自身のベストセラーによって、多くの国民がこの問題を共有していることを明らかにしたと言える。

とりわけ同氏が関心を持っているのは、大学関係者の理解と行動である。人口減少問題は、人口減少が大学の存続に関わるという面のみならず、人口減少を克服するカギの一つを大学が握っていることにあり、大学関係者が真剣にこの問題を考え行動する必要がある。そして、人口減少問題は、社会保障などの特定の分野だけの問題ではなく、これからの日本国民の生き方、価値観の問題でもあり、それを変える方向で大学は寄与することが要請されるだろう。

2　何が書いてあるのだろう

第一部は、何年に何が起きると大変分かりやすく列挙されていて、インパクトがある。例えば五年ごとに抜粋すると、二〇二〇年には女性の二人に一人が五〇歳以上になる。二〇二五年にはついに東京都も人口減少へ。二〇三〇年には百貨店も銀行も老人ホームも地方から消える。二〇三五年には「未婚大国」が誕生する。二〇四〇年には自治体の半数が消滅の危機に陥り、二〇四五年には東京都民の三人に一人が高齢者に。二〇六五年には外国人が無人の国土を占拠する。

それぞれデータに基づく推計を将来に延長すればそうなるわけで、説得力がある。このままいけば将来はこういうことになるよというあられもない姿を鏡に映してくれたわけだ。これはまさに「静かなる有事」であり、求められている選択肢とは、拡大路線でやってきた従来の成功体験と決別し、戦略的に縮むことである。

今、政府が解決策として進めようとしている「外国人労働者」「ＡＩ」「女性」「高齢者」は決定的な切り札とはなりえない。そこで第二部では、河合氏は、日本を救う一〇の方策を提言している。

以下抜粋すると、①高齢者の年齢区分を変更して高齢者を削減する、②便利な二四時間社会から脱却して不便さを受け入れる、③非居住エリアを明確にする、④中高年の地方移住を促進するため大学版ＣＣＲＣ（Continuing Care Retirement Community）を普及する、⑤第三子以降に一〇〇〇万円給付する、など大変具体的で、大胆な政策展開が必要なことがよく分かる。これは荒唐無稽な未来論ではなく、冷酷な真実の姿なのだから、真剣に向かい合わなければならない。

3　危機克服のための様々な提言

人口減少の危機を論じている書物は数多く出版されているが、現象を追うばかりでなく、科学的な根拠を示して解決のための処方箋を示してくれる書物は少ない。以下、参考となる三冊を見てみよう。

『統計学が最強の学問である』で注目された統計学者の西内敬氏は、『統計学が日本を救う』（中公新書ラクレ、二〇一六年）で、少子高齢化、貧困、経済成長を論じている。

様々な分析により明らかなことは、政府が行うべき少子化対策は、子育て世代への大幅な減税・給付、そして、保育サービスの拡充である。家計が負担する子育てのコストを、税控除や現金給付などを通してゼロに近づけること、保育園などの公的な保育サービスの定員を二歳以下の乳幼児数の五〇％ほど確保することである。貧困対策としては、低所得層の幼児と親への教育を行うことで、非認知能力が向上し、問題行動や学校の中退、犯罪、失業などのリスクが減少し、所得や貯蓄率が向上する。高齢者については、就労率を上げることにより、財政の負担が軽くなり、幸福度も上がって死亡率も低下する。行うべきことは明らかである。

長く東京大学経済学部教授を務めたのち、現在立正大学教授である吉川洋氏は、『人口と日本経済』（中公新書、二〇一六年）で、長寿、イノベーション、経済成長を論じている。

人口減少は大きな問題だが、しかしその一方で、日本経済の成長については「人口減少ペシミズム」が行き過ぎている。これは間違っている。先進国の経済成長は、基本的に労働力人口ではなく、イノベーションによって生み出されるものだからである。経済成長を生み出すイノベーションとしては、新しい財やサービスを生み出す「プロダクト・イノベーション」が最も重要な役割を果たす。経済成長の結果として実現する平均所得の上昇が、新しいモノやサービスの購入を可能とし、平均寿命を延ばすことにつながる。

国連にて開発計画や平和維持軍などの活動に従事し、ゴールドマン・サックス証券などに勤務したのち、現在経済協力開発機構（ＯＥＣＤ）東京センター長を務める、村上由美子氏は、『武器としての人口減社会』（光文社新書、二〇一六年）において、国際比較統計で分かる日本の強さについて論じている。日本の場合、現在の完全雇用に近い労働市場は、オートメーション化を進めるうえで強力な原動力になる。目の前の労働力不足をＩＣＴ－ＡＩ技術を駆使して解決しつつ、人材の配置を見直して最適化するために、生涯学習を促進し、労働力市場の流動化を高めることが必要である。日本人は基礎学力と技能において大変優れており新しい仕事への適応は容易に実現するだろう。

日本は、世界市場で今後成長が見込める分野を見出し、そこに資源を集中的に投入して、日本の競争優位性を量から質へ転換し、知識経済への移行を促す政策が求められている。日本にはまだ、高齢者、ニート、女性など、眠れる人財が豊富に存在するのだから、イノベーションの可能性は大きい。

これらの論を見ていくと、まだまだ前を向いて頑張ろうという元気が湧いてくる。坂本龍馬の町、高知での皆で交わした熱い議論は、けして無駄とはならないだろう。

四　リンダ・グラットン、アンドリュー・スコット　著
池村千秋　訳
『LIFE SHIFT（ライフ・シフト）100年時代の人生戦略』
（東洋経済新報社、二〇一六年）

1　人生一〇〇年時代を迎えて

「ぼくは二十歳だった。それが人の一生でいちばん美しい年齢だなどとだれにも言わせまい。」これはフランスの小説家・哲学者のポール・ニザンが、二六歳の時書いた『アデン・アラビア』の冒頭の一文である。二〇世紀の小説で最も美しい書き出しと言われている。ポール・ニザンは一九〇五年に生まれ、一九四〇年のダンケルクの戦いで短い一生を終えた。

私も一八歳のときにこれを読んで強い印象を受けた。五〇年経った今、ほかの部分は皆忘れてしまったけれど、この書き出しだけは覚えている。青春の何者かへの怒りの瑞々しくも苦しみに満ちた発露であったのだろう。そのころの私も、ニザンのように思い悩み、三〇歳を過ぎて生きている自分の姿など想像できなかった。当時の自分にとって、四〇歳、五〇歳を過ぎた人々はとても老いた姿で、人生の苦しみに耐えているかに見えた。

しかし、自分がニザンの一生のほぼ倍の六八歳になった今、確かに年は取って体はあちらこちら草臥れているけれど、幸い毎日出かける用事はあり、様々なことに興味関心を抱き、まだやりたいことは沢山あるし、美しい女性を見れば素敵だと思う。二〇歳だけが美しい年齢ではないのだ。あと残された時間は一〇年か二〇年かは判らないが、できるだけこの状態は継続し、多少でも世の中の役に立つようにしたいと思う。周りの同年代も、すでに亡き人もおられる一方、多くの人は元気に過ごしており、まだまだ頑張れそうだ。人生一〇〇年時代は確かに目前にある。

少子高齢化とか、人口減少時代とか、物事を暗くとらえればそうかもしれないが、せっかくの人生一〇〇年時代なのだから、できるだけ元気に活気ある状態で過ごしたい。自分個人だけでなく、社会も、多くの人々も元気に満ちていてほしい。

そのためには、それぞれが自分の生き方を変え、会社などの組織の在り方を変え、仕事の在り方を変えていく必要があるだろう。

そのための指針を提供してくれるのが、リンダ・グラットンの近著二冊、『ワーク・シフト』（二〇一二年、原題：THE

SHIFT)、『未来企業』(二〇一四年、原題:THE KEY)、『ライフ・シフト』(二〇一六年、原題:THE 100YEARS LIFE』)であり、仕事の変化、企業の変化、人生の変化を描いている。リンダ・グラットンは、ロンドンビジネススクール教授であり、人材論、組織論の権威である。特に二〇一七年は、安倍内閣の「人生一〇〇年時代構想会議」のメンバーにもなり、書店には『ライフ・シフト』が山積みとなっていた。しかし私は早くからこれらの本に着目し、既に読了していた。まさに一〇〇年の計の指針となるもので、一過性の流行りものに終わらせてはならないだろう。では、その指針を紹介しよう。

2　何が書いてあるのだろう

私たちは今長寿化という途方もない変化の只中にいる。それに対して準備ができている人は殆どいない。その変化は、正しく理解した人には大きな恩恵をもたらす半面、目を背けて準備を怠った人には不幸の種になる。関連して話題に上るのは、病気や衰弱、認知症、医療費の増大、社会保障危機といった暗い話題ばかりだ。しかし将来を見通してしっかり準備すれば、災厄ではなく、恩恵にできるかもしれない。長寿化への対応の核心は、増えた時間をどのように利用し、構成するかという点だ。どのように人生を組み立てるか。二〇世紀には人生を、教育、仕事、引退の三つのステージに分ける考え方が定着した。しかし長寿化は、人々の生き方を大きく変える。それは例えば次のようなことだ。七〇代さらには八〇代まで働く。新しい職種とスキルが登場する。お金の問題がすべてではない。人生は三ステージではなく、マルチステージ化する。変化が当たり前になる。人生の新しいステージが現れる。レクリエーション(消費と娯楽)からリ・クリエーション(投資と再創造)へ。年齢による「一斉行進」が終わる。選択肢を持っておくことの価値が増す。若々しく生きる。家庭と仕事の関係が変わる。新しい生き方を目指す実験が活発となる。人事制度をめぐる戦いが始まる。政府が取り組むべき課題が変わる。

私たちはすでに巨大な社会的実験を進めている。私たちはすでに、新しい生き方を切り開き、様々なタイプの道を歩むようになった。このような多様性は一〇〇年ライフの本質だ。人々が三ステージの人生を脱却してマルチステージの人生を生きるようになれば、人生のさまざまなステージを経験する順序は一様ではなくなる。新しいステージとは例えば、エクスプローラー(探検者)、インデペンデント・プロデューサー(独立生産者)、ポートフォリオ・ワーカー、である。

エクスプローラーは、旅のように動き続けることにより新しい発見と経験をし、それを蓄積して資産として人生の転機を効果的に乗り切っていく。インデペンデント・プロデューサーは、自分の職を生み出す人であり、新しいタイプの起業家になったり、組織に雇われずに独立した立場で生産的な活動に携わったりする。ポートフォリオ・ワーカーは、異なる様々な活動を同時並行で行うステージであり、スキルと人的ネットワークの土台が確立できている人にとって有効な選択肢である。

この人生一〇〇年時代への変革にあたって、自己意識（アイデンティティ）の形成の在り方、教育機関の課題、企業の課題、政府の課題も大きい。特に教育機関は、保守的な産業だが、新しい学習テクノロジーと経験学習を取り入れること、年齢の壁を壊すこと、創造性、独創性、やさしさ、思いやりを教える方法について深く考えること、そして、テクノロジーの進歩に対応するための実践的な専門教育を急速に拡大させることが必要だ。以上が『ライフ・シフト』の提唱である。

3　働き方も変わり、企業も変わる

『ワーク・シフト』では、働き方を変えるためのメッセージが書かれている。「漫然と迎える未来」の暗い現実、①いつも時間に追われ続けている未来、②孤独に苛まれる未来、③新しい貧困層が生まれる未来、が突きつけられる。しかし、「主体的に築く未来」の明るい日々、①みんなの力で大きな仕事をやり遂げる未来、②共感とバランスのある人生を送る未来、③創造的な人生を切り開く未来、が示される。そのため、三つの働き方のシフトが提案される。①ゼネラリストから「連続スペシャリスト」へ、②孤独な競争から「協力して起こすイノベーション」へ、③大量消費から「情熱を傾けられる経験」へ。「仕事と職場は、あなたが生きがいを見つけられる場である可能性が高い。その場を生かすか殺すかは、あなたの勇気と未来感覚次第だ。」

『未来企業』は、世界の多くの先進的企業の責任者や従業員と対話したまとめである。今日の企業は、さまざまに批判されているが、正しい人材が正しく舵を取れば社会の問題に立ち向かうためのイノベーションを見出すうえで鍵となる役割を担うことができる。そのための手掛かりが実例とともに豊富に記述されている。

この三冊はどれも明るい未来への変化への呼びかけで、読んでいると元気が出てくる。が、今日の日本の状況を見ると、最もシフトしてほしいのは、働き方改革を唱える、政治家と官僚と企業幹部であると感じる。まず彼らこそ自分たちの生き方・働き方を変えていくべきではないのだろうか？

Ⅲ　科学を考える

一　馬場錬成 著『大村智　2億人を病魔から守った科学者』（中央公論新社、二〇一二年）

梶田隆章 著『ニュートリノで探る宇宙と素粒子』（平凡社、二〇一五年）

1　まだまだ取れるノーベル賞

一〇月になるとノーベル賞の発表がある。スウェーデンと日本は時差が七時間だから、例年、受賞者へのインタビューは日本時間の深夜に行われる。受賞者も大変だが、所属する大学も、予め可能性のある方の日程を把握し、記者会見を設営し、発表資料や関係方面への連絡の手はずを整えておく必要があり、大変だ。しかし、この苦労は大歓迎だろう。近年、日本人研究者の受賞が続いている。二〇一四年は、中村修二、赤崎勇、天野浩の三氏が「青色発光ダイオードの発明」で物理学賞を受賞、二〇一五年は、大村智氏が生理学・医学賞を、梶田隆章氏が物理学賞を受賞した。いろいろな情報からは、まだまだ有望な研究者が日本にはおり、二〇一六年の発表が楽しみだ。

大村智氏は、北里大学薬学部教授を経て北里研究所所長等を務めた方で、日本学士院会員、文化功労者であり、朝日賞はじめ国内外で数多く受賞している。授賞理由は、「線虫の寄生によって引き起こされる感染症に対する新たな治療法に関する発見」である。アフリカの熱帯地方に広がる寄生虫による感染症で失明に至る疾病の特効薬を発見し、二億人以上に投薬され、疾病の撲滅も間近と言われている。このほか、産学連携にも手腕を発揮し、美術にも造詣が深いなど、話題の多い方である。

梶田隆章氏は、東京大学の宇宙線研究所教授を務め、現在所長である。授賞理由は、「ニュートリノが質量をもつことを示すニュートリノ振動の発見」である。二〇〇二年にノーベル物理学賞を受賞している小柴昌俊氏と共に岐阜県飛騨市神岡町にあるカミオカンデ及びその後継であるスーパーカミオカンデを建設し、ノーベル賞確実と言われながら二〇〇八年に六六歳でがんにより病没した戸塚洋二氏とともに研究を進め、大きな成果を上げた。こちらはエピソードの少ない、地味でまじめな、まさに研究一筋という感じの方である。

お二人の共通点は出身が、大村氏は山梨大学、梶田氏は埼玉大学と、ノーベル賞とあまり縁がなかった大学であることで、このことは、これらの大学もノーベル賞級の人材を生み出せること、出身大学がどうであれその後のキャリア形成で大きな仕事を成し遂げることができることを示している。二人の受賞は、日本の各地の大学の若者に大きな励みとなったであろう。

2　何が書いてあるのだろう

⑴　大村智氏の場合

練達の科学記者である馬場氏が、大村氏から丁寧なヒアリングを重ね、まるで物語を読んでいるような、読みやすい本にまとめてくれたのが、『大村智　二億人を病魔から守った科学者』である。目次を見ると、自然と親しんだ小学生時代、スポーツに明け暮れた青春時代、高校教師から研究者に転身、北里研究所に入所して鍛えられる、アメリカの大学での研究生活、企業から研究費を導入して研究室を運営、エバーメクチンの発見、大村研究所の独立採算性、研究経営に取り組む、活発な研究活動と外国での評価など、話題が次から次へと展開していく。

特に、ノーベル賞につながるエバーメクチンの発見は、静岡県伊東市川名の土中から微生物を分離したものであり、動物実験を繰り返して動物薬として大成功した。これをメルク社が熱帯地方で流行していた人間のオンコセルカ病に応用したところ非常によく効くことが分かり、WHOの投与作戦が世界的に展開され、多くの人を失明などの疾病から救った。大村氏は常に、科学者は人のためになること、世の中のためになることをしなければならないと強調している。

⑵　梶田隆章氏の場合

本書『ニュートリノで探る宇宙と素粒子』は、梶田氏自身が執筆し、ノーベル賞受賞直後に出版された。難解な事象を精一杯分かりやすく書いてあり、自身の研究のことのみならず、いわばニュートリノ宇宙物理学入門とでもいうべき基礎的でまじめな本である。目次を見ると、ミクロの世界に分け入る、素粒子の三つの時代、宇宙線とニュートリノ、太陽でつくられるニュートリノ、超新星爆発とニュートリノ、ニュートリノ質量の発見、宇宙線生成の謎に迫る、太陽ニュートリノ問題の解決、地球ニュートリノの観測、ニュートリノと素粒子と宇宙、これからのニュートリノ研究、となっている。

特に、ノーベル賞につながるのは、ニュートリノ質量の発見である。ニュートリノ振動とは、ニュートリノが飛んでいる間に別の種類のニュートリノに姿を変える現象であり、これにより「質量ゼロ」と考えられてきたニュートリノが質量をもつことが示された。カミオカンデは一九八〇年代にはニュートリノ振動と考えられるデータを示してきたが、十分な数のデータではなかった。巨大なスーパーカミオカンデを建設してデータを蓄積し、筑波の高エネルギー物理学研究所からニュートリノを打ち込む実験を重ねた。さらに、アメリカのフェルミ研究所、ヨーロッパのＣＥＲＮ研究所でもデータが蓄積され、ニュートリノ振動が間違いなく起きていることが認められた。これからもまだまだ重要な発見は続いていきそうだ。

３　研究不正防止も同時に行わなければならない

ノーベル賞が科学研究の輝かしい光の面だとすると、その対極に薄汚れた目をそむけたくなる影の面がある。今や科学界のリーダーである黒木登志夫氏は、近著『研究不正　科学者の捏造、改竄、盗用』（中公新書、二〇一六年）において、研究不正に関して分かりやすく総括的な考察を行っている。前半では、一九一二年のイギリスのビルトダウン人事件から始まり、二〇一四年の日本のＳＴＡＰ細胞事件までの二一の事例を紹介したうえで、捏造、改竄、盗用の様々な手口を分析し、なぜ不正をするのかを考察している。最後に不正の結末として、「なにもいいことはない」ことを様々な事例で示している。

研究不正を防止するためのヒントとして、研究倫理教育は未熟な若い研究者だけの問題ではないこと、研究の「ヒヤリ・ハット」を検討すること、風通しの良い研究室運営をすること、情報の共有化を進めること、研究組織の責任を明らかにし、大学のガバナンスと学問の自由のバランスをとることを提言している。

「それでも不正はなくならない」と黒木氏は悲観的だが、研究の光を追求する努力と、影を防ぐ努力とは表裏一体なのだと私は考える。研究不正を考える専門家も非専門家も共通の常識として読んでおくべき本だろう。

二　西内啓 著『統計学が最強の学問である』（ダイヤモンド社、二〇一三年）

1　事実は何よりも強い

慶應義塾大学医学部に勤務していた時、治験審査委員会の委員をしていた。製薬会社により新しく開発された薬が、有効かつ有害でないものかどうかを審査する委員会である。私はその非専門家委員として、患者の立場で説明資料等が患者に理解できるものになっているかどうかという点などをチェックしていた（外国の製薬会社の資料をそのまま翻訳したような日本語として意味不明な記述がしばしばあり、修正を要求した）。

この治験で活用されていたのが二重盲検法である。新薬を投与される患者群と外見は新薬と同じで効果がないビタミン剤などのプラセボ（模擬薬）を投与される患者群とを分け、患者自身にも医師にも誰がどちらの群か分からないようにして、その結果をデータで把握して比較し、この新薬に本当に効果があるかを調べる方法で、科学的で信頼度の高い方法である。もしこれを製薬会社などに任せたら、データがどのように操作されたか分からないことになり、信頼を失うことになる。

岡山大学教授の津田敏秀の『医学的根拠とは何か』（岩波新書、二〇一三年）には、現代医学の柱は数量化であるとして、「科学的根拠に基づいた医学」（Evidence-Based Medicine＝ＥＢＭ）が一九九二年にアメリカで提唱されたことが書かれている。「統計分析ツールとしてのパソコンやインターネットの発達もあり、世界ではＥＢＭはどんどん普及した。これによって治療成績や診断の正確さが示されるからだ。」「患者から得られた情報を数量化し、一定のルール（疫学方法論）に従って一般法則を得て、それを個々の患者の診療に生かしていくのがＥＢＭだ。」

しかし、日本ではなかなかこの考え方は普及しない。「人間を相手にしない実験医学の研究を内部で手がける一方、臨床で人間を相手にしても、そのデータを科学的に分析できない。医学研究として肝心な作業である数量化と分析は、製薬会社に外注しているのが日本の医学部の実情だ」と手厳しい。このようになっている背景としては、医学部の閉鎖的な体質の影響と、統計学導入の遅れがあるとのことだ。しかし今や現場のパソコンで膨大なデータを活用することが可能となってきており、変化の時を迎えているのだろう。

２　何が書いてあるのだろう

西内啓氏は、一九八一年生まれ、東京大学医学部卒、生物統計学専攻、大学病院医療情報ネットワーク研究センター等を経て各種プロジェクトやコンサルティングに活躍中の方である。一般には地味だと思われている統計学が、実は最強なのだという表題で驚かされるが、読んでみればなるほどその通りとうなずかされる本である。

「なぜ統計学は最強の武器になるのだろうか？その答えを一言で言えば、どんな分野の議論においても、データを集めて分析することで最速で最善の答えを出すことができるからだ。」

原因不明の疫病を防止するための学問を「疫学」と呼ぶが、世界で最初の疫学研究は一九世紀のロンドンでコレラという疫病に対して行われた。様々な人が対策を提案したが効果はなかった。それに対し、ある外科医の提案はシンプルだった。「①コレラで亡くなった人の家を訪れ、話を聞いたり付近の環境をよく観察する。②同じような状況下でコレラにかかった人とかかっていない人の違いを調べる。③仮説が得られたら大規模にデータを集め、コレラの発症・非発症と関連していると考えられる「違い」について、どの程度確からしいか検証する。」答えは二つの水道会社の取水場所の違いであった。

これは、現代医療で最も重要な考え方としてのＥＢＭ（科学的根拠に基づく医療）そのものである。医療を医師の経験と勘（そして度胸）に任せるのではなく、きちんとしたデータとその解析結果、すなわちエビデンスに基づいて適切な判断をするべきだというのが現代の考え方である。

そしてこのエビデンスの重要さは、教育の分野でも、スポーツの分野でも、経営学の分野でも応用されている。ほとんどすべての学問において学者は統計学を使わざるを得ない時代がすでに訪れている。学者以外でも統計リテラシーさえあれば自分の経験と勘以上の何かを自分の人生に生かすことができるようになる。また、ＩＴの進歩により、どんな大量のデータでも、どんな計算でもできる技術ができた今、次の課題は統計解析である。ビッグデータ、ビジネスインテリジェンス、データマイニング等々の言葉が流行し、世界の先端企業が競い合う焦点が統計学の基礎の上にある。

以下本書では、「サンプリングが情報コストを激減させる」、「誤差と因果関係が統計学のキモである」、「ランダム化という最強の武器」などの統計学に関する解説がなされる。

最後に、政治でも行政でも企業でも、様々な政策が行われているが、何が成果を上げたのかよくわからないままになっていることが多い。「現場の実務家や専門家である研究者がその成果を検証せず、彼らの仕事を批判する評論家や政治家がろくに論文も読まず、無責任な意見を述べる。一方彼らの仕事を評価すべき市民側にそうした現状への問題意識がない。これらをひっくるめて「日本全体での統計リテラシー不足」ということができるだろう。」日本全体で繰り広げられるこの不毛な議論を早く終わらせようではないか。

西内氏は、本書のほか、統計学の手法を具体的に解説した『統計学が最強の学問である[実践編]』（ダイヤモンド社、二〇一四年）、経営戦略・人事・マーケティング・オペレーションへの応用を解説した『同[ビジネス編]』（同、二〇一六年）と次々に出版しており、また、サラリーマンの悩みも、サッカーの魅力も、恋愛の科学も著作があり、まさに現代の「最強の統計学者」である。

3　教育にも人事にも応用できる

経験と思いこみによる議論が横行しているのが、教育と人事の分野であろう。両者とも「人間」を扱う特性があることが「データによる分析」を排除するかのごとく受け止められてきた。しかし今や、科学的根拠に基づく教育、あるいは人事、が必要な時代になってきている。そのためには、情報の蓄積と公開が必要である。

慶應義塾大学総合政策学部准教授（労働経済学）の中室牧子氏の『「学力」の経済学』（ディスカヴァー・トゥエンティワン、二〇一五年）は、「子どもをご褒美で釣ってはいけないのか？」「勉強は本当にそんなに大切なのか？」「少人数学級は効果があるのか？」などの基本的な疑問について、エビデンスを持って答えを見ると教育界の常識と異なる結論となることを示してくれる。そして、日本の教育において、最もエビデンスが必要とされているのは、教員の「質」に関するものであり、教育にエビデンスを、と主張している。教育界に積っている数々のタブーを、エビデンスの力で打ち破ってほしいものだ。

もう一つの人事の分野については、福原正大・徳岡晃一郎の『人工知能×ビッグデータが「人事」を変える』（朝日新聞出版、二〇一六年）が参考になる。イノベーションを起こさなければ生き残っていけないこれからの組織は、人事そのものの在り方も人工知能×ビッグデータで変えていかなければならない。この分野もおそらく類書が続々と登場してくるだろう。

三　高梨ゆき子 著『大学病院の奈落』（講談社、二〇一七年）

1　医学部・病院の複雑さ

私は、大学の各分野の中でも医学部・病院とのかかわりが深くて、文部省医学教育課と人事課副長、東京大学理事・事務局長、慶應義塾大学信濃町キャンパス（医学部）事務長として、様々な事案を取り扱い、輝かしい良い面も汚れた悪い面も見てきた。その良い面と悪い面は必ずしも別物ではなく、両者分かちがたく存在していることが特徴であり、奥深く興味深いところであり、数々のドラマが生まれる理由でもある。教育研究の面からも、大学経営の面からも、教職員や学生の在り方の面からも、そして何よりも人々の生と死に関与する面からも、深く考えさせられることが多い。

最近の本では、ジャーナリストの鳥巣徹氏の『医学部』（文春新書、二〇一八年）が、医学部に関する様々な話題を手際よくまとめていて読みやすい。例えば、本来は医師という職業の訓練校である医学部が、圧倒的な偏差値トップを独占している日本の受験は異常である。東京大学医学部が長らく日本の医学界に君臨してきたが、今や全国の医学部が力をつけ、臨床能力重視となり、東京大学医学部の影響力は凋落している。学閥の壁と医局の壁が様々な問題を引き起こしてきたが、今や出身校の序列は崩壊し、学閥よりも実力の時代になりつつある。医学部に入学してもハードな勉強を続けなければならず、安楽な生活が保障されているわけではない。偏差値秀才が集まって、レイプ事件をはじめ様々な事件を起こしているが、これからは「人との接触」を大事にする「親しみやすい人柄」が大切ではないか。いずれももっともな指摘である。

この『医学部』の中でも取り上げられているが、最近の医療事故として、群馬大学医学部付属病院で、二〇一四年に発覚した患者の連続死亡事故が深刻な出来事だった。私は自分の経験でも、深刻な医療事故の理解には、単にそれを引き起こした人が悪かったとか、無能だったとか個人の責に帰すのではなく、背景にある人間関係や方針をめぐる軋轢など表に見えない部分が重要であると考えている。昔医学教育課にいた時、ある大学で問題が起きると、教員の出身大学などが記載されている名鑑を必ず見て状況を理解するようにしていたことを思い出す。

読売新聞医療部記者である高梨ゆき子氏の『大学病院の奈落』は、事件の事実関係を詳細に記述するのみならず、その背景にあるものをとらえようとした好著である。他大学他学部の人も危機管理の参考となるだろう。

2　何が書いてあるだろう

二〇一〇年一二月から二〇一四年六月までに第二外科が行った腹腔鏡下の肝切除の手術後、患者八人が死亡した。この八人は肝臓がんや胆管がんなどの治療のため、肝臓を切除する手術を受けたが、その後二週間から一〇〇日以内の短い期間で、感染症や敗血症、肝不全などを起こして死亡した。この間、第二外科が行った腹腔鏡下の肝切除手術は計一〇三例で、そのほとんどを同じ四〇代の男性医師が執刀していた。手術の前に検査がほとんど行われておらず、カルテの記載が不十分で、インフォームド・コンセントが適切に行われたかどうかも把握できなかった。本来は、保険適用外とみられる手術は、病院の倫理委員会に申請するべきものだったが、その手続きは取られていなかった。手術後に患者が死亡しても、死亡症例検討会が行われた形跡はなかった。何の検証もなく次の手術が行われ、患者の死亡が繰り返されたのだ。そして、事故調査委員会が開かれても、患者の遺族への何らの連絡も説明もされていなかった。病院の管理体制はかなりずさんで、不備が多かった。

群馬大学医学部の外科は第一外科、第二外科と別れ、建前は役割分担していたが実際はそれぞれ同じことをしていた。第一外科は、旧帝大出身者が教授を勤め、第二外科は群馬大学を卒業した生え抜きがトップを勤めており、それに応じてそれぞれ特徴が異なり、仲が悪く、対抗心が強かった。教授選考では怪文書が乱れ飛び、セクハラ事件では処理を巡って軋轢があった。

第二外科の当該男性医師の勤務は多忙を極めていた。彼が来てから、医師数は第一外科より少ないのに、手術件数は第一外科をしのいで急増した。結果として多くの患者が死亡したことは、無理な数の手術を次々に強行したことが招いたひずみで、外科医個人の、診療チームの、病院そのものの能力の限界を超えた診療をしていたことになる。

群馬大学病院が最初に行った院内調査に対しては批判が噴出し、二〇一五年五月には外部委員による調査委員会が設置された。また、第二外科の暴走を許した病院のガバナンスを検証する「改革委員会」が発足した。厚生労働省により、六月から特定機能病院の承認を取り消された。特定機能病院とは、高度な医療を担う医療機関として国に認定されると、診療報酬の優遇措置が受けられるもので、群馬大学は、同じ頃重大な医療事故を起こした東京女子医大と同時に承認が取り消され、経営上の大打撃となった。

調査委員会報告書は二〇一六年七月に発表され、上記のものも含め、数多くの論点が指摘された。また、改革委員会の提言もまとまり、外科講座の一本化をはじめ、ガバナンスの欠如、責任者のリーダーシップ、公明正大な人事システムづくり、旧風土からの脱却が強調された。これを受けて群馬大学では、当該医師を懲戒解雇、上司として監督責任のある教授を諭旨解雇とする処分を行った。

本書の末尾には、調査委員会の一文が引用されている。「『すべては変わった。群大病院の医療は完全に変わった。群大病院の経験によって日本の医療は変容する』となることを祈念してやまない。」しかし、医学部・病院はそう簡単には変わらないことを私は知っている。著者の高梨氏には、ぜひ数年後に変化を検証していただきたいものだ。

3　そして「白い巨塔」は

大阪医大卒業の医師であり作家である久坂部羊氏の『院長選挙』（幻冬舎、二〇一七年）が出版されたので、読んでみた。天大病院の病院長が急死したのちの院長選挙をめぐり、四人の有力教授が争う小説であるが、期待に反して、ストーリーの底が浅く、人物の造形は一面的で私はあまり興味を持てなかった。

医学部・病院を舞台にした小説は、やはり、山崎豊子の『白い巨塔』（新潮社、一九六五〜六九年）が優れている。浪速大学医学部第一外科助教授の財前五郎が、優れた手術の技量と、自信と野望に満ちた行動力により、目的を次々に達成していく。そのためには邪魔な人物は汚い手を使っても排除し、欲しい女は手に入れる。だが、医療事故があり、裁判で患者側に立ったのは親友で病院の良心というべき里見医師だった。数々の困難を乗り越えて教授選考に勝ったが、なんと自分の専門とする胃がんにむしばまれ、死に至る。

この小説で魅力的なのは、悪役であるはずの財前の人物像であり、いつの間にか読者は悪役の財前を応援し、最後には非運を嘆くことになる。もう一人の主役は医学部・病院という巨大組織であり、そこがドラマを生み出す原動力となっている。「白い巨塔」というイメージはもう過去のものかもしれないが、有能な人間を魅了する場であることは変わらない。

四　山極 寿一・鎌田 浩毅 著『ゴリラと学ぶ　家族の起源と人類の未来』（ミネルヴァ書房、二〇一八年）

1　文理融合の人類史が面白い

私は普段テレビを殆ど観ないのだが、最近、NHKで放映している「人類誕生」はたいへん面白く、録画もしている。我々のご先祖、ホモ・サピエンスが、自然の変化や他の人類との競合など様々な危機を知恵と助け合いの力で乗り越えていく経過は、ドラマよりも面白い。人類史は、生物の自然史でもあり、それがいつの間にか人類の文化史になっていく、正に文理融合のテーマである。

当初は、堅い大部の本なのにベストセラーとなったユヴァリ・ノア・ハラリ著の『サピエンス全史　文明の構造と人類の幸福』（河出書房新社、二〇一六年）を取り上げようと思っていたのだが、ダニエル・E・リーバーマン著の『人体六〇〇万年史　科学が明かす進化・健康・疾病』（ハヤカワ文庫、二〇一七年）が、人体の面から人類史を取り上げ現代の様々な問題の根源に迫って面白かったので（この解説を書いていたのが山極寿一氏である）、この二冊を論じようと思った。しかし二〇一八年に入り、山極寿一氏の『ゴリラと学ぶ』が出版され、山極氏のこれまでの歩みと京大総長としての仕事ぶり、そして生々しいゴリラと学ぶ様子とそこから得られる人類の未来まで、大変面白く、今回はこれをメインに取り上げることにした。

山極寿一氏は、一九五二年生まれ、京都大学理学部を卒業し、日本モンキーセンター、京都大学霊長類研究所などを経験したのち、京都大学理学研究科教授となり、理学部長を経て二〇一四年から京都大学総長となった。あわせて国立大学協会会長、日本学術会議会長もしておられる。この経歴だけ見ると、さぞ学術研究と大学行政に長けたやり手のように見えるが、実はジャングルでゴリラの観察をしてそこから様々な発見をしている興味深い方である。本書は、京都大学人間・環境学研究科教授の鎌田浩毅氏との対談であり、お二人の豊かな発想と軽妙な語り口で気楽に読んでいける、しかも内容が深く、読み応えのある本となっている。

２　何が書いてあるのだろう

本書は、山極氏自身の成長を記録した「第一部　ゴリラ学者の成長記録」と、実際にゴリラ学は何をやっているか、そしてそこからわかる人類の進化と未来についての知見を展開する「第二部　霊長類学の世界」の二部構成になっている。

山極氏は、子供時代からわんぱくで演劇や映画に関心を持っていたが、京都大学で人類学の奥深さに惹かれてサル学にのめりこんだ。日本列島を縦断してサルの観察をし、そのデータをコンピュータ化し論文を作成した。コンゴに駐在員で行ったり、犬山市のモンキーセンターでも研究を続け、やがて京都大学の霊長類研究所に採用され、ゴリラとニホンザルの研究を続けて教授となり、国際霊長類学会の会長や理学部長となった。

そのうち京都大学の総長選挙となり、候補者だということになったが、学内では「山極先生を総長にしないでください。日本の霊長類研究への打撃になります」との文書が出回ったりした。候補者が大学に望むことを書けと言われて、学生中心の大学がいい、総長の任期が長すぎるので解任の規定を作ると書いて出したら、総長になってしまった。総長になって、全学体制にしたいと思い、これはと思う人たちに当たった。総長室があると理事との関係が希薄になるので総長室を廃止し、総長と理事が直接やり取りをし、理事が自分で責任をもってできるようにした。東大と京大の総長・執行部が顔合わせした時、東大は発言する前にみんな総長の顔を見るけれど、京大は誰も見ないで自由に話していた。総長車も廃止して自由に動けるようにした。信用しあえるスタッフをそろえるのも戦略のうちだ。京大は省庁とのパイプが細いので、国家公務員として霞が関へ行く人を増やしたい。トップダウンは大嫌いで、ボトムが声を出さなければ何もできない。

ゴリラ研究については、アフリカでは毎日ゴリラを観察し、ゴリラの生態で新しい発見が数多くあった。バッファローに襲われて半日木の上に居たり、接近しすぎてゴリラに噛みつかれ死にそうな目に会ったり危険もあった。だが、ゴリラは凶暴な野獣ではなく、争わないことで種を保存した。

人間はどうか。人類はサバンナに出たときに、生き延びるためには子供をたくさん作るしかなかった。しかし巨大化した脳の成長には時間がかかるので、子育て期間は長い。そのため分担して子供を育てるようになり、人間に社会性が生まれ、共感を高め、食物の配分も行われるようになった。人間の赤ちゃんは泣いて自己主張をし、大人は音声を通して優しく一体化する、それが人間の共感力の源泉であり、社会性の原点である。力を合わせて協力するという共感力で、人間は今日まで社会を築いてきた。今、ネットで孤立する時代となり、それがどうなるかが大問題だ。以上のこうした山極氏の、ゴリラ研究を通した人間理解には共感できる。京大の大学運営が現実にどうなっていくのかとも思うが、ゴリラの生息区域の有様と酷似する（失礼！）自由な京大の組織体制なら、ボトムアップでもいいかなと思えてくるから不思議だ。

3　『サピエンス全史』と『人体六〇〇万年』

『サピエンス全史』（前掲）では、ホモ・サピエンスが、約七万年前に文化を始動させた認知革命、約一万二千年前の農業革命、そしてわずか五〇〇年前に始まった科学革命によって、生物学的な限界を超えて発展する人類の経緯が描かれている。

ホモ・サピエンスが集団の存続に成功したその要因は、現実には存在しないものを想像し、情報を伝達し、非常に多くの人同士が協力し、社会的行動を迅速に革新させることができるようになったことである。古代の狩猟採集時代にはアニミズムが信じられ、動植物や自然現象には意志と感情があり、死者の霊が口をきいたりする。現代でも、想像上の秩序は共同主観的であり、歴史を動かす重大な要因の多くは、法律、貨幣、神々、国民といった、共同主観的な精神に支えられている。これから判るように、ホモ・サピエンスの「歴史」とは、実は精神や文化の発達の道筋なのだ。そして現代はグローバルという統一に向かって人類は進んでいる。その牽引力は、精神や文化とは離れた、金銭と帝国ではないかと懸念する。

『サピエンス全史』が精神と文化が形成する歴史なのに対して、人間の中で最も物質的なものである人体の歴史を解き明かしたのが『人体六〇〇万年史』である。

人類の祖先は、約六〇〇万年前に類人猿から分岐して、直立した二足歩行動物に進化した。その長い狩猟採集生活に適合した人体が作り上げられ、始まってからわずか数千年に過ぎない農耕社会そして産業社会での生活では不適合を生じさせている。人体はいま肥満や内臓疾患など様々な疾病に直面しており、克服には、過去を振り返りながら、未来へ進むことが必要である。本書の巻末にも、「重要なことは身体のミスマッチを考慮して、自らの暮らしを根本から見直す必要がある」と山極氏は解説している。蓋し、ゴリラのように争うことなく、粗食にも甘んじ、二足で、地面を歩いていくことも大事であろう。

五　高橋 真理子 著
『重力波　発見！　新しい天文学の扉を開く黄金のカギ』
（新潮選書、二〇一七年）

1　二〇一七年ノーベル物理学賞は重力波研究に

まもなく二〇一八年のノーベル賞の発表である。昨年のノーベル物理学賞は、重力波研究に対して与えられ、アメリカのマサチューセッツ工科大学およびカリフォルニア工科大学の三人の研究者に授与された。彼らは両大学が共同で運営している重力波望遠鏡ＬＩＧＯ（ライゴ）で、二〇一六年一二月に重力波を検出する成果を上げており、その時からノーベル賞間違いなしと言われていたものだ。

　重力波は、アインシュタインが相対性理論により予言したものの、宇宙の彼方のブラックホールの合体などにより発生し、はるか遠方から光速で移動し、地球に到達する頃は極めて微弱な信号となるので、その検出は困難を極めた。しかし、世界の研究者が協力して精密な測定を行い、二〇一六年の論文は日本人研究者を含む一〇〇〇人の世界の研究者が名を連ねている。ＬＩＧＯは、一辺の長さが四キロに及ぶ測定装置が直行したＬ字型をしており、ワシントン州とルイジアナ州の二か所に同規模の装置を置いて精度を高めている。翌年にはヨーロッパ（イタリア）のＶＩＲＧＯも検出に成功しており、日本のＫＡＧＲＡは近く完成して観測を開始するだろう。まさに、先端科学は世界の研究者が協力して初めて完成するイベントになってきている。

　この五〇年にわたる重力波研究の歩みは、ジャンナ・レヴィン著（田沢恭子、松井信彦訳）『重力波は歌う　アインシュタインの最後の宿題に挑んだ科学者たち』（早川書房、二〇一六年）に詳しく書かれている。ノーベル賞受賞者をはじめその先達となった研究者も含め、個性的な人々が努力を重ね工夫を凝らし、ある時は対立しある時は協力し、目的を達成していく。科学研究がテーマであるが小説のように面白く読むことができる。

　日本では、朝日新聞社で科学部記者、「科学朝日」編集局、編集委員などを経て、現在は科学コーディネータをしている高橋真理子氏が、『重力波発見！』で、古典的な理論から最新研究の状況までをわかりやすくまとめてくれている。

2　何が書いてあるのだろう

天文学とは、宇宙からの情報を読み解く学問である。従来の情報の運搬者は可視光であり、電波、赤外線、X線などの電磁波であったが、重力波は全く別の波である。電磁波が通れない場所を通りぬけることができる、重力波こそ長年開かずの間の扉を開く「黄金のカギ」である。

本書の前半では、物理学つまり空間と時間の捉え方の古典時代から現代に至るまでの変遷が書かれている。アリストテレスにとって、自然は人間の手の届かないところに厳然と存在しており、そこに隠された法則を探り当てるのが学問であった。ニュートンはアリストテレスの世界観を学ぶとともに、あらゆるモノは他のモノを引き付ける力を持つという万有引力の法則を着想した。万有引力とは重力のことであり、物体と物体の間に一瞬で働く遠隔作用である。そして、一様に流れる絶対的な時間といかなる外的事物にも無関係に存続する絶対的空間を考えた。このニュートン力学では重力波は存在しない。

二〇世紀に至ってアインシュタインが時間も空間も相対的なものであり、時間と空間は相即不離であると相対性理論を提唱した。重力とは四次元時空の場、つまり重力場がもたらすものである。この相対性理論の正しさは、太陽の近日点移動の観測により証明された。そして一九一六年の一般相対性理論の論文において、時空のゆがみを伝える波としての重力波の存在を予言した。しかし重力波を検知できるか具体的なアイデアはなく、予言に留まるしかなかった。

やがて二〇世紀後半に至り、アインシュタインの宿題に対する現代物理学者たちの挑戦が始まった。一九六九年にアメリカのウェーバーは、重力波発見の発表をし、時あたかもアポロ宇宙船の月面着陸と並んで、注目を浴びた。しかし、長さ一・六メートルの共鳴バーでは検出は無理であり、間違いと認定されたが、世界の研究者に大きな刺激を与えた。その直後、テイラーとハルスは連星パルサーの発見と観察から、重力波発見と報告したが、そのノーベル賞授賞理由は「重力波研究の新しい可能性を開いた新型パルサーの発見」であった。その後ウェーバーはレーザー干渉方式の観測器を提唱し、これがＬＩＧＯの成功につながる。予算も一千億にのぼり、連邦議会との交渉は難航し、他分野の科学者からも反対があり、研究チームも内紛はあったが、最後は成功にこぎつけた。

日本では、東大の平川幸男（のちの名古屋大学長）が活動していたが停滞気味であったところ、カミオカンデのニュートリノ観測で小柴昌俊がノーベル賞を受賞したことも刺激となり、若い研究者が次々に参入し、大同団結してのプロジェクトとなった。国立天文台の敷地に作ったＴＡＭＡ三〇〇（三〇〇メートルの干渉計）の経験を経て、東大宇宙線研究所が神岡鉱山跡地の地下一〇〇メートルに極低温に冷やした長さ三キロ二方向の真空パイプを設置するＫＡＧＲＡを建設して試運転を開始した。日本国政府の基礎研究軽視の傾向もあり、道行は困難だが、期待は大きい。

３　次は暗黒物質へ

ＬＩＧＯでの研究には日本からも有力な研究者が参加している。微弱な重力波観測の際には、装置の感度が良くなればなるほど様々なノイズをいかに取り除くかが大変重要になる。ＬＩＧＯでノイズハンターとしての名声を高めた東大宇宙線研究所教授の川村静児氏は、『重力波とは何か　アインシュタインが奏でる宇宙からのメロディ』（幻冬舎新書、二〇一六年）で、重力波研究の全般を解説するとともに、特に、ＬＩＧＯでの具体的な仕事や、日本のＫＡＧＲＡの詳細な説明、そして構想中の野心的なプロジェクトである宇宙のスペース重力波アンテナのＤＥＣＩＧＯとダークエネルギー、ダークマターへの挑戦について論じている。

私が東大在任当時、宇宙線研究所長として活躍していた鈴木洋一郎氏は誠実で熱心な研究者であり、カミオカンデを見学に行くときにも案内をしてくれ、ニュートリノのみならず、重力波やダークマターなどについても解説してくれた。その後なかなか予算が思うように伸びないことも心配だったが、宇宙線研究所は高い実績を上げている。鈴木氏の『暗黒物質とは何か　宇宙創成の謎に挑む』（幻冬舎新書、二〇一三年）は、宇宙に残る最大の謎、暗黒物質、暗黒エネルギーの探求の話である。宇宙の組成を分析すると、我々が知っている普通の物質は四・九％でしかなく、六八・三％が暗黒エネルギー、二六・八％が暗黒物質と推定される。神岡鉱山の地下一〇〇〇メートルに設置された検出器ＸＭＡＳＳの活躍を期待している。

Ⅳ　大学マネジメントを考える

一　松本紘　著『改革は実行　私の履歴書』（日本経済新聞出版社、二〇一六年）

1　東大と京大

橘木俊詔氏の『東大ｖｓ京大　その実力を比較する』（祥伝社新書、二〇一六年）を読んでみると、「官僚養成の東大」と「ノーベル賞大学の京大」という言葉が出てくる。これは一昔前の言い方で、いまはちょっと違うのではないかとも思うが、東大と京大が何かというと比較され、良いことも悪いことも日本の大学の代表格として言われることが多いのは事実である。そして今や、東大・京大と言えども橘木氏が指摘するように、大学教育の大衆化の中で、勉強しない学生が結構いて、教員にも研究・教育に不熱心な人がいて、女性教員が少なく、国際化が遅れているという共通の課題を抱えている。国内でどちらが上かなどと言っている間に、世界との比較どころかアジアの中での存在感も低下しているように思われる。

同時に、やはり日本の大学が世界の中で輝きを保つためには、東大と京大が頑張ってもらい、新しい大学のあり方を率先して切り開いていってもらいたいものだ。

私は、学生時代は京大で過ごし、大きな仕事は東大で行ったのでどちらの大学にも愛着を持っている。学生時代は紛争の影響もあり、私はキャンパスの授業には出ていかずに京都のお寺や山野を歩き回っていたのだが、振り返ってみれば実に有意義でぜいたくな時間の使い方で、そのような自由を与えてくれた京大に感謝している。東大では事務局長・理事として法人化を契機に新しい仕事に次々に取組み全国の大学から注目される経験をし、今日に至る大学に関する活動につながっているのはありがたいことである。

どちらの大学も、魅力ある人材と出会えることが楽しみであったが、特に、学長（両大学では総長）ともなるとやはり只者ではなく、強い個性と魅力のある人物がいた。今回は京都大学元総長の松本紘氏の本を中心に取り上げたい。

松本氏は、一九四二年生まれ、京都大学工学部卒業後、工学部助教授、生存圏研究所教授を経て、二〇〇八〜一四年に京都大学総長を務められ、ボトムアップを重んじる京都大学では珍しいリーダーシップ型の総長として活躍された。現在はＳＴＡＰ細胞事件のダメージから立て直し、国立研究開発法人としての飛躍が期待される理化学研究所の理事長である。

専門分野は、宇宙プラズマ物理学・宇宙エネルギー工学であると書いてあるが、私は松本氏の『宇宙太陽光発電所』(ディスカバー・トゥエンティワン、二〇一一年）を大変興味深く読んだ。地球のエネルギー資源はどれも限度がある。地球の生命は太陽光のエネルギーにより進化してきた。無尽蔵と言える太陽光エネルギーを宇宙で太陽光発電し、地上へマイクロ波で送電するという非常にスケールの大きな構想である。

私は二〇一一年三月に、松本総長の依頼で京都大学幹部事務職員研修を行ったことがある。あらかじめ総務担当の塩田理事と品川の東京事務所で意見交換し、当日は、松本総長はじめ理事会メンバーと昼食をとりながら懇談、幹部事務職員への講演と質疑を行い、夕方に若手職員と意見交換会をした。松本総長は熱心に聞いてくれたが、幹部事務職員の中には腕組みをして反感をあらわにしている人がかなりいて、なるほど京大らしく改革は難航するだろうなという感じがした。その松本京大改革はどのように進展したのだろうか。

２　何が書いてあるのだろう

『改革は実行』は、副題に「私の履歴書」とあるとおり、幼少期から若手研究者の頃も興味深いエピソードが満載で面白いのだが、ここでは大学改革に直結する第五、六章「改革は実行」を見てみる。

二〇〇五年に長尾総長のもとで、財務・研究担当理事・副学長となった。研究者としての活動は断念して、本部棟の理事室にずっと詰めた。財務担当として、入出金の情報を迅速に把握して余裕のある資金を支障が出ない範囲で短期運用した。事業の進捗に応じて予算が使えるよう計画的に予算を翌年度に繰り越して使う制度、学内の財源を使った学内貸付制度、物品購入での教員発注制度などを取り入れた。財務実態を分かりやすく解説した財務報告書も作った。京都大学出身の企業幹部らの意見を聴く会も設けた。予算をトップダウンで配分するため、「重点事業アクションプラン」を策定した。山中伸弥教授と協力して、iPS細胞研究所を設立、研究体制を整備し、知的財産権の保護活用のため知財管理会社を設立した。

二〇〇八年一〇月に総長に就任した。管理運営部門を強化するため学部長の抵抗を排して総長室を作った。教養教育の改革のため、教養・共通教育の企画・調整・実施を一元的に行う国際高等教育院を発足させた。入試改革のため、各学部に特色ある入試を検討していただき、二〇一六年度から幅広い学びの積み重ねを評価し、書類、面接、論文などで行う特色ある入試を全学部で実施した。大学院改革のため、新しい大学院「総合生存学館（思修館）」を設置した。最も抵抗が大きかったのが、職員組織の改革である。まず、部局横断的な研究を支援する学際融合教育研究推進センターを設立した。事務組織について、部局別だった事務部門をキャンパス別の共通事務部にした。学部の抵抗はあったが、縦割り学部別よりも横割りキャンパス別の方が合理性があることは明らかであり粘り強く説得した。教員組織について、教員の所属先であり人事をする組織である「学系」と複数の学系を分野に応じて大くくりにする「学域」を設けることを決定した。学部自治を弱める改革への反発は大きかったが、京都大学の生き残りをかけた改革だった。

本書のほぼ二年前に刊行された『京都から大学を変える』（祥伝社新書、二〇一四年）は、いわば総長として「こう変えていく」と宣言した著書であり、緊迫感が伝わってくる現在進行形の書である。併読をお勧めしたい。

3　さて東大では

こうなると東大の動きも知りたい。東大で法人化後、二〇〇五〜〇九年に総長を勤めた小宮山宏氏は、総長のリーダーシップの確立に大変功績のあった方だが、その著書は別途紹介している。小宮山総長の時の総務担当理事であり、二〇〇九〜一五年に総長を勤めた濱田純一氏は、一見温厚な紳士だが、静かなる武闘派と言われ、いったん言い出したら譲らない方である。前著『東京大学　知の森が動く』（東京大学出版会、二〇一一年）に続いて、『東京大学　世界の知の拠点へ』（東京大学出版会、二〇一四年）は、様々な機会に書いた文章と式辞などを集大成したものである。秋季入学の問題提起が有名であるが、これは秋季入学単体で提案されたものではなく、大きな東京大学教育改革、さらには若い世代の市民的エリート改革を目指して考えられたものである。したがってその視野は在任中のみならず、さらに遠くまで見ている。すでに若い世代は、必要な学びと体験を求めて自由にグローバルに動き始めている。大学や制度は早く気がつかないと置いていかれるだろう。

二　五神 真 著『変革を駆動する大学　社会との連携から協創へ』（東京大学出版会、二〇一七年）

1　東大総長の果たすべき役割は

法人化以後、東京大学のみならず国公私立大学の心ある学長は、中長期の目標・ビジョンを作成し公表するようになった。国立大学法人法で作成しなければならない中期目標・計画が、達成しなければペナルティだという誤った使い方をされてしまったため、どの大学も平板で達成可能なことが判りきっている目標ばかり掲げることになり、国立大学が凡庸への道を歩むことになった。その傾向を是正するべく、当時、小宮山宏東京大学総長は、制度上は必須とはされていない「大学独自の目標」を設定し、自分が総長在任中に行う改革をまとめて『東京大学アクション・プラン』として公表したのが最初である。このアクションプランは、学内で半年にわたる議論を経たうえで、かなりチャレンジングな提案をしている。このような目標設定の手法は画期的であり、変革を求める大学が後へ続いたのも当然であろう。後任の濱田純一総長は『行動シナリオ』を作成し、続く二〇一五年に就任した五神真現総長は『ビジョン２０２０』を作成し、目標を明らかにしている。

私は、このような東京大学歴代総長の取組みは、東京大学の改革を促進するのみならず、日本の大学の在り方にインパクトを与える効果があったものと高く評価している。

同時に、高く評価するが故にさらなる期待を述べると、東大総長（あるいは総長経験者）のやるべき仕事は、日本国内にとどまらず、世界の有識者として世界の課題克服への提言をするべきだと考える。今日日本は、少子高齢化や経済の停滞などに悩まされているが、ここで得る知見は貴重であり、それを見極めた有識者の提言は、今後「課題解決先進国」として、大いに世界に知的な貢献ができるであろう。なぜなら、これらは、世界共通の課題となるのは必然だからだ。

試みにマッキンゼー・グローバル・インスティテュートの研究者たちの描く『マッキンゼーが予測する未来』（ダイヤモンド社、二〇一七年）をみてみよう。

未来社会においては、異次元の都市化、加速する技術進化、地球規模の高齢社会、音速光速で強く結びつく世界、この四つの破壊的な力に対し、我々は直観力をリセットしなければならない。特にリーダーたちが思考法や行動を変え、好奇心と学ぶ気持ちを組織の中に埋め込んでいかなければならないと提言している。これらは日本の大学改革でも、そして日本の社会変革でも同様に必要とされていることだと傾聴に値する。

彼らのような世界的視野に立って、東大のみならず、また国公私立を問わず、グローバルな大学をめざす大学の学長は、自らの変革に基づく課題解決の発信を行うべきであろう。それが、日本が世界に存在感を示すのに必要なことであり、組織変革にも功を奏するものと考える。

2　何が書いてあるのだろう

五神氏は、私が東大理事をしていたころはまだ若手の教授であり、同時に総長特任補佐として研究費や研究体制の問題に関心が深く様々な提案をしてくださっていた。一〇年経って総長に就任された以降もその問題意識は持続し、幅を広げている。本書『変革を駆動する大学』は、総長就任二年目にして著されたものであり、過去を回顧するのではなく、未来を展望する内容が主となっている点も好ましい。

序章「知の公共財としての大学」では、世界的視野からこれからの大学の役割を考察し、各国の学長との対話を通して、公共財としての大学を誰がどのようにして支えるのか、これまでのスキームを変えなければならない状況に、世界の多くの大学が直面しているとの認識が示されている。東大一四〇年の歴史で、これから第三の七〇年を迎えるにあたり、七〇年スケールで大学の目指すべき方向を考え、これを大きなムーブメントにしていきたい。本書もその一環であるという。

第一部「学生時代から総長になるまで」は、様々な経験をしながら、常に前向きの問題意識をもってチャレンジしてきた様子が書かれている。

第二部「東京大学総長として」が本書の中心であり、『東京大学ビジョン２０２０』（本書後半に全文掲載）に沿って、東大総長としてなすべきことについて記述している。現在、国の予算が減る中で、国立大学の経営は苦しい状況に立たされているが、経営という視点で大学全体を見渡せば、今ある資金をもっと有効に活用することができる。人類社会の未来をよりよくすることに貢献するためにも、大学から新しい価値を生み出さなければならない。その観点から、「女性の活躍」

「働き方の文化を変える」「国立大学の基盤的経費」「資金の有効活用」「現場の教員人事」「分野横断的研究の進め方」「研究時間の確保」「若手研究者の雇用の安定化」などについて、単なる願望ではなく、実行可能な具体的施策を追及している。

産業界との関係については、企業でできない所を大学が補うという従来の産学連携から、新しい価値創造をするために何をすればいいのか、そのために一緒に議論をする「産学協創」へと進めていかなければならない。そして企業が大学で研究活動をする、そのためのルールや体制を整備し、信頼関係を築く必要があると提言している。

終章では、人類社会は大きく変化しようとしており、これからの社会を駆動する新たなモデルを作るためには、多様な学問を組み合わせていくか、テクノロジーと社会システムをいかに結合させ協調させていくのかという考察が必要であると主張されている。その際の社会全体で目指すべきゴールを共有することが重要であり、二〇一五年に国連が定めたＳＤＧｓが一つの共通目標となりえる。東大では、人類社会をよりよくするために、多くの人と一緒に議論していきたいと締めている。

３　小宮山元総長の『新ビジョン２０５０』

法人化後の二〇〇五年から四年間、東京大学総長を務められた小宮山宏氏は、総長在任当時から「課題解決先進国日本」を標榜され、日本が直面している少子化、エネルギー問題などは、近い将来世界が直面する問題であり、日本が率先して解決の道を示すことにより、世界のトップランナーになれるとの考えを提唱されている。

ご退任後も、三菱総合研究所理事長として、サステナブルで希望のある未来社会を築くため、生活や社会の質を高める「プラチナ社会」を実現するためのイノベーションが必要だとして様々な活動に取り組んでおられる。二〇年前の工学部長当時、半世紀後の「ビジョン２０５０」を描いておられたが、この度その後の推移と新たな考察を加えた『新ビジョン２０５０　地球温暖化、少子高齢化は克服できる』（日経ＢＰ社、二〇一六年）を刊行され、持続する問題意識を示された。二〇五〇年の世界の具体的姿とは、資源自給、自然共生、生涯現役、多様な選択肢、自由な参加を備えたプラチナ社会だという提言は世界に通用するだろう。先日も働き方改革の講演会で元気で分かりやすい「明るい未来」のお話を拝聴した。五神総長も小宮山元総長も、見事に世界の課題解決に向けて未来社会を提言されている。

三　渡辺孝著『私立大学はなぜ危ういのか』（青土社、二〇一七年）

1　Ｘ大最後の理事会

「昨日からの理事会では、四月初から新しく理事に就任した教員系の理事からは、これまで抜本的な経営改革を先送りしてきた理事長や学長等執行部の経営責任を厳しく追及する意見が相次いだ。しかし、Ｘ大に限らず、「大学」という組織は、理事長や学長等役員や教職員の大半が、経営には殆ど経験や知識を持たない「素人集団」だった。大学のこうした特性上、現執行部を糾弾してもあまり意味がないことは、多くの出席者が理解していた。またそうした中でも、彼ら現執行部が何とかひねり出した改革案を、教授会等で悉く反対し廃案に追い込んだのは他ならぬ彼ら新任の理事であった。このため彼らの主張が理事会で共感を得るということにはならなかった。議論の中心は次第に、経営責任の追及よりも、「どうしたら本学の存続が図れるか」という点に移っていった。」「Ｘ大理事会は、前日からの延べ十数時間に及ぶ激論の結果、この日の深夜、ついに翌年度からの学生募集の停止と在学生が卒業する四年後の閉学を決定した。同時にそれまでの間の資金繰りについては、役員・教職員給与の一層のカットを行うほか、校地を売却し、買手との間で賃借契約を締結することで対応することとした。この結果、一〇〇年近い伝統を誇るＸ大は事実上、この日を以て幕を下すこととなった。同大教職員は数年以内には全員が職を失い、卒業生は「母校」を失うこととなったのである。」

この衝撃的な最後の理事会の場面は、渡辺孝氏の近著『私立大学はなぜ危ういのか』の冒頭に描かれている、近未来に起こりえる想定された理事会の模様である。私学経営に責任を持つかなり多くの理事長・学長たちにとっては、自分の大学も数年後はこの場面は現実のものとなるやも知れないと、内心冷やりとする序文から本書は始まる。

渡辺孝氏は東大卒業後、日本銀行勤務を経て、二〇〇一年から文教大学教授、理事、常務理事を歴任したのち、二〇〇九年から同学園理事長、二〇一六年退任。文部科学省学校法人運営調査委員や大学マネジメント研究会の理事も務められ、経済財政に明るい理事長として活躍していたが、突然の理事長退任だった。二〇一七年五月に至り本書が出版され、株式会社私学創研代表取締役に就任されていることが分かったので、さっそく七月一三日に「マネ研サロン」にお招きしてお話を伺った。出席者の関心は文教大学理事長を退職した経緯であったが、ご本人の希望でそこにはあまり触れず、本書の解説を行っていただいたが、当然のことながら随所に私立大学への危機感あふれる講演となった（このマネ研サロンにおける渡辺氏の講演録は、『大学マネジメント』二〇一八年一月号に掲載されているので、詳細を知りたい方は参照されたい。）。

本書は、冒頭の刺激的な序文とは裏腹に、本文は大変冷静で私学経営者の心得るべき知見とち密な経営分析が行われており、大学の責任者の学習の書として最適である。

２　何が書いてあるのだろう

第一部は、「戦後の高等教育政策の変遷と私立大学の軌跡」である。私立学校法が制定され、戦後の高等教育体制の基盤が整備されたのち、拡大期と抑制期を繰り返し、今日の減速期に至っている経過が描かれている。第二部は、「私立大学経営が抱える問題―私大の入学市場需給と経営状況」である。私学の入学者確保状況と文科省の定員管理政策、「学校法人会計」の沿革と仕組み、私大法人の財務状況、私大法人の資産運用について書かれている。二〇三〇年頃の私大経営は小規模大学を中心に危機的状況になることが明らかにされる。第三部は、「私大問題への文科省の対応と今後の展望」である。文科省の立場を熟知している渡邊氏は、文科省の私大問題へのスタンスについては次のように述べている。

私大数・定員数増大や規制緩和は基本的に容認しつつ、あくまで自助努力による解決を前提とする。文科省はガバナンス改革の支援や学校法人運営調査委員や私学事業団による自主的問題解決に向けた指導助言に徹し、問題が解決しない場合は円滑に退場できるよう「退場口」の整備を進める。公的資金投入による救済は行わない。つまり、文科省に過剰に頼ることはできない。

そして、筆者は今後さらに必要となる方策について考える。まず大学数・定員等規模の抑制である。具体的には、今後は大学数や定員規模の増加は認めない。新学部設置等が必要な大学は自学内のスクラップ＆ビルドで賄う。二〇二五年度からは、国公私立大学全体の定員規模を削減していく。並行して情報開示・公表の義務付け強化を行う。さらにガバナンス強化も進めなければならないが、学長の選任方法などは、私学の自主性・自律性との兼ね合いで具体策が難しい。経営困難校への対応については、文科省及び私学事業団の関係部署だけではなく、新たな専門機関を設置するべきであろう。また経営困難校への公的資金の投入の可能性は将来とも低いであろう。

結論としては、大学の生き残りには、それぞれの大学の役員、教職員がどこまで自学の状況を正しく認識できるか、そして一致団結して抜本的な打開策を実行できるかがキーポイントである。それがその大学の「生死」を決めるのであり、真の意味で私学の「自主・自律性」が問われているのだ、と渡邊氏は提言する。

3　危機感を共有する

同じく、定員割れが進み存続が危ぶまれる私立大学について、原因・背景・経過と今後の見通しを描いた『消えゆく限界大学　私立大学定員割れの構造』（白水社、二〇一七年）の著者は、高校教員等を経験してきた小川洋氏である。「限界大学」という造語は、以前からマスコミで使われている過疎化や高齢化が進み、存続が危ぶまれる集落を指す「限界集落」と重なる。「限界大学」という表現は、妙に実感がこもったインパクトを受ける。一八歳人口急増期に安易に設置され、特に短期大学から四年制大学への改組で生まれた大学、経営陣が熱意も知見もなく無策のままである大学は、今まさに限界に近づいている。

一方、総合大学へ飛躍し、計画的キャンパス開発を行ったり、教員組織を刷新したり、地域に根差すようにしたり、努力している大学は生き残る。安直な道に走ることなく、特に経営体制を刷新していく大学が生き残るだろう。

神戸製鋼所で長く活躍し、二松学舎大学の経理部長、常任理事等を務められた野田恒雄氏は、『日本の大学、崩壊か大再編か　財務の視点から見えてくる大学の実態と将来像』（明石書店、二〇一六年）において、日本の大学の経営は企業に比べて「甘い」と言わざるを得ず、特に財務の視点から大学を見る点が決定的に弱いと指摘している。

芝浦工業大学において教員を経て長く常任理事を務められた岡本史紀氏は、『私立大学に何がおこっているのか―「成長」を超えた「発展」か、忍び寄る「破綻」か』（成文堂、二〇一六年）において、私学経営破綻の回避策を具体的に述べ、特に人件費構造改革とそれと一体の教員人事政策について実例をもって記述してくれている。前著『私学の再生経営』（成文堂、二〇一三年）の続編であり、自らの実体験であるので、大変参考になる。

以上、官庁、大学や高校の教員、企業とそれぞれの出身の立場からの大学危機回避論を並べて紹介したが、このように内部の危機感を持つ教職員と外部の有識者・経験者等が、共に知恵を出し合って大学を変えていくことが、限界に近づく「危うい大学」から脱出する希望への近道となるだろう。

四　水戸英則 編著『今、なぜ「大学改革」か？　私立大学の戦略的経営の必要性』（丸善プラネット、二〇一四年）

１　大学改革の進め方

大学改革を進めるためには、様々な仕掛けを工夫する必要がある。その様々な仕掛けを、大学が直面している危機の特性に対応しつつ、理事長・学長の得意とする手法を生かしながら、大学ごとに編み出していかなければならない。一般的にはある程度共通の枠組みはあるけれど、実際に何を優先しどのように取組むかは大学ごとに様々だ。

桜美林大学教授・大正大学特命教授の篠田道夫氏は、『大学マネジメント改革　改革の現場―ミドルのリーダーシップ』（ぎょうせい、二〇一四年）の中で、次のようにまとめている。

まず大学を改革、改善するにはその設計図、マスタープランとしての中期計画の策定が必要である。その実現に向けて、目標と計画に基づくガバナンス、マネジメントの確立が求められる。その際、経営・教学の一体的運営が求められる。中期計画というプランは、カリキュラム改革、授業改革、学生支援、就職支援などに具体化していなくてはならない。

また、単に総合設計図があるだけでなく、組織への浸透を図り、ＰＤＣＡサイクルを回し、実行に移すことが大切である。そのためには企画部門の強化やＩＲによる現場実態の把握や情報分析、構成員への政策の浸透・共有が求められる。方針がどこまで実行されているか、認証評価や内部監査と結合して、内部質保証システムを機能させる必要がある。組織の目標を教職員個々人の目標と結合させて実行を促す教員評価、人事考課制度も有効である。

もう一つの柱に理事長・学長のリーダーシップがある。このため学長室など学長支援組織の強化が必要であり、ミドルのリーダーシップ、教職協働も重要であり、管理運営改革はすべての大学に求められる。計画の推進には財政・人事との結合が不可欠である。ＦＤ、ＳＤなどによって改革を担う人の力量の向上が求められる。

省略してまとめたが、それでもずいぶんやるべきことがある。同書は三〇の大学での実践事例を紹介しており、参考になる。

この一～二年に私が目を通した本の中で、大学の戦略的取組みについてよくまとまっていると思ったのが、『今、なぜ「大学改革」か？』である。著者の水戸英則氏は、日本銀行で長く勤務したのち、二〇〇四年に学校法人二松学舎に入職、二〇一一年理事長に就任した方である。銀行勤務で得た知見を生かしつつ、大学での経験と研さんをきちんと本にまとめた力量と熱意は相当なものと拝察する。

水戸氏ご本人と二松学舎の取組みの様子は、鶴蒔靖夫著『二松学舎大学の挑戦』（ＩＮ通信社、二〇一五年）に詳しいのでそちらに譲り、ここでは、著書のうち、大学の戦略経営の策定と実践に関する内容を紹介したい。

2　何が書いてあるのだろう

第二章「中小規模私立大学の経営改革の必要性」では、大学経営の中に導入していくべき企業経営思想として、ガバナンス、マーケットイン、透明性と情報公開、公共性の四点を挙げている。そしてこれらの観点を、現場の財務運営や人事管理に反映し、さらに国の方針でもある教育改革につなげていく必要がある。

第三章「私立大学の経営戦略と中長期計画」では、中長期計画の策定の実際が、二松学舎の例を示しながら説明される。

第四章「私立大学の経営モデル」では、その中長期計画に基づいて実施された様々な改革の実例が示される。大学教職員の意識改革、大学経営のガバナンスの強化、教育・研究の不断の改革、情報公開と社会的責任、財務改革・中期財務計画の策定、外部評価の活用と、盛りだくさんだが、同時並行に諸改革を進めていくことが重要だ。

第五章「N'2020 Planの策定」では、前述の諸改革をある程度経験した後に、経営の方向性を明確にするために五本の柱からなる一〇年間の長期ビジョンを策定した。その際、ボトムアップで、期間をかけて議論を尽くし、財務のみならず建学の精神や大学を取り巻く諸課題を網羅し、各課題の目標値をできるだけ設けるようにした。①建学の精神に基づく「二松学舎憲章」の制定、②大学、高等学校、中学校における教育内容の質的向上の徹底、③全構成員が参加する「学舎創造」への意識改革、教育・研究の自治概念の尊重、④ガバナンスとコンプライアンスの徹底、⑤情報公開と透明性の確保、ＵＳＲ（大学の社会的責任）の徹底、である。

第六章「アクションプランと進捗管理体制」では、この長期計画を個人レベルまで浸透させるため、全学アクションプランの作成、課別アクションプランの作成、個人評価とのリンク付け、進捗管理を行っている。計画を実行させるためには、関係者への浸透、教職員の育成・意識改革、教職員の日々の行動に落とし込んでいくこと、継続することが重要である。

第一二章「私立大学の今後の方向」では、教員の意識改革について、①学生の七割が不本意入学でありその実態を踏まえて教育方法を変えなければならず、研究重点から教育重点に舵を切る必要性を認識させること、②評価など、教員の世界へ何らかの競争原理の導入が必要であること、③教員に報酬の対価が何であるかを理解させ、教員も社会人としての対応が必要であることを認識させること、とまとめている。

大学関係者が理屈では分かっていてもなかなか実行できないことを、「計画」を武器に徹底していく手法は見事であり、他大学でも応用可能である。

３　ＩＲを武器とした大学改革

佛淵孝夫氏は、人工関節を用いて多数の患者の股関節手術を行っている著名な外科医であり、同時に、佐賀大学病院長の時には管理会計の手法を用いてデータに基づく病院経営で成果を上げ、二〇〇九年一〇月から二〇一五年九月までの佐賀大学長在任時には、ＩＲを用いてデータによる経営と教育研究の改善に努め、業績を上げた方である。

私は二〇一二年二月に佐賀大学職員の研修会で講演とディスカッションを行った際に、佛淵学長と初めてお目にかかり、ＩＲ活用のお話を聞いて感心し、以後様々な機会に佛淵学長の実践を紹介するようにしてきた。その実践記録が『大学版ＩＲの導入と活用の実際』（実業之日本社、二〇一五年）として出版されている。

第一部「大学版ＩＲの導入」では、ＩＲの目的と機能、誰が何からどのようにＩＲデータを作成するのか、ＩＲ室の構成と役割・権限が解説されている。第二部「大学版ＩＲの実際」では、豊富な実際のスライドを示しながら、経営、教学、学術、社会貢献に関する取組みが紹介されている。第三部「大学ＩＲの運用と活用」では、会議への対応、ＩＲデータの学内共有、組織改革への活用などの実施例が紹介されている。

ＩＲについてはこれまで学生のデータ分析を中心としたアメリカ由来の手法が多く論じられているが、佛淵氏は大学経営の観点から、実は学内に埋もれているデータを掘り起こし、結びつけて、見える化し、それを改革の武器として活用できることを示してきた。ＩＲを活用した大学改革の推進の実践例として学ぶべき点が多いと考える。

五　磯田文雄著『教育行政　分かち合う共同体をめざして』（ミネルヴァ書房、二〇一四年）

1　教育課題を全体的にとらえると

文部省において教育行政に携わっていると、マスコミや教育学者や諸団体など様々な立場の人々から、あらゆる教育課題について提言や意見や批判が寄せられてくる。文部省の進める教育行政施策に同調する意見もあれば足りないという意見もあり、多くの場合は反対する意見で、それらの一つ一つに丁寧に回答するように努めても納得が得られることは少なかった。中には頭から文部省の行う政策は悪だと決めつけるような意見もあり、子供があれもこれも欲しいとおねだりするような意見もしばしばみられた。

一方、回答する文部省側も特定の個人の見識で教育行政を行っているわけではなく、各種の審議会で議論を重ね、政党や関係団体からの意見を聞きながら、財務省をはじめ各省と協議を重ねたうえで施策を打ち出すのだから、個人的にはいろいろな理想を持ちながら現段階ではこの施策しかないだろうという思いで対応していくことになる。おまけに、国会答弁は、野党やマスコミに上げ足を取られないように必要最小限のことを簡潔に言うことが多く、およそ相手を説得し、共感させ、論理的にも心情的にも納得を得ると言うには足りないことが多い。

そのため、文部省職員は理想や理念は横においてひたすら官僚答弁的な説明を繰り返し、マスコミや学者からは無能呼ばわりをされ、しかし制度や予算を動かしているのは自分たちだという自負を持ちながら、深夜に至る残業をこなし、酒場での憂さ晴らしを繰り返しているわけだ。

だが、全員がそういう閉塞的な状況にあるわけではない。文部省職員の中にも、仕事を通してあるいは仕事とは別に、教育行政の全体についての学習を重ね、学問的な研究活動を行ったり、データや情報を蓄積して知見を広めたり、個人の思いや理想を書物の形で記述して公表する人も出始めている。

『教育行政』を出版した磯田文雄氏は、私より三年あとの一九七七年に文部省に入省し、初等中等教育局や高等教育局の重要なポストを経験する一方、スタンフォード大学大学院やオーストラリア大使館勤務を経験し、教育行政の全体像を把握し考察するのに適した職務経歴を持っている人である。高等教育局長を経験したのち私の三代あとの東京大学理事を勤め、現在は名古屋大学アジアサテライトキャンパス大学院教授・学院長をしている。

本書を読めば、磯田氏がこれまでの責任ある行政経験を積み重ねるごとに関連して学問的考察を蓄積し、さらに理想の教育の在り方を思い描いてきた上に本書が成り立っていることが分かる。

２　何が書いてあるのだろう

教育行政学の基本的立場として、学問と行政および政治とのあるべき関係は、一定の緊張関係、相互に批判と対話を交換する関係が望ましいと考えられる。

さらに現場と行政との乖離を防ぐためには、教員と行政官のそれぞれの資質、専門性及び行動原理が異なることを前提に、教員及び行政官がそれぞれの長所を生かせるシステム作りを行うことである。

そして行政官は、あくまで公共の利益、社会的な必要性に貢献するものでなければならない。行政官の判断は行政の専門性に基づくものであり、真理は、行政の視点と研究者の視点の間、論理とバランスの間のどこかに存在する。

以下、学習指導要領の改訂や学校週五日制の導入などの具体的な課題を取り上げつつ、過去の歴史との比較、他者（他の学校、諸外国の教育など）との比較をしつつ考察する。

一つの物差しによる評価ではなく多元的な物差しが必要である。市場社会が教育に浸透すると地域社会と家庭の教育力が低下し、学校の教育力も低下する。政府・市場・社会の関係の再構築をしなければならない。

二一世紀型教育行政への移行については、生涯学習体系への移行が求められる。そのためには格差社会と言われる中で教育の機会均等に配慮し、奨学金制度の在り方を考えなければならない。国民国家が揺らぐ中で、地域の再生を図らなければならず、その鍵を握るのは大学である。

未来への課題設定として、人口の変化を踏まえつつ、高等教育の在り方を高等教育計画と規制緩和を通して、初等中等教育を教職員定数と教員養成の改善を通して考察している。

共に生きる力をはぐくむ教育の在り方については、「生きる力」の教育理念を継承し、探求型教育の意義を再確認している。

「生きる力」を育てる教育は、学力観、こども観の転換を迫るものであり、大きな流れは系統主義の教育から経験主義の教育へと一貫している。国際競争と国際協調の中で、多様性が重要となり、共に生きる力を育むことが重要となってくる。そして、「分かち合い」の考えを学校教育に取り入れると、競争と協働の適度なバランスをとるということになる。競争を奨励しつつ、分かち合いの活動を強化することにより、二一世紀の学校づくりは実現する。

断片的な要約となってしまったが、行政官としての立場を堅持しながら理想の教育の在り方を追求する姿勢には、同時代を経験している者として私は共感するところが大きい。

3　大学の系譜を全体としてとらえる

磯田氏の著書が、初中教育行政と高等教育行政と生涯学習行政を全体的にとらえる視点から書かれているのに対し、大学の系譜を全体としてとらえる視点から書かれているのが高橋誠氏の『日本の大学の系譜』（ジアース教育出版社、二〇一五年）である。

高橋氏は一九七九年文部省採用、各局を幅広く経て名古屋大学理事・事務局長を経験し、現在は名古屋外国語大学事務局長である。文部省の仕事を熱心にしていると、ある課題についての資料を集中的かつ系統的に読み解き、まとめていくという経験をすることがある。高橋氏は今回も熱心に仕事をし、有能ぶりを発揮した。

各大学が自校の歴史をどのように描き、それを大学の特色や魅力として発信しているかということが、各大学の経営戦略に直結している。過去を振り返ることは未来への戦略を描くことだ。

このような観点から、東京大学に始まって、大阪、金沢、神戸、山口、東京外国語、大阪府立、愛知の各大学その他、国・公・私立の多数の大学を網羅するだけでなく、戦前の高等中学校、高等学校・専門学校、帝国大学、師範学校から東京大学第二工学部まで詳細に書かれているのは興味深い。

四〇〇頁の大著であるが、「おわりに」によれば、極めて短期間にまとめられた力作である。できれば、これら各大学の系譜を総括して、全体として何が言えるか、そして未来へ向かってどういう方向が見えてくるかを示してもらいたいところだったが、それは次の機会に期待したい。

六　萩原　誠　著『地域と大学　地方創生・地域再生の時代を迎えて』（南方新社、二〇一六年）

1　地域連携は大学の仕事の柱

かつては、大学の仕事は、教育と研究と言われていたが、その後時代の推移とともに産学連携が重視され、そして今や地域連携（地域貢献）が大きな柱となってきている。その背景としては、国立大学では法人化とその後の財政難などにより地域との結びつきの重要さが認識されてきたこと、公立大学ではかつては地域のことを忘れたかのような教育研究が見られたが法人化が進み地域との結びつきが再認識されたこと、私立大学では一八歳人口の減少に伴う危機の打開のため地域との結びつきが重視されていること、などが挙げられる。一方地域の方でも、地方消滅などと危機感が煽られ、それを打開する一つの手がかりとして大学の持つ様々な資源や能力に期待が寄せられている。

しかし、地域と大学がどう結びつきを作り、どのような関係を作っていけば効果が上がるか、いまだ決定的な方法は見出されていない。たぶん、こうすればどこの地域でもどこの大学でもうまくいくという単一の方法はなく、それぞれの地域と大学ごとに工夫して取り組みが行われ、その実績を積み重ねていくことにより次の展開が見えてくるのだろう。

大学側でも、ここ数年「地域」の名をつけた学部や学科が多数つくられている。大正大学でも、二〇一六年四月に「地域創生学部」が創設された。その特徴は、東京にある大学が地方の若者を受け入れ、地域に関する学習を行ったうえで地方に回帰して活躍できるようにするというコンセプトであり、ユニークで各方面の評価は高かった。初年度は学生集めに苦労したが、秋に行った全国七か所の地方でのフィールドワーク八週間（一クォータ）は、地方自治体にも熱心に対応していただき、学生に一人の脱落者もなく、終了後は目を輝かせてプレゼンテーションする成長した姿が見られた。今後の展開が期待される。

大正大学の地域構想研究所では、月刊誌『地域人』を発行し、毎回「佐渡」「黒潮の食文化」「地域の活性化にがんばる高校」などの特集や著名人による連載を行っている。各地域をつなぐコミュニケーションツールであり、ゆくゆくは地域創生学部の教材として活用しようとしている。

公益財団法人日本広報協会では、『月刊広報』を発行しており、この一二年にわたって「地域・大学・広報」の連載を行ってきた。二〇一六年三月には大正大学も取り上げていただいた。

このたびその連載の中から主要な記事を集めて『地域と大学』が出版されたので、見てみよう。筆者の萩原誠氏は、帝人株式会社でマーケティングや広報の仕事をされた後、現在は経営倫理実践研究センター主任研究員であるとともに様々な方面で活躍中の方である。

2　何が書いてあるのだろう

本書は、様々な大学の方々へのインタビューを中心としている。第一章では、地方国立大学の存在価値や存在意義について藤井岩手大学長、山本和歌山大学長、小山山形大学長に聞き、地域を支える公立大学について、木苗静岡県立大学長（公立大学協会会長）、近藤北九州市立大学長（同副会長）に聞き、地域再生の使命と私立大学について、津曲鹿児島国際大学長、大城沖縄国際大学長に聞いている。

そのうえで各地方自治体と大学の取組みについて一一の事例を紹介している。ここでは紙面の関係もあり、特徴のある三大学（地域）を取り上げてみよう。

金沢大学：金沢大学では、棚田で有名な珠洲市小泊で廃校となった小学校校舎を活用して、二〇〇六年から「能登半島里山里海自然学校」を開始した。現在では生物多様性を保全する観点からの大学主導型の地域活性化を目指すプロジェクトとして拡大し進められている。自然学校発足直後から、輪島市、珠洲市、穴水町、能登町と石川県立大学、金沢大学で連携協力協定を締結し、その基盤の上で、能登里山マイスター養成プログラムが展開され、五年間で六二人のマイスターが卒業した。特に地域外からの受講生一四人が卒業後も能登に定住して活動している。今後はさらに学生や海外の人も参加してもらい、能登の地域資源を掘り起こしてビジネスに繋げてもらうことなどを期待している。地域のニーズと大学の研究シーズをマッチングする要がコーディネーターであり、関係する全ての組織や関係者へのコミュニケーション力を発揮していかなければならない。

静岡県立大学：静岡県は、農水産物にも恵まれ、食品関連産業も盛んであり、県は静岡県立大学などの研究機関と行政と食品関連企業が連携して「健康長寿産業日本一」を目指すプロジェクトを展開している。静岡県立大学では、お茶の総合的研究開発を進めるため、「茶学総合研究センター」を設置した。緑茶の機能性と疫学の研究、お茶の総合的知見を有する人材育成などを進めている。しずおか産業創造機構の中に「フーズサイエンスセンター」を開設し、食品関連の研究開発・商品開発などを行っている。食品人材育成のための「総合食品学講座」を開設し、食品に関する体系的な教育プログラムを実施している。さらに、静岡県立大学は、「体の健康、心の健康、地域の健康」を目指したCOC事業を展開しつつある。

山形大学：山形大学エリアキャンパスもがみは、二〇〇四年の開設とともに、校舎のないバーチャル大学として、大学関係者や過疎地の教育関係者の注目を浴びた。山形県の四つの地域の中で、唯一山形大学のない最上地区で、地域の自然や文化を生かしたフィールドワークを学生が行う教育プログラムであり、教員・職員・学生と地域住民が一緒になって取り組むものだった。ちょうど国立大学が法人化された時期でもあり、教職員の意識改革と学内と学外のコミュニケーションの強化という法人化の趣旨も生かしたものだった。このころに山形大学職員として中心的な役割を果たした蜂屋大八金沢大学地域連携推進センター准教授は、従来の連携は大学が地域を利用する連携であったが、これからは地域が大学を活用する連携を作ろうと、山形県最上郡金山町で廃校となった小学校の校舎を利用して「大学環ネットかねやま」を開始した。地域に寄り添う形で大学の研究者が参加する事業であり、そのコーディネートの機能が重要である。

蜂屋氏は、地域と大学の連携事業で成功している事例の共通点は、一つは、地域側が課題の克服意識を明確に持ち、積極的に大学に連携を求めていること、もう一つは、大学が地域を単にフィールドとして利用するにとどまることなく、地域への成果還元を意識していることだ、と語っている。

3　ある地方国立大学長の約束と挑戦

『地域と大学』にも登場する山本前和歌山大学長は、高等教育をどうデザインするかという議論もないままに乱暴な制度改革や財政誘導が行われている現状に対し、地方国立大学を壊死させてはならないとの発言を展開してきた。二〇一五年三月に学長を退任するに当たり、在職中に発表した論考をまとめて『地方国立大学一学長の約束と挑戦』（高文研、二〇一五年）を刊行した。「職業としての学長」のテキストとしても読める好著である。

現在、国立大学協会専務理事として悩める地方国立大学長の相談相手をされていることと思うが、地方国立大学長と行政とのコーディネーターとしてもご活躍されるよう期待している。

七　崎谷 実穂、柳瀬 博一 著、糸井 重里 解説
『混ぜる教育　80カ国の学生が学ぶ立命館アジア太平洋大学APUの秘密』
（日経BP社、二〇一六年）

1　「混ぜる教育」は日本古来の伝統

日本民族の成立過程は、いまだ諸説入り乱れている状態だが、少なくとも人類がアフリカに発生し、ユーラシア大陸を東進して、その一部が日本列島に定住したという点は間違いないだろう。その経路はシベリア、朝鮮半島、中国南部など様々に言われているが、私が重要だと思うのは、時間差をおいて日本列島に棲み着いた様々な集団が、戦争をして殺しあうのではなく（一部はあったかもしれないが）、平和に共存して、混住し、長い年月に単一民族であるかのごとく混じり合ってしまったことだ。次々に渡来する新しい人々を、嫌ったり排除したりするのではなく、歓迎し新文明を積極的に受け入れる点に、私は日本列島の人々の美風を見たい。歴史観には、日本古来のものを尊重する見方と、グローバルな価値観を重視する見方とがあるが、私は、両者を混ぜるところに日本列島の知恵があると思う。

この知恵は、縄文・弥生の古代から、明治の近代まで伝統として続いており、近代以降はそれを促進する「混ぜる教育」の拠点の役割を大学が果たしてきたのだろう。明治時代から大学は文明開化の窓口であり新知識の国内への普及の拠点だった。

私が今日心配しているのは、多くの大学が国際性あるいはグローバル化への対応を掲げているが、それらがどの程度本物なのか、日本人ばかりの教師集団が、日本人ばかりの学生集団に向かって、日本語ばかりで授業を行っているだけで「混ぜる教育」ができるのか、ということだ。できるわけがない。真剣に国際社会に通用する教育を実現しようとするならば、欧米であれアジアであれ、学生自身が外国へ行って教育を受けるか、または、日本において外国人教師や外国人学生が大勢在籍して外国語で教育する大学を作るか、そのどちらかだろう。

しかしそんな大学が日本国内でできるだろうか。この難問に積極果敢にチャレンジし、見事成功を収めた大学が立命館アジア太平洋大学（APU）であり、その全体像をライティングの達人たちが解説した『混ぜる教育』は、読みやすく、面白い。

私自身もこれまでAPUは二回訪問し、APUの元副学長・常務理事の伊藤昭氏からも創設の苦労話を聞かせてい

ただいている。設置の構想に文部省の担当官も半信半疑（むしろ「そんなものできるわけがないでしょう」）だったのも無理はない大胆な提案だった。よくぞ先見の明を持って実現されたと敬意を表したい。

２　何が書いてあるのだろう

最初に掲げられた目標は、「学生の五〇％を外国から」「五〇か国以上から学生を集める」「教員の五〇％を外国人に」という「三つの五〇」であり、この高いハードルを開学時には達成していた。

国内学生と国際学生が一対一の比率で混じり合い、学生寮ＡＰハウスでも分離しないで混じって生活している。入学時には日本語がほとんどできない国際学生と、英語がほとんどできない国内学生の双方を授業で混ぜていく方法を設計し、実行し、改良していった。このため、ほとんどの科目を日本語と英語の二本立てで授業を用意し、教員の半分を外国人にした。先輩学生がＴＡを務め、学生たちが互いに学びあうようにしたり、国内学生・国際学生の混成チームでプレゼンテーションする授業を行ったりした。アクティブラーニングが言われる前に、ＡＰＵでは双方向性の高い学びの場を作ってきた。

ＡＰＵでは、当初の構想段階から教員と職員がタッグを組んで大学の設計から運営、学生の募集・入試から就職支援を行い、卒業後もネットワークを構築し、継続している。教員・職員とも外部から積極的採用を行い、一般企業から転職してきた人がとても多い。開学前から現在まで、海外の高校に教員と職員がチームを組んで学生募集に出かけて行ったことが大きなポイントであり、効果的だった。いい大学を作るという共通目標に立ち、マネジメントを行っていくという立命館大学以来築いてきた教職協働が効果を発揮した。

日本全国と世界各国から集まって来た学生たちは、別府の温泉町の郊外にあるキャンパスで濃密な四年間を過ごし、地元と交流し、別府を第二のホームタウンと呼ぶようになる。大分・別府と世界が混じってきた。

企業はＡＰＵの卒業生を高く評価している。日本人学生は世界を知る者として、国際学生は日本と日本語を知る者として、グローバル化対応が必須となった企業から引っ張りだこである。企業のトップもそれを理解して奨学金の援助を行い、卒業生の就職を受け入れている。企業と大学が混じって、企業のグローバル化を支えている。

私もこのようなＡＰＵの「混ぜる教育」に、日本と日本人の未来を見る思いがする。私がシンガポールで知り合った若い日本人夫妻は、二人ともAPU卒業生であり、数年前までドイツで働き、今はシンガポール、また数年後にはどこかで働いているでしょうというたくましくて、明るい若夫婦だった。こういう日本人も育っているのだ。

3　次は近大かもしれない

元気な大学で共通するのは近大だ。近大の話題がこの頃豊富なので、この機会にまとめておきたい。一つの方向に発展しているというよりも、いろいろな方向に混沌として元気よく展開しており、次は近大の時代のような予感を感じさせる。

林宏樹著の『近大マグロの奇跡　完全養殖成功への32年』（化学同人社、二〇〇八年、現在は新潮文庫）は、近大が実は自然科学系の基礎研究を息長く支えている大学だと気づかせてくれる。不可能と言われていたクロマグロの養殖を、数々の失敗を繰り返しながら成功させる物語は感動的だ。

山下柚実著の『なぜ関西のローカル大学「近大」が、志願者数日本一になったのか』（光文社、二〇一四年）は、近大マグロが大ヒットする一方で、志願者数が日本一となったり、巨大なこぶしが大学の建物を破壊している「近大をぶっ壊す」ポスターで目を引いたり、動きが非常に活発になった様子を描いている。近大何でもありというイメージになりつつある。

かと思うと、西堂行人×TOPs編の『近大はマグロだけじゃない！』（論創社、二〇一六年）は、マグロや産学協同とは関係なく、一八年間演劇の教育を行ってきた筆者が退職にあたって学生とともに思いのたけを語った本であり、近大はこんなこともやってきたのかと幅の広さに驚かされる。

最後は学長の登場である。塩﨑均著の『教えて！学長先生　近大学長「常識破りの大学解体新書」』（中公新書ラクレ、二〇一七年）は、志願者数日本一、マグロ、ド派手な入学式などで注目される近大だが、ベースにあるのは地道な実学教育であり、学生のやる気を高める努力を重ねる姿であることを描いている。著者は大阪大学医学部卒の医師であるが、近畿大学医学部に転じて後、病院長、医学部長を務めたうえで近畿大学長に就任している。ご自身が末期がんを克服した体験を持ち、巨大な近大全体に目配りしつつ、「自分に自信が持てません」などの学生の声にも丁寧に答えている。偏差値・序列にこだわらず、卒業後も社会を豊かにする働きをしながら、幸せに過ごして欲しいと願う姿には好感が持てる。この調子だと、止むことなく泳ぎ回るマグロのように、近大をめぐる本はまだまだ出てきそうだ。

八　神田眞人著『超有識者たちの洞察と示唆 ——強い文教、強い科学技術に向けてⅡ——』（学校経理研究会、二〇一六年）

1　異なる立場との対話が全体像をもたらす

先日、国公私立の大学職員の勉強会で、総括として次のようなことを言った。「他の業界のことはよく知らないが、大学業界の特徴は、学生を取り合う競争関係にあるはずの大学の人たちが、よく集まって一緒に勉強会をし、企業秘密とさえ言える業務のやり方も含めて情報交換していることである。その背景には、善良な人たちが多いということのみならず、大学の仕事が学生を育てるという共通の価値観に立っていること、いわば公共の心を持って行われているということがあるだろう。」

自分自身を振り返ってみても、同じ職場や組織の人々のみならず、異なる立場、異なる職種の人々の対話に多くの示唆を得てきたことを感じている。同時に、そのような建設的な対話が成り立つためには、それぞれの立場を超えて物事をよくしていきたい、そのためには自己主張をある程度我慢することも大切だという共通理解が暗黙のうちに必要だ。それなしで主張をぶつけ合っているのでは何も生まれない。

組織のマネジメントの仕事や行政の仕事は、様々な利害や要望のせめぎ合いを調整し、その中から筋を通しつつ折り合いをつける作業の繰り返しだ。要望の調整だけでは足して二で割る妥協ばかりになりそうだし、筋を通してばかりだと不満が蓄積する。最終的な判断では、何が全体として目指すものであるかということが判断の拠り所となり、それができるためには立場を超えての共通理解の形成が必要だ。

大局的な立場に立つ人は、日ごろから対話の達人となり、異なる立場との対話を繰り返し、様々な意見に耳を傾けている必要がある。その対話の中から、合意形成に必要な共通理解の基盤ができていくだろうし、共有できる全体像がもたらされるだろう。それらの基盤となる価値観には、この社会を少しでもよくしていきたい、そのために自分も役立ちたい、という公共の心があるだろう。

現在金融庁参事官を勤める神田眞人氏は、主計局主計官の時文部科学担当を経験し、文教・科学技術に関する強い思いを発揮され、文部科学省にとっては厳しくもあり頼りにもなる対話相手となってくれた。以後その思いは継続して発揮され、『強い文教、強い科学技術に向けて』（学校経理研究会、二〇一二年）が第一冊目の著書である。さらに雑誌『ファイナンス』に対話編を継続掲載し、このほど二冊目の著書として刊行された。

本書においても神田氏は、文教と科学技術に対する深い思いを持ちつつ、強い公共の心を発揮しながら、相手の言い分を聞きだして傾聴する対話の達人ぶりを発揮している。

2　何が書いてあるのだろう

本書には「超有識者」三〇名との対話と、本や雑誌に収録した四編の論考や座談会の記録が収められている。三〇名の内訳は次の通り（分野のまたがっている人もありおおよその区分である）。

大学関係：鎌田薫（早稲田大学総長）、大沼淳（文化学園理事長）、松本紘（京都大学総長）、里見進（東北大学総長）、潮木守一（名古屋大学名誉教授）、濱口道成（名古屋大学総長）、谷口功（熊本大学学長）、黒田壽二（金沢工業大学総長）、天野郁夫（東京大学名誉教授）

教育関係：陰山英男（大阪府教育委員会委員長）、田村哲夫（渋谷教育学園理事長）

スポーツ関係：山下泰裕（東海大学副学長）

芸術文化関係：秋元康（ＡＫＢ48総合プロデューサー）、松本幸四郎（歌舞伎俳優）、弘兼憲史（漫画家）、牧阿佐美（新国立劇場バレエ研修所長）

科学技術関係：毛利衛（日本科学未来館館長）、飯吉厚夫（中部大学理事長・総長）、佐藤勝彦（自然科学研究機構機構長）、村井純（慶應義塾大学環境情報学部長）、利根川進（理化学研究所脳科学総合研究センター長）

経済界：葛西敬之（ＪＲ東海代表取締役会長）、岡素之（住友商事相談役）、茂木七左衞門（日本芸術文化振興会理事長）、板根正弘（コマツ相談役）、長谷川閑史（武田薬品工業会長）、川村隆（日立製作所相談役）

その他：山岸憲司（日本弁護士連合会会長）、緒方貞子（元国連難民高等弁務官）、荒木光弥（国際開発ジャーナル社代表取締役会長）

名前を見るだけでも錚々たるメンバーであるが、これらの人びとと毎月一度の対話をしてゆくのは大変なことである。それぞれの著書や業績に目を通し、神田氏はただ聴いているのではなく、論点をグイグイと突っ込んでいく。相手もそれに応じて核心の部分は熱弁を振るい、理解を得ようとする。さながら、各有識者の見識のダイジェスト版ができているようだ。私は最初この本を見て、六〇〇頁で四五〇〇円の本なんて売れにくいだろうと思ったのだが、多くの有識者の思考の核心を読むことができる内容の面白さと幅広さから、各大学でぜひ備えておくべきではないかと思った。

3　『論語』を手がかりに

財務省で神田氏より数年先輩の羽深茂樹氏は、現在は内閣府政策統括官（経済社会システム担当）であり、やはり主計局主計官（文部科学担当）を経験している。相手の言い分を丁寧に聞いてくれる温厚な人柄であると同時に、内閣総理大臣秘書官も務めた切れ者である。その羽深氏は実は『論語』の造詣が深く、『論語と「やせ我慢」　日本人にとって公共心とは何か』（ＰＨＰ研究所、二〇一四年）を著している。

災害時や日常生活でも見られるように、日本人は、優しさ、正直さ、ルールを守るまじめさ、勤勉さ、謙虚さなどを自然に身につけている。そのような倫理観、公共心が日本人の間に生まれ育ってきた背景には儒教があり、長年にわたって基本テキストとして読み継がれてきた『論語』がある。『論語』は公共性に関する書ということができる。今後の日本社会で様々な問題はあるが、他者や社会への関心を持ち、自ら汗をかき、あるいはやせ我慢して、「公」を担い、他者や社会との「善きつながり」を作りだそうという「私」があれば、人々の間に新たな共同性の認識が生まれる。

これは、羽深氏が行政経験を通して得た実感であり、羽深氏自身の真情の吐露であろう。

明治以来の日本の経済人の多くも、経済活動を通して公共に資することに高い価値を置いてきた。社是・社則を見ても、製品や商品の生産や販売を通して社会や公共の役に立つことを謳っている企業が多い。明治の財界の巨人である渋沢栄一の著書には『論語と算盤』という本がある。「論語と算盤は一致すべきものである。孔子が切実に道徳を教示せられたのも、その間、経済にも相当の注意を払ってあると思う。」「結局、国を治め民を救うためには道徳が必要であるから、経済と道徳を調和せねばならぬこととなるのである。」これは、今日に至る日本企業精神の真髄であろう。

神田：結構向上したところもある。例えば学長が経営に責任を持つようなガバナンス改革が奏功して責任感や危機感が執行部に強まった。ただ、ガラパゴスに閉じこもって逃げ切ろうとする勢力に邪魔されて疲弊して挫折することもある。一番うまくいっていないのはあらゆる意味での閉鎖性、内向性で、閉じられたところでは競争性がないし、多様性がない。

本間：確かに日本の大学はあまりに閉鎖的だ。ここをどうやって変えていくか、ボディブローのように効くのは可視化すること、見える化だろう。

神田：その通り。

以上の対話からも分かるように、今、大学改革政策は「情報」の開示、可視化に向けて動き出している。

3　『これからは大学広報4領域戦略』（大学マネジメント研究会、二〇一七年）

では、「情報」はどのように透明化するのか。大学マネジメント研究会では、この主眼をもとに、広報、広聴、情報公開、インナー・コミュニケーション研究会を二〇一五～一六年に開催した。毎回、国公私立からこの分野で先進的な取組みをしている大学二～三校に発表していただき、大変興味深い研究会となった。このプロジェクトは、株式会社ＪＳコーポレーション代表取締役社長である米田英一氏の支援によって実現した。氏は、学生時代から広告事業を起業し、今では全国の大学・専門学校・中学・高校・塾などの学生募集を手掛ける企業に成長させた。その企業収益をもって公益に資したいと考え、この活動を支援していただき、この一連の成果が書籍となったのが本書である。本間会長の論文や私も参加した座談会も収録されている。

掲載されている各大学は、いずれの大学も広報等を大学の重要な基本戦略と位置づけ、トップ自ら陣頭指揮を執り、内部から有能な人材を、いない場合は外部から広報経験のある人材を獲得し、教職協働の組織で展開している。

また広報を、四つの機能、①広く正しく知らせる「広報」、②事実に基づき他大学とも比較可能とする「情報公開」、③さらに内部の意思疎通の確保につながる「インナー・コミュニケーション」、④外部のステークホルダーの意見を聞く「広聴」とし、それら四機能を関連させながら広報戦略を練り、真摯に実行している。掲載された各大学の数々の取組み事例に、大いに活況が感じられた。しかし、翻って大学（業界）全体としてみると、「情報開示」は企業に比してまだ初歩的な段階であり、これからが期待されよう。本書は、それに応えるべく、大学関係者の参考になる公益性の高い資料となっている。

一〇　篠田 道夫 著
『大学戦略経営の核心』
『戦略経営111大学事例集』

（いずれも東信堂、二〇一六年）

1　荒れる夜の海を照らす灯台ー大学経営戦略の模索

この十数年、国公私立いずれの大学も荒れた夜の海を航海する船のように様々な困難に揺さぶられ続けている。特に地方中小規模の私立大学の危機的状況は深刻で、定員割れは続出してどのように努力していいのか途方に暮れている大学も多いのではないか。文科省も地盤沈下で力なく、中教審の文章を見てもどうすればいいかよく分からない。結局頼りになるのは自分自身であり、自分の大学の進路は自分で見出すしかないのだろう。その進路を照らす明かりが大学経営戦略であり、この十数年の模索を経てようやく確立されつつある。

篠田道夫氏は、日本福祉大学職員を長く勤め、事務局長、理事を経験された。現在は桜美林大学大学院教授、大正大学特命教授として大学経営人材の育成に当たられるとともに、日本私立大学協会附置私学高等教育研究所や中央教育審議会で活躍中である。精力的に執筆活動を重ねており、二〇一〇年に『大学戦略経営論』（東信堂）を刊行し、大学に戦略経営の考え方が必要であると提唱した。篠田氏の主張は、自身の大学での経験に裏打ちされるとともに、実態調査や多数の地方中小規模私学を訪問し、対話し、分析して見出した考えを理論化している点に特徴があり、地に足の着いた説得力がある。この度前著に続く三五〇頁の大著が二冊刊行された。いずれも大学の現場で苦闘する者の指針となり励ましとなる本であるので紹介したい。

2　断崖の上から進路を俯瞰するー『大学戦略経営の核心』

中長期計画の策定と着実な推進が何よりも必要である。計画は書かれるだけではだめで、実行されなければならない。そのためには達成数値を明確にし、達成状況を点検評価し、次の目標設定に繋げていかなければならない。一〇年単位の長期目標と、数年単位の中期目標、年度目標を連結させて設定する。そして、全学の計画、学部学科の計画、事務局各部各課の計画をリンクさせる。それは教員と職員の個人の目標設定とリンクしていく。このようにしてマネジメントサイクルが回りだす。

戦略的に計画を推進していくためには、トップの優れたリーダーシップがけん引するとともに、現場からの優れた提案が生かされる必要がある。そのためには現場の教員と職員が協力して創造的な提案を作り、トップを支える企画部門がその結節点となって大きな役割を果たす必要がある。トップダウンとボトムアップが両方動き出す。

組織運営、経営改革のため、経営体制や事務局改革に本格的に取り組む必要がある。財政、人事制度、人件費改革など抵抗を排して進めなければならない。そのため、職員を改革の推進者として育成し、先駆的・体系的な職員育成制度を構築し、大学運営に職員の参画を生かし、職員が改革の推進者として活躍する状況を作り出す。

教育改革、質向上については、教学マネジメント体制を構築・強化し、達成目標を明確にして取り組む。徹底したFDと組織・運営改革の断行で教育改革を進める。

学生支援については、徹底した学生成長支援が求められる。入り口から出口までエンロールマネジメントで学生育成を行い、IRを活用し教育の改善に成果を上げる。

学部再編や学部学科の増設など、伝統と革新の両立で改革を進める。全国に通用する強い特色作りに拘り、広報戦略の見直し強化を進める。これらの連続的な改革の積み上げで定員割れを改善・克服し、志願者のV字回復を達成した大学もある。

このように、短い単語を連ねると何やら難しいことをするようだが、一つひとつは我々も取組みたいと願っていることだ。要するに、基本的な取組みを一つ一つ愚直に行っていくこと、それができるかどうかだ。

3　満天の星（他大学の好事例）が進路を照らしてくれる ―『戦略経営111大学事例集』

大学業界では、それぞれの経験や取組みを比較的率直に教えてくれる美風がある。とはいっても、聞き出すためには、聞く方も準備をして問題意識を明確にしておく必要がある。篠田氏は一〇年以上かけて一一一大学を回り、丁寧な聞き取りとデータ収集、要を得たまとめの作成を積み重ねてきた。各大学が危機の時代をどのように乗り越えようとしてきたか、貴重な記録である。大学によって事情は異なり対処も様々で同じものはないが、並べてみるとパターンが見えてくる。良い事例集ができたものだ。

慾を言えば、達成事例が多いが、十分達成できなかったこと、うまくいかなかったことなど、聞きにくい言いにくいことではあるが、もう少しあったらさらに参考になるだろう。

一一　新藤　豊久　著『大学経営とマネジメント』（東信堂、二〇一六年）

1　大学行政管理学会の成果

二〇一六年の大学行政管理学会（ＪＵＡＭ）の定期総会・研究集会は、創設二〇周年にあたり、創設のリーダーで初代会長であり、当時の慶應義塾大学塾監局長であった孫福弘氏を記念して慶應義塾大学を会場として開催された。私は都合により夜の懇親会に参加しただけだったが、会場を埋めた五〇〇人余の熱気は伝わってきた。ＪＵＡＭの設立趣旨は、「プロフェッショナルとしての大学行政管理職員の確立を目指して、まずは『大学行政・管理』の多様な領域を理論的かつ実践的に研究することを通して、全国の大学横断的な『職員』相互の啓発と研鑽を深めるための専門組織」とされている。この二〇年間、大学を取り巻く社会環境は激変し、大学の在り方が問われ続けてきたが、ＪＵＡＭはその役割を十分果たしてきただろうか。

私見では、役割を果たしてきた部分もあるが、物足りない部分もある。全国の大学職員に、力量を高め課題を克服して行くために研鑽を深める努力を重ねる必要があるとの問題意識はかなり普及してきたが、実際に各大学で取組みがなされ成果を上げているかというと物足りない。もとより、それはＪＵＡＭだけに負わせる課題ではなく、広く他の学会や研究会、関連する組織等で努力されなければならず、横の繋がりが形成されることにより取組みはこれからも進化拡大していくだろう。

理論的かつ実践的な研究という点はどうであろうか。大学職員も研究をするのだという自覚を持たせ、様々なグループによる研究活動が行われ、報告書が発表されている。しかし全体としてはまだ学習活動に励んでいるという段階であり、研究成果が積み上がって、新しい知見が次々に展開されるという面では十分ではないと私には見える。そのような状況の中で、力量の優れた人は、論文発表を蓄積し、著書を刊行している。そのひとつが新藤豊久氏の『大学経営とマネジメント』である。

2　何が書いてあるのだろう

新藤氏は、女子美術大学で長く勤務したのち、二〇一五年から実践女子大学学園理事を勤めており、二〇一六年までＪＵＡＭ会長だった方である。本書は、この一〇年ほどの間に『大学行政管理学会誌』『大学マネジメント』『私学経営』

『教育学術新聞』に発表した論考をまとめたものである。

本書は四部構成となっており、第一部は「大学の成果とは何か」である。大学の成果とは、大学の卒業生や自らの教育や研究、事業活動を通して様々な社会の変革を促すことであり、社会を変えることである。ここでは著者がかねてから研究活動で追及してきた大学経営評価指標が紹介されている。大学経営評価指標は、一二の大学使命群に分かれて、現状や達成度を測定するための全体指標のもとに、個別の指標へとブレークダウンされ、体系化されている。この指標は、大学のＰＤＣＡサイクルと結びつき、組織としての評価に役立ち、さらには大学が社会の変革をもたらす力にもつながる。

第二部「大学経営とは何か」では、ＦＤやＳＤを大学変革に繋げるために、ＵＤ（University Development）という概念（言葉）を提起している。現在ＦＤやＳＤが様々に論じられ、取り組まれているが、教職員の能力向上の意味に止まっており、大学改革を導き出すような概念設定がされてこなかった。これからは、大学の諸力を総合した大学力の向上に繋げていくことが重要であり、定型的なＦＤやＳＤでは見えてこない、大学改革に必要な将来的な知見や構想力を培っていく必要がある。

第三部「マネジメントとガバナンス」では、今日、強化されつつあるマネジメントに対するチェックや点検、規律、監督という機能や構造を持つガバナンスが問われているとして、マネジメントとガバナンスの関係を概念整理している。

第四部の「大学職員と経営マインド」では、マネジメントに参加する大学職員の流動化が、大学や組織に異文化の考え方や刺激を与える重要な役割を果たすこと、大学職員個人のマインドと組織のマネジメントが結び付くところに経営マインドが育成されることなどが述べられている。

3　期待されるさらなる展開

本書は、大学の要職にありつつ多忙な業務の中で研究活動を持続してきた新藤氏が、長年にわたる考察の成果を論述したもので大いに参考になり、共感する点も多い。今後の展開についての期待を付言すると、本書では理論中心の記述となっているが、大学経営評価指標やＵＤもすでに取り組んでいる大学があるのだから、その実践の状況と実践の成果について取りまとめていただけないものだろうか。大学職員の研究活動は、現場での実践と結びついて現実を変える力につながっていくという特徴があるのだから、そのモデルを若い職員のためにも示していただきたいと感じた。

一二　大学行政管理学会 大学事務組織研究会 編『大学事務職員の履歴書』（学校経理研究会、二〇一八年）

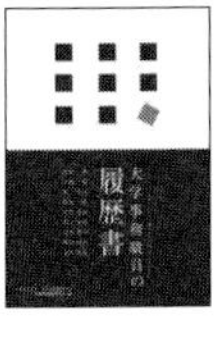

1　大学職員のキャリア形成のポイントは

日本のサラリーマン社会では、ある人がどんな人かは履歴書を見ればわかると言われている。そこで、教員の履歴書を見ると、助教－講師－准教授－教授と階層が少なく、途中で一度か二度ぐらい大学や研究所や学校を異動しているだけの人が多く、経歴だけ見てもどんな人かよくわからない。論文の発表状況や研究費の獲得状況を合わせて理解して、ようやく核心に触れることができる。それに対して、大学事務職員や行政官は、ローテーション人事のもとで異動を繰り返し、本人の実力が向上すると同時に職場の地位も向上していく。

もちろん人によって能力が異なり、ある程度の差はつくけれど、採用試験のもとで基礎能力の平準化がなされるとともに、年功序列の平等主義的な人事によって、給与は同じようにアップしていく。国立大学では上位ポストに行くにしたがってポストの数は減り、上位ポストにたどり着く人は少なくなるのでかなりの差がつく。古い私立では古典的な完全年功賃金がまだ生き残っていて、上位のポストにたどり着いた人もたどり着かなかった人もあまり差がない大学もある。一方、一部の私学では、民間企業的な差が明確に出る給与体系となった大学もある。

そして、給与体系がどうであれ、若いころから仕事を頑張る人とそうでない人がいる。仕事を頑張る人はいろいろ経験し、他人にもその存在を認められ、次にさらに重要な仕事を与えられるチャンスをつかむ。何度もこれを繰り返しているうちに、このような人と、そうでない人の経験や能力の差は歴然としてきて、最終的には高い地位について退職することになる。多くのそのような人は、人格的にも魅力があり、後輩を育てる意欲もあり、職場で尊敬される人となる。

人は、出世欲や高い給与を目指して仕事を頑張るのではない。もちろん仕事に応じた給与は欲しいけれど、大事なことは、やりがいのある仕事、責任のある仕事、組織や仲間を支える仕事、そのような仕事を懸命にやっているうちに、仕事のできる、真のプロフェッショナルとなっていくのだ。

『大学事務職員の履歴書』は、そのような仕事の実績を積み、各大学でも重要な役割を果たし、大学行政管理学会においてファウンダーかつリーダー的役割を担い、研鑽を積んだ九人の方々に、その履歴を自ら書いてもらったものである。それぞれ経歴の節目ごとに、危機的な状況を乗り越えたり、たいへんな努力をしたりしながら、能力を向上させてきた様子がよく分かる。

時代や組織は異なっても、このような経験値や知見を知ることは、今現在、要職に就き大学運営の責任を担う人々にとっても、またこれから活躍する若い人々にとっても、ロールモデルとなり大いに役に立つだろう。目の前でお話を聞いているような読みやすさが特徴である。

2　何が書いてあるのだろう

歴戦の強者九人、年長順に紹介すると、村上義紀氏（早稲田大学）、山本忠士氏（亜細亜大学）、井原徹氏（早稲田大学）、原邦夫氏（慶應義塾大学）、松井寿貢氏（広島修道大学）、福島一政氏（日本福祉大学）、吉田信正氏（法政大学）、小原一郎氏（福岡大学）、横田利久氏（中央大学）、のそれぞれのストーリーが三〇数ページずつ列挙されている。

この九人の入職の経緯から、初任から異動する数々の職場で直面した課題をいかに乗り越えてきたか、長い履歴のなかで、大学職員にとって、なにが大事であるか、どのような考え方（信念といってもいい）をすれば良い方向に導かれるか、等々が示唆されている。

各々大学職員として成功した方々ではあるが、成功体験だけでなく、失敗談も赤裸々に綴られており、行き詰まった折に紐解いても、必ずや励ましを得ることができるであろう。裁判沙汰への経験談も、そうそう滅多に聞ける話ではなく、いざ自分に火の粉がかかったときにはメンタル面での指南書にもなろう。

全員について詳しくその軌跡に触れたいのはやまやまだが、頁数の関係でこの九人の履歴から感じたことを述べてみたい。

彼らは共通して、入職まもなく学生紛争や組合活動に関わり、競合する相手との交渉からネゴシエーション力を、また仲間とのきずな・連帯からコミュニケーション力を培ってきたのではないかと思われる。また、研修や学生時代に留学経験があるか、国際交流業務を通じて、自分の大学以外の世界を知り、それは同時に自らの大学の位置を知ることになる。当然、粘り強く交渉すること、コミュニケーション力はさらに養成されるだろう。そして、現場で起こった課題に逃げずに真摯に取組み、かつ、現場の課題に気づき、自ら、時には仲間とともに課題を解決し、その専門性を磨かれたものと推察される。

こうした彼らの履歴の最後には、これから難しく厳しい時代に向かう大学職員に対して、心構えや方向性など、温かい言葉で綴られており、大いに励まされる良書である。

３　大学職員が学ぶべき原理原則

彼らのような仕事の達人をめざす若い職員はもう少し、原理原則に関する学習を積み重ねなければならない。私が監修する『大学教職員の基礎知識』（学校経理研究会、二〇一八年）には最近、問題集も補足され自学自習もできるようになった。また原理原則を学ぶには、小日向充氏著の『大学の経営管理』（論創社、二〇一七年）がある。小日向氏は、東京経済大学に長く勤務、芝浦工業大学と武蔵野美術大学の役員を経験するとともに、学生サポートセンターを設立し、活躍している方である。本書は、大学の法的基盤、大学の理念と歴史、経営管理の確立、大学の組織運営、一般組織と異なる大学の特性、事務組織と事務職員、経営改革と組織運営の課題の各章からなっている。実務で研鑽を積んでいる者が、あわせて理論的に学習を深めることができる書である。「経験を蓄積し体系化・理論化して、日々生起する事態に対応できるような能力、教員や学生あるいは理事にも論理的に説明し説得できる能力や資質は、一朝一夕にできるものではなく、意識的、計画的に育てていく、あるいは職員個人が学んでいくものであろう。」このように、実務と理論を一致させたい。

関西学院大学の澤谷敏行、関西大学の五藤勝三、甲南大学の川口浩、この三氏による『大学職員のための人材育成のヒント』は、管理職の悩みにこたえることをテーマにした前著（二〇一四年）に続いて、若手の育成に重点を置いた続編が出版された（関西学院大学出版会、二〇一七年）。具体的な問題事例を収集し、分析し、コメントしている、実践的な資料となっている。

大学職員の研究分野は今後も、益々活発に深化する。そのときこそ教員との教職協働は本物になると確信する。

一三　渡辺　恵子 著『国立大学職員の人事システム―管理職への昇進と能力開発―』（東信堂、二〇一八年）

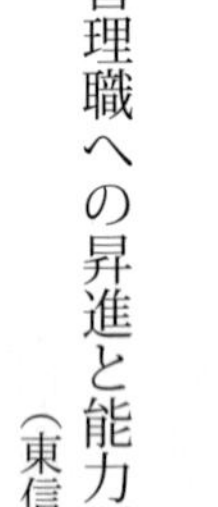

1　人事の実務から

私は一九七四年に文部省採用となり人事課配属となった。次に福岡県教育委員会から文部省に復帰した時も人事課配属となった。いずれも待機ポストだったが、二度目は当時の横瀬人事課長から、「キャリア採用が増加しているが将来の処遇が心配なので検討せよ」とのご下命があった。増加したキャリア組が定年に至るまでどのようなポストで処遇できるかいくつかの仮定を加えてシミュレーションを作成した。課長に提出すると「よくできているが公表すると人心に不安をもたらすので非公開としよう」と受け取ってくれた。実態はほぼシミュレーションのように進んでいった。一九八八年に人事課副長となり、キャリア組の採用と人事を担当した。その作業を通して国立大学幹部職員人事とも係わり、任用班主査としばしば調整を行った。さらに、文部省職員の人材育成方針をまとめようとしたが、未完成に終わったのは残念だった。その後、二〇〇三年に東京大学事務局長となり、翌年の法人化を経て四年間、職員人事を行った。その経験を踏まえ「東大職員の人事・組織・業務の改善プラン」を策定し実行した。これは、人材育成は人事異動や研修などの取組みだけでなく、大学運営を変化させ、その中で職員の在り方をトータルに変えていこうとするものであり、以後一〇数年にわたり全国で講演したり文章を発表したりする活動を行っている。

この度の渡辺氏の著書は、このような私の仕事と活動の全期間と重なり、事実についてはおおよそ知っていたけれど、改めてきちんとしたデータと実証を持って提示され、納得性の高いものとなっており、今後へ向けての多くのヒントを得られた。

2　本書の特色

渡辺氏の本研究では、文部省大臣官房人事課の歴代任用班主査へのインタビュー、国立公文書館収蔵の人事異動上申書、国立学校幹部職員名鑑に掲載された職歴情報、さらには国立学校幹部職員の能力開発についての国立大学事務局長経験者へのインタビューを行い、国立大学事務局幹部職員の昇進構造と職務能力獲得の実態を明らかにしている。

国立大学事務局幹部職員の職務遂行能力は主に仕事上の経験により身につけてきており、そのキャリア形成の重要な機会として文部省における経験があった。国立大学事務職員が幹部職員になるためのファストトラックとして文部省転任制度が活用され、能力形成と昇進構造が形成されている。この本省転任は、昭和三〇年代から転任試験に制度化されて実施されてきた。文部省で働く職員は、一部のキャリア以外は大半がこの転任試験を経て登用されたノンキャリアである。私は彼らの士気と能力が文部行政を支えてきたと思っている。そしてその転任組の大半は四〇代までに国立大学の幹部職員（課長級）として活躍し、そのまま国立大学で活躍する職員もいれば、いったん本省課長補佐級に登用され、最終的には国立大学事務局長等に登用される人もいる。

国立大学事務局採用者を本省に転任させる仕組みは、早い時期で将来の管理職候補を選抜して幅広い仕事上の経験を積ませ能力を身につけさせるという点で、本人の動機付けになるとともに国立大学の組織力向上にもつながり、文部省側も優秀な若手職員の確保ができるという仕組みとして機能してきた。

法人化後、本省転任は、文科省が国立大学法人から人事交流により職員を採用する仕組みとなった。国立大学職員の人事権は学長が持ち、幹部職員への道も、従来の文科省を経験するコースの他、学内で選考され幹部職員となるコース、各ブロックで選考され幹部職員になるコース等ができ、多様化してきた。文科省経験者は全国的な情報や企画調整力が強く、学内登用者は学内事情に精通している等それぞれの能力を見極めて登用すればよい。一方、過酷な職務実態から本省転任希望者も減っており、本省採用Ⅱ種職員が増加している。これからの時代に文部科学省と国立大学それぞれの職員の在り方を展望する必要があるだろう。

３　今後への課題

私は、本書で解明された転任制度など文科省と国立大学との人事交流制度が、双方の幹部職員の人材養成に大きな働きをすることは今後も変わらないと考えている。同時に、国立大学も大学としての人材養成を確立していくべきである。従来も多数の事務長などは学内登用されていたわけで、多様なルートで多様な職員を養成確保する必要は増している。

文科省は、いわば国立大学幹部職員の育成システムとしての役割を発揮し続けるべきであり、そのためにも文科省自身そして各国立大学の人材育成の在り方を改善すべきと思う。渡辺氏は、文科省も、国立大学も経験しており、この課題を学術的に解明すると同時に実践的な提言ができる立場にあると拝察する。今後のさらなる展開を期待したい。

一四　三浦 春政 著『問題ある教職員・学生への対応とメンタルヘルス』（学校経理研究会、二〇一六年）

1　誰もが危険な旅路を歩んでいる

思えば長い人生で、数々の犠牲者を見てきたものだ。私の親しい友人で、高校時代優秀で前途有望とみられていた好青年が、しばらく大学生活で姿を見かけないうちに見る影もなく荒廃し、閉じこもり、病んでしまった姿があった。職場で採用時は好感度が高く、幹部たちから「彼を自分の課に配属させてほしい」と要望されていた職員が、やがて皆から嫌われ、困った人だと言われ、姿を消していったこともある。人生航路も職場の進路も、とがった岩や落とし穴や、本人の内面から発する暗い空洞が至る所に待ち構えているようだ。多くの人は口に出さないが、傷つき悩みながらその危険な旅路を歩んでいることだろう。私もその一人だ。幸い致命傷は負わずにきたが、その危険を乗り越えるため何かを断念したり、不本意なふるまいをしたり、残念な経験を重ねてきている。その経験を通して、危険をすり抜ける知恵は発達してきたらしい。

一方、人を傷つける人もいる。有能なのだが人に引っ掛かり、攻撃的になる人がいて、ましてそのような人が管理職の場合は部下が皆病気になりそうなほど苦しむことになる。よく見ていけば、人を傷つける人の多くは、傷つけられやすい人たちだ。

そして組織の問題がある。組織が目標を見失って迷走していると組織内の人間関係の病理が出てくる。目標達成のプレッシャーが過剰にかけられる組織もまた危ない。私の見るところでは、大学の組織の多くは昔ながらの村社会の体質を残しており、組織の病理が特定の人に集中してストレスとして表れてくる傾向があるのではないかと感じられる。教職員が口では合理的なことや人にやさしいことを主張しながら、本音の人間関係では封建性を残していることは何度も経験している。

このように、メンタルヘルスに苦しむ教職員・学生と接するとき、問題が複雑に錯綜していることが多い。

メンタルヘルスに関する書物は多いが、医者や心理学者などの専門家が書いた本の多くは、当事者の保護を大切に考え、仕事を軽減したり職場側が辛抱強く見守ったりすることを強調している。しかし、実際に組織運営や人事管理をしている立場からは、そういう専門家の意見は実際には適用できない空論のように聞こえてしまうことが多い。逆に、性急に職場から排除しようとするのも人権保護や終身雇用法制のもとでは問題だ。結局は解決策がないまま、他への悪影響がより少ないポジションに配置替えしたり、そのような人同士の人事異動を繰り返したりして定年退職を待っているのが現実だろう。

文部省と国立大学の現場で数々の経験を重ねるとともに、多数の専門書を読破して専門知識を身につけた三浦春政氏の本は、具体的な問題解決に悩む多くの組織管理者や人事担当者の参考になるだろう。

2　何が書いてあるだろう

今日では、メンタルヘルスの問題やハラスメントの事案はどの職場でもありうるものになっているが、その中でも大学においては、一般の職場の問題に加えて大学特有の現れ方があり、本書はそこに焦点を当てて書かれていることが特徴である。特に、被害者と加害者の双方に目配りしたうえで、組織管理者としての判断の重要性を強調していることが重要である。教職員と学生に分けて解説されていることも特徴である。

第一部は教職員の諸問題であり、特にハラスメント事案の具体的な処理のあり方が詳細に書かれている。心の病気により休みがちな人（欠勤、休職）については、従来型のうつ病はほぼ治療法が確立しているが、新型うつ病については、現れ方も対応もかなり異なっており、状況に応じて医師の治療と職場の指導を行っていく必要がある。職場や仕事と合わない適応障害や、感情の波がある双極性障害なども見られる。

ハラスメントは、セクシャルハラスメントとパワーハラスメントが典型であり、人事責任者は普段から状況を把握しておく必要がある。加害者としてよく見られるタイプは、感情や行動が不安定な性格（境界性パーソナリティ障害）や、猜疑心の強い性格（妄想性パーソナリティ障害）、尊大な性格（自己愛性パーソナリティ障害）、対人関係やコミュニケーションが苦手な人（発達障害）、悲惨な体験により心に傷を受けた人（ＰＴＳＤ＝心的外傷性ストレス障害）などがある。

ハラスメントの相談があった場合には、まず加害者と被害者の見極めを行う。そして、調査委員会による調査として、関係者のヒアリング、調査資料の収集、適切な調査期間を置き、関係者に弁明の機会を与え、調査報告書を作成する。裁判になっても耐えうる事実認定をすることが大切である。そのうえで懲戒処分や厳重注意などの処置を行う、使用者としての決断が大事である。関連して、加害者からの謝罪表明や研修の受講、監督者への処置、被害者の不利益回復、マスコミへの公表も必要ならば行うことになる。加害者と被害者それぞれから裁判に訴えられることや労働審判が申し立てられることもある。

職場を組織として機能させるためには、平素からの指導が大事であり、①組織の一員としての自覚、②上司に必ず相談・報告、③期限のある仕事は期限を経過したら意味はない、④上司の指示への対応、⑤相手の気持ちを読む、⑥仕事を自分だけの専有物にしない、⑦もはや国の組織、公務員ではない（国立大学法人の場合）、⑧若い発想を生かして毎日改革、⑨成功の鍵は人脈、⑩心と体の健康に注意、を訴え続けてきた。職場に優れた人材を得て、人材育成を行い、満足度の高い仕事をすることがメンタルヘルスに直結している。

第二部の学生の諸問題については、ひきこもり、不安などが強い人（神経性障害）、幻覚・妄想などで苦しんでいる人（統合失調症）、薬物やギャンブルなどを止められない人（依存と嗜癖）、発達障害の学生の支援などが、症状の概要と実態、治療、対応などのポイントごとにまとめられており、分かりやすい。

学生の抱える問題は多様化しており、一人ひとりに対する丁寧な支援が必要となってきている。そして学生は、職員の取り組む態度をよく見ており、組織として積極的な対応ができることが大事であろう。本書は、大学の現場で実際にこのような教職員・学生との対応に苦労した（これから苦労する）多くの関係者の参考となるだろう。

3　キャンパスハラスメントの対策

大学におけるハラスメントに関する本は意外と少ない。現実の事案が少ないかといえば、随所にあると言わざるを得ない。教職員もハラスメントに対する認識は薄い人が多く、共通理解が不足しているのだ。

弁護士法人飛翔法律事務所編による『キャンパスハラスメント　対策ハンドブック』（経済産業調査会、二〇一四年）は、わずか一〇〇頁ほどの冊子だが、キャンパスハラスメントとは何か、セクシャルハラスメント、パワーハラスメント、アカデミックハラスメント、防止する体制の構築（ガイドラインの策定、相談窓口、全学的な体制作り、処分・公表、研修など）について解説し、よくまとまっており、共通理解促進に活用したい。

（補）困難な問題への的確な指針（『問題ある教職員・学生への対応とメンタルヘルス』（推薦文）

「大学職員のグランドデザイン」初出一覧

（本書収録に当たっては、二〇一八年一一月中教審「高等教育のグランドデザイン」（答申）並びに二〇一九年一月七日に学校法人制度改善検討小委員会 学校法人制度改善検討小委員会より纏められた「学校法人制度の改善について」及び同年二月一二日に閣議決定された私立学校法改正を含む「学校教育法の一部改正する法律案」、文部科学省のＨＰに公表される各審議会議事録などを参照に加筆・修正をし一部表題を改めた。しかし概ね私の考えた方向に間違いはなかったものと自負する。）

序章

「大学職員のグランドデザイン」□　大学マネジメント研究会『大学マネジメント』二〇一八年一一月号

第一章　高等教育の将来像を考える

一「国公私立の区分について」□　大学マネジメント研究会『大学マネジメント』二〇一八年四月号

二「良い教育をすれば私学は生き残れるか」□　大学マネジメント研究会『大学マネジメント』二〇一八年七月号

三「国立大学法人は目標を達成しているか」□　大学マネジメント研究会『大学マネジメント』二〇一八年五月号

四「学部の在り方を考える」□　大学マネジメント研究会『大学マネジメント』二〇一八年六月号

五「大学の持続につながる卒業生政策」□　大学マネジメント研究会『大学マネジメント』二〇一七年一月号

六「大正大学五千人の学生との面談」□　日本私立大学連盟『大学時報』二〇一六年九月号

第二章　トップ・マネジメントの役割と責任

一「トップ・マネジメントを組織する」□　私学経営研究会『私学経営』二〇一八年一〇月号

二「トップ・マネジメントの人材養成と確保」□　私学経営研究会『私学経営』二〇一八年一一月号

三「トップ・マネジメントをマネジメントする」□　私学経営研究会『私学経営』二〇一八年一二月号

四「学長選考の在り方を考える」□　大学マネジメント研究会『大学マネジメント』二〇一六年七月号

第三章　大学教員の役割と責任
一「大学教員の基本的素養」□　大学マネジメント研究会『大学マネジメント』二〇一七年四月号
二「教員の人材育成」□『私学経営』研究会『私学経営』二〇一八年一月号
三「教員の評価」□　私学経営研究会『私学経営』二〇一八年二月号
四「教員マネジメント」□　私学経営研究会『私学経営』二〇一八年三月号

第四章　教学マネジメントを支える職員の役割と責任
一「大学職員人事マネジメント」□　IDE大学協会　IDE二〇一七年六月号
二「トータルプランによる大学職員養成の実践」　私学経営研究会『私学経営』二〇一六年九月号、二〇一七年二月号を
三「トータルプランによる大学職員養成の実践―職員の力を高める様々な方策―」
□以上二節は、私学経営研究会『私学経営』二〇一六年九月号、二〇一七年二月号を再編した
四「大学職員の業務分野ごとの専門性を考える」□　私学経営研究会『私学経営』二〇一七年三月号
五「AI時代の大学職員」□　大学マネジメント研究会『大学マネジメント』二〇一七年二月号
六「職員による教育マネジメント」□　大学マネジメント研究会『大学マネジメント』二〇一七年四月号
七「公立大学の職員」IDE大学協会　□　IDE『IDE』二〇一六年五月号

第五章　ブックダイジェスト
ブックダイジェスト　□　大学マネジメント二〇一六年四月号から二〇一九年三月の連載。
ただし、Ⅳの一〇、一一、一三についてはそれぞれ順に『IDE』の書評、二〇一七年五月号。七月号、二〇一八年一一月号が初出である。

「大学職員のグランドデザイン」ブックダイジェストで取り上げた本の一覧 （全42回、128冊）

Ⅰ 大学を考える 小計18回、55冊

1 天野郁夫『新制大学の誕生』 …5冊
同 『大学の誕生』
同 『高等教育の時代』
同 『帝国大学』
同 『大学改革を問い直す』
2 寺﨑昌男『21世紀の大学』 …2冊
同 『大学自らの総合力Ⅱ』
3 潮木守一『大学再生への具体像（第2版）』 …6冊
同 『職業としての大学教授』
同 『転換期を読み解く』
同 『いくさの響きを聞きながら』
市川昭午『教育政策研究50年』
黒羽良一『続々波のまにまに80年』
4 山本眞一『質保証時代の高等教育』 …2冊
滝沢博三『高等教育政策と私学』
5 金子元久『大学教育の再構築』 …3冊
舘 昭 『原理原則を踏まえた大学改革を』
同 『東京帝国大学の真実』
6 矢野眞和『大学の条件』 …2冊
同 『教育劣位社会』
7 絹川正吉『「大学の死」、そして復活』 …3冊
同 『ICU〈リベラルアーツ〉のすべて』
立教大学全カリの記録編集委員会『立教大学〈全カリ〉のすべて』
8 吉田文 『大学と教養教育』 …3冊
東京大学出版会『東京大学は変わる』
斎藤兆史『教養の力』
9 有本章 『大学教授職とFD』 …3冊
同 『変貌する日本の大学教授職』
同 『変貌する世界の大学教授職』
10 大山達夫・前田正史『東京大学第二工学部の光芒』 …4冊
今岡和彦『東京大学第二工学部』
中野昭 『東京大学第二工学部』
内藤初穂『軍艦総長・平賀譲』
11 デレック・ボック『アメリカの高等教育』 …4冊
同 『ハーバード大学の戦略』
ロソウスキー『大学の未来へ』
ボイヤー『アメリカの大学・カレッジ』
12 秦由美子『イギリスの大学』 …3冊
同 『イギリス高等教育の課題と展望』
同 『変わりゆくイギリスの大学』
13 木戸裕 『ドイツ統一・EU統合とグローバリズム』 …2冊
金子勉 『大学理念と大学改革 ドイツと日本』

14 高野篤子『イギリス大学経営人材の養成』 …2冊
コリン・ジョイス『なぜオックスフォードが世界一の大学なのか』
15 ジェフリー・セリンゴ『カレッジ（アン）バウンド』 …2冊
アキ・ロバーツ『アメリカの大学の裏側』
16 マリア・チャタジー『アメリカ超一流大学入試完全マニュアル』 …3冊
ジョンファードン『世界一考えさせられる入試問題』
冷泉彰彦『アイビーリーグの入り方』
17 佐藤仁 『教えてみた「米国トップ校」』 …4冊
沖大幹 『東大教授』
岡田昭人『オックスフォードの教え方』
福原正大『世界のトップスクールが実践する考え方の磨き方』
18 徳永誠 『アジアで活躍する！』 …2冊
北村・杉本『激動するアジアの大学改革』

II 経営を考える 小計4回、14冊

1 神野直彦『「人間国家」への改革』 …4冊
同 『教育再生の条件』
同 『「分かち合い」の経済学』
清家篤 『雇用再生』
2 伊賀泰代『採用基準』 …3冊
シェリル・サンドバーグ『リーン・イン』
南場智子『不格好経営』
3 河合雅司『未来の年表』 …4冊
西内啓 『統計学が日本を救う』
吉川洋 『人口と日本経済』
村上由美子『武器としての人口減社会』
4 リンダ・グラットン『ライフ・シフト』 …3冊
同 『ワーク・シフト』
同 『未来企業』

III 科学を考える 小計5回、18冊

1 馬場錬成『大村智』、梶田隆章『ニュートリノで探る宇宙と素粒子』 …3冊
黒木登 『研究不正』
2 西内啓 『統計学が最強の学問である』 …4冊
津田敏秀『医学的根拠とは何か』
中室牧子『「学力」の経済学』
福原・徳岡『人工知能×ビッグデータが「人事」を変える』
3 高梨ゆき子『大学病院の奈落』 …4冊
鳥巣徹 『医学部』
久坂部洋『院長選挙』
山崎豊子『白い巨塔』
4 山極寿一『ゴリラと学ぶ』 …3冊
ユヴァリ・ハラリ『サピエンス全史』
ダニエル・リーバーマン『人体600万年史』
5 高橋真理子『重力波 発見！』 …4冊
ジャンナ・レヴィン『重力波は歌う』

川村静児『重力波とは何か』
鈴木洋一郎『暗黒物質とは何か』

Ⅳ　大学マネジメントを考える　小計 15 回、41 冊

1　松本紘『改革は実行』　…4 冊
同　『宇宙太陽光発電所』
橘木俊詔『東大 VS 京大』
濱田純一『東京大学　世界の知の拠点へ』
2　五神真『変革を駆動する大学』　…3 冊
小宮山宏『新ビジョン 2050』
マッキンゼー・インスティチュート『マッキンゼーが予測する未来』
3　渡辺孝『私立大学はなぜ危ういのか』　…4 冊
小川洋『消えゆく限界大学』
野田恒雄『日本の大学、崩壊か大再編か』
岡本史紀『私立大学に何がおこっているのか』
4　水戸英則『なぜ今大学改革か』　…3 冊
篠田道夫『大学マネジメント改革』
佛淵孝夫『大学版 IR の導入と活用の実際』
5　磯田文雄『教育行政』　…2 冊
高橋誠『日本の大学の系譜』
6　荻原誠『地域と大学』　…2 冊
山本健慈『地方国立大学』
7　崎谷美穂・柳瀬博一『混ぜる教育』　…5 冊
林宏樹『近大マグロの遺跡』
山下柚実『なぜ関西のローカル大学近大が志願者数日本一となったのか』
西同行人『近大はマグロだけじゃあない』
塩崎均『常識破りの大学解体新書』
8　神田眞人『超有識者たちの洞察と示唆』　…3 冊
羽深茂樹『論語とやせ我慢』
渋沢栄一『論語と算盤』
9　神田眞人『超有識者たちの慧眼と処方箋』　…2 冊
大学マネジメント研究会『これからは大学広報 4 領域戦略』
10　篠田道夫『大学経営戦略の核心』　…2 冊
同　『戦略経営 111 大学事例集』
11　新藤豊久『大学経営とマネジメント』　…1 冊
12　大学事務職員研究会『大学事務職員の履歴書』　…4 冊
上杉道世編著『大学職員の基礎知識』
小日向充『大学の経営管理』
澤谷、五藤、川口『大学職員のための人材育成のヒント』
13　渡辺恵子『国立大学職員の人事システム』　…1 冊
14　三浦春政『問題ある教職員・学生への対応とメンタルヘルス』　…2 冊
飛翔法律事務所『キャンパスハラスメント』
15　上杉道世『大学職員の近未来』　…3 冊
和気太司『インドネシアの私立大学』
山田総一郎『インターンシップのプロになる』

<著者紹介>
上杉　道世　Michiyo UESUGI
大正大学理事長特別補佐・質保証推進室長

■ 京都大学法学部卒、1974年旧文部省入省

■ 2000年科学技術庁長官官房審議官（科学技術政策担当）
2001年内閣府大臣官房審議官（男女共同参画局担当）
2003年東京大学事務局長、04年東京大学理事（人事労務、事務組織担当）
2007年（独）日本スポーツ振興センター理事
2010年慶應義塾大学入職、信濃町キャンパス事務長
2015年大正大学理事長特別補佐・質保証推進室長

■ 2005年「大学マネジメント研究会」の創設に加わり、副会長
筑波大学大学研究センター客員研究員、学校法人中西学園　理事

大学職員のグランドデザイン
—人口減少、AIの時代を生き抜く大学職員—

2019年（令和元年）5月1日　第1刷発行

著　者　　上杉　道世
発行人　　小野　元之
発行所　　特定非営利活動法人　学校経理研究会
〒102-0074　東京都千代田区九段南4-6-1-203
電話　03-3239-7903　Fax　03-3239-7904
e-mail　gaku@keiriken.net
URL　http://www.keiriken.net/
発売元　　㈱霞出版社　（電話　03-3556-6022）

印刷・製本　ヨシダ印刷㈱
ISBN 978-4-908714-22-1　C3034
落丁本・乱丁本はお取り替えいたします。